**101가지
세계사
질문사전
❶**

역사선생님도 궁금한

101가지 세계사
질문사전 ①

문명의 발생부터 근세 사회까지

김영옥 외 10명 글
서은경 그림

북멘토

즐거운 역사,
쉬운 세계사 공부를 위하여

교실에서 역사 수업 장면1

선생님이 열심히 역사를 가르치고 있습니다. 반면 학생들은 선생님의 설명에 집중하기보다는 딴짓을 하거나 꿈나라에 든 학생이 더 많습니다. 왜 그럴까요? 역사 수업은 기본적으로 '이야기하기(스토리텔링)'가 잘 되어야 합니다. 그런데 시간적으로 제한된 학교 수업에서 교과서 내용 전체를 가르치려다 보니, 교과서에 나와 있는 역사 지식만 나열할 수밖에 없습니다. 당연히 학생들에게는 역사 수업이 수면제나 다름없게 되지요.

교실에서 역사 수업 장면2

네 명씩 짝을 지어 모둠별 토론 수업을 진행합니다. 학생들을 자세히 관찰하니, 주제를 제시해 주었는데도 모둠별 토론이 수박 겉핥기 같은 뻔한 이야기만 오가고 있습니다. 왜 그럴까요? 토론이 활발하려면 학생들이 주제와 연관된 역사 지식을 사전에 충분히 이해하고 있어야 합니다. 그런데 이게 되어 있지 않으니 실제 토론 수업 현장에서 토론 거리가 나오지 않습니다. 토의가 잘 이루어질 리 없지요.

이 책은 역사 수업 현장의 이러한 문제점을 조금이라도 개선하기 위해 교실 수업 개선에 적극적인 선생님들이 함께 엮었습니다. 많은 학생이 두루두루 이 책을 보며 역사와 친해지기를 기대합니다.

2022년 9월
집필자 일동

차례

문명의 발생부터
근세 사회까지

2 세계 종교의 확산과 지역 문화의 형성

3 지역 세계의 교류와 변화

문명의 발생과
고대 세계의 형성

역사학은 어떤 학문인가요?

누군가에게 역사는 매우 흥미롭고 재미있는 과목입니다. 하지만 누군가에게는 지루하고 외울 것만 많은 괴로운 과목이지요. '역사'라는 학문은 어떤 특성이 있기에 이렇게 상반된 반응이 나타날까요? 101가지 세계사 공부 첫 시간! 아무도 말해 주지 않았던 '역사학'에 관해 알아볼까요?

역사학의 주인공은 '사람'

역사학에서 주로 다루는 대상은 '인간'입니다. 인간 개인의 삶을 다루기도 하고, 인간 집단이 살아온 모습, 생활 양식을 다루기도 합니다. 나와 내 친구들, 가족, 심지어 쌍둥이라도 서로 모습이 다르고 성격도 다르듯이, 역사 속 인간의 생활 모습은 똑같은 것이 하나도 없습니다. 그래서 과학이나 수학에서 통하는 논리나 법칙, 공식 같은 것들을 역사학에서는 찾아볼 수 없습니다.

여러분이 만약 역사가 어렵다고 느낀다면 아마도 일정한 법칙을 발견할 수 없기 때문일 것입니다. 하나를 배워 여러 문제에 적용할 수 없기 때문에 역사학은 수학이나 과학에 견주어 효율성도 떨어지는 것 같고, 낱낱의 사실, 개념, 인물을 다 외우고 이해해야 하는 게 힘들어 보입니다.

그런데 '개별적'이기 때문에 매력 있는 학문이 바로 역사입니다. 역사에 나타나는 인물들은 각양각색의 모습으로, 때로는 합리적이지만 한편으로는 의외의 선택을 합니다. 이러한 인물들을 살펴봄으로써 우리는 오차 없이 작동하는 '기계'가 아닌, 내 주변 어디에나 볼 수 있는 모순과 결점투성이에, 언제든 실수할 수 있는 '인간'이라는 존재를 깨닫게 됩니다. 또한 역사 속에서 관찰한 인간들의 모습을 통해 다양한 삶을 공감하고 이해할 수 있게 되며, 동시에 인간으로서 '해야 할 일'과 '하지 말아야 할 일'을 더욱 명확히 인식할 수 있습니다.

역사는 '시간'을 다루는 학문이라고요?

역사 말고도 '인간'을 주인공으로 다루는 학문이 또 있습니다. 바로 철학입니다. 철학은 인간과 인간을 둘러싼 세상의 본질을 다루는 대표적인 학문 중 하나입니다. 역사가 철학과 구분되는 특징은 바로 '시간'을 다룬다는 점입니다.

여러분한테는 1초, 1분, 한 시간, 하루, 한 달 같은 시간 개념이 익숙하지요? 그런데 역사학에서 다루는 시간은 주로 10년, 100년, 1,000년 같은 긴 시간 단위입니다.

역사책에서 가장 흔하게 보는 시간 개념은 아마 '세기'일 것입니다. '세기'를 뜻하는 영어 'Century'를 줄여 'C'라고 표기하곤 합니다. 세기는 100년을 단위로 하는 개념입니다. 세기의 시간 개념에 익숙하지 않았던 초등학생

시절, 저는 2C라고 하면 200 몇 년인 줄 알았고, 3C라고 하면 300 몇 년인 줄 알았어요. 그런데 알고 보니 1세기[1C]는 1년부터 100년까지이고, 2세기[2C]는 101년부터 200년까지였습니다. 17세기는 16×× 년이고, 18세기는 17××년이지요. 그러면 지금은 몇 세기일까요? 202×년인 지금은 21세기입니다. 여러분은 앞으로 이 책에서 '세기'라는 말을 자주 보게 될 것입니다. 세기의 시간 단위를 정확히 알았으니, 저처럼 착각하지는 않겠지요?

한편 역사학에서는 공통적인 모습이나 특징을 보이는 시간을 '시대'라는 다발로 묶어 설명하기도 합니다. 우리에게 가장 익숙한 시대 개념 중 하나는 '선사 시대'와 '역사 시대'로, 문자를 사용했는지 안 했는지를 기준으로 구분한 개념입니다. 선사 시대는 문자로 이루어진 기록이 없는 시대이기 때문에 유적이나 유물 같은 '흔적'을 토대로 인간의 생활 모습을 파악합니다. 역사 시대는 기록이 존재하기 때문에 비석이나 문서 등으로 남은 '기록'을 통해 인간의 생활 모습을 파악하게 됩니다.

그런가 하면 인간이 사용한 도구의 재료가 무엇이었는지에 따라 구석기 시대, 신석기 시대, 청동기 시대, 철기 시대로 나누기도 합니다. 또한 인류 전 시대 역사를 선사, 고대, 중세, 근대, 현대로 나누기도 합니다. 사회주의 계열의 학자들이 정립한 이 개념은 누가 '생산'을 주도했느냐에 따라 나누었습니다. 노예가 생산을 담당한 고대, 영주가 가진 장원이 생산을 담당한 중세, 자본주의적 생산 양식이 도입된 근대, 그리고 노동자들이 혁명을 통해 자본가들을 쫓아내고 공산주의 사회를 건설할 것으로 예측한 현대입니다. 그런데 공산주의 사회가 건설될 것이라는 이들의 예측은 빗나갔습니다. 오늘날 세계사에서 '현대'는 주로 제2차 세계 대전 이후를 의미합니다.

역사에서 '공간' 개념도 중요하다고요?

흔히 공간은 지리학의 영역이라고 생각하지만, 역사학에서도 중요한 개념입니다. 지금은 기술이 고루 발전해 세계 사람들이 비슷한 생활 양식으로 살게 되었지만, 아주 먼 옛날에는 지형이나 기후 같은 공간적 특질이 사람들의 생활 양식을 다르게 만드는 중요한 요인이었습니다.

가장 먼저 고대 국가를 이룬 메소포타미아는 개방된 지역성 때문에 국가가 성립되어도 단명했으며, 사람들은 죽음 이후의 삶, 즉 내세보다 현재 삶에 더 집중했습니다. 한편 동시대의 이집트는 폐쇄적인 지형 때문에 국가가 오래 존속되었고 사람들은 죽음 후의 삶에 관심을 두었습니다. 그리스는 험한 산세 때문에 각 지역이 독립성을 유지했고, 이런 지형적 특질은 분권적인 '폴리스'라는 정치 체제를 낳았습니다. 중앙아시아 내륙 초원 지대에는 이동하며 목축업에 종사하는 사람들이 많았고, 사막을 끼고 있는 지역에서는 사막을 횡단하며 무역업에 종사하는 상인들이 활동했습니다. 어떤가요? 공간이 정치 체제부터 국가의 주요 산업, 삶과 죽음에 관한 사고방식까지 많은 것을 결정하고 있지요?

역사는 인간×시간×공간, 그리고 과거와 현재와 미래의 대화

지금까지 설명한 내용을 아우르면, 역사학은 특정 시간과 공간에 나타난 사람들의 흔적을 다루는 학문입니다. 한국사가 한반도와 만주 일대에 살았던 우리 조상들의 과거와 현재를 살피는 학문이라면, 세계사는 세계 곳곳에 사는 사람들의 과거와 오늘날의 모습을 살피는 학문이라고 할 수 있습니다.

간혹 역사학의 연구 범위가 '과거'에 국한된다고 생각하는 사람들이 있습니다. 하지만 과거의 사실들은 현재에도 많은 영향을 끼치고 있습니다. 역사학은 과거와 현재의 끊임없는 상호작용 속에 있는 학문입니다. 그래서 영국의 저명한 역사학자 E. H. 카는 '역사는 과거와 현재의 대화'라고 표현했습니다.

사실 역사는 '과거와 현재의 대화'에서 그치는 것이 아니라, '미래와의 대화'까지 포함합니다. 역사를 배우면 현재에 영향을 끼치고 있는 과거의 사실을 알게 되고, 이를 통해 미래까지 내다볼 수 있습니다. 그래서 역사학은 과거 사실을 연구하고 공부하는 학문이지만, 더불어 인류의 현재를 살펴보고, 더 나아가 미래 사회까지 살필 수 있는 수단이 되는 학문입니다.

어렵게만 느껴지는 세계사를
왜 공부해야 하나요?

몇 년 전에 필리핀의 세부섬으로 여행을 갔어요. 그날따라 세부 도심이 사람들로 붐볐는데, 알고 보니 아기 예수의 탄생을 축하하는 성대한 축제가 열리는 날이더라고요. 필리핀은 인구의 90퍼센트가 크리스트교를 믿고 영어를 공용어로 사용해요. 필리핀은 아시아 국가인데도 희한하게 문화나 생활 양식은 서양에 더 가까워요. 왜 그런 거죠?

마젤란의 세계 일주 때문에 필리핀이 식민지가 되었다고요?

마젤란은 인류 최초로 세계 일주를 한 사람입니다. 15세기부터 유럽의 대서양 연안 국가인 포르투갈과 에스파냐는 경쟁적으로 신항로 개척에 나섰습니다. 포르투갈은 1498년 바스쿠 다가마를 후원해 아프리카 남단의 희망봉을 돌아 인도로 가는 항로를 개척했습니다. 이후 포르투갈은 인도에서 향신료를 가져와 유럽 각 지역에 공급하며 막대한 이익을 얻었습니다.

에스파냐는 인접국인 포르투갈이 신항로 개척에 앞서 나가는 것을 시샘했습니다. 그때 마침 마젤란이 에스파냐 왕을 찾아 왔습니다. 그는 바스쿠 다가마와 반대로 남아메리카 남쪽 끝을 지나 태평양을 건너 동남아시아로 가는 항로 개척을 제안했습니다. 에스파냐는 마젤란이 새로운 항로를 탐사할 수 있도록 적극 후원했습니다.

마젤란은 1519년 다섯 척의 배에 200명이 넘는 선원을 태우고 에스파냐 세비야 항구를 출발했습니다. 그들은 갖은 고생 끝에 1521년 필리핀 세부 섬에 닻을 내렸습니다. 세부에 도착한 마젤란 일행은 원주민을 약탈하며 그들에게 크리스트교로 개종할 것을 강요했습니다. 원주민들이 저항하자 세부 동쪽 막탄섬에서 싸움이 벌어졌습니다. 마젤란은 이곳에서 전투를 벌이던 중 목숨을 잃었습니다. 선장 마젤란은 죽었지만, 선원들은 항해를 계속해 1522년 열여덟 명의 선원이 극적으로 에스파냐에 도착했습니다.

그들이 목숨을 담보로 고국에 가져온 것은 당시 유럽 사회에서 선풍적인

신항로의 개척

인기를 얻고 있던 후추를 비롯한 각종 향신료였습니다. 당시 유럽에서 향신료는 원가의 100배가 넘는 이득을 챙길 수 있는 품목이었고, 마젤란과 선원들의 세계 일주 성공담은 동방 무역에 대한 새로운 길을 열어 주었습니다. 일확천금을 꿈꾸는 많은 사람이 동서 교역에 나섰고, 유럽 국가들은 앞다투어 동남아시아의 여러 지역을 식민지로 삼기 시작했습니다. 필리핀도 이때 에스파냐의 식민지가 되었습니다.

필리핀은 아시아권에서 유독 크리스트교 신자가 많은 나라입니다. 마젤란 도착 후 약 300년간 크리스트교 국가인 에스파냐의 식민 지배를 받았기 때문입니다. 필리핀이라는 나라 이름도 에스파냐 국왕 펠리페 2세의 이름에서 유래했습니다. 그런데 희한하게도 필리핀은 현재 에스파냐어가 아닌 영어를 공용어로 사용합니다. 왜 그럴까요? 필리핀은 19세기 말부터 미국의 식민 지배를 받았습니다. 이때부터 필리핀 사람들은 에스파냐어 대신 영어를 많이 사용했고, 독립국이 된 지금도 영어를 공용어로 사용하고 있습니다.

일본이 우리나라 말고도 중국, 러시아와 영토 분쟁을 빚고 있는 이유는?

해외에서 활약하며 인기 스타가 된 한 운동선수는 방송 인터뷰에서 "일본과 경기는 가위바위보도 지면 안 된다"는 말을 우스갯소리처럼 했습니다. 한일전은 어떤 종목이든 온 국민의 관심이 지대하다 보니 나온 얘기입니다. 한국과 일본의 과거 역사가 지금도 영향을 주고 있다는 것을 알 수 있습니다.

그런데 우리나라만큼 일본에 예민한 나라가 또 있습니다. 바로 중국입니다. 우리 민족이 식민지를 겪은 35년간의 피해 역사를 잊지 못하듯, 중국인들도 중일 전쟁으로 인한 상처 때문에 일본에 대한 감정이 좋지 않습니다. 일본은 1910년 우리나라를 강제 합병하고, 1931년부터는 중국을 공략하기 시작했습니다. 1937년에는 중일 전쟁을 일으켜 중국 남부의 핵심 도시 난징을 점령했습니다. 당시 일본군은 약 6주 동안 20만 명이 넘는 중국인을 무자비하게 학살했습니다.

한편 2013년 중국과 일본 사이에 있는 센카쿠 열도(댜오위다오)에서 중국과 일본 양국이 군함까지 동원해 세력 대결을 벌였습니다. 이 사건의 원인은 19세기 동아시아 정세와 밀접한 관련이 있습니다. 19세기 말 제국주의 국가로 성장한 일본은 동아시아 패권을 장악하기 시작했습니다. 이때 일본은 중국 영토였던 일부 섬들을 자국 영토로 편입시켰습니다. 그런데 1945년 패망한 일본의 영토를 연합국이 개입하여 재편성하는 과정에서 갈등이 시작되었습니다. 더욱이 1970년대 이후 센카쿠 열도 인근 해역에 막대한 양의 석유가 매장되어 있다는 것이 확인되자 경제·군사적 중요성 때문에 갈등의 골은 더욱 깊어졌습니다.

일본과 러시아 사이에도 영토 분쟁이 치열합니다. 일본 북단의 홋카이도와 러시아 캄차카반도를 잇는 수십 개의 섬들 중 일부 섬을 둘러싸고 갈등을 벌이고 있습니다. 이들 섬은 1855년 러일 통상 조약으로 일본의 영토가 되었습니다. 그러나 1945년 2월 얄타 협정에서 일본이 전쟁 중 차지한 러시아 사할린 남부와 인접 섬들을 러시아(당시 소련)에 반환한다는 약정이 체결되었고, 1951년에는 샌프란시스코 강화 조약으로 이곳에 살고 있던 일본인들을 모두 일본 본토로 돌아가게 했습니다. 그러자 일본은 이 지역에 대한 역사적 권리를 주장하며 지속적으로 반환을 요구하고 있습니다. 이처럼 일본은 우리나라와 독도 분쟁만 하는 것이 아니라 인접 국가인 중국, 러시아와도 여러 이유로 영유권 분쟁을 벌이고 있습니다.

왜 세계사를 공부해야 할까요?

많은 사람이 교과서 속의 세계사는 과거 이야기만 담고 있어서 현재의 우리와 상관없다고 여깁니다. 하지만 역사 속 사건은 과거에 멈춰 있지 않습니다. 우리의 과거와 현재, 미래의 삶까지 서로 연결되어 있습니다. 16세기 마젤란의 세계 일주는 21세기 필리핀을 비롯한 동남아시아의 정치와 문화에 영향을 주고 있습니다. 19세기 일본의 제국주의는 현재 동아시아 각국의 정치, 외교 분야에 지속적으로 영향을 미치고 있습니다.

"아는 만큼 보인다"는 말처럼 세계사 공부는 하면 할수록 더 넓고 큰 세상을 향한 새로운 눈을 갖게 해 줍니다. 외국 여행을 갈 때 목적지 국가의 역사를 미리 알고 가면 더 많은 것을 이해할 수 있고 더 인상 깊은 경험을 할 수 있습니다. 마찬가지로, 세계사에 관한 이해가 있으면 한·중·일의 대립이나 세계 곳곳의 분쟁에 관한 뉴스를 볼 때도 복잡해 보이던 사건의 배경을 쉽게 이해할 수 있고 향후 전개 과정도 예측할 수 있습니다. 이렇듯 과거 역사는 과거에만 머무는 것이 아니라 현재의 거울이 되어 우리와 이야기 나누며 미래로 나아갈 방향을 알려 주는 삶의 나침반 구실을 합니다. 따라서 세계사는 공부하면 할수록 우리 삶을 더 발전적이며 미래 지향적으로 살게 합니다. 어때요, 세계사 공부 충분히 매력 있지요?

농업 혁명이 사람들을
더 힘들게 만들었다고요?

얼마 전 역사학자 유발 하라리의 책 《사피엔스》를 읽었어요. 역사 수업 시간에 인류는 오스트랄로피테쿠스에서 호모 사피엔스로 진화했다고 배웠어요. 그런데 유발 하라리는 교과서 내용과 완전히 다른 주장을 했어요. 교과서와 《사피엔스》 중 어느 쪽이 더 진실에 가까울까요?

현생 인류의 조상인 사피엔스가 다른 인류를 죽였다고요?

역사 교과서 첫 단원에서 우리는 인류의 진화 과정을 배웁니다. 교과서에는 인류의 시작이 '남방의 원숭이'라는 뜻을 지닌 '오스트랄로피테쿠스'라고 쓰여 있습니다.

1974년 아프리카 에티오피아에서 고고학자들은 뼛조각 52점을 발견했습니다. 마침 이 화석을 발굴하고 있을 때 녹음기에서 비틀즈의 노래 〈다이아몬드와 함께 있는 하늘의 루시〈lucy in the sky with diamond〉가 흘러나오고 있어서 뼛조각의 주인은 '루시'라는 이름을 갖게 되었습니다.

루시는 1미터 정도의 작은 키와 29킬로그램 정도의 가벼운 몸무게를 가진 350만 년 전의 성인 여성으로 밝혀졌습니다. 현재까지 연구에 따르면 이 화석 인간 루시로부터 인류 역사가 시작됩니다. 루시 말고도 세계 여러 곳에서 다양한 인류 화석이 발견되었는데, 보통은 발굴된 지역의 이름을 따서 이름을 짓습니다. 인도네시아 자바섬과 중국 베이징에서 발견된 인류 화석에는 각각 '자바인'과 '베이징인'이라는 이름이 붙여졌습니다. '네안데르탈인'은 독일의 네안데르 계곡에서 발견되었기 때문에 붙여진 이름입니다.

4만~5만 년 전, 빙하기가 끝나면서 현재 우리 인류의 직접 조상이라 할 수 있는 호모 사피엔스가 등장했습니다. '호모'는 '인간'이라는 뜻이고, '사피엔스'는 '지혜롭다'는 뜻입니다. 이전에 살았던 원시 인류보다 두뇌가 더 발달했기 때문에 붙여진 이름입니다.

인류학을 연구하는 학자들은 그동안 원시 인류는 오스트랄로피테쿠스부터 호모 사피엔스까지 계통이 다른 여러 인류가 순차적으로 출현했다고 주장했습니다. 그런데 역사학자 유발 하라리는 이러한 기존 설을 뒤엎고 '여러 종의 인류가 비슷한 시기에 존재했는데, 이들끼리 경쟁에서 승리한 호모 사피엔스가 지구 정복자가 되었다'는 새로운 학설을 내놓았습니다.

호모 사피엔스는 다른 인류에 견주어 외형적으로 더 작고 나약했습니다. 그런데 어떻게 호모 사피엔스가 승리자가 되었을까요? 사피엔스는 인지 혁명이 일어나면서 다른 종보다 두뇌가 뛰어났고, 언어를 훨씬 더 잘 사용했습니다. 언어의 발달은 무리를 잘 결집시키고 서로 간의 협동이 가능하게 했습니다. 힘이 약한 사피엔스가 맘모스처럼 크고 힘이 센 동물이나 덩치 큰 다른 인종과 일대일로 싸웠다면 당연히 질 가능성이 높습니다. 하지만 사피엔스는 집단으로 모여 전략을 짜서 힘센 무리들과 대응했기에 최종 승리자가 될 수 있었습니다.

농업 혁명이 인류 역사 최대의 사기라고요?

한편 역사 교과서에는 "1만 년 전, 신석기 시대부터 인류는 처음으로 농사를 짓기 시작했다"고 쓰여 있습니다. 이는 인류 역사에 대변혁을 가져온 엄청난 사건으로, '농업 혁명(신석기 혁명)'이라고 합니다. 농사를 시작하면서 인간은 식량을 찾아 떠돌아다니던 생활을 청산하고 한곳에 머물러 살며 식량을 안정적으로 공급할 수 있게 되었습니다. 또한 농사를 지으려면 노동력이 필요하니 대규모 집단생활을 하게 되었습니다.

그런데 유발 하라리는 지금까지 고고학자들이 말해온 '농업 혁명'의 의의를 반박하는 새로운 학설을 내놓았습니다. 그는 수렵 사회 시절 인류는 사냥할 때를 빼고는 충분한 여가 생활을 즐길 수 있었다고 주장합니다. 그런 인류가 언제부터 시간에 쫓기게 되었을까요? 농경 사회로 전환하면서부터입니다. 수렵 채집 생활을 할 때보다 농사를 지을 때 노동량이 늘어 여유 시간이 부족해졌기 때문입니다. 한편 사피엔스들은 몇 종류의 곡물에만 의존했기 때문에 영양분을 다양하게 섭취할 수 없었습니다. 무리 사회 전제로 봤을 때는 식량 생산량이 늘어나 인구가 증가했지만, 개인이 먹는 양은 늘지 않았습니다. 게다가 흉년이나 천재지변이 발생하면 극심한 굶주림을 겪어야 했습니다. 여기에 제한된 영양소만 섭취하면서 면역력이 약해졌고, 설상가상으로 농사와 함께 가축 사육을 시작하면서 인류는 수많은 전염병에 시달리게 되었습니다.

역사 해석은 끊임없이 변화하고 발전한다

어때요? 유발 하라리의 주장도 일리가 있지요? 그렇다면 그의 학설은 현재 역사 교과서 내용을 바꿀 수 있을까요? 아마 지금보다 더 정교한 근거를 바탕으로 증명하고 다수의 학자가 인정하지 않는 이상 바뀌지 않을 겁니다. 물론 그렇다고 해서 바뀔 가능성이 전혀 없는 것은 아닙니다. 과거의 역사는 새로운 고고학 자료의 발견과 그것을 해석하고 적용하는 역사가들의 관점에 따라 언제든 달라질 수 있습니다.

그리스 신화에 지중해 크레타섬에 살던 반인반수의 괴물 미노타우로스 이야기가 나옵니다. 이 괴물은 크레타섬의 왕비와 황소 사이에서 태어난 자식으로 인간을 잡아먹었습니다. 당시 크레타의 왕 미노스는 미노타우로스를 복잡한 미로를 가진 궁전 안에 가두고 아테네에서 잡아 온 아이들을 먹이로 주었습니다. 이 사실을 알게 된 아테네 왕자 테세우스는 크레타섬에 들어가 괴물을 잡아 죽였습니다.

1900년대 영국의 고고학자 아서 에번스는 이 이야기를 신화 속 이야기로만 생각하지 않고, 크레타섬 어딘가에 미노스왕의 미궁이 진짜 있을 것이라 믿었습니다. 그는 크레타섬 곳곳을 샅샅이 뒤졌습니다. 그리고 마침내 신화로만 여기던 미노스왕의 궁전을 발굴했습니다. 이 발굴로 그리스 문명보다 앞선 시기 지중해 지역에 청동기 문명이 있었다는 사실이 밝혀졌고 역사책은 다시 쓰여졌습니다.

이렇듯 새로운 고고학적 발견으로 기존의 역사가 바뀌기도 합니다. 여러분도 역사 공부를 하면서 교과서 내용을 그대로 받아들이기보다는 재미있고 발랄한 생각으로 역사 속 반전을 찾아보는 건 어떨까요? 과거 사실을 가지고 공부하는 역사라는 학문의 묘미가 이런 데 있습니다.

메소포타미아 사람들이 '일주일'을 만들었다고요?

인류 최초 문명이 발생한 곳은 사막과 산맥으로 둘러싸여 있으면서 큰 강 두 개가 만나는 메소포타미아 지역이에요. 지금 이곳에는 이라크가 있고요. 그런데 우리가 현재 사용하고 있는 월화수목금토일이라는 일주일 개념이 이 지역에서 탄생했다네요. 메소포타미아 사람들은 어떻게 이런 개념을 생각해 냈을까요?

두 강 사이 땅에서 인류 문명이 꽃피다

농경이 발달하면서 사람들은 큰 강 유역에 마을을 이루고 살았습니다. 왜냐고요? 농작물을 키우려면 햇볕과 함께 꼭 필요한 게 물입니다. 강 주변은 물이 넉넉하니 사람들이 강 주변에 모여 살며 농사를 지었습니다.

그런데 농사에 강물을 이용하기 위해서는 강에서 경작지까지 물길을 내야 했습니다. 이 물길 내는 공사를 '관개'라고 하는데, 관개 사업은 많은 노동력

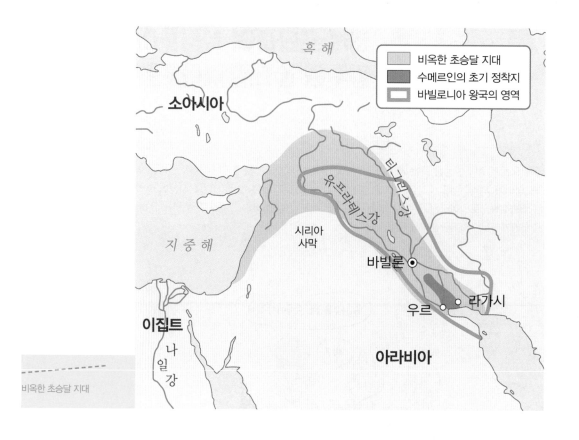

흑 해

비옥한 초승달 지대
수메르인의 초기 정착지
바빌로니아 왕국의 영역

소아시아

티그리스강

유프라테스강

지 중 해

시리아
사막

바빌론 ⊙

이집트

나
일
강

우르 ○ ○ 라가시

아라비아

비옥한 초승달 지대

이 필요합니다. 따라서 농사의 시작은 이동 생활을 하던 수렵 사회에서 정착 생활을 하는 농업 사회로 인류의 경제 활동을 전환함과 동시에 노동력을 효과적으로 사용하기 위한 집단생활을 하도록 했습니다. 그러면서 사람들이 대규모로 모여 사는 도시가 만들어졌습니다.

한편 많은 사람이 함께 모여 살게 되자 집단을 이끌어 가는 지배자도 나타났습니다. 지배자는 강력한 힘을 바탕으로 주변 지역을 통합하는 정복 활동을 활발하게 전개했고, 이로 인해 정복민과 피정복민이 생겼으며 집단 내에서는 계급이 발생했습니다. 이러한 일련의 과정을 통해 고대 인류 문명이 꽃을 피웠습니다.

인류 최초의 문명은 기원전 3500년경 티그리스강과 유프라테스강 유역에서 탄생했습니다. 이곳을 메소포타미아 지역이라 하는데, '메소포타미아'는 그리스어에서 비롯된 말로 '강들의 사이'라는 뜻입니다.

두 개의 큰 강이 흐르는 메소포타미아 지역은 주기적으로 강물이 범람해 토지가 비옥했습니다. 사람들이 이런 땅을 그냥 놔둘 리 없었습니다. 산악 지대와 사막에서 살던 유목민들이 이곳에 정착해 살며 여러 도시 국가를 형성했습니다. 한편 이 도시 국가들은 자국의 영역을 넓히기 위해 주변 나라들과 자주 전쟁을 벌였으며, 이 과정에서 메소포타미아 지역은 수메르인, 아카드인, 아무르인 등 많은 족속이 정착하며 복잡다단한 역사가 전개되었습니다.

개방적인 지형이 만들어 낸 메소포타미아 문명의 여러 모습

그런데 메소포타미아 지역의 역사는 왜 복잡하게 전개되었을까요? 여러 이유가 있겠지만, 가장 큰 원인은 메소포타미아 지역의 개방성 때문입니다. 두 개의 큰 강을 끼고 널찍한 평지에 들어선 메소포타미아의 개방적 지형 구조는 정치, 종교, 사회, 문화 등 다방면에 영향을 끼쳤습니다. 끊임없는 외부인의 침범 속에 나타난 잦은 정권 교체는 메소포타미아 사람들로 하여금 죽은 뒤의 삶보다는 현세의 편안한 삶을 중시하게 했으며, 자연 현상을 기준으로 하는 신앙 체계를 세우게 했습니다. 이러한 사고방식으로 인해 메소포타미아 사람들은 국왕을 신의 대리인 정도로 생각했을 뿐, 절대적 존재로 인식하지 않았습니다. 메소포타미아 사람들의 현세 중시 사상을 잘 보여 주는 작품이 서사시 〈길가메시〉입니다. 이 서사시는 메소포타미아 남쪽 지역에서 성장한 고대 왕국 바빌로니아의 문학 작품으로 내용을 요약하면 다음과 같습니다.

여신 닌순과 반신 루갈반다의 아들 길가메시는 우르크의 왕이다. 길가메시는 초인 엔키두와 힘을 합쳐 지상의 괴물들을 퇴치한다. 그러나 엔키두가 죽는 것을 보고 죽음 앞에서는 자신도 예외일 수 없다는 사실을 깨닫고 영원히 죽지 않는 길을 찾아 헤매지만 끝내 이를 얻지 못한다. 그가 만난 어느 주막 여주인은 길가메시에게 '부질없이 불사를 찾아 헤매는 일을 그만두고 먹고, 마시고, 즐겁게 지내라'고 권한다.

〈길가메시〉 서사시가 쐐기 문자로 적혀 있는 점토판. 〈길가메시〉는 세계에서 가장 오래된 서사시로 메소포타미아 사람들의 현세 중시 사상을 잘 보여 주는 작품이다.

우르크의 왕 길가메시는 죽지 않고 영원히 살기 위한 영혼 불멸을 찾아 모험을 떠납니다. 그러나 그는 끝까지 영혼 불멸을 얻지 못하고 현재의 삶에 충실하는 것이 인간으로서 최선의 삶임을 깨닫게 됩니다. 이러한 내용의 서사시 〈길가메시〉는 점토판에 쐐기 문자로 적혀 있습니다. 쐐기 문자는 메소포타미아 지방에서 사용했던 고대 문자로 점토판 위에 갈대나 금속으로 만든 펜으로 새긴 문자입니다. 바윗돌 같은 단단한 물체를 쪼갤 때, 쪼개야 할 대상물에 홈을 파고 그곳에 박아 넣은 삼각형의 나무나 쇠붙이를 '쐐기'라고 하는데, 메소포타미아 지역에서 만들어 사용한 고대 문자가 마치 쐐기처럼 생겼다고 '쐐기 문자'라 합니다. 메소포타미아 사람들은 이 문자를 사용해 〈길가메시〉 서사시는 물론, 왕의 업적, 상인들의 거래 계약서, 종교 의례문, 토지 문서 등을 남겼습니다.

한편 메소포타미아 사람들은 모든 동식물에 영혼이 있다고 믿었습니다. 그래서 마법과 점술이 성행했고 특히 하늘의 별을 보고 점을 치는 점성술이 유행했습니다. 메소포타미아 사람들에게 신성한 별은 모두 일곱 개였습니다. 일곱 개 별은 해, 달, 화성, 수성, 목성, 금성, 토성이었는데, 이 별들에서 이름을 따 일곱 날을 한 단위로 묶는 일주일이라는 개념을 만들었습니다. 또한 달의 움직임을 기준으로 일 년을 열두 달로 하는 태음력을 만들었으며, 하루를 24시간, 한 시간을 60분, 일 분을 60초로 하는 60진법에 의한 시간 측정법도 창안했습니다.

이집트 사람들은 왜 피라미드를 만들었나요?

고대 이집트를 다룬 영화를 보면 피라미드가 나오곤 해요. 피라미드는 무덤인데 정말 크고 신기해요. 피라미드 앞에는 사람 얼굴을 한 사자인 스핑크스가 떡하니 버티고 있고, 무덤 내부 벽에는 그림이 잔뜩 그려져 있어요. 무덤의 주인공은 미라가 되어 누워 있고요. 고대 이집트 사람들은 왜 이런 무덤을 만들었을까요?

나일강의 선물이 이집트인들을 풍족하게 만들다

메소포타미아에서 발생한 인류 최초의 문명 이야기를 앞 장에서 잘 살펴보았지요? 세계 고대 문명의 공통점은 강가에서 발생했다는 점입니다. 이집트 문명도 큰 강 유역에서 탄생했습니다.

이집트 문명은 나일강 중하류 지대에서 탄생해서 성장한 문명입니다. 이 지역은 정기적으로 홍수가 발생해 사람들의 평안한 삶을 방해했습니다. 보통 이런 곳은 사람들이 도시를 형성해서 살기 힘듭니다. 그런데 말입니다, 여기에 반전이 있습니다. 특이하게도 나일강의 홍수는 고대 이집트 사람들에게 '축복'이었습니다. 왜냐고요? 홍수로 인해 상류에 있던 퇴적물들이 흘러 내려오며 나일강 하류 지역에 쌓여 천연 비료가 되어 주었습니다. 그래서 그리스 고대 역사학자 헤로도토스는 이집트 문명의 성장을 '나일강의 선물'이라 불렀습니다.

이처럼 자연이 가져다준 혜택 덕분에 고대 이집트 사람들은 세계 어느 지역보다 윤택한 삶을 살았습니다. 다만 그들에게도 걱정과 근심은 있었습니다. 죽음에 대한 두려움도 그중 하나였습니다. 하지만 고대 이집트 사람들에게 죽음은 극복할 수 없을 정도의 극심한 두려움은 아니었습니다. 이건 또 무슨 말이냐고요? 이집트인들은 죽은 후의 세계가 별도로 있다고 믿었습니다.

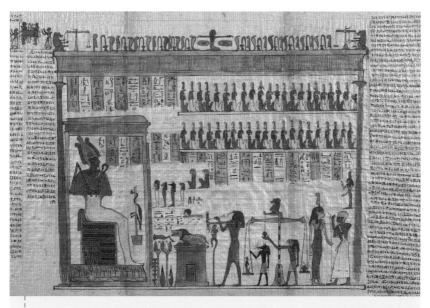

《사자의 서》. 이집트 사람들은 죽은 사람의 영혼이 지하 세계로 간다고 믿었다. 파피루스에 그림과 함께 지하 세계로 가는 방법을 상세하게 기록해 놓았다.

그들은 현생의 삶이 영혼이 사는 지하 세계로 이어진다고 생각했습니다. 이집트 사람들의 영혼관에 따르면, 사람이 죽으면 영혼은 지하 세계로 가기 전에 먼저 재판소에 들릅니다. 재판관의 이름은 지하 세계를 다스리는 신 '오시리스'입니다. 오시리스는 영혼이 살아생전 했던 일들을 근거로 착하게 살았다면 지하 세계에서 편히 살게 해 주었습니다. 다만 오시리스의 축복을 받아 지하 세계에서 잘 살아도 언젠가는 다시 죽기 전의 몸으로 돌아가야 했습니다. 그래서 죽은 사람의 몸을 훼손하지 않고 오랫동안 보존할 의도로 미라를 만들었습니다.

미라를 만드는 방법은 아주 복잡했습니다. 몸 안에 있는 내장들은 제거하고, 심장만 따로 남겨 두었습니다. 텅 빈 몸통 내부에는 화학 약품을 채워 넣어 시신이 썩지 않게 했습니다. 그러고는 천으로 꽁꽁 감은 후 얼굴에 마스크를 씌웠습니다. 죽기 전의 몸으로 다시 돌아갈 때 누구의 미라인지 구별할 수 있도록 하기 위함이었습니다. 미라 옆에는《사자의 서》를 두었습니다. 파피루스로 만들어진 이 문서에는 영혼이 지하 세계로 안전하게 가는 방법이 기록되어 있었습니다.

피라미드는 왜 만들었을까요?

고대 이집트에서는 왕을 '파라오'라고 했습니다. 파라오는 살아 있는 신으로 대접받을 정도로 권위가 높았습니다. 이처럼 위대한 파라오가 죽었다면 어떻게 해야 할까요? 먼저 정성을 다해 미라를 만들어야겠지요. 무덤도 만들어야겠네요. 신적 권위를 지닌 파라오나 왕실 사람의 무덤을 일반인 무덤처럼 만들 수는 없겠지요. 돌을 벽돌처럼 잘라 계단식으로 하늘 높이 쌓아 올린 무덤을 만들었습니다. 이 무덤이 '피라미드'입니다.

피라미드는 구조상 도굴당할 위험이 컸습니다. 하지만 왕의 영혼이 사는

무덤을 도굴꾼이 들어오도록 해서는 안 되겠지요. 도굴하지 못하도록 여러 가지 장치를 무덤 곳곳에 설치해 두었습니다. 무덤 외부에는 수호신 스핑크스를 세워 놓고, 내부 길은 파라오가 잠들어 있는 방을 찾기 어렵도록 미로로 설계했으며 군데군데 함정도 만들어 두었습니다. 파라오가 잠든 방 입구는 아주 무거운 대형 돌로 꽉 막아 놓았습니다.

그런데요, 아무리 파라오가 잠들어 있는 무덤이라고 하지만 이렇게까지 철저한 보안 조치가 필요했을까요? 피라미드는 죽은 파라오가 사후 세계에서도 권력을 행사할 수 있도록 만들어 놓은 지하 궁전이었습니다. 이런 곳을 도굴꾼에게 노략질당하도록 어리숙하게 만들 수는 없었습니다.

이집트의 피라미드는 4,500여 년 전에 만들어진 건축물인데도 높이가 무

피라미드와 스핑크스 사후 세계가 있다고 믿었던 고대 이집트 사람들은 왕이 죽으면 거대한 피라미드를 만들어 죽은 왕을 안치하고 피라미드 앞에는 수호신 스핑크스를 세워 두었다.

려 150미터에 육박하며 안으로 들어가는 것조차 쉽지 않습니다. 그러다 보니 많은 사람이 과연 누가 피라미드를 만들었는지 궁금해 합니다. 지금은 당연히 고대 이집트인이 만들었다고 인정하지만, 50여 년 전만 해도 외계인이 만들었다는 설까지 있었습니다. 그만큼 피라미드는 신비로운 인류 유산입니다.

6 아프리카 국가가 유럽을 지배할 뻔했다면서요?

아프리카는 가난하고 문명화되지 않은 나라가 많은 곳으로 생각하기 쉬워요. 그래서 아프리카 원시 부족들의 모습이 코미디 소재로 사용되기도 하고요. 하지만 아프리카 국가가 한때는 지중해를 건너 유럽 사람들까지 덜덜 떨게 했어요. 어떤 일이 일어났던 걸까요?

카르타고, 식민지에서 출발해 지중해를 호령하다

기원전 3세기 무렵, 이탈리아반도에서 로마가 성장하고 있던 시기에 지중해 건너편 아프리카 북부에는 카르타고가 있었습니다. 지중해 동쪽 지역에 살고 있던 페니키아인들이 북아프리카에 건설한 식민지였지요. 카르타고는 해상 무역을 통해 성장을 거듭하며 막대한 부를 가진 도시로 탈바꿈했습니다. 본거지였던 페니키아가 마케도니아의 왕 알렉산드로스에게 공격을 받아 쇠퇴하자 본토 사람들까지 대거 몰려들어 카르타고는 더 커졌습니다.

　이처럼 크게 확대된 카르타고는 지중해를 건너 유럽 땅까지 진출했습니다. 현재 에스파냐와 포르투갈이 있는 이베리아반도와 이탈리아의 시칠리아섬, 사르데냐섬, 코르시카섬 등이 모두 카르타고의 영역이었습니다.

포에니 전쟁, 로마와 카르타고의 운명을 가르다

　이탈리아반도에서 세력을 키우던 로마는 카르타고가 지배하는 시칠리아섬에 눈독을 들였습니다. 시칠리아는 지중해 한복판에 있는 큰 섬으로 지중해 무역에서 중간 기착지 역할을 하는 해상 교통의 요충지였습니다. 이런 중요한 곳을 로마가 관심을 가진다고 해서 카르타고가 순순히 내줄 수는 없었습니다.

제1차 포에니 전쟁

- ▨ 전쟁 시작 때의 카르타고령
- ▨ 카르타고의 획득령
- ▨ 전쟁 시작 때의 로마령
- ▨ 로마의 획득령
- → 로마군의 진로
- → 카르타고군의 진로

로마와 카르타고 사이에 전쟁이 일어났습니다. 제1차 포에니 전쟁(기원전 264~기원전 241)입니다. 왜 포에니 전쟁이냐고요? 로마인들이 페니키아인을 '포에니'라고 불렀기 때문입니다.

포에니 전쟁 초반은 강력한 해군을 보유한 카르타고가 승기를 잡았습니다. 그러나 보급품을 실은 카르타고 함대가 로마군의 기습으로 전멸당하면서 전쟁은 최종적으로 로마의 승리로 끝났습니다. 카르타고는 로마에 시칠리아를 빼앗겼을 뿐 아니라 막대한 전쟁 배상금까지 지불해야 했습니다.

제1차 포에니 전쟁의 패배는 카르타고의 경제력을 약화시켰습니다. 지중해 해상 무역을 통해 부를 축적했던 카르타고로서는 로마로부터 지중해 주도권을 반드시 되찾아야 했습니다. 로마를 치기 위해 카르타고는 무려 30여 년 동안이나 은밀하게 전쟁 준비에 공을 들였습니다. 기원전 218년 카르타

제2차 포에니 전쟁
◻ 로마와 동맹군　　　→ 로마군(스키피오)의 진로　　　✕ 싸움터
◼ 카르타고 영향권　　 ┅┅➤ 카르타고군(한니발)의 진로

고는 로마에 다시 도전장을 던졌습니다.

제2차 포에니 전쟁(기원전 218~기원전 202)이 벌어졌습니다. 카르타고의 명장 한니발은 알프스산맥을 넘어 로마군의 방어가 허술한 이탈리아반도 북부 지대부터 공략했습니다. 알프스산맥은 이탈리아와 프랑스의 국경선을 형성하는 산맥으로 매우 험준했습니다. 로마 사람들은 해상 세력인 카르타고군이 알프스를 넘어 이탈리아반도를 직접 공략하리라고는 꿈에도 생각하지 못했습니다. 그런데 한니발이 이끄는 카르타고군은 로마 사람들의 그런 생각을 비웃기라도 하는 양 코끼리 부대를 앞세우고 험준한 알프스산맥을 넘어 로마 북부 지대를 야금야금 점령했습니다.

로마는 절체절명의 위기에 빠졌습니다. 결과는 어찌 되었을까요? 로마가 멸망했을까요? 아닙니다. 바람 앞의 촛불처럼 위태롭던 로마에 전쟁 영웅이 있었습니다. 스키피오 장군이 로마군을 이끌고 지중해를 건너 카르타고 본토를 직접 공격했습니다. 당시 카르타고군은 한니발이 전군을 지휘하며 이탈리아반도에서 로마를 공격하는 데 전념하고 있었습니다. 이때 본토 방비가 소홀한 카르타고군의 약점을 간파한 스키피오가 배를 타고 지중해를 건너 아프리카 북부에 있는 카르타고를 불시에 공격했습니다.

한니발은 본토가 위태롭다는 소식을 듣고 급히 귀국길에 올랐습니다. 이제 로마와 카르타고의 전투는 로마 땅이 아닌 카르타고 영토에서 치러졌습니다. 스키피오 장군이 이끈 로마군과 한니발 장군이 이끈 카르타고군의 한판 대결에서 승기는 로마가 거머쥐었습니다.

이 전투의 결과, 카르타고는 지중해 곳곳에 있던 모든 영토를 로마에 넘겨야 했으며, 전쟁을 일으킨 책임으로 막대한 배상금을 로마에 지불해야 했습니다. 또한 모든 함선을 로마에 넘겼으며, 로마의 허락 없이는 앞으로 어떠한 전쟁도 할 수 없게 되었습니다. 카르타고 전쟁 영웅 한니발은 패전 이후에도

카르타고 유적지. 페니키아인이 북아프리카에 건설한 식민 도시 카르타고는 지중해 해상 무역을 주도하며 성장해 막대한 부를 누렸으나 로마에 의해 멸망했다.

로마를 치기 위해 암암리에 준비했으나 동족의 모함을 받고 도망 다니다 결국 자살로 생을 마감했습니다.

두 차례의 포에니 전쟁 후 카르타고는 어찌 되었을까요? 폭삭 망했을 것 같다고요? 그건 또 아닙니다. 카르타고는 패전의 상처를 딛고 해상 무역을 재개하며 부를 축적해 로마에 진 배상금을 다 갚고 부유한 국가로 다시 일어섰습니다. 그런데 여기서 또 반전이 일어났습니다. 카르타고와 인접한 도시 국가인 누미디아가 카르타고를 종이호랑이처럼 생각하며 자꾸 침범해 왔습니다. 로마의 허락 없이는 전쟁을 할 수 없었던 카르타고는 속수무책으로 당해야 했습니다. 이런 일이 여러 차례 지속되자 참다못한 카르타고가 누미디아와 전쟁을 개시했습니다. 로마는 카르타고가 전쟁을 일으키자 조약을 위반했다며 카르타고를 침공했습니다. 힘이 약할 대로 약해져 있던 카르타고는 다시는 약속을 어기지 않겠다며 거듭 사과했습니다. 이때 로마는 카르타고에게 영토를 보전하려면 가지고 있던 무기를 모두 파괴하라고 윽박질렀습니다. 카르타고는 로마의 휴전 조건에 응할 수밖에 없었습니다. 그럼 이제부터 카르타고에 평화가 찾아왔을까요? 그랬을 것 같나요? 아닙니다. 로마는 카르타고가 도저히 수용할 수 없는 요구를 하나 더 내놓았습니다. 기존 도시를 파괴하고 모든 주민을 해안에서 멀리 떨어진 내륙으로 이주시키라고 명령했습니다. 해상 무역으로 먹고사는 카르타고 사람들에게 이 요구는 죽으라는 말보다 더 심한 처사였습니다.

카르타고 사람들은 죽기를 각오하고 최후 항전을 결의했습니다. 제3차 포에니 전쟁(기원전 149~기원전 146)이 시작되었습니다. 군사력이 약해질 대로 약해진 카르타고였지만 로마군의 공세를 3년이나 막아 냈습니다. 하지만 계속 밀어붙이는 로마군의 대공세를 끝까지 막아 내지는 못했습니다. 결국 카르타고는 로마군에 멸망했고 로마의 속주가 되었습니다.

카르타고가 포에니 전쟁에서 이겼다면?

북아프리카에서 탄생해 한때나마 지중해 해상 무역을 제패하며 유럽까지 세력을 확장했던 카르타고는 역사 속으로 사라졌습니다. 로마는 카르타고를 멸망시킨 후 도시 전체를 폐허로 만들었습니다. 이후 이탈리아의 작은 도시 국가였던 로마는 지중해 무역을 장악하며 대제국으로 발전했습니다.

이미 지나간 역사에 '만약'이라는 단서를 달아 역사 서술을 할 수는 없습니다. 그러나 만약 포에니 전쟁에서 카르타고가 승리했다면 이후 지중해 인근 유럽은 어떻게 되었을까요? 또한 카르타고가 자리 잡고 있던 아프리카는 어떻게 성장했을까요? 현재 우리가 알고 있는 모습과는 많이 다르지 않을까요?

인도에 카스트 제도는 정말 사라졌을까요?

얼마 전 뉴스에서 인도에서 일어난 사건을 전해 들었어요. 자기 딸과 혼인한 사위가 최하층 민이라는 사실을 알게 된 장인이 그를 청부 살해했다는 거예요. 인도는 세계적인 IT 강국이 라던데, 어떻게 이런 나라에서 고대 신분제 사회에서나 있을 법한 일이 발생하죠? 인도는 아직 신분제 사회인가요?

카스트 제도는 언제부터 생겼나요?

인도 문명은 기원전 2500년 인더스강 유역에서 탄생했습니다. 사람들은 강 주변에서 농사를 지으며 '모헨조다로', '하라파' 같은 도시를 형성했습니 다. 두 도시 유적에서 발굴된 벽돌로 만들어진 공중 시설들을 보면 이 문명이 상당히 발달된 문명이었음을 알 수 있습니다.

하지만 인더스강 유역의 고대 문명은 쇠퇴했고, 기원전 1500년경에 중앙아시아 유목 민족 아리아인이 인도 문명의 중심 세력이 되었습니다. 이들은 갠지스강 주변에 정착해 새로운 시대를 열었습니다. 갠지스강 일대 땅은 정기적으로 범람하는 강물 덕분에 농사짓기 좋은 옥토였고, 아리아인은 이 땅에서 철제 농기구를 사용하여 관개 농업을 시작했습니다.

새롭게 형성된 도시 국가에는 제사 지내는 사람, 전쟁에 나갈 사람, 부족의 행정을 맡을 사람, 농사지을 사람 등이 필요했습니다. 여러 직업이 등장

인도 문명과 아리아인의 이동

하면서 역할 분담이 이루어졌는데, 이 직업 분류가 시간이 흐르면서 신분처럼 굳어졌습니다. 우리가 '인도' 하면 바로 떠올리는 '카스트 제도'의 시작입니다. 초기의 카스트 제도는 위아래로 신분 이동이 어느 정도 가능했습니다. 그런데 19세기 중엽 영국이 인도를 지배하면서 인구 조사를 하는 과정에서 수월한 통치를 위해 카스트를 포함한 신분 분류를 다시 하며 카스트 내 이동이 어렵게 되었습니다.

오늘날에도 브라만이 존재하나요?

현재 인도인의 80퍼센트가 믿는 힌두교는 브라만교에서 시작되었습니다. 고대 브라만교 사제들은 제사를 통해 신과 인간을 연결하는 존재로 국왕의 권위를 능가할 정도로 막강한 위세를 가졌습니다.

브라만교는 아리아인이 인도에 들어와 지배하던 초창기에 만들어진 원시

종교로 카스트 제도의 브라만 계급을 주축으로 형성되었습니다. 이후 4세기~6세기경에 북인도를 통일한 굽타 왕조 시대(320~550)에 불교 및 인도의 민간 신앙을 포용하면서 힌두교로 발전했습니다.

힌두교에서는 현재가 과거의 결과인 동시에 미래의 원인으로 작용한다는 '업業'과 절대적인 진리를 깨달을 때까지 계속 새로운 생명으로 재탄생한다는 '윤회輪回' 사상을 중시합니다. 따라서 현재 자신의 신분에 순응하고 의무를 다해야만 다음 생에는 더 나은 삶을 살 수 있다고 강조합니다.

한편 힌두교를 믿는 인도 사람들은 신의 몸에서 네 개의 카스트가 나왔다고 믿습니다. 입에서 나온 브라만은 최상위 계급으로 종교를 주관하는 사제나 학자가 되었습니다. 팔에서 나온 크샤트리아는 왕족과 무사 같은 통치 계급이 되었고, 넓적다리에서 나온 바이샤는 생산을 맡았습니다. 발에서 나온 수드라는 하층민으로 온갖 천한 일을 하며 상위 계급을 섬겨야 했습니다. 네 개의 카스트 어디에도 속하지 못하는 최하층민도 존재합니다. '달리트'라고 부르는 불가촉 천민 계급입니다.

아주 오래전에 만들어진 카스트 제도 안의 신분 분류는 지금도 여전히 인도에서 힘을 발휘하고 있습니다. 힌두 사원의 사제인 브라만은 돈을 받고 사람들의 소망을 이루어 주기 위한 다양한 제사를 신들에게 올립니다. 군대와 경찰의 고위 간부는 크샤트리아 출신이 압도적 비중을 차지하고 있습니다. 반면에 인도 주요 도시에서 일하는 청소부, 구두수선공, 짐꾼, 경비원 등은 수드라나 달리트인 경우가 많습니다.

인도인의 삶 속에 존재하는 신분 차별

현대 인도는 법적으로 누구나 평등한 사회입니다. 1947년 영국의 식민 통치가 끝나 독립 국가로 새롭게 출발하며 인도는 카스트 제도를 법적으로 폐지했습니다. 인도 헌법 제15조에 "국가는 종교, 인종, 카스트, 성별, 출신지에 의해 시민을 차별해서는 안 된다"라고 분명히 쓰여 있습니다. 따라서 공식적으로 인도는 달리트를 포함한 모든 신분이 평등한 사회입니다.

달리트 출신이 사업을 해서 성공하거나 정치인이 되는 일도 있습니다. 2017년에는 달리트 출신 대통령이 탄생하기도 했습니다. 하지만 인도인들의 의식 속에는 여전히 카스트가 살아 있습니다. 특히 혼인 같은 사생활의 영역에서는 여전히 차별과 배타가 존재합니다. 종종 해외 뉴스에 인도의 신분 차별에서 비롯한 사건이 등장하는 이유가 여기에 있습니다. 바이샤 출신 여자와 달리트 출신 남자의 사랑과 혼인이 비극으로 끝난 이유를 이제는 이해하겠지요?

중국 고대 국가의 재상은 세프였다고요?

요즘 친구들 사이에 인기 있는 직업은 셰프예요. TV를 켜면 셰프들이 출연하는 방송 프로그램이 정말 많더라고요. 그런데 고대 중국에서는 셰프, 즉 요리사가 나랏일을 책임지고 운영하는 재상이었다고 해요. 고대 사회는 어떤 사회였길래 요리사가 지금의 국무총리 같은 재상이 되었을까요?

요리사가 재상이었던 중국 고대 국가

우리 일상생활에서 가장 많이 관심 가는 분야는 아마도 먹는 일일 것입니다. 음식을 맛있게 요리해 사람들을 행복하게 해 주는 직업이 요리사고요. 그런데 중국의 고대 국가인 상나라와 주나라에서 요리사는 주방에서 음식을 만드는 사람이 아니라 나라를 이끌었던 재상宰相이었습니다.

주나라는 재상을 '천관총재天官冢宰'라 불렀습니다. '천관天官'은 하늘에 드리는 제사를 주관하는 사람이라는 뜻이고, '총재冢宰'는 그 제사에 필요한 음식을 준비하는 관리를 말합니다. 그런데 이 천관총재가 제사만 담당하지는 않았습니다. 제사를 지내는 것이 주요 임무였지만, 제사 의식이 끝난 후 사람들에게 음식을 골고루 나누어 주는 일도 맡았습니다.

재상은 제사를 마친 후 참석한 사람들의 권력과 지위에 따라 음식을 적절하게 나누어 주며 집단 내부의 갈등을 조정하고 화합을 다졌습니다. 그리고 제사 자리에 주변 씨족을 초청해 음식을 대접하면서 씨족 간 중요 문제를 협의하는 일종의 외교 활동도 수행했습니다. 주나라 시대의 재상은 요즘 말로 하면 '셰프'라고 할 수 있지만, 재상의 활동을 살펴보면 국가의 전반적인 일을 주관하고 운영하는 국가 최고 행정 책임자라고 할 수 있습니다.

중국 고대 국가에서 셰프가 국정을 책임지고 운영한 까닭은?

인류는 신석기 혁명 이후 한곳에 정착해 식량을 생산하기 시작했습니다. 농업 위주로 살아야 했던 고대 사회에서는 자연환경이 매우 중요했습니다. 지금도 그렇지만 예전에도 날씨, 즉 기온과 비와 바람은 인간이 통제할 수 없었습니다. 가뭄이 들거나 홍수 또는 태풍이 불어닥치면 하늘에 제사를 지내며 간절히 기도하는 것이 인간이 할 수 있는 거의 전부였습니다.

정치가는 신의 대리인으로서 신의 뜻을 잘 헤아려야 합니다. 이런 시대에 국가에서 해야 할 가장 중요한 일은 신에게 바칠 음식을 정성으로 준비하는 것과 신의 노여움을 사지 않도록 철저히 관리하는 일이었습니다. 그러다 보니 요리사의 역할이 중시되었고, 이들이 국가의 최고 행정 책임자가 되어 국정 전반을 운영했습니다.

솥단지가 국가 권력과 권위를 상징한다고요?

음식을 만들 때 가장 중요한 도구는 솥입니다. 전쟁이나 재난을 당해 피난을 갈 때도 사람들은 솥을 먼저 챙겼습니다. 집이 없더라도 솥단지 하나만 있으면 어디서든 재료를 구해 조리해 먹을 수 있었기 때문입니다. 그리고 음식은 날것으로 먹으면 탈이 날 수 있는데 익혀서 조리하면 소화도 잘 되고 다양한 음식도 만들 수 있습니다. 이러한 솥은 중국 고대 사회에서 권력의 상징이기도 했습니다.

중국 고대의 청동솥은
권력의 상징이었다.

중국에서 청동 솥은 왕권의 상징이었습니다. 중국 신화 속의 임금으로 복희씨가 있습니다. 그는 농경과 목축을 주관하며 문자를 만들었습니다. 또한 다리 세 개를 지닌 솥을 만들어 천지 만물의 번성을 빌었습니다. 한편 중국 최초 왕조인 하나라 우왕은 전국 아홉 개 부족의 금속을 모아 솥을 만들었는데 이 솥을 소유한 사람을 '천자天子'라 했습니다.

신의 권위를 빌려 나라를 다스리던 신정 정치 시대에 솥은 국가의 중요한 일을 신에게 묻는 제사에 바칠 동물을 삶는 신성한 도구이기도 했으며 부정부패한 관리를 처벌할 때 죄인을 넣고 삶아 죽이는 형벌 도구이기도 했습니다. 한편 신성한 솥의 표면에는 공신들의 공적을 기록해 자자손손 전해지도록 하기도 했습니다.

천국과 지옥 개념은 언제부터 등장했나요?

크리스트교와 이슬람교 교리에는 '선과 악', '천국과 지옥' 개념이 들어 있어요. 그런데 이 개념들은 조로아스터교의 영향으로 만들어졌다고 해요. 조로아스터교는 어떤 종교이길래 인류의 대표적인 두 종교에 영향을 미쳤을까요?

조로아스터교의 별명으로 교리를 유추할 수 있다고요?

크리스트교, 불교, 이슬람교의 명칭은 무엇에서 유래했을까요? 크리스트교는 '크리스트' 또는 '그리스도'라고 불리는 '예수'의 칭호에서 유래한 종교 이름으로 '예수를 믿는 종교'를 의미합니다. 불교는 '석가모니가 설파한 교법'이라는 뜻으로 그 법을 따르는 종교를 뜻하며, 이슬람교는 유일신 '알라'에게 '절대 순종한다'는 뜻인 '이슬람'에 어원을 둔 종교입니다.

그렇다면 '조로아스터교'는 어떻게 지어진 이름일까요? 이 종교는 '크리스트교'와 비슷한 방식으로 창시자 이름에서 나왔습니다. 조로아스터는 기원전 1500년에서 기원전 1300년 사이에 페르시아에서 살았던 예언자로 추정됩니다. '조로아스터'라는 이름은 그리스어 발음이고, 고대 페르시아어로는 '자라투스트라'입니다.

한편 조로아스터교는 두 가지 별칭이 더 있습니다. 불교와 이슬람교처럼 그 종교의 교리를 유추 해석할 수 있는 이름입니다. 첫 번째, 조로아스터교에서 말하는 유일신 '아후라 마즈다'를 믿는다는 뜻의 '마즈다 예배교'입니다. '마즈다'는 '지혜'를 뜻합니다. 조로아스터교가 탄생할 무렵 대부분의 기존 신앙은 신관이 마술이나 예언으로 신자들을 교화하고 다스렸습니다. 그런데 조로아스터교는 지혜를 가진 자비로운 창조자를 믿었습니다. 두 번째는 주로 한자 문화권에서 불린 이름으로 '불을 숭배하는 종교'라는 뜻에서 '배화교'입니다. 이 별명은 조로아스터교 신자들이 태양이나 신성한 화로 앞에 선 채로 기도하는 모습에서 붙여졌습니다. 조로아스터교에서 불은 '순결함', '순수함', '영원한 생명', '각자의 마음속에 타오르는 빛'을 상징하며, 이것은 아후라 마즈다의 속성을 반영한 것입니다.

조로아스터교가 최초로 정립한 이론이 있다고요?

종교학자들은 조로아스터를 역사상 최초의 신학자이자, 현재까지도 이어지고 있는 신앙 시스템을 구축한 최초의 인물로 평가합니다. 조로아스터교가 등장하기 전에 사람들은 선과 악이 공존하는 신을 믿었습니다. 이렇게 신이 선과 악을 함께 지니고 있는 신앙 체계를 '일원론적 신앙관'이라 합니다.

이러한 신앙과 달리 조로아스터는 인류 최초로 '이원론적 신앙관'을 제시했습니다. 이 신앙관에서는 신과 악마가 분리되어 서로 대립합니다. 즉 선함과 악함을 상징하는 두 존재가 따로 있어서 서로 갈등 관계를 형성합니다. 여기서 혁신적인 것은 '선과 악의 갈등'이라는 개념입니다. 조로아스터는 선과 악의 갈등은 인간의 마음에서 일어나기 때문에, 이를 해결하기 위해 인간 개개인의 자유 의지를 강조했습니다. 인간의 자유 의지란, 스스로 옳고 그름을 판단하는 '선택'을 말합니다. 인간이 선이나 악 중 한 가지를 선택한다면 그 갈등을 마무리 지을 수도, 갈등을 심화시킬 수도 있겠지요. 이러한 이론 덕분에 종교 학자들은 조로아스터교를 세계 최초의 윤리적 종교관을 가진 종교라고 평가합니다.

설명이 너무 어렵나요? 그럼 조금 쉽게 풀어서 이야기해 보겠습니다. 조로아스터교 등장 이전 고대 메소포타미아의 신들은 절대 권력을 가지고 있는 최상의 능력자로 모두 비슷한 존재였습니다. 그러나 조로아스터교는 신이 가진 능력을 명확히 구분했습니다. 지혜의 신이자 선善의 신인 아후라 마즈다만이 전지전능한 절대 신이었습니다. 아후라 마즈다는 하늘의 영광을 상징하는 '빛'이었습니다. 그럼 어둠은? 어둠의 세계를 관장하는 신은 '앙그라 마이뉴'입니다. 이 신은 '사탄'으로도 불립니다. 조로아스터교 경전에 따르면, 앙그라 마이뉴는 모든 악과 부정한 것을 만들어 내 아후라 마즈다와 대립합니다. 이 두 신이 우리에게 익숙한 '천사'와 '악마' 개념을 확립했습니다.

한편 조로아스터교는 메시아, 즉 구원자가 도래하는 종말론을 인류 최초로 제시한 종교이기도 합니다. 하늘 신 아후라 마즈다에게 인간 세상의 포교를 사명으로 받은 사람은 조로아스터였습니다. 아후라 마즈다는 조로아스터에게 메시아를 의미하는 '샤오쉬안트'를 계시했습니다. 샤오쉬안트는 '선한 자 중의 선한 자'라는 뜻으로 선과 악의 끝없는 투쟁을 끝장내는 힘을 가지고 있었습니다. 이 메시아가 세상을 구원할 마지막 전투에서 앙그라 마이뉴를 물리치고 악으로부터 세상을 구해 냅니다. 어떤가요? 크리스트교에서 말하는 종말론과 비슷하지 않나요? 이처럼 조로아스터교는 메시아가 도래하는 종말론을 교리로써 최초로 제시한 종교입니다.

조로아스터교는 기원전 250년부터 기원후 226년까지 지금의 이란 지역을 다스렸던 나라 파르티아 시대에 유대교, 기독교와 접촉했습니다. 이때 조로아스터교의 선과 악으로 대비되는 이원론적 신앙관과 종말론, 메시아 개념은 이들 두 종교에 영향을 미쳤습니다. 또한 7세기 초반 아라비아의 예언자 무함마드에 의해 체계화된 종교인 이슬람교에도 영향을 주었습니다. 크리스트교처럼 이슬람교도 '천국과 지옥', '심판의 날', '전지전능한 유일신' 개념이 신앙관의 근본 줄기를 형성하고 있습니다. 그럼 조로아스터교와 불교는 어떨까요? 신앙 체계가 완전히 다를 것 같다고요? 그럴 것 같지만, 두 종교 사이에도 비슷한 점이 있습니다. 조로아스터교의 '천국과 지옥' 개념이 불교에서는 '극락과 지옥'이니까요.

고대 제국들은 왜 대형 도로를 건설했나요?

우리 지역에 새 도로가 만들어졌어요. 좁고 구불구불해서 불편한 도로 대신 넓고 곧게 난 도로로 다니니 이동 시간이 엄청 빨라졌어요. 차량 통행도 많아지니 음식점이나 상가가 많이 생겨서 지역 경제 또한 활성화되었고요. 옛날 사람들도 이런 이유 때문에 대형 도로를 만들었을까요?

고대 제국들은 효율적인 통치를 위해 도로를 건설했다

　옛날 사람들도 현대를 사는 우리와 마찬가지로 다양한 이유로 곧게 뻗은 대형 도로를 만들어 이용했습니다. 특히 이란고원 지대에서 성장한 페르시아와 중국 진秦나라, 이탈리아반도에서 발전한 로마, 이 세 제국은 국가 차원에서 곧게 뻗은 큰 도로를 만들어 다방면으로 활용했습니다.

　그런데 이 나라들은 왜 국가가 적극 나서서 대형 도로를 건설했을까요? 포클레인 같은 건설용 중장비가 없던 과거에 큰 도로를 건설하는 일은 엄청난 노동력과 시간을 필요로 하는 초대형 국가사업이었습니다. 그럼에도 불구하고 이 제국들이 큰 도로를 건설한 까닭은 제국 영토 전역을 효율적으로 통치하고 관리할 수 있었기 때문입니다. 이게 무슨 말이냐고요? 고대 제국들은 잘 닦인 도로를 통해 황제의 명령을 여러 지역에 빠르게 전달하며 통치의 효율성을 높였습니다. 제국으로 발돋움하기 이전의 고대 국가들은 영토가 비교적 작았기에 중앙의 명령을 지방에 전달하는 데 어려움이 없었습니다. 하지만 넓은 영토를 가진 제국이 되자 수도와 멀리 떨어진 지역까지 황제의 명령을 빠르게 전달할 필요가 생겼습니다. 이에 제국들은 곧게 뻗은 큰 도로를 건설해 황제의 명령을 제국 영토 곳곳에 신속하게 전달했습니다. 또한 지방에서 반란이 발생하면, 이 도로를 통해 빠르게 군사를 보내 반란을 진압했습니다.

한편 대형 도로는 상인들도 유용하게 이용하며 상업을 활성화시켰고, 이를 통해 국가도 부를 축적했습니다. 이렇듯 고대 제국들은 대형 도로를 건설함으로써 광대한 영토를 황제가 중앙에서 효율적으로 통치함과 동시에 지방의 반란 세력을 견제하고 제국 운영에 필요한 재정을 확충할 수 있었습니다.

세상에서 페르시아 전령들보다 빠르게 여행하는 사람은 없다

그럼 각 제국은 국가사업으로 건설한 큰 도로를 어떻게 운영했을까요? 페르시아는 키루스 왕 시절 서아시아 세계를 통일한 후, 다양한 민족과 그들이 믿는 종교에 관용 정책을 펴며 안정을 이루었습니다. 이후 다리우스 대왕 시기 영토를 크게 넓히며 전성기를 맞았습니다. 다리우스 대왕은 넓어진 영토를 효율적으로 통치하기 위해 대형 도로를 건설했습니다. 이 도로의 이름이 '왕의 길'입니다.

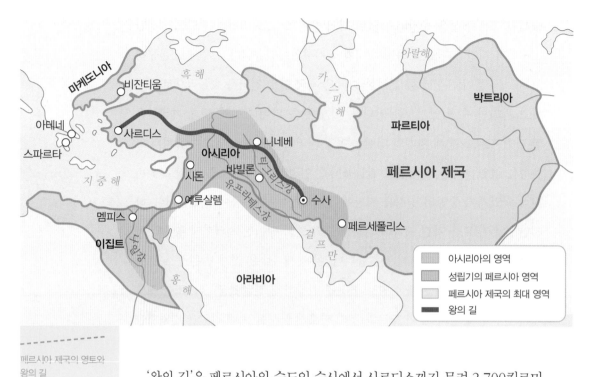

페르시아 제국의 영토와
왕의 길

　'왕의 길'은 페르시아의 수도인 수사에서 사르디스까지 무려 2,700킬로미
터에 이르는 기나긴 길입니다. 이렇게 긴 도로를 한 번에 오가는 것은 사람에
게나 말에게나 무척 힘든 일이었습니다. 그래서 중간중간 고속도로 휴게소와
비슷한 시설인 역참을 설치해 도로를 이용하는 사람이 말을 바꿔 타거나 쉬
었다 갈 수 있도록 했습니다. 페르시아 제국은 이 길을 통해 넓은 영토를 긴
밀하게 연결해 왕권을 강화하고 중앙 집권화 정책을 안정적으로 추진할 수
있었습니다. 고대 그리스의 역사가 헤로도토스는 자신의 책《역사》에 "세상
에서 가장 빠르게 여행하는 사람은 페르시아 왕의 명령을 전달하는 전령들"
이라고 기록해 놓았습니다. 다리우스 대왕 시절에 만든 대형 도로가 페르시
아 제국 통치에 얼마나 효과적으로 활용되었는지 알 수 있지요.

중국을 최초로 통일한 진시황, 도로를 만들어 직접 이용하다

기원전 221년 진秦나라는 춘추 전국 시대의 오랜 분열기를 통일하고 중국 최초의 통일 제국이 됩니다. 통일 제국 진을 건설한 진시황제는 왕이라는 칭호가 중국 유일한 지배자인 자신의 권위에 맞지 않는다고 생각해 '황제'라는 칭호를 만들어 사용했습니다. 그리고 자신이 통일한 중국 대륙을 효율적으로 통치하기 위해 지역마다 서로 달랐던 문자와 도량형을 통일하고 만리장성을 쌓아 북방 민족의 침략에 대비했습니다. 또한 지방에 대한 통제를 강화하고 진나라의 통일에 불만을 품은 세력들이 반란을 일으키는지 감시하기 위해 '치도治道'라는 대형 도로를 만들었습니다.

진시황은 치도를 이용해 자신이 차지한 영토 전역을 수시로 돌아다녔습니다. 이 여행을 '순행巡行'이라 부르는데, 진시황은 10년 동안 다섯 번의 순행을 했습니다. 그가 이처럼 여러 차례 전국을 순행한 까닭은 자신이 차지한 거대한 영토를 직접 살필 목적도 있었지만, 지방관들이 일을 잘하고 있는지, 지방 반란 세력이 있는지 등을 직접 점검하기 위한 까닭도 있었습니다. 따라서 진시황이 건설한 대형 도로는 황제권 강화와 중앙 집권 체제 강화를 위해 만들어진 것임을 알 수 있습니다.

'모든 길은 로마로 통한다'

이탈리아반도의 작은 도시 국가에서 출발해 지중해 세계를 제패한 로마 제국은 실용적인 문화가 발달했습니다. 로마의 실용적인 문화를 보여 주는 대표적인 유산으로 두 가지 길이 있는데, 바로 상수도 시설과 현재의 고속도로와 비슷한 기능을 가진 대형 도로입니다. 로마 제국 당시에 건설된 수로와 도로 중 일부는 아직도 사용되고 있으니, 고대 로마인의 기술력이 얼마나 뛰어났는지 알 수 있습니다.

활발한 정복 활동을 통해 영토가 넓어지자 로마 제국은 지방의 주요 거점에 도시를 건설하고, 수질이 깨끗하면서도 수량이 풍부한 강이나 계곡에서 물을 끌어와 도시 주민들이 편리하게 사용하도록 했습니다. 이렇게 만들어진 수로가 어떤 것은 수십킬로미터에 이르기도 했습니다. 1세기 후반에서 2세기 초반에 로마의 영토였던 에스파냐 세고비아시에 남아 있는 수도교는 현재 남아 있는 로마의 대표적인 상수도 시설로 세고비아에서 무려 16킬로미터나 떨어진 프리오강의 물을 끌어온 것입니다.

로마는 영토를 넓히는 과정에서 도시와 도시를 연결하는 도로를 건설했습니다. 식민지 건설을 위해 군대가 출정하면 도로를 건설하는 공병대가 반드시 따라갈 정도였다고 하니, 로마가 도로 건설에 얼마나 큰 힘을 기울였는지 알 수 있습니다. 로마 정부가 도로 건설에 집중한 까닭도 페르시아나 진나라와 비슷합니다. 도로를 통해 중앙과 지방이 활발히 정보를 공유하고, 로마 제

에스파냐 세고비아시에 남아 있는 로마의 수도교. 세고비아에서 16킬로미터 떨어진 프리오강의 물을 끌어왔다.

국의 군대가 빠르게 이동함으로써 제국 전체를 효과적으로 다스릴 수 있었기 때문입니다. 한편 대형 도로는 세계 각 지역의 상인들이 활발하게 이용하며 무역을 활성화시켰고, 이를 통해 로마는 재정적인 풍요를 이루었습니다. 제국의 수도였던 로마에는 지중해 주변 지역의 상품뿐 아니라 중국과 인도의 상품까지 들어왔다고 하니, '모든 길은 로마로 통한다'는 말이 결코 과장은 아니었습니다.

제자백가는 어떤 사람들인가요?

'공자', '맹자', '노자'는 모두 중국의 춘추 전국 시대에 살았던 사상가래요. 춘추 전국 시대에 왕성하게 활동한 여러 학자들을 '제자백가'라고 하는데요, 이 시기에 만들어진 유가, 법가, 도가 같은 학파는 2,500년이 지난 지금까지도 꾸준히 현대 사회에 영향을 끼치고 있어요. 춘추 전국 시대는 어떤 시대였기에, 이렇게 다양한 사상이 꽃필 수 있었을까요?

'춘추 전국 시대'가 역사책에서 따온 이름이라고요?

춘추 전국 시대는 '춘추 시대'와 '전국 시대'를 합친 말입니다. 노나라 학자 공자가 쓴 책《춘추春秋》와 한나라 학자 유향이 쓴《전국책戰國策》에서 따온 말이지요. 춘추 시대는 중국의 고대 국가 주나라가 수도를 서쪽 호경(지금의 시안)에서 동쪽 낙읍(지금의 뤄양)으로 옮긴 기원전 770년부터 기원전 403년까지이고, 전국 시대는 기원전 403년부터 진나라가 중국을 통일한 기원전 221년까지를 말합니다.

춘추 전국 시대 이전 주나라는 왕족들에게 각 지방을 나누어 주고 다스리게 했습니다. 이러한 정치 체제를 '봉건제'라 하며 각 지방을 다스리는 지배자를 '제후'라고 합니다. 처음 봉건제가 실시될 때는 제후들이 왕의 동생이나 아들, 손자 등 왕과 바로 연결된 직계 가족이었기 때문에 수도에 사는 왕의 명령이 지방에도 잘 전달되었습니다. 하지만 세월이 흐르면서 수도의 왕과 지방을 관장하는 제후 간의 혈연관계가 멀

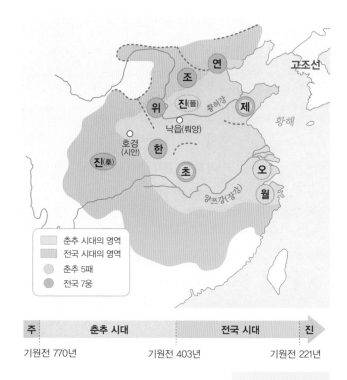

춘추 전국 시대의 춘추 5패와 전국 7웅

어져 갔고 주나라 왕실에 대한 제후들의 충성심도 크게 약화되었습니다. 더군다나 지방 제후 중 일부는 주나라 왕의 허락도 없이 독립 국가처럼 제후국을 운영했고, 약화되고 있던 주나라 왕실은 이를 제어하지 못했습니다. 게다가 기원전 770년에는 북방 이민족의 침략에 쫓겨 급기야는 수도를 낙읍으로 옮겨야 했습니다.

현실이 이러하니 주나라 왕실의 권위가 땅에 떨어진 것은 명약관화한 사실이었습니다. 이 시기에 제후들은 존왕양이^{尊王攘夷}사상을 내세우며 자신들의 군사력을 강화했습니다. '존왕양이'가 뭐냐고요? '임금을 받들어 모시고 오랑캐를 물리친다'는 뜻입니다. 쇠퇴한 주나라 왕실을 되살리겠다고 지방 제후국들이 군사력을 강화하며 내세운 명분이지요.

그런데 지방 제후국들은 정말 주 왕실의 권위를 세우기 위해 군사력 강화

에 나섰을까요? 주 왕실을 위한 군사력 강화는 표면적인 명분에 불과했습니다. 사실 제후국들의 속셈은 자기 나라의 군사력을 키워서 다른 제후국보다 한발이라도 더 앞서 나가려는 의도였습니다. 이처럼 겉으로는 존왕양이를 내세웠지만, 실제로는 국력 강화가 우선이었던 시대가 춘추 시대였습니다. 이 시대에 여러 제후국 중에서 특별히 힘이 센 다섯 나라가 있었는데 이 나라들을 '춘추 5패'라 합니다. '춘추 시대에 패권을 쥔 다섯 제후국'이라는 뜻입니다.

기원전 403년부터 시작되는 전국 시대에 제후국들의 독자 행보는 더욱 노골적이었습니다. 주나라 왕실이 있건 말건 독립국처럼 자기들끼리 치고받으며 싸움질을 했습니다. 이 시기에 중국은 제후들의 땅따먹기 전쟁으로 혼란이 극에 달했으며, 국토는 일곱 개 강대국(진·한·위·조·연·제·초)이 나누어 가졌습니다. 이들 나라를 '전국 7웅'이라 합니다. 전국 시대는 존왕양이의 명분은 온데간데없이 사라지고 서로 먹고 먹히며 피도 눈물도 없는 전쟁과 음모와 술수가 판을 치는 시대였습니다. 그래서 전국 시대를 '약육강식의 시대'라고도 합니다.

어떤 사람들을 '제자백가'라고 하나요?

춘추 전국 시대에 제후국들은 서로 동맹을 맺어 다른 나라와 싸우기도 했고, 때로는 굳건하게 동맹 맺었던 나라를 서슴없이 배신하기도 했습니다. 이처럼 혼돈의 시기에 각 나라는 다른 나라와의 경쟁에서 앞서기 위해 국가 경제력과 군사력을 강화하는 부국강병 정책을 추진했습니다. 그런데 나라가 부강해지려면 뛰어난 실력을 갖춘 인재가 나라 안에 많아야 합니다. 각 나라는 출신 국가와 지역을 뛰어넘어 인재 영입에 적극 나섰습니다.

역사를 보면 모순적이게도 난세에 뛰어난 영웅과 걸출한 인재가 많이 나옵니다. 카오스 같은 춘추 전국 시대가 바로 그런 난세였습니다. 약육강식의 시대에 살아남기 위해 제후들은 인재 등용에 열을 올렸고, 그렇게 발탁된 사람 중 일부는 영웅으로 성장했습니다.

한편 전략가나 사상가들은 자신의 뜻을 펼칠 곳을 찾아 천하를 떠돌아다녔고 서로 생각이 같은 사람들끼리는 무리를 이루어 학파를 형성했습니다. 당시 만들어진 대표적 학파가 유가, 도가, 묵가, 음양가, 법가, 명가, 종횡가, 잡가 등입니다. 그리고 이 시대에 활동한 공자, 맹자, 노자, 한비자 같은 사상가들을 '~자子'로 불렀기에, "여러 '자'들에 의해 만들어진 다양한 학파"라는 뜻에서 이들을 '제자백가'라 했습니다. '제諸'는 여럿을 뜻하고, '백가百家'는 많다는 뜻입니다.

춘추 전국 시대에 탄생한 대표적인 학파는?

춘추 전국 시대에 등장한 대표 학파로 공자가 만들고 맹자가 체계화한 유가 학파를 꼽을 수 있습니다. 공자는 '예禮'가 지켜지던 주나라를 가장 이상적인 나라로 생각했습니다. 그래서 혼란한 시대를 안정시키고 올바른 정치를 하기 위해서는 개인적인 욕망이나 이기심에 빠지지 않고 도덕적인 것을 추구하는 '인仁'이 필요하다고 강조했습니다. 또한 법과 예질에 어긋나지 않으면서 내적으로 도덕적인 마음을 가진 '군자'야말로 가장 이상적인 인물상이라고 생각했습니다. 공자의 이러한 사상은 그의 사후 제자들에 의해 체계화되어 '유학'과 '유교'로 학문과 종교의 체계를 갖추었고, 한나라 때부터는 국가 정치 이념으로 자리 잡았습니다. 또한 중국은 물론 우리나라와 일본 등 동아시아에 지대한 영향을 미쳤습니다.

묵가는 우리에게 친숙하진 않지만 전국 시대 때 많은 사람이 주목했던 학파입니다. 왜 주목했냐고요? 이 학파가 주로 백성들 편에 서서 고통을 함께

하며 가슴 아파했기 때문입니다. 묵가 학파를 세운 묵가는 전국 시대의 끊임없는 전쟁이 사람들을 고통스럽게 하는 원인이라고 생각했습니다. 그래서 그는 전쟁과 개인 간의 갈등에서 벗어나 모두가 평등하고 행복할 수 있는 세상을 꿈꿨습니다. 이를 위해서는 '겸애兼愛' 즉, 자신의 가족과 친구가 아니더라도 '모든 사람이 서로를 사랑'하는 인류애를 강조했습니다.

동아시아 정신세계에 또 하나 큰 축을 이룬 사상은 노자와 장자에 의해 형성된 '노장 사상', 즉 도가 학파입니다. 장자의 눈에 비친 세상은 사람들이 자신의 이익을 위해 서로 속이고 속는 곳입니다. 이런 곳에서는 사람들이 국가와 사회가 정해 놓은 틀과 기준에 맞춰 서로 더 많은 재물을 쟁취하기 위해 다투고 경쟁하게 됩니다. 도가 사상가들은 공자가 사회를 안정시키기 위해 필요하다고 말한 윤리와 도덕도 결국은 백성들을 다스리기 위한 권력자의 통치책일 뿐이라고 주장했습니다. 그럼 세상은 어떻게 운영되어야 하느냐? 도가에서는 모든 것에 대한 욕심을 버리고 인위적인 통제가 아닌 자연스러운 마음에 따라 세상사가 돌아가게 하는 '무위無爲'를 중시했습니다.

전국 시대의 혼란상을 멈추게 한 사상은?

제자백가의 다양한 해결책 제시에도 전국 시대의 혼란은 쉽게 극복되지 않았습니다. 격렬했던 전국 시대를 끝내고 통일을 이룬 나라는 중원 서북쪽에 있는 작은 나라 진秦이었습니다. 진나라가 중국을 통일하고 제국으로 성장한 데에는 개혁 정치를 이끈 상앙의 공이 큽니다. 그는 원래 위나라 사람이지만 진나라 인재 공모에 응해 발탁되었습니다. 상앙은 강력한 법을 통해 사회 질서를 바로잡고 부국강병을 이루어야 한다는 법가 사상가로, 법이 엄하면 감히 어기지 못해 범죄가 발생하지 않고 나라의 기강도 확립된다고 믿었습니다. 그래서 강력한 법을 만들었고, 법을 어기면 누구라도 예외를 두지 않고 무거운 형벌을 내렸습니다. 동양 역사학의 아버지로 추앙받는 사마천이 쓴 역사서 《사기》에 따르면, 상앙이 정책을 펼친 지 10년도 안 되어 진나라에는 "도적이 사라졌을 뿐더러 땅에 물건이 떨어져 있어도 주워 가는 사람이 없을 정도"로 사회 질서가 안정되었다고 합니다. 상앙을 이어 진나라에서 법가 사상을 집대성한 학자는 한비자였는데, 그는 진시황에게 이런 이야기를 했습니다.

"춘추 시대에 왕량이라는 마부가 있었습니다. 그가 마차를 몰면 단숨에 천 리 밖까지 갈 수 있었습니다. 만약 천 리 밖에 소식을 전할 일이 있다면 그에게 시키면 될 일이지요. 하지만 문제는 왕량은 한 사람뿐이고 앞으로도 또 왕량 같은 사람이 나타날지 불확실하다는 것입니다."

한비자가 진시황에게 이런 말을 한 것은 뛰어난 인재 한 명보다 평범한 여럿이 나라를 움직이게 할 수 있는 제도, 곧 시스템이 중요하다는 것을 강조하기 위해서였습니다. 군주가 출중하지 않아도 법과 제도가 제대로 갖춰져 있으면, 나라를 효과적으로 운영할 수 있다는 뜻이지요. 중국 서쪽 변방의 작은 나라였던 진나라는 법가 사상을 채택해 부국강병을 이루고 중국을 통일할 수 있었습니다.

중국을 최초로 통일한 황제가
폭군의 대명사라고요?

진시황제가 중국을 통치할 때 중국 고대 정치 체제가 대부분 완성되었다고 해요. 군현제 실시, 도량형 통일, 문자 통일도 진시황 시기에 실시한 제도라네요. 이 정도 업적이면 진시황은 중국 사람들에게 우리나라의 세종대왕만큼이나 위인으로 추앙받을 것 같아요. 진시황제는 어떤 군주였을까요?

중국 통일 전 진나라는?

　제자백가의 다양한 학설이 등장하며 학문이 융성하던 시기, 중국 서쪽 변방 지대의 제후국 진秦나라로 가 볼까요? 진나라는 주변 국가와 경쟁에서 살아남기 위해 기원전 350년 상앙을 등용해 법가 사상을 바탕으로 부국강병의 기반을 닦았습니다. 이러한 개혁의 흐름은 장양왕을 거쳐 아들 영정 때 성공을 거두었습니다. 덕분에 진나라는 다른 나라들이 서로 힘을 합쳐 견제할 정도로 독보적인 힘을 가진 나라가 되었습니다.

변방의 작은 나라가 중국을 통일할 수 있었던 이유는?

아버지의 뒤를 이어 왕이 된 영정! 처음 듣는 이름이라고요? 사실 우리에게 '영정'은 다른 이름으로 더 익숙합니다. 본래 이름이 영정인 이 임금을 우리는 흔히 '진시황제'라고 부릅니다. 중국을 최초로 통일한 진나라를 세운 임금이라는 뜻이지요.

진시황제는 열세 살의 나이로 왕위에 올랐습니다. 요즘으로 치면 초등학교 6학년 학생이 약육강식 시대에 한 나라의 왕이 된 것입니다. 그래서 국왕 즉위 초반에는 재상 여불위가 어린 왕을 보필하며 나랏일을 주관했습니다. 그러다 스물한 살이 되던 해부터 진시황은 본인이 직접 국가 행정과 정치 전반을 주도했습니다.

본격적으로 나랏일을 살피면서 진시황은 법가 사상가 이사를 등용해 철저한 법치주의 정책을 실행했습니다. 덕분에 진은 다른 나라가 감히 넘볼 수 없을 정도로 강한 나라가 되었습니다. 진시황은 이어서 국방력을 강화시킬 전쟁 전문가와 토목 기술자를 불러들이는 등 다른 나라 출신이라도 부국강병에 도움이 된다면 누구든 요직에 앉혔습니다.

진시황의 이러한 인재 등용 정책은 큰 성공을 거두었습니다. 진시황이 인재 등용을 시작한 지 10여 년 만에 진은 주변 국가들을 완전히 몰락시키고 중국 전역을 통일했습니다. 그의 나이 서른여덟 때 일이었습니다.

그런데 통일 중국에는 시급히 해결해야 할 문제들이 산더미처럼 쌓여 있었습니다. 춘추 전국 시대 550여 년 동안 여러 나라로 분열되어 있다 보니, 정치, 경제, 사회, 문화 등 각 분야의 정책이 지역마다 다 달랐습니다. 진나라가 중국 영토의 통일은 이루었지만, 서로 다른 체제들은 통합되지 않았기 때문에 언제 어디서 어떤 갈등이 생길지 알 수 없는 상황이었습니다. 진시황제는 정치와 행정을 시스템으로 체계화하는 일에 전력을 기울였습니다.

통일 직후 그는 첫 번째 정책으로 '황제'라는 칭호를 사용했습니다. 이전의 중국 왕들과 자신을 차별하기 위함이었습니다. '황제'라는 칭호에는 여러 의미가 내포되어 있지만 간략히 설명하자면, '세상에 존재하는 단 한 명뿐인 지배자' 즉, '세상의 주인공은 나야, 나!'를 의미합니다.

통일 제국의 기반을 확립하기 위해 실시한 두 번째 정책은 군현제입니다. 진시황은 춘추 전국 시대 같은 혼란스러운 상황이 발생한 원인을 주나라의 봉건제에 있다고 생각했습니다. 그래서 그는 전국을 서른여섯 개 군과 현으로 나누고 각 군현에 황제가 직접 임명한 관리를 파견해 다스리게 했습니다. 군현제 실시로 지방 곳곳에 중앙의 행정 명령이 체계적으로 전달되었으며 지방 세력이 중앙의 권력에 대항하지 못하게 되었습니다.

한편 진시황제는 경제 안정과 나라 부강을 위해 도량형과 화폐를 통일했습니다. 덕분에 시장에서 물건을 거래하는 것부터 세금을 거두는 것까지 전국이 통일되어 진나라는 경제 혼란 없이 나라의 기반을 안정시킬 수 있었습니다. 진시황제는 문자도 통일했습니다. 오랜 시간 분열되어 있었던 춘추 전국 시대에 각 나라에서 사용하던 문자들은 제각각이었습니다. 이런 상황에서는 중앙의 통치력이 지방에서 효력을 발휘하기 힘들뿐더러 각 지역 사람들 간에 의사소통도 어려웠습니다. 진시황이 '전서체'로 문자를 통일한 것은 중앙 집권화를 추진하는 데 매우 도움이 되는 정책이었습니다.

그런데 진시황제는 왜 폭군의 대명사가 되었을까요?

최초로 중국을 통일한 진시황제는 매일 120킬로그램이 넘는 문서를 결재했다고 합니다. 120킬로그램이라니, 그게 가능하냐며 의아해할지 모르겠습니다. 하지만 진시황제가 업무를 봤던 시대는 아직 종이가 발명되기 전입니다. 대나무를 잘라 안쪽에 글씨를 쓰는 '죽간'이나 나무판에 글씨를 쓰는 '목간'이 활용되었습니다. 따라서 죽간 120킬로그램이라 해도 요즘으로 치면 책 한 권 정도였으니, 하루 업무량으로 큰 무리는 없었습니다. 다만 진시황제는 하루도 쉬지 않고 국가 일에 열심이었다니 그가 일벌레였던 것은 분명합니다.

우리나라 조선 시대에도 공부와 일을 열심히 했던 임금으로 세종과 정조가 있습니다. 두 임금은 명석한 군주이자 백성을 사랑하는 마음이 가득했던 어진 군주였습니다. 그렇다면 진시황제도 현군이자 성군이었을까요? 아쉽게도 역사는 진시황을 로마 시대의 네로 황제에 버금가는 폭군으로 기록하고 있습니다. 하루도 쉬지 않고 나랏일에 열심이었는데, 왜 그럴까요? 그가 통일을 이룬 지 8년이 되던 해에 일어난 사건 때문입니다. 바로 유가와 관련된 책을 전부 찾아 불태운 '분서焚書'와 유학자들을 생매장한 '갱유坑儒'입니다.

진나라가 단기간에 부국강병을 이루어 중국 전역을 통일할 수 있었던 주원인은 법가 사상을 채택해 강하게 밀어붙였기 때문입니다. 진나라가 중국을 통일하기 전에 발탁되어 역량을 발휘한 법가 사상가 이사가 하루는 진시황제에게 이런 말을 했습니다.

"지금 서생들이 현재는 배우지 않고 옛날만 배워 그것으로 현재를 비난하며 백성을 어지럽히고 있습니다."

이사의 주장에 공감한 시황제는 백성이 살아가는 데 실질적으로 필요한 천문, 의술, 농경과 관련된 책을 제외한 나머지 책은 모두 불태우라는 명령을 전국에 내렸습니다. 황제의 명이 떨어지자마자 각 군현에서는 불필요한 책들, 특히 유가 관련 서적들을 백성들로부터 거두어들여 송두리째 불태웠습니다. 그리고 법가 사상으로 운영되는 나랏일에 불만을 말하는 유가 사상가들을 깊은 구덩이에 파묻고 산 채로 매장해 버렸습니다. 이 사건을 '분서갱유'라고 합니다. 책을 태워 버린 것도 모자라 사람을 산 채로 매장하다니, 역사가 진시황을 폭군으로 기억하는 것도 일리가 있습니다.

그런데 말입니다, 최근에 중국의 일부 역사학자들은 '분서갱유'에 관해 다른 주장을 내놓고 있습니다. 시황제가 국가가 공인한 유학자들의 책은 불태우지 않고 국가 도서관에 보관해 놓았다고 합니다. 또한 구덩이를 파고 전국의 유학자들을 생매장했다는 '갱유'도 사실과 다르다고 합니다. 요즘도 항간에 떠도는 거짓 정보인 '카더라 통신'처럼 진나라 시황제가 "460명의 유생을 생매장했다카더라" 식으로 유교를 국교로 채택한 한나라 시대부터 시중에 유포되었다는 것입니다.

역사책은 역사에 정통한 역사가들이 서술하기 때문에 사실만 쓰여 있다고 생각하기 쉽습니다. 하지만 그 책을 서술한 역사가가 정보를 잘못 알고 있었을 수도 있고, 실수로 거짓 정보를 담을 수도 있습니다. 때로는 일부러 거짓 정보를 담기도 합니다. 그래서 역사를 '승자의 기록'이라고 말하기도 합니다.

지금까지 기록된 역사만 살피면 진시황제는 폭군이 분명합니다. 하지만 현재 중국 역사학계에서는 '시황제를 폭군으로 부르는 것이 과연 정당한가?'에 대한 연구가 진행되고 있습니다. '중국 2,000여 년 역사는 진나라 정치로부터 이루어졌다'는 말이 있습니다. 그 진나라를 있게 만든 장본인이 진시황제입니다. 여러분은 이런 진시황제를 폭군으로 정의하고 싶나요, 아니면 국가를 위해 성실하게 일한 현군으로 정의하고 싶나요?

13, 장기가 중국 역사에 기대어 탄생한 게임이라고요?

장기 알 중 가장 큰 대왕 알에는 '초(楚)' 자와 '한(漢)' 자가 새겨져 있습니다. '초'와 '한'은 중국의 고대 국가인데, 진나라가 쇠퇴한 틈을 타 중국을 재통일하려고 피 터지게 싸웠다고 해요. 두 나라의 전투를 게임으로 만든 것이 '장기'고요. 초나라와 한나라는 얼마나 치열하게 경쟁했기에 이렇게 게임으로까지 만들어져 아직까지도 싸우고 있는 걸까요?

진나라에 반란이 일어나다 - 진승·오광의 난

기원전 210년, 춘추 전국 시대를 통일한 진시황제는 순행 도중 사구평대(지금의 허베이성 지역)에서 사망했습니다. 자신의 죽음을 예감한 시황제는 큰아들 부소를 다음 황제로 지정하는 유언을 남겼습니다. 그러나 황제의 측근이었던 환관 조고는 이 유언을 무시하고 막내아들 호해를 2대 황제로 즉위시킨 뒤 정치의 실권을 장악했습니다. 이 시절 백성들은 궁궐인 아방궁 축조 등 대규모 토목 공사에 동원되고 있었으며, 가혹한 법치는 계속되었습니다. 진나라 조정에 대한 백성들의 불만과 원성은 하늘을 찌를 듯했지요.

진시황제 사후 전국 각지에서는 크고 작은 민란이 잇따라 발생했습니다. 그중에서 진나라를 위태롭게 했던 반란은 농민 진승과 오광이 일으킨 '진승·오광의 난'입니다. 두 사람은 기원전 209년에 북쪽 변방 지역 수비를 위해 강제로 동원된 농민 900여 명을 이끌고 반란을 일으켰습니다. 이 민란은 진의 가혹한 통치에 반발하여 일어난 중국 최초의 농민 반란이었습니다.

진승·오광의 난 이후 각지에서 '호협'이 등장했습니다. 호협이 뭐냐고요? 정국의 혼란 속에 늘어난 유랑민과 불량배들을 모아 세력을 잡은 사람을 말합니다. 따라서 호협은 좋은 말로 하면 협객이고, 요즘 말로 심하게 표현하면 조폭 두목 정도입니다.

사회 혼란이 극심했던 진나라 말기에 등장한 호협 중 가장 유명한 사람은 유방과 항우입니다. 진승과 오광의 농민군이 진나라 정규군의 반격으로 진압되고 난 뒤 진나라에 반발했던 세력은 항우와 유방을 중심으로 재편성되었습니다. 항우는 진나라가 통일하기 전인 전국 시대 때 중국 남쪽 지역의 대국이었던 초나라 출신입니다. 항우의 조상은 초나라에서 대대로 장군을 지냈다고 하니, 나름 명문 귀족 가문 출신이지요. 항우는 덩치가 크고 매우 힘이 센 장수였다고 전해집니다. 반면에 유방은 초나라 동쪽 변방의 농민 출신으로 배포가 크고 남이 하는 말에 귀 기울일 줄 아는 사람이었습니다.

항우와 유방의 갈림길, 홍문지회

진나라가 혼란에 빠지자 지방에 새 정권을 세운 초나라 회왕은 자신을 지지하던 항우와 유방에게 "먼저 함양에 입성한 사람을 관중의 왕으로 삼겠다"는 약속을 했습니다. 함양은 진나라 수도였고, 관중은 지금의 산시성 일대로 고대 중국의 수도권 지역을 말합니다. 따라서 이 약속은 진나라 수도를 먼저 차지하는 자를 수도권 지역의 지배자로 인정하겠다는 뜻이었습니다.

항우와 유방은 각자 군대를 이끌고 함양으로 진격했습니다. 당시 진나라 군대는 세력이 강한 항우의 군대를 막는 데 집중했습니다. 이 틈을 타서 유방이 함양에 먼저 도달했습니다. 유방은 진의 궁전이나 창고를 봉인해 이를 보전하는 데 주력했고, 진의 가혹한 법치에 시달렸던 사람들을 안정시키기 위해 딱 세 가지 법을 시행했습니다. '진의 법률은 모두 폐지하고, 사람을 죽인 자는 사형, 상해를 입힌 자와 도둑질한 자는 각각 정도에 따라 처벌한다'는 것이었습니다.

항우는 40만 대군을 거느리고 있었지만, 진의 주력 부대를 물리치며 진격하다 보니 유방보다 한 달 늦게 진나라 수도로 가는 관문인 함곡관에 도달했습니다. 항우의 대군을 무시할 수 없었던 유방은 "항우에게 함양을 넘겨주기 위해 먼저 진격한 것"이라고 변명하면서 항우의 분노를 누그러뜨리려 했습니다. 유방이 항우 진영을 찾아가 홍문에서 항우를 만났습니다. 항우의 부하 범증은 이 기회에 통일의 걸림돌인 유방을 없애자고 건의했습니다. 항우는 잔치를 열어 유방을 접대하는 척하다 기회를 엿보아 그를 죽이려 했습니다. 하지만 유방의 부하들이 항우의 숙부인 항백의 도움을 받아 간신히 유방을 구해 냈습니다. 이후 함양에 입성한 항우는 항복한 진 황제를 비롯한 왕족을 모두 죽이는 대학살을 저질렀고, 진의 궁궐인 아방궁을 비롯한 함양의 대저택들을 모두 불살랐습니다. 그러고는 스스로 '서초패왕'이라 칭하며 자신을 따르는 부하들에게 영지를 나누어 주고 제후국의 지배자인 '왕' 칭호를 사용하도록 했습니다. 이때 유방도 험한 지역인 한중 지방의 왕에 봉해졌고 유방은 이에 불만을 품었습니다. 그래서 항우의 지배권을 인정하지 않으면서 반대편에 서서 5년 넘게 전쟁을 치렀습니다. 이 전쟁이 장기 게임으로 만들어진 초·한 전쟁입니다. 전쟁의 결과는 어떻게 되었냐고요? 초기에는 수적으로 우세한 항우의 초나라가 승기를 잡았습니다. 하지만 최종적으로는 유방의 한나라가 승리했습니다.

항우가 실패하고 유방이 성공한 까닭은?

항우와 유방의 초·한 전쟁은 세력으로 보면 항우가 승리하는 것이 자연스럽고 당연한 일입니다. 그러나 실제로는 유방이 승리했고, 유방은 한漢나라의 초대 임금인 한고조로 즉위해 중국 전체를 통치했습니다. 유방이 항우를 이기고 새 통일 왕조를 세울 수 있었던 까닭은 네 가지 측면에서 살필 수 있습니다.

첫째, 항우는 자기 정권을 세우는 과정에서 상전인 초나라 의제(회왕)를 죽였는데, 이에 대한 여론이 매우 좋지 않았습니다. 이 여론에 힘입어 유방은 항우를 공격할 대의명분을 얻으며 중립 세력들을 자기편으로 끌어들일 수 있었습니다.

둘째, 유방은 물자 관리를 잘했습니다. 유방의 부하 소하는 직접 전쟁에 참여하지는 않았지만, 거점인 한중 지방을 잘 관리하며 유방이 필요할 때마다 군량미는 물론 부족한 군사를 모아서 보내 주었기에 유방은 전투에만 전념할 수 있었습니다. 이에 견주어 항우는 물자 보급이 제대로 이루어지지 않아 군사들이 끼니를 때우지 못하는 경우가 잦았습니다.

셋째, 유방에게는 능력이 뛰어난 부하 장수들이 있었습니다. 특히 한신과 장량의 활약이 출중했습니다.

넷째, 부하들의 지지를 받는 면에서 항우와 유방은 매우 달랐습니다. 항우는 자신의 능력을 과신해 부하들의 말을 잘 듣지 않았습니다. 하지만 유방은 자신의 부족함을 인정하고 부하들을 인격적으로 대우했으며 그들의 충고를 적극적으로 수용했습니다.

이러한 차이들 때문에 초·한 전쟁은 유방의 승리로 끝났습니다. 항우는 '동양의 헤라클레스'라 할 정도로 힘이 장사인 데다 출신 성분도 좋았습니다. 그런 그가 무술 실력도 보잘것없고 미천한 집안 출신으로 떠돌이 협객에 불과했던 유방에게 중국 땅 전체를 두고 치른 한판 대결에서 패하고 말았습니다.

한나라가 흉노에 조공을 보냈다고요?

과거 중국과 주변국의 외교 관계는 '조공'과 '책봉'으로 이루어졌다고 해요. 중국은 대국, 주변국은 소국으로 설정해 상하 관계가 이루어졌고요. 그런데 중국이 오랑캐라고 얕잡아 본 북방 유목 민족에게 조공을 바치고 공주를 시집보냈던 적이 있다면서요? 어떻게 대국 중국이 이런 굴욕적인 외교 관계를 맺었나요?

'조공'과 '책봉'이란 무엇일까요?

'조공'을 국어사전에서 찾아보면 "종속국이 종주국에 때를 맞추어 예물을 바치던 일. 또는 그 예물"이라고 나옵니다. '책봉'은 중국 황제가 주변 국가의 왕을 임명해 군신 관계를 맺는 것을 말합니다.

조공과 책봉은 본래 중국 주周나라의 봉건 체제에서 나온 제도입니다. 주나라 왕은 각 지방에 제후들을 책봉해 지역을 다스리도록 했습니다. 한편 제후는 왕에게 충성을 서약하고 조공을 바쳤습니다. 이런 통치 방식이 한漢나라 대에 공식적인 외교 방식으로 자리를 잡았습니다. 그 후 이 제도는 기원전 2세기 한무제가 통치하던 시절에 주변의 약소국에게 적용되면서 동아시아 외교 관계로 자리 잡았습니다.

고대 동아시아 최강국은 중국이 아니었다고요?

일반적으로 동아시아 국가들을 이야기할 때 중국을 중심으로 생각합니다. 하지만 중국을 제국의 반열에 오르게 한 한漢나라 이전에는 흉노족이 매우 강성했습니다. 흉노족은 중국 북쪽 초원 지대에서 말을 타고 이동하며 살았던 유목 민족으로 '흉측한 노예족'이라는 뜻에서 '흉노'라 했습니다. 중국의 시각에서 붙인 이름이지요.

진나라를 이어 중국을 통일한 한나라 초기에 발생한 사건입니다. 진·한 교체기의 혼란한 틈을 타고 흉노족이 국경 지대를 빈번하게 쳐들어왔습니다. 당시 흉노를 이끈 지배자는 묵특 선우였습니다. 이름이 네 글자냐고요? 아닙니다. 묵특은 이름이고, 뒤에 붙은 '선우'는 '지배자'를 뜻하는 존칭입니다. 기원전 209년에 아버지를 살해하고 선우에 오른 그는 서로 경쟁을 벌이고 있던 각 부족을 통합했습니다. 초·한 전쟁의 승리로 중국을 새통일한 한고조 유방으로서는 묵특 선우를 중심으로 재결집한 흉노 세력을 그냥 둘 수 없었습니다. 고조는 30만 대군을 이끌고 흉노 토벌에 나섰습니다. 하지만 웬걸요. 한나라 군대가 흉노족에게 포위되며 고조 자신의 목숨마저 바람 앞의 등불이 되고 말았습니다. 이때 한나라 진영에서 황제를 살리고자 뇌물을 썼습니다. 지금으로 치면 한겨울의 필수품! 거위털 롱패딩급인 고급 모피를 선우의 부인, 그것도 선우가 가장 사랑하는 첩에게 선물했습니다. 이 뇌물이 신의 한 수가 되어 흉노족은 포위망을 풀고 한고조의 탈출을 못 본 척해 주었습니다.

만약 전투가 계속되었다면 유방은 이 전투에서 사망했을지도 모릅니다. 이처럼 한 초기만 해도 흉노족의 힘은 중국보다 막강했습니다.

현실이 이러했기에 한나라 황실은 다양한 특산물을 보내며 흉노족에 화친을 구걸했고, 심지어 제11대 임금인 원제는 후궁 왕소군을 흉노족의 선우에게 보내야 했습니다. 다만 이러한 한과 흉노의 화친 정책은 두 나라 모두에 이익이었습니다. 한은 흉노와 전쟁을 하지 않고 국력 향상에 힘쓸 수 있었고, 흉노는 한으로부터 막대한 재화와 선진 문물을 수입할 수 있었습니다.

외교란 무엇일까요?

우리는 중국 왕조가 진·한 제국 시기에 기반을 다지고, 당·송 시기에 번성했다는 사실을 알고 있습니다. 하지만 외교 면에서 살피면, 강력한 한 제국 시기에도 궁궐의 여인을 흉노의 지배자 선우에게 시집보낸 사례처럼 중국이 일방적으로 외교의 주도권을 장악한 것은 아니었습니다. 그리고 중국이 항상 주변국과의 전쟁을 먼저 시작한 것도 아니었습니다. 전쟁이 길어지면 국가 재정이 궁핍해지고 백성들의 생계도 피폐해지면서 반란이 일어납니다. 따라서 대군을 동원한 선제공격은 대국인 중국도 쉽게 하지 않았습니다. 수나라의 고구려 공격 사례를 보아도 알 수 있듯이 자만심으로 대군을 동원해 고구려를 먼저 공격한 수나라는 결국 이 침공이 발단이 되어 멸망하고 말았습니다.

중국은 주변국과 갈등이 있어도 전쟁보다는 평화적인 외교 정책을 선택하는 경우가 많았습니다. 그래서 주변국이 필요로 하는 물자를 제공하고 관직을 주는 일종의 회유책인 책봉 정책을 추진하거나 공주나 왕실의 친인척을 시집보내 화친을 도모했습니다. 물론 이 점은 중국 주변국도 마찬가지였습니다. 상호 간에 필요한 것을 주고받으며 양쪽 모두가 이익이 되는 방향으로 외교 관계를 우호적으로 유지한 것이지요.

국가 간 외교란 무엇일까요? 외교란 국제 환경과 자국 내 상황에 따라 끊임없이 변화합니다. 국가의 힘이 강할 때와 그 힘이 미약할 때, 똑같은 태도와 방법으로 외교 정책을 추진할 수는 없습니다. 더구나 국가의 자존심을 앞세워 국민을 전쟁이라는 고통스러운 상황으로 몰아넣는 것도 최선의 선택은 아닙니다.

중국과 동아시아 주변국 간의 왕조 시대 외교술인 조공과 책봉 정책이 어쩌면 비굴하게 보일 수도 있습니다. 하지만 조공과 책봉을 통해 실제 이익을 더 많이 얻은 나라는 중국보다는 주변국이었습니다. 우리나라만 보더라도 그렇습니다. 삼국 시대부터 조선 시대까지 중국 각 나라를 상대로 한반도 국가는 조공과 책봉 정책을 추진했지만, 아버지 나라로 모신다는 명분을 중국에게 내준 대신 실질적인 이익은 우리가 더 많이 챙겼습니다. 그래서 중국과 주변국 간의 왕조 시대 외교술인 조공과 책봉 정책을 굴욕 외교라고 할 수만은 없습니다.

한나라 때 외국인과 혼인한 사람이 있다고요?

우리나라도 국제결혼을 하는 사람이 아주 많아진 것 같아요. 우리 반에도 다문화가정 친구들이 있고요. 그런데 아주 오래전인 한나라 시대에도 국제결혼을 한 사람이 있었다고 해요. 그 시대에도 요즘처럼 국경을 초월한 사랑을 했던 걸까요? 한나라 때 국제결혼을 한 사람은 어떤 사람이고, 왜 고향을 떠나 먼 곳까지 가서 혼인했을까요?

흉노와 싸우기 위해 치밀하게 준비하는 한무제

한나라가 흉노와 맺은 굴욕적인 화친 정책이 개선되기 시작한 때는 한나라 제7대 임금 무제 시대입니다. 한무제는 건국 이래 한나라에 굴욕적 외교 관계를 강요해 온 흉노를 제압하기 위해 치밀한 계획을 세웠습니다.

무제는 즉위 초에 투항해 온 흉노인을 통해 중요한 사실을 전해 들었습니다. 흉노와 사이가 좋지 않던 월지국이 흉노에 패해 서쪽 지역으로 이주했다는 사실과 묵특 선우의 아들 노상 선우가 월지 왕을 살해한 뒤 그의 두개골을 술잔으로 만들었다는 정보였습니다. 무제는 월지국이 흉노에 복수하기 위해 칼날을 벼리고 있을 것이라 생각해 월지국과 동맹을 맺어 흉노 제압을 꾀했습니다.

장건이 두 번이나 고향을 떠난 까닭은?

기원전 139년 한무제는 흉노와 전쟁에 앞서 월지국으로 사신을 파견했습니다. 그곳은 당시 중국인의 발길이 한 번도 닿은 적 없는 서역 지방이었습니다. 서역이 어디냐고요? 티베트고원 위쪽에 있는 타림 분지에 산재한 오아시스 도시 국가들이 있던 곳입니다.

당시만 하더라도 미지의 세계인 서역은 감히 드나들 수 없는 곳이었습니다. 서역으로 가려면 흉노 영토를 지나야 했기 때문입니다. 그런 곳을 어느 누가 자진해서 가겠다고 할까요? 그런데 그런 사람이 있었습니다. 무제가 사절단 파견 아이디어를 내놓자, 장건이라는 관리가 용감하게 손을 들었습니다.

기원전 139년 장건은 흉노족 안내인 감보와 수행원 100여 명을 이끌고 수도 장안을 출발했습니다. 한두 명도 아니고 100여 명의 사절단이 흉노가 활개 치는 땅을 통과해 미지의 땅 월지국으로 가는 행로입니다. 과연 성공했을까요? 장건 일행은 이내 흉노족의 레이더망에 포착되어 흉노 땅에서 붙잡혔습니다. 선우는 한나라와 화친 관계를 깰 수 없어서 이들을 죽이지는 않고 억류해 놓았습니다.

장건은 10년간 흉노에서 포로 생활을 하며 흉노족 여인과 혼인도 했습니다. 아이도 낳고 금슬도 좋았습니다. 하지만 그의 마음속에는 언제나 월지국에 가야 한다는 소명이 있었습니다. 기원전 129년, 감시가 소홀한 어느 날이었습니다. 마침내 장건은 아내와 통역자 감보를 데리고 탈출에 성공했습니

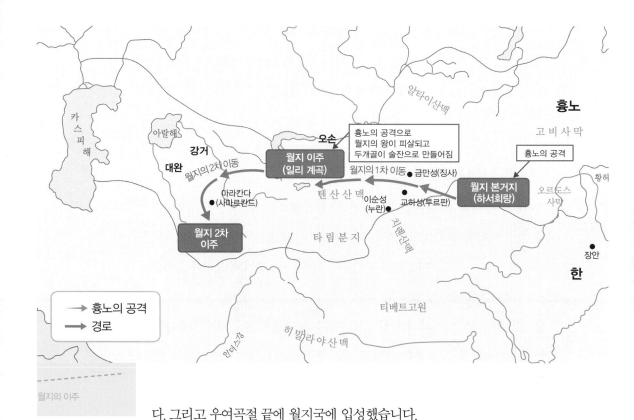

다. 그리고 우여곡절 끝에 월지국에 입성했습니다.

　당시 월지국은 태평성대를 누리고 있었습니다. 비록 흉노에게 쫓겨 서쪽으로 이주했으나, 알렉산드로스 대왕의 동방 원정으로 이주해 온 그리스인들의 후손이 세운 박트리아를 복속시켜 안락한 생활을 하고 있었습니다. 월지로서는 평화롭고 풍요로운 생활을 뒤로하고 굳이 무서운 흉노와 '우리 조상의 철천지원수!'라며 싸울 이유가 전혀 없었습니다. 월지 왕은 장건을 통해 전달받은 "힘을 합쳐 흉노를 토벌하자"는 한무제의 제안을 거절했습니다.

　갖은 고초 끝에 고향을 떠난 지 10여 년 만에 도착한 월지국에서 장건은 아무 소득 없이 귀국해야 했습니다. 그런데 이게 무슨 운명의 장난일까요? 그는 귀국길에 다시 흉노에 붙잡혔습니다. 다행히 두 번째 포로 생활은 그리 길지 않았습니다. 흉노의 왕인 선우가 죽은 후 지배층 내에 분란이 발생한 틈을 타 기원전 126년 아내, 감보와 함께 드디어 한나라 수도 장안으로 돌아왔습니다. 12년 만의 귀환이었습니다.

장건의 서역 원정은 원래 임무인 월지국과 외교 관계 형성에서는 실패했습니다. 하지만 그는 월지국까지 오고 가며 겪은 일들을 자세히 적어 무제에게 보고서로 제출했습니다. 그로 인해 서역 지방의 진기한 산물과 지역 특성들이 한나라 귀족과 백성에게 알려지며 한나라 사람들의 상상력과 호기심을 자극했습니다.

한편 흉노에서 10년 이상 포로 생활을 하며 '흉노 박사'가 된 장건은 흉노의 공격으로 어려움을 겪고 있는 오손과 연맹을 맺어 흉노에 대항하자고 무제에게 제안했습니다. 이에 무제는 장건을 대표로 한 300여 명의 사절단을 오손으로 파견했습니다. 성공했을까요? 오손도 월지국과 비슷한 이유로 한나라의 제안을 거절했습니다. 평화롭게 잘살고 있는데 굳이 흉노족과 대립할 필요가 없다는 것이었지요. 그런데도 장건은 오손에 머무르고 있는 동안 한나라와 동맹 맺을 나라를 찾기 위해 분주히 움직였습니다. 오손 주변에 있던 대완, 강거는 물론 상당히 먼 지역에 있던 안식국(파르티아)과 신독(인도)에 사신을 파견했습니다. 이때 각 나라에 파견된 사신들에 의해 한나라의 존재가 서역 각지에 알려지게 되었고, 중국과 서역 간의 교역 통로가 열리게 되었습니다.

동서양 문물 교류의 고속도로, 비단길을 개척하다

장건의 원정과 외교 활동에 관해 중국 역사서 《사기》의 저자인 사마천은 "장건이 한 번도 가 본 적 없는 새로운 길을 개척했다"고 평가했습니다. 한편 장건이 오갔던 길은 이후 동서양 문물 교류의 경제 고속도로가 되었습니다. 중국 특산품인 비단과 도자기 등이 이 길을 따라 서역을 통해 지중해를 거쳐 로마로 전달되었으며, 로마의 유리잔 같은 특산품이 이 길을 지나 중국으로 건너올 수 있었습니다. 이 길의 이름이 뭐냐고요? 장건의 용기와 헌신으로 개척되어 동양과 서양의 다양한 문물 교류를 가능하게 만든 이 길의 이름은 '실크 로드'로도 불리는 '비단길'입니다.

16 역사가로서 사명감 때문에 거시기를 잘랐다고요?

어떤 아이돌 그룹의 멤버는 팬들 사이에서 '열정의 대명사'로 불립니다. 그는 어느 방송에 출연해 "세상에서 가장 해로운 벌레는 대충"이라고 말하며, 역경조차 즐겁게 뛰어넘을 것 같은 열정을 보여 주었습니다. 고대 중국 한나라에도 그처럼 열정 넘치는 인물이 있었다는데, 과연 누구일까요?

사마천, 그는 누구인가?

기원전 202년 등장한 한나라는 기원후 220년까지 400여 년 동안 중국을 지배했습니다. 유방이 초나라 항우와의 싸움에서 승리하며 세운 이 나라는 신하 왕망이 기원후 8년에 '신新'이라는 나라를 세우면서 잠시 명맥이 끊겼으나, 25년에 한나라 왕실 자손인 광무제 유수가 신을 무너뜨리고 다시 한을 일으켜 세우며 부활했습니다. 그래서 역사가들은 신나라가 세워지기 전의 한

나라를 '전한' 또는 '서한'이라 하고, 신나라를 무너뜨리고 세운 한나라를 '후한' 또는 '동한'이라고 합니다.

사마천은 전한 시대에 살았던 사람입니다. 그는 주나라 때부터 국가 기록을 담당한 역사가 집안인 사마씨 가문에서 태어났습니다. 아버지 사마담은 천문, 역법, 도서를 관장하던 태사령 직위에 있던 관리로 사마천은 부친의 가르침 속에 열 살부터 고전을 읽었습니다. 스무 살이 넘었을 때는 10여 년에 걸쳐 전국을 돌아다니며 역사 유적지를 탐방했고, 사회·역사·지리에 관한 생생하고 구체적인 자료를 대량으로 수집해 본격적인 역사가의 길을 걸었습니다.

그런데 아버지 사마담이 중국의 고대 역사를 집대성한 역사서를 집필하던 중 갑자기 병으로 사망했습니다. 죽기 직전 사마담은 아들 사마천에게 자신이 집필하던 역사서 《사기》를 완성해 줄 것을 유언으로 남겼습니다.

사마천은 아버지의 뒤를 이어 한무제 시절인 기원전 108년에 서른여덟의 나이로 태사령에 임명되었습니다. 그는 이 시기부터 아버지의 유언을 지키기 위해 나랏일을 보면서도 역사서 《사기》 집필에 힘을 썼습니다.

동양 최고의 역사서 《사기》의 탄생

기원전 99년 사마천에게 큰 위기가 닥쳤습니다. 흉노 정벌에 나선 한나라 장수 이릉이 적군인 흉노에게 항복했습니다. 이 사실을 안 한무제는 크게 화를 냈고, 모든 신하가 이릉을 엄벌해야 한다고 주장했습니다. 단 한 사람, 오직 사마천만 이릉을 변호했습니다. 이 일로 사마천은 한무제의 눈 밖에 났고 결국 사형당할 위기에 처했습니다.

한나라 법에서 사마천이 사형을 피할 방법은 두 가지뿐이었습니다. 거액의 벌금을 내거나, 아니면 남자의 생식기를 제거하는 형벌인 궁형을 받아야 했습니다. 재산이 많지 않았던 사마천은 어쩔 수 없이 궁형을 선택했습니다. 이유는 오직 하나! 아버지의 유언인《사기》를 완성하기 위해서였습니다.

기원전 95년 사마천은 다시 한무제의 신임을 얻었습니다. 환관으로서는 최고직인 중서령에 임명되어 황제의 문서를 관리했습니다. 남자의 성기를 제거당하면서까지 살아야 하냐며 세상 사람들은 사마천을 멸시했습니다. 하지만 그는 모든 수모를 견디며 아버지가 남긴 유언대로 역사서《사기》를 완성하는 데 매진했습니다. 그리고 마침내 전설로 전해 오던 중국 탄생기부터 한무제 시기까지 수천 년을 관통하는 역사서《사기》집필을 끝냈습니다. 객관적인 서술과 생생한 인물 묘사가 탁월한《사기》를 완성하는 데는 20여 년이라는 시간이 걸렸습니다.

사기의 문체, 기전체

혹시 '기전체'라는 역사 서술 용어를 들어 본 적 있나요? 역사를 서술할 때 '본기, 표, 서, 세가, 열전'으로 구성하는 역사 서술 방식을 '기전체'라고 합니다. 사마천이《사기》를 쓰며 처음 시도한 역사 서술 체제인데, 가장 핵심이 되는 '본기'와 '열전'에서 한 글자씩 따와 이 서술 방식을 '기전체'라고 합니다.

기전체는 중국은 물론 동아시아 각국의 역사 서술 방식에 지대한 영향을 미쳤습니다. 왕조 국가 시절에 국가에서 공식적으로 역사서를 발간할 때는 반드시 이 방식으로 역사를 서술했습니다. 우리나라에서도 고려 시대에 국가 사업으로 만든《삼국사기》가 기전체로 서술되었습니다.

왜 국가가 주도하는 역사책은 기전체로 서술하냐고요? 기전체 서술에서 가장 중심이 되는 장은 '본기'이고 여기에 역대 왕들의 일대기를 담았습니다. 그래서 왕조 시절 국가의 공식 역사서는 기전체로 편찬했습니다.

중국 고대 역사를 기전체로 정리한 역사서《사기》는 모두 130권으로 이루어져 있습니다. 세부적으로 구분하면, 본기 열두권, 표 열 권, 서 여덟 권, 세가 서른 권, 열전 일흔 권으로 구성되어 있습니다. '본기'에는 중국 역대 황제들의 일대기를 기록했습니다. '표'는 연대순으로 역사 사건을 나열한 연대표입니다. '세가'는 춘추 전국 시대부터 한나라에 이르는 동안 활약한 주요 제후들의 전기입니다. '열전'은 황제나 제후 이외의 사회 각 계층을 대표하거나 특별한 업적을 가진 인물을 사마천 자신의 시각으로 분석하고 평가해 기록한 장입니다. '서'는 예법을 다룬 '예서', 음악에 대해 다룬 '악서', 법률에 관한 '율서', 역법을 기록한 '역서', 고대 천문 지식을 모은 '천관서', 제사를 다룬 '봉선서', 치수治水 사업을 다룬 '하거서', 한나라 대 사회 경제 상황을 기록한 '평준서'로 이루어졌습니다.

그런데 사마천은 왜 궁형을 감수하면서까지 《사기》 완성에 집착했을까요? 아버지의 유언을 따른다는 약속 때문이었을까요? 곰곰이 생각해 보면 그게 다는 아닐 것 같습니다. 사마천은 역사가로서 평생 탐구해 온 중국 역사 전체를 거시적 시각으로 정리해 후세에 길이 남기고자 하는 굳은 의지와 사명감을 가지고 있었습니다. 아마 이것이 아버지의 유언보다 더 큰 이유였을 것 같습니다.

전 재산을 털어 신화를 사실로 증명한 사람이 있다고요?

여러분은 어릴 때 읽은 신화를 철석같이 믿고 성인이 되면 실체를 찾아나설 용의가 있나요? 만약 그 일을 하는 데 자신의 재산을 거의 다 쏟아부어야 한다면 어떨까요? 그래도 신화 속 이야기의 진실을 찾고 싶을까요? 아니면 신화는 신화일 뿐이라 여기며 어린 시절 추억으로만 간직하고 있을까요?

신화에서 고대 역사를 찾은 슐리만

고대 역사에 심취한 독일 아이가 있었습니다. 가난한 가정에서 자란 아이의 유일한 즐거움은 《그리스 로마 신화》를 읽고 듣는 것이었습니다. 신화 속 영웅들의 이야기를 머릿속에 그리며 성장한 아이는 자신이 커서 꼭 하고 싶은 버킷리스트를 정했습니다. 그게 뭐였냐고요? 그리스 로마 신화가 실린 호메로스의 시집 《일리아드》와 《오디세이》 속에서 활약한 영웅들의 발자취를 찾는 것이었습니다.

이 꿈을 야무지게 이룬 사람의 이름은 하인리히 슐리만입니다. 그는 어린 시절 아버지한테 크리스마스 선물로 호메로스의 《일리아드》를 받았습니다. 책 표지에는 불타고 있는 고대 도시 트로이의 웅장한 성벽 아래 트로이의 장군 아이네이아스가 아버지 안키세스를 등에 업고 아들과 함께 도망치는 그림이 있었습니다. 이 표지 그림을 감명 깊게 본 슐리만은 언젠가는 자신이 직접 불타 버린 도시 트로이를 발굴하겠다는 다짐을 했습니다.

세월이 흘러 슐리만은 사업가로 성공해 부자가 되었습니다. 그는 사업을 하면서도 어릴 적 꿈을 이루기 위해 평소 꾸준히 고고학 공부를 했습니다. 1870년 4월, 드디어 그는 트로이 유적 발굴에 나섰습니다. 그의 발굴 작업은 무려 20여 년에 걸쳐 이루어졌고, 이 과정에서 여러 유물을 발굴해 내며 그리스 로마 신화 속의 도시 국가 트로이가 실존했다는 것을 입증했습니다.

슐리만은 트로이를 침략한 그리스군 총사령관 아가멤논의 나라 미케네도 발굴했습니다. 슐리만의 고대 도시 트로이와 미케네 발굴은 서양 역사의 시작 단계인 에게 문명을 더욱 명확하고 구체적으로 우리 앞에 보여 주었습니다.

슐리만이 발굴한 두 도시 문명은?

에게 문명은 크게 두 개의 문명으로 구분됩니다. 하나는 그리스반도 아래에 있는 크레타섬을 기반으로 형성된 '크레타 문명'이고, 또 다른 하나는 그리스 본토에 기반을 둔 '미케네 문명'입니다.

기원전 2000년경 크레타섬에서 시작된 크레타 문명은 이집트 문명과 메소포타미아 문명의 영향을 받아 독창적인 문화를 형성했습니다. 1900년 영국의 고고학자 에번스가 발굴한 크노소스 궁전 벽화를 한번 살펴볼까요? 벽화에 그려진 당시 사람들의 모습을 보면 요즘 유행하는 패션과 비슷합니다.

긴 머리의 여인이 히피펌을 하고 원색의 옷과
패션 아이템을 착용하고 있습니다.

크노소스 궁전을 발굴한 고고학자들은 세
가지 사실을 확인할 수 있었습니다. 첫째, 그리
스 로마 신화에 나오는 미노스왕 나라 이야기
가 실제로 존재했던 역사적 사실이라는 점. 둘
째, 크레타 문명은 왕이 제사장을 겸했던 제정
일치 사회였다는 점. 셋째, 크레타 문명은 잘
조직된 관료제를 기반으로 나라를 운영하고
있었다는 점입니다. 이러한 사실들은 크레타
섬에서 탄생한 크레타 문명이 청동기 문화를
바탕으로 주변 지역을 아우르며 지중해 전역
에 영향을 준, 에게해의 대표 고대 문명이라는
것을 알 수 있게 합니다.

크노소스 궁전 여인 벽화. 기원전 2000년경 크레타섬에서
시작된 크레타 문명은 이집트 문명과 메소포타미아 문명의
영향을 받아 독창적인 문화를 형성했다.

크레타 문명에 이어 에게해 지역에 등장하
는 문명은 미케네 문명입니다. 슐리만은 트로이 유적을 발굴한 후, 1876년부
터 미케네의 왕궁과 그 주변을 발굴했습니다. 이 문명은 그리스 본토인 펠로
폰네소스반도에서 발생한 문명입니다. 우리가 알고 있는 그리스 로마 신화
속 고대 그리스 문명의 기반이 된 미케네 문명은 한 도시 국가의 이름에서
유래했습니다. 바로 그리스 본토에서 제일 싸움을 잘하는 '미케네'입니다. 고
대 그리스를 대표하는 역사가이자 시인인 호메로스는 이 나라를 '황금의 나
라 미케네'라고 했습니다. 기원전 15세기 중엽부터 미케네 문명이 크레타 문
명을 넘어서서 에게해 전역에 힘을 뻗쳤습니다. 미케네 문명은 지중해를 넘
어 소아시아와 이탈리아 각지에 영향력을 행사하며 식민지를 건설했습니다.

이쯤에서 다시 그리스 로마 신화 속으로 들어가 볼까요? 에게해의 강자 미케네는 당시 소아시아의 부유한 도시 국가를 침략하려고 각지의 영웅들을 모집합니다. 우리는 지금까지 트로이 전쟁을 트로이 왕자 파리스가 미케네 왕 아가멤논의 동생 메넬라오스의 왕비 헬레네를 납치한 사건 때문에 시작된 전쟁으로 알고 있었습니다. 하지만 트로이 전쟁은 사랑싸움 때문에 일어난 전쟁이 아닙니다. 아테네를 포함한 그리스 본토의 작은 왕국들을 지배하던 미케네가 소아시아의 부유한 도시 국가 트로이를 침략해 세력을 키우려는 목적에서 벌어진 전쟁입니다. 그리고 전쟁의 결과는 오랜 기간 공방전을 펼치다 '트로이의 목마' 작전을 펼친 그리스 연합군의 승리로 끝을 맺었습니다.

슐리만의 발굴은 이야기로만 존재했던 신화를 역사적 사실로 증명했습니다. '미케네 문명'과 '트로이'의 실재를 확인해 준 것이지요. 그가 주도한 발굴 덕에 고고학자와 역사학자들은 유럽 문명의 원조 격인 지중해 지역 '에게 문명'의 형성 과정과 실체를 파악할 수 있었습니다. 어릴 적 품었던 꿈을 이루며 인생이 다할 때까지 모든 재산을 투입해 발굴에 나선 슐리만! 참으로 대단한 사람입니다.

도시 국가 폴리스에서 올림픽이 열렸다는데요?

1988년 9월 17일 서울에서 대한민국 최초로 하계 올림픽이 열렸어요. 이때 우리나라를 대표하는 무술인 태권도가 처음으로 올림픽 게임 종목으로 채택되었고요. 4년에 한 번 열리는 올림픽에 나가기 위해 선수들은 열심히 훈련해요. 사람들은 개최국이 어디든 경기를 보며 환호하고요. 세계인의 축제 올림픽은 언제부터 시작되었나요?

기원전 8세기에 등장한 고대 그리스 도시 국가 '폴리스'

큰 산들과 좁은 평야, 크고 작은 섬들로 이루어진 그리스. 그곳에는 '폴리스'라는 여러 도시 국가가 존재했습니다. 그리고 폴리스에는 네 군데의 중요한 장소가 있었습니다.

첫째, '아크로폴리스'라는 언덕입니다. 시가지가 내려다보이는 야트막한 언덕 지대에 폴리스의 수호신을 비롯한 신들을 위한 신전과 궁전이 들어서서 폴리스의 정치와 종교 중심지 구실을 했습니다.

둘째, 사람들이 모여서 수시로 토론할 수 있는 커다란 광장 '아고라'입니다. 이곳에서 폴리스의 시민들은 나라 운영과 관련된 다양한 토론을 벌였고, 사람들이 북적대며 시장이 만들어졌습니다.

셋째, 정신을 치유하고 여가를 즐길 수 있는 '극장'입니다. 그리스 각 폴리스에서는 해마다 3월이면 술의 신 디오니소스를 위한 제사를 지냈는데, 이때 디오니소스를 찬양하며 춤을 추고 노래를 불렀습니다. 이 축제가 훗날 연극으로 발전했는데, 원래 폴리스 내 야외 광장에서 하던 연극이 사람들에게 인기를 끌면서 공연 전문 공간인 '극장'에서 펼쳐졌습니다.

넷째, 육체를 건강하게 단련하기 위한 '경기장'입니다. 건강한 육체와 건전한 사상이 만났을 때 완벽한 인간이 된다고 믿었던 그리스인들은 땀 흘리며 운동하기를 좋아했습니다. 그래서 폴리스 내에 경기장을 건설해 틈만 나면 이곳에서 체력을 단련했습니다. 한편 4년에 한 번씩 올림피아에서 올림픽을 개최해 그리스 사람들 모두 축제처럼 즐겼습니다.

다신교 사회였던 고대 그리스

고대 그리스인은 그리스에서 가장 높은 올림포스산에 많은 신이 살고 있다고 믿었습니다. 가장 널리 알려진 열두 명의 신은 신들의 왕 제우스, 혼인의 신 헤라, 바다의 신 포세이돈, 태양의 신 아폴론, 달의 여신 아르테미스, 지혜의 여신 아테나, 미의 여신 아프로디테, 전쟁의 신 아레스, 전령의 신 헤르메스, 풍요의 여신 데메테르, 대장간의 신 헤파이스토스, 술의 신 디오니소스입니다.

한편 고대 그리스 사람들에게 신을 섬기는 행위는 다른 무엇보다도 먼저 해야 하는 최우선 과제였습니다. 따라서 모든 폴리스에는 신들을 모신 신전

델포이 아폴론 신전 영역에 있는 옴파로스. 옴파로스는 그리스어로 '배꼽', '중심'이라는 뜻이며, 그리스 사람들은 옴파로스가 세상의 중심이라고 여겼다.

이 여러 곳 있었습니다. 그리스에 있는 신전들 중에서 가장 신성하게 여긴 곳은 '중심' 또는 '배꼽'이라는 뜻을 지닌 '옴파로스'가 있는 델포이의 아폴론 신전이었습니다. 그리스인들은 해결하기 힘든 문제가 발생하면 영험하기로 소문난 델포이의 주신 아폴론에게 답을 구하기 위해 아폴론 신전을 찾았습니다.

올림픽이 신에게 드리는 제사였다고요?

펠로폰네소스반도의 올림피아에 있는 제우스 신전에서는 신들의 왕 제우스를 찬양하기 위해 고대 올림픽 제전이 4년마다 열렸습니다. 고대 올림픽은 종교적 의미가 큰 행사였는데 점차 운동 경기로 정착했습니다. 규모도 그리스 도시 국가가 모두 참가할 정도로 커졌습니다. 각 폴리스는 이 축제를 대단히 중시했기에 올림픽이 열리는 기간에는 전쟁 중인 국가도 잠시 전쟁을 멈추고 올림픽에 참가했습니다. 전쟁을 일삼던 폴리스들이 같은 민족, 같은 언어, 같은 종교라는 공동의 가치를 확인하며 한자리에 모여 화합을 도모했기에, 고대 올림픽은 평화를 상징하는 제전으로 인정받을 수 있었습니다.

이처럼 그리스 사람들의 최대 축제라 할 수 있는 고대 올림픽은 기원전 776년에 시작해 1,000여 년 동안 이어졌습니다. 그러다 그리스 문명이 쇠퇴하면서 오랜 기간 중단되었다가 1896년 부활해 전 세계인을 매료시키는 지구촌 최대 스포츠 축제로 사랑받고 있습니다.

19 스파르타가 경제 평등을 실현한 국가라고요?

스파르타 여인들은 전쟁터로 남편이나 아들을 떠나보내고 나서는 '방패와 함께', '방패 위에'라는 말을 항상 가슴에 품고 지냈다고 해요. 전투에서 승리해 방패와 함께 돌아오든지, 아니면 방패 위에 시체가 되어 돌아오라는 뜻이라고 하네요. 국익을 중시하는 군국주의 국가 스파르타 사람다워요. 스파르타는 어떤 나라였나요?

스파르타는 독재 국가였을까요?

고대 그리스의 수많은 폴리스 중 우리에게 가장 많이 알려진 폴리스는 단연 아테네와 스파르타입니다. 아테네는 민주 정치가 발전한 곳으로, 스파르타는 군국주의와 '스파르타식 교육'으로 알려져 있지요.

민주 정치가 발전했다는 이미지 때문에 사람들은 아테네를 가난한 사람들에게도 참정권을 보장해 준 직접 민주주의의 끝판왕으로 인식합니다. 이에 견주어 스파르타는 어린아이한테도 아동 학대에 가까운 가혹한 군사 훈련을 시키고, 국가를 위해 죽을 것을 강요하는 국가주의 가치관이 팽배한 군국주의 국가로 단정합니다.

한편 우리는 1960~80년대 엄혹한 독재 정치의 경험 때문인지 군국주의나 국가주의 가치관이 언급되면 바로 독재 국가를 떠올리게 됩니다. 그래서 알게 모르게 '아테네는 민주주의 국가', '스파르타는 독재 국가'로 인식합니다. 그런데 사실 스파르타는 독재 정치와는 거리가 먼 나라였습니다.

이상적인 국가 모델로 각광받았던 스파르타

스파르타의 왕정은 일반적인 왕정과는 조금 다릅니다. 두 명의 왕이 공동으로 나라를 다스렸습니다. 왜 왕이 두 명이었냐고요? 스파르타는 유력한 두 가문이 함께 나라를 세웠고, 건국 초기부터 두 가문에서 각각 왕을 세워 공동으로 나라를 이끌었습니다.

왕이 두 명이라 국가 경영이 혼란스러웠을 것 같다고요? 그렇지 않았습니다. 두 왕이 서로 견제하며 나랏일을 분담했고, 왕의 역할도 전쟁에서 군대를 지휘하는 정도였기에 왕이 둘이어도 큰 문제는 없었습니다.

그렇다면 스파르타는 어떤 세력이 나랏일을 주도했을까요? 실질적으로 나랏일은 장로들의 회의체 기구인 장로회에서 결정했습니다. 이 기구는 민회에서 종신직으로 뽑은 예순 살 이상의 시민 서른 명으로 구성되었습니다. 주변 국들과 자주 전쟁을 치렀던 스파르타는 시민들이 전투에 특화된 상태였습니다. 그래서 나이가 예순이 넘은 사람들을 지혜와 경험을 겸비한 훌륭한 사람으로 여겼습니다. 따라서 예순 살 이상의 노인들로 구성된 장로회의 우월성을 시민들은 기꺼이 인정했고, 장로회는 행정 감독, 법령 채택, 최고 재판소 등 여러 가지 구실을 했습니다.

장로회와 더불어 스파르타 정치의 쌍두마차를 이룬 또 다른 정치 주체는 민회입니다. 민회는 중무장 보병으로 복무할 만한 재력이 있는 서른 살 이상의 스파르타 시민들로 구성되었습니다. 이 기구에서 중요 나랏일을 토의하고 결정했으며, 의원들은 각자 동등한 투표권을 행사했습니다. 민회는 언뜻 보면 오늘날 민주주의 국가에 있는 입법 기관인 국회와 비슷해 보입니다. 하지만 오늘날의 관점에서 스파르타 민회를 평가하면, 진정한 의미의 민주적 협의체라고 보기는 어렵습니다. 사안에 따라 발의권도, 안건을 수정할 수 있는 권한도 없었기 때문입니다. 그렇지만 민회는 해마다 감독관을 선출할 수 있었고, 다섯 명으로 구성된 감독관은 나라 행정을 책임지면서 시민을 대변하며 왕의 권력 독점을 견제했습니다. 따라서 스파르타를 군국주의에 기반한 독재 국가로 보는 것은 스파르타 정치 체제를 잘 모르고 하는 평가입니다.

그렇다면 당대 그리스 사람들은 스파르타를 어떻게 평가했을까요? 그리스 사람들은 왕정(세습적 이왕제), 과두정(장로회), 민주정(민회와 감독관)으로 구성된 스파르타의 정치 체제를 아주 좋게 평가했습니다. 실제로 세 정치 주체가 적절하게 균형을 이루며 서로의 권력을 견제했기에 스파르타에서는 아테네나 로마에서 나타난 참주정이 단 한 번도 등장하지 않았습니다. 참주정이 뭐냐고요? 하층 민중의 불만을 이용해 지지를 얻은 정치인이 무력으로 정권을 장악한 후 독재하는 정치 체제를 말합니다.

스파르타는 왜 군국주의 국가가 되었을까요?

스파르타는 기원전 1000년경 펠로폰네소스반도로 들어온 도리아인이 세운 국가입니다. 이들은 자신을 헤라클레스의 후손으로 자처하며 과거 조상들이 차지했던 넓은 영토를 되찾겠다며 활발하게 정복 활동을 펼쳤습니다.

기원전 8세기 무렵, 스파르타는 인구 증가로 인해 영토를 넓힐 필요가 있

펠로폰네소스반도와
아테네

었습니다. 당시 대부분의 그리스 도시 국가들은 인구 문제가 발생하면 해외로 눈을 돌려 식민지를 건설했는데 스파르타는 인접 도시 국가인 메세니아를 정복해 자국의 인구 문제를 해결했습니다.

메세니아 정복으로 펠로폰네소스반도의 절반을 차지한 스파르타 시민들은 자기들보다 수적으로 월등하게 많은 피정복민 '페리오이코이'와 '헤일로타이'를 잘 다스려야 했습니다. '주변에 거주하는 사람들'이라는 뜻의 페리오이코이는 주로 수공업이나 무역에 종사하며 국가가 필요로 하는 경제 활동을 하던 계층입니다. 이들은 전쟁 때 병사로 동원되기도 했으며 스파르타의 국가 체제 유지에 크게 기여했습니다. 헤일로타이는 스파르타 사람들이 주변 지역을 정복한 후 노예로 삼은 사람들입니다. 이들은 국가 소유였지만, 언제 어떻게 반역을 할지 모르는 잠재적 위협 요소가 많은 계층이었습니다. 특히 메세니아 지역 출신 헤일로타이는 더 그랬습니다. 이런 사람들을 다스리기 위해서는 스파르타 시민들의 힘이 강해야 했습니다. 그래서 그들은 시민 모두가 전사가 되어 군사 통치하는 방법을 채택했습니다.

리쿠르고스, 스파르타에 경제적 평등을 더하다

어느 시대, 어떤 국가든 토지 문제나 빈부 격차 문제가 대두될 수 있습니다. 스파르타도 마찬가지였습니다. 메세니아 점령 후 시민 간의 빈부 격차가 커지며 나라 안의 긴장감이 고조되었습니다. 이때 빈부 격차를 해소하고, 시민 간 경제 평등을 실현한 인물이 나타났습니다. 누구냐고요? 전설적인 입법자라 불리는 리쿠르고스입니다. 기원전 7세기쯤 리쿠르고스가 실시한 개혁의 결과, 우리가 아는 스파르타의 전형적인 모습이 완성되었습니다. 이를 '리쿠르고스 체제'라고 합니다.

리쿠르고스는 먼저 스파르타식 교육을 도입했습니다. '아고게'라 불렸던 스파르타식 교육은 애국심과 강한 체력을 갖추고 국가에 봉사하는 인간을 키우기 위한 목적으로 실시되었는데, 스파르타 시민들의 특권적 지위와 잘 훈련된 전사단 유지를 위해 꼭 필요했습니다. 스파르타 소년들은 일곱 살에 어머니에게 떨어져 강도 높은 훈련을 받았습니다. 서른 살이 되면 비로소 시민권을 획득하고, 병영을 떠나 가정을 꾸릴 수 있었습니다.

공동 식사 제도도 이 시기에 확립되었습니다. 이 제도는 전쟁터에서 조를 이루어 함께 식사하던 것에서 유래했습니다. 열다섯 명 정도로 구성된 조원들이 식사 비용을 공평하게 분담했으며, 똑같은 종류의 빵과 고기를 먹었습니다. 한편 리쿠르고스는 시민들에게 균등하게 땅을 배분하고, 그 땅에서 일하는 헤일로타이한테 수확물의 절반을 받아 생활하도록 하는 제도를 마련했습니다. 선사 계급으로 생산 활동에 종사하지 않았던 스파르타 시민들은 국가에서 나눠준 토지에서 나는 생산물로 일정한 수입을 보장받을 수 있었고 공동 식사에 필요한 비용을 낼 수 있었습니다. 요즘 말로 하면 시민의 기본소득을 국가가 보장해 준 것이라고 볼 수 있겠지요. 이러한 리쿠르고스 개혁을 통해 스파르타인들은 모두가 '동등자(호모이오이)'가 되었습니다.

공동 식탁이 무너진 스파르타, 몰락의 길을 걷다

그리스 세계에서 스파르타의 패권을 강화시켰던 펠로폰네소스 전쟁(기원전

431~기원전 404)은 한편으로 스파르타의 빈부 격차를 심화시켰습니다. 소박하고 검소한 생활을 지향하던 스파르타 사람들에게 전쟁 기간에 쏟아진 무수한 배상금과 전리품은 큰 파장을 몰고 왔습니다. 농업 국가인 스파르타에서 자본의 투자처는 자연히 토지로 향했습니다. 매매가 불가능했던 할당지마저 사고파는 것이 가능해졌습니다. 경제적 평등을 보장하던 리쿠르고스 체제는 서서히 무너졌습니다.

특히 스파르타의 경제 평등에 치명타를 입힌 것은 메세니아의 독립이었습니다. 스파르타인에게 메세니아 상실은 영토 절반의 상실이라는 아픔을 넘어 상당수 스파르타 시민의 경제 기반을 박탈하는 결과를 가져왔습니다. 토지를 잃은 시민들은 고정 수입이 없어지면서 자식들에게 아고게를 이수시킬 수 없게 되었고, 공동 식사로 할당된 몫조차 지불하지 못했습니다. 그러다 보니 시민권을 박탈당하고 '열등 시민'으로 전락하는 사람들이 많아졌습니다.

토지 재분배를 통한 경제 평등 속에 함께 밥을 먹고 함께 훈련받으며 결속을 다졌던 스파르타의 시민 전사단은 이제 유명무실해졌습니다. 그리스 최강의 육군을 보유했던 스파르타는 시민 전사단의 붕괴와 함께 몰락의 길을 걸었습니다.

20 아테네는 투표로 예비 독재자를 쫓아냈다고요?

우리는 국민으로서 대통령, 국회의원, 지방자치단체장 등을 선거를 통해 뽑습니다. 이렇게 국민이 민의를 반영할 대표를 선출하고, 선출된 사람들이 나랏일을 하는 정치 체제를 '대의 민주주의'라고 합니다. 이러한 정치 체제의 시작은 고대 아테네였습니다. 민주주의를 창시한 아테네의 민주 정치는 어떻게 이루어졌을까요?

아테네의 초기 정치 형태는?

아테네의 초기 정치 체제는 다른 폴리스처럼 소수 귀족이 정치를 독점하는 귀족정이었습니다. 귀족들은 부유한 경제력을 바탕으로 말과 무기를 구입해 중무장을 하고 전쟁에 나갔으며, 그 대가로 국가의 주요 정책 결정에 참여했습니다. 그러던 중 기원전 7세기에서 기원전 6세기 무렵에 해상 무역이 크게 발달하며 아테네의 정치, 사회, 경제 분야에 다양한 변화가 생겼습니다.

상업의 발달로 올리브와 포도 재배가 늘면서 대농장이 등장했고, 이 과정에서 소농민이 몰락하며 부농층이 성장했습니다.

이러한 경제 변동은 전술 변화를 가져왔습니다. 고대 그리스에서 폴리스 간의 전쟁은 귀족들이 몸을 보호하기 위한 갑옷을 입고 긴 창을 옆구리에 낀 채 말 위에서 상대편과 싸우는 방식이었습니다. 당시 농민들은 전쟁에 나가고 싶어도 경제력이 부족해 말을 사거나 자기 몸을 보호할 갑옷을 준비할 수 없었습니다. 그러다 보니 전투는 서로 다른 폴리스의 귀족들 간의 싸움이었고 정치적 발언도 귀족들이 독점했습니다.

그런데 경제 변동 속에 부유한 농민들이 증가하며 전쟁터에서 전투도 중장 기병 위주에서 중장 보병 위주로 바뀌었습니다. 말을 타고 싸우는 군인을 '기병'이라 하고, 걸으면서 싸우는 군인을 '보병'이라고 합니다. 농업 생산성 향상으로 등장한 부농층은 말을 타고 싸울 정도의 경제력은 없었지만, 자기 몸을 방어할 수 있는 투구와 갑옷 정도는 마련할 수 있었습니다. 이제 농민 중 다수가 투구와 갑옷을 갖춰 입고 전쟁에 적극 뛰어들었습니다.

중장 보병 위주로 군대가 편성되면서 아테네 내에 정치 변동이 생겼습니다. 전쟁에 참가한 농민들이 자기들도 전쟁터에서 목숨 걸고 싸웠으니 정치에 참여할 수 있는 권리를 달라고 요구했습니다. 기원전 6세기경이었습니다. 아테네 정치를 책임지고 있던 집정관 솔론은 농민층의 거센 요구를 수용해 정치 개혁에 나섰습니다. 그는 시민 계층을 재산에 따라 네 등급으로 분류하고 등급에 따라 참정권을 차등 부여하는 금권 정치를 실시했습니다. 이제 아테네에서는 귀족이 아니더라도 일정 수준의 재산이 있으면 정치에 참여할 수 있게 되었습니다. 또한 솔론은 400인 협의회를 만들었고 시민 법정의 권한을 강화해 시민들의 정치 참여를 크게 확대했습니다. 그리고 시민들의 경제 불균형을 해소하기 위해 빈민들이 진 빚을 탕감해 주었으며, 사람을 담보로 돈을 빌리는 악습을 폐지했습니다. 이러한 아테네의 혁신적 정치 개혁을 '솔론의 개혁'이라 합니다.

솔론의 개혁으로 아테네에서 일반 시민의 권리가 향상되었습니다. 다만 이 개혁에도 한계는 있었습니다. 솔론의 개혁은 귀족과 농민 모두를 만족시키지 못했습니다. 더딘 개혁 정책 추진에 불만을 품은 농민들의 적극적인 지지로 참주 페이시스트라토스가 등장했습니다. 참주란 비합법적으로 정권을 장악해 독재권을 행사하는 지배자를 말합니다.

아테네 정치를 주도하게 된 페이시스트라토스는 솔론의 개혁을 이어받아 추방된 귀족의 토지를 몰수해 농민에게 분배하는 등 적극적으로 농민을 위한 정책을 펼쳤습니다. 하지만 그는 아테네 시민들의 민주적인 정치 참여를 제한하고 개인의 권력 독점을 위한 정책들을 추진했습니다.

시민이면 누구든지 정치에 참여할 수 있다

참주정을 폐지하고 아테네 정치를 새롭게 이끈 사람은 클레이스테네스입니다. 그는 귀족들의 전통적인 세력 기반을 해체하려고 노력했습니다. 기존의 혈연적 부족을 해체했고 이를 토대로 400인 협의회를 500인 평의회로 변경해 시민 참여를 확대했습니다. 일반 시민이 평의회 의원이 될 수 있는 방법도 이전보다 훨씬 쉬워졌습니다. 아테네 시민이라면 누구든 추첨에 의해 평의회 의원이 될 수 있었기에 일반 시민도 정치에 참여할 수 있었습니다. 또한 민회 활동도 강화해 시민의 정치 참여 기회를 보장해 주었습니다.

한편 클레이스테네스는 참주의 재등장을 막기 위해서 '도편 추방제'를 도입했습니다. 도편 추방제가 뭐냐고요? 참주가 될 가능성이 있는 사람의 이름을 도자기 파편에 쓴 다음, 일정 기준 이상 득표하면 해당 인물을 10년 동안 국외로 추방하는 제도입니다. 따라서 이 제도는 인기 있는 정치인이 시민들

을 현혹해 독재자가 되는 길을 막는 독재 방지 장치였습니다.

물론 도편 추방제는 때에 따라 정치적으로 악용되는 경우도 있었습니다. 이건 또 무슨 말이냐고요? 페르시아 전쟁 중 살라미스 해전에서 큰 승리를 거둔 테미스토클레스는 아테네 시민들에게 인기가 높았습니다. 하지만 그는 전쟁 영웅이었음에도 참주가 될 가능성이 크다는 이유로 기원전 471년 시민들의 몰표를 얻어 아테네에서 10년간 쫓겨나야 했습니다. 이런 드문 경우만 제외하면, 도편 추방제는 그리스 민주 정치를 굳게 뿌리내리는 데 상당히 기여했습니다.

고대 아테네에서 사용한 도편. 참주가 될 가능성이 있는 사람의 이름을 적어 제출해 일정 기준 이상 득표한 사람은 10년 동안 국외로 추방했다.

아테네 민주 정치와 현대 민주 정치는 같은가요?

고대 아테네에서 실시했던 민주 정치와 현대 민주 정치는 어떤 차이가 있을까요? 큰 틀에서는 시민들이 참정권을 가지고 정치에 적극 참여한다는 점에서 고대 아테네나 현재나 비슷합니다. 하지만 세부적으로 살펴보면 차이가 큽니다.

먼저 현대 사회는 국민들이 투표를 통해 지역 대표를 뽑고 그들이 나랏일을 하도록 하는 '간접 민주주의(대의 민주주의)' 체제로 정치가 이루어집니다. 반면 아테네는 시민들이 직접 아고라에 모여 정책을 토론하고 결정하는 '직접 민주주의'였습니다. 주요 정치 담당자들도 능력이 아닌 추첨에 의해 선발했습니다. 이는 아테네가 폴리스라는 소규모 도시 국가였기에 가능했던 정치 형태였습니다.

또한 정치에 참여하는 시민의 범위도 현대와 다릅니다. 모든 시민이 정치에 참여했다고 하지만, 아테네에서 시민의 범위는 매우 제한적이었습니다.

부모가 모두 아테네인인 성인 남성만 시민으로 인정되어 투표권이 있었으며, 여성이나 외국인, 노예는 시민에 포함되지 않았습니다. 따라서 고대 아테네 민주 정치는 현대와 달리 제한된 소수만 나랏일에 참여하는 형태였습니다.

21. 페르시아 전쟁이 민주주의를 꽃피웠다고요?

영화 〈300〉을 보는데 건장하고 튼튼해 보이는 군인들이 많이 나오더라고요. 그리스와 페르시아 사이의 전쟁을 배경으로 한 영화인데, 그들은 왜 그렇게 무시무시하게 싸웠나요? 그들이 목숨을 걸고 싸워서 얻은 것은 무엇이었나요?

페르시아, 강대국으로 성장하다

고대 그리스에 폴리스가 생길 무렵, 에게해 건너편 소아시아 지역에서는 페르시아 세력이 성장하고 있었습니다. 기원전 550년 정복 전쟁에 나선 페르시아 왕 키루스 2세는 메디아를 시작으로 리디아, 메소포타미아의 심장부라고 할 수 있는 바빌론까지 차례로 멸망시키며 세계 제국으로 성장했습니다.

키루스 2세를 이어 왕위에 오른 아들 캄비세스 2세는 이집트까지 점령했습니다. 그런데 그가 이집트에 있는 동안 페르시아 왕실에서 왕위 찬탈 사건이 일어났습니다. 메디아의 종교 지도자 가우마타가 자신을 키루스 2세의 아들이자 캄비세스 2세의 친동생이라고 주장하며 기원전 522년 페르시아 제국의 왕위를 차지했습니다. 가우마타가 반역을 했다는 소식을 전해 들은 캄비세스 2세는 서둘러 본국으로 귀환하던 도중 의문의 죽음을 당했습니다. 왕이 죽자 부하였던 다리우스 1세는 여섯 명의 귀족과 공모하여 가우마타와 그의 추종자들을 처단하고 스스로 왕위에 올랐습니다. 다리우스 1세는 키루스 2세의 뜻을 이어받아 정복 전쟁을 이어 나갔습니다.

야심가 다리우스 1세의 잔혹한 식민 통치

원래 페르시아는 다른 나라를 정복하면 정복지에 관대한 정책을 펼쳤습니다. 하지만 다리우스 1세는 가혹하게 통치했습니다. 정복지 주민들에게 지나치게 많은 세금을 물렸으며 강제로 병사나 노비로 삼았습니다. 이런 혹독한 통치 정책은 페르시아의 식민지가 된 소아시아 지역 폴리스들의 반발을 샀습니다.

기원전 499년 소아시아의 폴리스인 밀레투스의 정치가 아리스타고라스는 페르시아의 잔혹한 식민 통지를 건디지 못하고 여러 폴리스와 연합해 반란을 일으켰습니다. 여기에는 아테네와 에레트리아도 가담했는데, 이 사실을 알게 된 다리우스 1세는 보복을 계획했습니다. 먼저 밀레투스의 반란을 진압한 다리우스 1세는 만반의 준비를 갖추고 기원전 492년 그리스반도의 폴리스들과 전쟁을 시작했습니다.

숫자가 많다고 무조건 이기는 건 아니라는 걸 보여 준 마라톤 전투

첫 번째 그리스 원정의 지휘는 다리우스 1세의 사위 마르도니우스가 맡았

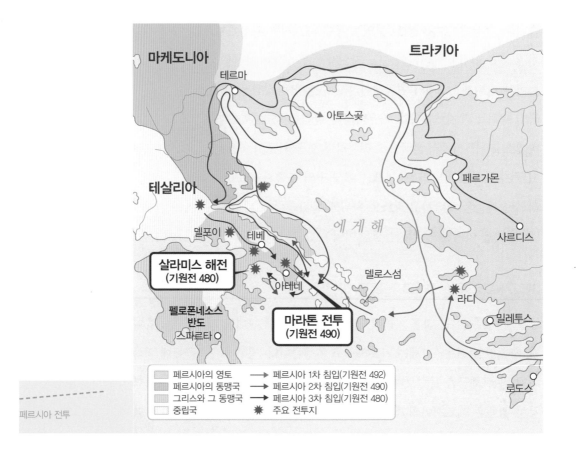

페르시아 전투

습니다. 하지만 그가 이끈 해군 함대가 그리스 북부 해안의 아토스곶을 지날 때 거센 폭풍우을 맞아 300척이 넘는 페르시아 함대가 싸우기도 전에 거의 파괴되고 말았습니다. 페르시아 육군도 그리스 북부에서 습격을 받아 고립되었습니다. 부상당한 총지휘관 마르도니우스는 그리스 땅을 밟기도 전에 그리스 원정을 포기해야 했습니다.

페르시아 왕 다리우스 1세는 다시 전쟁을 준비했습니다. 이번에는 전투 경험이 풍부한 장군 아르타페네스와 다티스에게 지휘를 맡겨 두 번째 그리스 원정을 시도했습니다. 그들은 아토스곶을 무사히 통과해 에레트리아를 점령하고 그리스 폴리스들의 맹주 아테네를 향해 진격했습니다. 아테네는 이웃 폴리스 플라타이아이에서 급히 지원해 준 1,000여 명의 지원군과 함께 1만여 명의 연합군을 꾸려 마라톤 평원에서 10만 명의 페르시아 군대와 전투를 벌였습니다. 그리스 연합 부대의 장군 밀티아데스는 중장 보병 부대의 중앙을 비워 두고 양옆으로 군사를 배치하고 있다가 페르시아군이 중앙으로 돌격해 오자 이 부대를 에워싼 채 공격해 대승을 거두었습니다. 기세등등했던 페르시아의 그리스 원정은 이번에도 실패하고 말았습니다.

마라톤 전투에서 그리스 연합 부대가 승리했다는 소식을 전하기 위해 전령병 페이디피데스는 마라톤 평원에서 아테네 광장까지 무려 40킬로미터에 가까운 거리를 쉼 없이 달렸습니다. 그는 승전 소식에 목말라 있던 아테네 시민들에게 아군이 승리했다는 기쁜 소식을 전하고는 바로 고꾸라져 숨을 거두었습니다. 아주 먼 훗날인 1896년, 그리스 아테네에서 제1회 근대 올림픽이 열렸습니다. 올림픽 조직위원회는 페이디피데스를 추모하며 장거리 달리기 경기를 신설했고, 그렇게 생겨난 마라톤은 지금도 육상 경기의 꽃으로 올림픽 때는 물론이고 수시로 세계 곳곳에서 대회가 열리고 있습니다.

전쟁의 끝, 그리고 민주 정치의 활성화

두 차례에 걸친 그리스 원정에 실패한 다리우스 1세는 기원전 486년 사망했습니다. 그를 이어 페르시아 왕이 된 아들 크세르크세스 1세가 다시 정복 전쟁에 나섰습니다. 기원전 480년, 크세르크세스 1세는 이전보다 더 많은 대규모 병력을 이끌고 그리스 원정에 나섰습니다. 페르시아 대군은 그리스 북부를 점령하고 남쪽 테르모필레까지 쳐들어왔습니다.

그리스반도 전체가 여차하면 페르시아 식민지가 될 판이었습니다. 이러한 절체절명의 위기에 그리스 폴리스들은 아테네와 스파르타를 중심으로 굳게

뭉쳤습니다. 당시 그리스 연합군의 작전은 육군이 테르모필레에서 페르시아 군을 막는 사이, 해군이 재빠르게 아르테미시온으로 이동해 페르시아 전함의 후방을 공격하는 것이었습니다. 다행히 가파른 산과 해안 절벽으로 둘러싸인 테르모필레 지형은 수비에 안성맞춤이었습니다. 처음에는 그리스 육군이 돌격해 오는 페르시아군을 잘 막아 냈습니다. 그런데 그리스 연합군 안에 배신자가 있었습니다. 그가 페르시아군에게 그리스군을 기습할 수 있는 길을 알려 주는 바람에 그리스군은 대패했습니다. 오직 스파르타의 왕 레오니다스가 이끄는 스파르타의 소수 군인만이 협소한 계곡에서 페르시아 대군과 맞부딪치게 되었습니다. 군인 정신이 투철한 스파르타의 병사 300명은 레오니다스의 지휘로 마지막 한 사람까지 용감하게 싸웠습니다. 비록 전투는 페르시아 군의 승리였지만, 스파르타군의 목숨을 건 항전에 맞서느라 페르시아군의 사기는 크게 떨어졌습니다. 이 전투를 소재로 만든 영화가 〈300〉입니다.

비록 패배하긴 했지만 스파르타군이 테르모필레에서 페르시아군을 묶어 둔 덕분에 아테네의 평민 출신 장군 테미스토클레스가 이끄는 그리스 해군은 계획했던 대로 페르시아군을 상대할 수 있었습니다. 기원전 480년 9월, 페르시아 전함들이 줄지어 살라미스 해협으로 접근해 왔습니다. 폭이 좁은 해협에서 크고 무거운 페르시아 전함은 작지만 기동력 좋은 그리스 연합군의 전함에 속수무책으로 당했고 페르시아 해군은 전함 200척을 잃고 후퇴했습니다. 이후에도 몇 번 더 접전이 있었지만 그리스 폴리스들이 아테네를 중심으로 델로스 동맹을 결성해 방어했습니다. 기원전 449년 아테네와 페르시아가 평화 조약을 맺으면서 40여 년에 걸친 기나긴 전쟁은 끝을 맺었습니다.

페르시아 전쟁은 아테네 정치에 큰 변화를 가져왔습니다. 평민 출신 장군 테미스토클레스가 이끈 그리스 연합군의 해군은 노를 잘 저을 수 있는 능력만 있으면 달리 큰돈을 들여 무장할 필요가 없었습니다. 따라서 아테네의 최하위 계층도 살라미스 해전에 참전할 수 있었습니다. 이때 참전한 평민 4만여 명은 전쟁에서 승리한 공을 인정받아 시민권을 부여받았습니다. 이들 시민은 자신들도 폴리스의 발전에 중요한 역할을 할 수 있다는 사실을 깨달았고, 더 많은 시민의 정치 참여 속에서 아테네 민주 정치는 계속 번성할 수 있었습니다.

서양 철학자 중에서 가장 유명한 사람은 소크라테스 같아요. 고대 아테네 사람인 소크라테스는 당시에도 유명 인사였다고 하네요. 하지만 그는 사람들의 시기를 받고 법정 고발을 당해 사형까지 받았어요. 철학자인 소크라테스는 어떤 일을 했기에 존경도 받으면서 시기도 받아 죽음에까지 이르렀을까요?

철학은 어떻게 시작되었나요?

철학이라는 말의 뜻을 알고 있나요? 철학 즉 '필로소피Philosophy'는 그리스어에서 유래한 단어로 '지혜를 사랑한다'는 뜻입니다. 고대 그리스인들은 인간과 세계 질서에 관해 끊임없는 궁금증을 가지고 진정한 진리 찾기에 몰두했습니다. 그래야만 세상을 현명하게 살 수 있다고 여겼기에 사람들은 광장에 모여 자유롭게 토론하면서 인간 중심의 철학을 탄생시켰습니다.

사실 철학이라는 학문은 그리스 본토가 아닌 바다 건너 에게해 동쪽 이오니아 지방에 있는 밀레투스라는 항구 도시에서 개념 정립이 시작됐습니다. 지금의 튀르키예 남서 해안 지역에 있는 이 도시는 기원전 7~8세기경 그리스와 페르시아 사이에서 중개 무역을 하며 경제적으로 크게 번성했습니다. 밀레투스는 교역의 요충지이다 보니, 서로 다른 문화권 사람들이 오가며 타 지역의 새로운 사상을 접할 기회가 잦았습니다. 밀레투스 사람들은 무역을 통해 축적한 부로 노예들을 부리며 여유로운 삶을 살았기에 생계 걱정 없이 산책을 즐기며 인생에 관한 깊은 사색을 할 수 있었습니다. 이렇게 여러 조건이 충족되면서 항구 도시 밀레투스에서 철학이 싹텄습니다.

　밀레투스 학자 중에는 '최초의 철학자'라고 불리는 탈레스가 있습니다. 그는 세상이 무엇으로 이루어져 있는지를 밝히고자 날마다 궁리했고, 오랜 궁리 끝에 내린 결론은 세상의 근원은 '물'이라는 것이었습니다. 그는 지진이

그리스와 이오니아 지방

일어나는 것은 바다의 신 포세이돈의 분노 때문이 아니라 땅 밑에 있는 물이 흔들리면서 그 위의 지구 표면도 흔들리는 것이라는 과학적 해석을 내놓았습니다. 한편 그는 천문학에도 관심을 가져 변화무쌍한 별의 움직임에는 나름의 규칙이 있다고 생각해 그 원리를 찾고자 노력했습니다. 이집트 여행 도중에는 피라미드의 그림자를 통해 건조물의 실제 높이를 알아내는 수학적 성취를 이루기도 했습니다. 탈레스의 이러한 사고가 무엇을 의미하냐고요? 당시 사람들은 세상의 일을 미신이나 신화, 주술 등에 의존해 해석하고 해결하고자 했습니다. 하지만 탈레스는 세상만사를 인간의 이성과 탐구로써 해결하려고 했습니다. 탈레스의 이러한 접근 방법에서 인간 중심의 철학이 시작되었습니다.

말 잘하는 법을 가르치는 사람들이 있었다고요?

기원전 5세기경 그리스는 지중해를 사이에 두고 페르시아와 오랜 전쟁을 치러 승리했고 아테네는 그리스의 리더가 되었습니다. 이 당시 아테네는 페리클레스라는 출중한 정치가가 나타나 정치를 주도하며 번영기로 접어들었습니다. 정치와 경제의 안정 속에서 시민들의 삶은 한층 나아졌습니다.

아테네 전성시대에 그리스 내 여러 폴리스 사람들이 아테네로 모여들었습니다. 에게해 건너 이오니아 지방에서도 많은 인재가 몰려왔습니다. 아테네는 날이 갈수록 융성해졌고, 더불어 철학도 번성했습니다.

아테네에는 광장 아고라가 있었습니다. 이곳은 물건을 사고파는 시장으로 경제 활동의 중심지이자 시민들이 자유롭게 만나 대화를 나누는 사교의 공간이었고, 학문과 사상에 대한 토론이 벌어지는 대화의 광장이었습니다. 또한 아테네 민주정의 꽃인 민회가 열려 정치와 국방 문제를 토의하고 결정하는 정치의 중심지이기도 했습니다.

아크로폴리스. 고대 그리스의 도시 국가에서는 높은 언덕에 폴리스 수호신의 신전을 세웠고 전쟁이 났을 때 시민들의 대피처가 되었다.

이러한 아고라 정치 환경에서 토론 잘하는 능력을 갖추는 것은 아테네 시민의 필수 조건이었습니다. 그래서 아테네 시민들에세는 웅변술과 변론술이 필요했고, 이것들을 가르치는 신종 직업인 '소피스트'가 등장했습니다. 화려한 웅변술과 변론술로 무장한 소피스트들은 여러 도시를 다니며 말 잘하는 방법을 가르치며 시민들에게 인기를 누렸습니다. 그런데 소피스트들은 토론에서 이기기 위한 논쟁술만 가르치다 보니, 말하는 내용의 진정성보다는 논쟁에서 승리하기 위한 화술 연마에만 치중했습니다. 또한 소피스트들은 '세상에 절대적 진리는 없으며, 각자 생각하고 느끼는 것은 다를 수 있다'는 상대주의적 철학관을 가지고 있었습니다.

소크라테스는 왜 사형에 처해졌나요?

상대적 진리를 주장하는 소피스트들을 공개적으로 비난한 철학자가 있었습니다. 바로 "너 자신을 알라"라는 말로 유명한 소크라테스입니다. 그는 아고라에서 사람들에게 도덕과 정치에 대해서 말했고, 사람들은 소크라테스의 주장에 관심을 보이며 귀를 기울였습니다. 특히 지식욕이 강한 젊은이들이 적극적이었으며, 소크라테스는 그들과 대화하며 진리의 절대성을 강조했습니다. 질문하고 답하는 과정을 반복하다 보면 사람들은 자신이 가지고 있는 생각의 허점을 발견하게 되고 그것에 대해 다시 깊이 생각하게 됩니다. 소크라테스는 젊은이들에게 계속 질문을 던지며 타인의 생각을 무비판적으로 받아들이지 말고 자신이 생각하는 절대 진리를 찾도록 유도했습니다. 그러면서 그는 누구나 인정하는 보편타당한 진리는 반드시 존재한다고 주장했습니다.

이러한 소크라테스의 절대 진리 탐구 방식은 아테네 사회의 당연한 것들에 대해 의심하고 비판할 수 있는 분위기를 만들었습니다. 소크라테스의 철학에 감명받은 젊은이들과 아테네 사회를 주도하는 기득권 세력은 충돌할 수밖에 없었습니다. 소피스트들과 기득권자들은 소크라테스가 젊은이들을 그릇된 방향으로 유도한다며 비난했습니다.

한편 이 시기 번영을 누리던 아테네는 경쟁 국가 스파르타와 펠로폰네소스 전쟁에서 패배하며 쇠퇴기로 접어들었습니다. 자유를 누리던 아테네는 국가 위기에 당면하게 되었고 차츰 사회적 관용을 잃어갔습니다. 소크라테스를 눈엣가시처럼 여기던 사람들이 그를 형사 고발했습니다. 주요 죄목은 청년들을 현혹시키고, 다른 신을 섬긴다는 것이었습니다.

감옥에 갇혀 재판을 받는 와중에도 소크라테스는 감정에 호소하지 않고 자신의 주장인 절대 진리를 꿋꿋하게 주장했습니다. 이러한 소크라테스의 당당함은 도리어 배심원들의 미움을 샀고, 결국 소크라테스는 사형을 언도받았습니다. 가족과 친구들은 소크라테스에게 감옥을 탈출해 도망가라고 간절하게 호소했습니다. 하지만 그는 살 수 있는 기회가 있었음에도 불구하고 스스로 죽음을 선택했습니다. 살기 위해 현실과 타협한다면 자신이 옳다고 한 행동을 부정하는 것이 되기 때문이었습니다. 쇠퇴해 가는 아테네에서 소크라테스는 "죽음을 피하기는 쉽지만, 정의를 선택하기는 어렵다"는 마지막 말을 남기고 죽었습니다.

그리스 철학은 어떻게 서양 사상의 뿌리가 되었나요?

소크라테스 이후 그리스 철학의 주요 주제는 '이 세상의 진정한 진리는 무엇인가?'를 탐구하는 것이었습니다. 소크라테스는 자신의 사상을 책으로 남기지 않았지만, 제자 플라톤이 스승의 철학 사상을 체계적으로 정리했습니다. 한편 플라톤의 사상을 계승한 아리스토텔레스는 스승과는 다른 관점으로 자신만의 철학 체계를 구축했습니다. 플라톤과 아리스토텔레스는 세상을 보는 눈이 서로 달랐습니다. 플라톤의 합리론과 아리스토텔레스의 경험론은 서양 철학의 큰 줄기가 되어 지금까지도 그 맥을 이어 가고 있습니다. 또한 아주 오래된 철학 사상이지만 소크라테스와 플라톤, 아리스토텔레스의 철학 사상은 지금도 세계 여러 학교에서 공부되고 있습니다. 그만큼 그들의 사상이 서양 철학 정립에 끼친 영향이 크다는 증거입니다.

고대에 국제결혼을 적극 주선한 왕이 있었다면서요?

요즘은 방송에서 외국인을 자주 봅니다. 국제결혼도 많이 한다고 해요. 우리 학교에도 다문화 가정 친구들이 많이 있고요. 그런데 유럽과 아시아 일부 지역은 이미 2,500년 전부터 다문화 사회였다고 해요. 심지어 왕이 나서서 국제결혼을 장려했다고 하네요. 어찌 된 사연일까요?

알렉산드로스, 제국을 만들다

기원전 4세기 무렵 아테네와 스파르타를 비롯한 그리스 도시 국가들은 오랜 전쟁으로 지쳐 가고 있었습니다. 이때 북쪽에서 힘을 키우고 있던 마케도니아의 왕 필리포스 2세는 기회를 놓치지 않고 그리스 도시 국가들을 공격했고, 마케도니아의 공격을 받은 그리스 도시 국가들은 힘없이 무너졌습니다.

그리스 전역을 정복한 필리포스 2세는 에게해 너머 페르시아 제국으로 눈을 돌렸습니다. 하지만 그는 갑작스럽게 죽었고, 아들 알렉산드로스가 스무살의 나이로 새 왕이 되었습니다. 알렉산드로스는 어린 나이에도 불구하고 혼란스러웠던 그리스 본토를 안정시키며 아버지가 점령하려고 했던 페르시아 원정에 나섰습니다. 그는 최종적으로 페르시아는 물론 이집트와 인도 북부 인더스강 유역까지 점령하며 대제국을 건설했습니다.

유럽과 아시아가 만나 헬레니즘이 탄생하다

알렉산드로스의 동방 원정은 동서 문화 교류에 지대한 영향을 끼쳤습니다. 알렉산드로스의 원정으로 그리스 문화와 페르시아 문화가 어우러지며 새로운 문화가 탄생했습니다. 후세 사람들은 이를 '헬레니즘'이라 했습니다. 헬레니즘은 '그리스어를 사용하는 문화'라는 뜻입니다. 알렉산드로스가 정복한 제국 안에서는 그리스어를 공용어로 사용했고, 이 언어를 바탕으로 동양과 서양 문화가 어우러졌습니다.

동서 융합 문화인 헬레니즘 문화는 그리스 문화를 확산시키려는 노력 속에서 태어났습니다. 알렉산드로스는 왕자 시절에 그리스의 철학자 아리스토텔레스에게 가르침을 받았습니다. 그래서인지 그는 그리스 문화에 자부심이 강했고 제국 안에서는 그리스어를 공용어로 사용하도록 했습니다. 또한 정복한 지역에 자신의 이름을 딴 도시 알렉산드리아를 건설해 그리스인들을 이주시켰습니다. 한편 알렉산드로스는 정복한 지역의 문화를 적극 받아들였습니다. 페르시아를 정복한 후에 그는 스스로 페르시아 전통 복장을 했고, 신하들에게는 무릎 꿇고 엎드려 절하는 페르시아 인사법을 따르도록 했습니다. 또한 자신이 멸망시킨 페르시아의 전제 군주제를 계승하려 했습니다.

정복한 지역의 문화를 받아들이는 데 갈등은 없었을까요? 당연히 있었습

폼페이 유적지에서 발견된 기원전 300년경 작품으로 추정되는 알렉산드로스 모자이크. 알렉산드로스는 유럽, 아시아, 아프리카 대륙에 걸친 대제국을 건설했으며 동서 문화 교류에 지대한 영향을 끼쳤다.

니다. 그리스인도 마케도니아인도 불만이 많았습니다. 알렉산드로스는 이를 해결하기 위해 국제결혼을 적극 장려했습니다. 알렉산드로스는 자신이 먼저 페르시아 공주와 혼인식을 올렸습니다. 이어서 부하들도 페르시아 여인들과 합동혼인식을 올려 1만여 쌍에 이르는 다문화 가정이 탄생했습니다.

헬레니즘은 우리에게 무엇을 남겼나요?

페르시아 원정에 나선 알렉산드로스가 한 신전 앞에 멈췄습니다. 그곳에는 전설 속 인물 고르디우스가 탔던 마차가 밧줄로 묶여 있었습니다. 전설에서는 '묶인 매듭을 푸는 자가 아시아의 지배자가 된다'고 했습니다. 지금까지 많은 사람이 도전했지만, 매듭을 푼 사람은 아무도 없었습니다. 알렉산드로스도 매듭을 풀려고 여러 번 시도했지만 도저히 풀 수 없었습니다. 그래서 그는 칼로 내리쳐 매듭을 끊어 버렸습니다. 그러자 마차를 꽉 매고 있던 밧줄이 힘없이 풀렸습니다. 전설 덕분이었을까요? 그 후 알렉산드로스는 인더스 강 유역까지 정복하며 대제국을 건설했습니다. 그런데 매듭을 풀지 않고 칼로 끊어 버렸기 때문일까요? 제국은 알렉산드로스 사후 여러 나라로 분열되었습니다. 국제결혼까지 주선하며 제국을 하나로 만들고자 했던 그의 노력도 헛일이 되고 말았습니다.

하지만 모든 사람을 동등하게 시민으로 대우하고자 했던 헬레니즘 정신은 로마로 이어졌고, 로마 제국이 다양한 민족이 공존하는 세계 제국으로 성장하면서 헬레니즘 정신은 마침내 그 꽃을 피웠습니다.

24, 늑대 젖을 먹는 아기가 상징인 축구 팀이 있다면서요?

이탈리아 축구 리그 세리에A를 대표하는 축구 팀 중에 'AS로마'가 있습니다. 이 팀의 상징은 늑대 젖을 먹고 있는 아기들입니다. 보통 스포츠 팀의 상징으로는 불사조, 사자, 독수리 같은 용맹스러운 동물들이 등장하는데 AS로마는 왜 뜬금없이 늑대 젖을 먹는 아기를 상징으로 삼았을까요?

저 아이들이 로마의 조상이래.

로물루스와 레무스, 로마를 세우다

'이탈리아' 하면 무엇이 떠오르나요? 피자, 파스타 같은 음식부터 콜로세움이나 피사의 사탑 같은 역사 관광지, 세계 패션의 중심지에 이르기까지 다양한 것들이 떠오르겠지요. 그런데 이탈리아를 말할 때 빼놓으면 섭섭한 것이 하나 더 있습니다. 그게 뭐냐고요? 바로 축구입니다. 축구는 이탈리아에서 가장 인기 있는 스포츠로 이탈리아 프로 축구 1부 리그인 세리에A는 전 세계 축구팬이 열광하는 인기 만점의 리그입니다.

세리에A의 축구 팀이자 이탈리아 수도 로마를 대표하는 축구 팀은 'AS로마'입니다. 이 팀의 엠블럼은 특이하게도 '늑대 젖을 먹는 아기'입니다. 도대체 늑대 젖을 먹는 아기에게 어떤 사연이 있기에 100년 가까운 전통을 가진 명문 구단의 상징이 되었을까요?

기원전 8세기, 이탈리아반도에 있는 도시 국가 알바롱가에 레아 실비아라는 여인이 살고 있었습니다. 레아는 본래 알바롱가 왕 누미토르의 외동딸이었습니다. 그런데 작은아버지 아물리우스가 반란을 일으켜 형을 쫓아내고 왕위에 올랐습니다. 그는 조카딸 레아를 신을 모시는 신녀로 보냈습니다. 왜냐고요? 신녀는 혼인할 수 없었기 때문입니다. 레아가 신녀로 있으면 형 누미토르의 대가 끊어지니 안심하고 왕위에 있을 수 있었습니다. 하지만 상상하기 힘든 일이 일어났습니다. 레아가 전쟁의 신 마르스와 마음이 통해 쌍둥이 형제 로물루스와 레무스를 임신했습니다. 아물리우스의 계략은 실패로 돌아갔고, 그는 레아가 낳은 자식들이 자신의 왕위를 빼앗을까 두려워 쌍둥이가 태어나자마자 바구니에 담아 테베레강에 버렸습니다.

강물을 따라 떠내려가던 바구니를 암컷 늑대가 발견하고 입으로 건져 올렸습니다. 늑대는 쌍둥이에게 젖을 물리며 자기 새끼처럼 정성스럽게 돌보았습니다. 때마침 근처를 지나던 양치기가 그 광경을 목격하고는 신기하게 여겨 쌍둥이를 집으로 데려갔습니다. 양치기의 보살핌으로 두 소년은 용감한 젊은이로 성장했습니다. 그러다 우연히 왕위에서 쫓겨난 외할아버지 누미토르를 만나 출생의 비밀을 알게 되었습니다. 어머니와 외할아버지의 복수를 결심한 쌍둥이 형제는 세력을 모아 아물리우스를 왕좌에서 쫓아내고 외할아버지 누미토르를 다시 왕위에 올렸습니다.

늑대 젖을 먹는 쌍둥이는 로마 사람들에게 어떤 의미일까요?

로물루스와 레무스 형제는 외할아버지의 만류에도 불구하고 알바롱가를 떠나 새로운 나라를 만들기로 했습니다. 처음 도착한 곳은 티베레강 근처에 있는 팔라티누스 언덕이었습니다. 로물루스는 이곳에 새로운 나라를 세우고자 했습니다. 하지만 동생 레무스의 생각은 달랐습니다. 결국 형 로물루스가 동생 레무스를 죽이고 팔라티누스 언덕에 자신의 이름을 딴 나라를 세웠습니다. 기원전 753년 언덕 위의 작은 도시 국가로 출발해 이탈리아반도를 장악하고 지중해를 호령하는 세계 제국으로 발전한 로마의 탄생이었습니다.

이탈리아 사람들은 늑대 젖을 먹는 쌍둥이 형제를 우리가 단군을 섬기는 것처럼 자기들의 조상신으로 모시고 있습니다. 그래서 축구 팀 AS로마도 늑대 젖을 먹는 아기를 엠블럼으로 채택했습니다. 어때요? AS로마의 독특한 엠블럼에 등장하는 아기들이 사자나 호랑이만큼이나 용맹스럽게 느껴지지요?

AS 로마 엠블럼에는 로마를 건국한 로물루스와 레무스, 그리고 그들에게 젖을 먹인 늑대가 그려져 있다.

25

로마의 영웅을 둘이나 유혹한 여성이 있다고요?

'팜므 파탈'은 거부할 수 없는 매력으로 남성을 유혹해 죽음이나 고통 등 극한의 상황으로 치닫게 만드는 여성을 뜻하는 말입니다. 세계 역사 속에도 팜므 파탈로 불린 여성들이 있습니다. 그중에서도 가장 유명한 사람은 클레오파트라입니다. 자신의 매력을 이용해 로마 영웅을 두 명이나 유혹했으니까요. 클레오파트라는 왜 로마 영웅을 유혹했을까요? 그들을 유혹해 이루려고 했던 것은 무엇이었을까요?

정치적 야망을 가진 이집트 여왕

수업 중에 학생들에게 클레오파트라에 관해 질문하면, 이런 답변이 나옵니다. "콧대가 굉장히 높았다던데요?", "이집트 사람이라면서요?", "아프리카 출신이라 피부가 검지 않았을까요?" 명백히 얘기하자면, 클레오파트라는 완전한 이집트 사람이 아니었습니다. 이게 무슨 소리냐고요? 클레오파트라의 조상은 알렉산드로스 대왕의 부하 장군인 프톨레마이오스입니다. 그가 이집트 총독으로 근무하던 시기에 상관인 알렉산드로스가 죽으며 제국이 분열되었습니다. 이때 프톨레마이오스는 이집트 왕으로 즉위하여 독자적인 프톨레마이오스 왕조를 수립했습니다.

클레오파트라는 기원전 69년 프톨레마이오스 왕조의 수도인 알렉산드리아에서 왕녀로 태어났습니다. 알렉산드리아는 알렉산드로스의 정복 전쟁 과정에서 세워진 도시로 헬레니즘 문화의 중심 도시였습니다. 클레오파트라는 어렸을 적부터 이 도시의 혜택을 톡톡히 받고 자랐습니다. 알렉산드리아에는 세계 최고의 도서관이 있었으며, 그에 걸맞은 이름난 학자들이 많이 살았습니다. 덕분에 클레오파트라는 다양한 분야의 학자들에게 개인 교습을 받으며 아홉 개 언어를 구사하는 외국어 능력과 철학, 문학, 천문학, 음악에 이르기까지 다방면으로 지식과 교양을 쌓았습니다.

클레오파트라는 남동생 프톨레마이오스 13세와 혼인해 여왕으로 즉위했습니다. 어떻게 동생과 혼인할 수 있었냐고요? 당시 이집트 왕실은 혈통을 보존하기 위해서 근친혼을 선호했습니다. 신부 클레오파트라는 열여덟 살, 신랑인 동생의 나이는 열한 살이었습니다. 따라서 실제 이집트를 통치한 사람은 클레오파트라였습니다.

남편이자 동생인 프톨레마이오스 13세는 나이가 어릴 때는 누나이자 아내인 클레오파트라의 말을 잘 따랐습니다. 하지만 성년이 되자 자신을 지지하는 세력을 중심으로 점차 독자 행동에 나섰습니다. 남매 사이였고 부부 사이였지만 두 사람 사이에는 냉랭한 기운이 흘렀고 잦은 갈등은 결국 둘 사이를 갈라 놓았습니다. 장성한 프톨레마이오스 13세가 클레오파트라를 쫓아냈습니다. 왕궁에서 나온 클레오파트라는 복수를 다짐하여 로마의 영웅 카이사르 거처를 찾아갔습니다.

카이사르를 유혹해 로마와 이집트의 통치를 꿈꾸다

　로마 장군 카이사르는 당시 이집트 영토 내에 있었습니다. 로마 영웅이 왜 이집트에 있었냐고요? 로마 정계의 주도권 싸움에서 패배한 라이벌 폼페이우스가 이집트로 피신해 있었기에 그를 잡으러 군대를 이끌고 이집트에 진입해 있었습니다. 이집트 왕은 폼페이우스를 우환덩어리로 생각해 그를 제거하고 카이사르에게 본국으로 귀환할 것을 요청했습니다. 하지만 카이사르는 이집트 왕의 불손한 발언을 문제 삼으며 수도 알렉산드리아로 군사를 거느리고 들어왔습니다. 이때 클레오파트라가 카이사르 거처로 찾아갔습니다. 일설에 의하면 클레오파트라는 카이사르를 만나기 위해 양탄자로 몸을 칭칭 감아 모습을 숨긴 채 몰래 카이사르의 방으로 들어갔다고 합니다. 당시 카이사르의 나이는 50대로 20대 초반의 아름다운 클레오파트라를 만난 카이사르는 사랑에 빠졌습니다. 이후 카이사르는 클레오파트라의 이집트 통치권을 인정해 주었고, 이에 반발한 프톨레마이오스 13세는 카이사르의 군대와 전투를 벌였으나 패하여 죽었습니다.

　클레오파트라와 카이사르 사이에서 아들이 태어났습니다. '카이사리온(작은 카이사르)'이라는 이름을 가진, 카이사르의 유일한 아들이었습니다. 클레오파트라는 카이사리온을 로마 제국의 후계자로 만들고자 카이사르를 따라 로마에 입성했습니다. 그러나 클레오파트라의 꿈은 실현되지 않았습니다. 로마 도착 후 얼마 지나지 않아 카이사르가 로마 귀족들에게 암살당했고, 카이사르의 유언장에는 후계자를 외가 쪽 친척인 옥타비아누스로 지명해 놓았습니다. 클레오파트라는 카이사르한테 배신감만 느끼고 자신의 정치 기반인 알렉산드리아로 쓸쓸히 돌아갔습니다.

안토니우스를 유혹해 최고 권력을 넘보다

카이사르가 죽은 후 로마는 혼란에 빠졌습니다. 이때 카이사르의 부하 장군 안토니우스와 상속자 옥타비아누스는 동맹을 맺었습니다. 믿음의 증표로 안토니우스는 옥타비아누스의 누나인 옥타비아와 혼인하고, 둘은 로마 제국 영토를 둘로 나누어 다스렸습니다. 안토니우스는 오늘날 튀르키예에 해당하는 동쪽 지역을 관할했는데, 그곳은 클레오파트라의 이집트와 인접해 있었습니다. 클레오파트라는 자기가 다스리는 이집트의 안전을 위해 안토니우스와 동맹을 맺고자 했습니다. 안토니우스는 클레오파트라의 초청으로 알렉산드리아를 방문했습니다.

이때 클레오파트라는 안토니우스를 유혹했습니다. 둘 사이에 아이들이 태어났고, 안토니우스는 부인 옥타비아와 이혼하고 클레오파트라와 혼인했습니다. 옥타비아의 동생인 옥타비아누스에게 안토니우스는 가문의 배신자이자 로마 제국에 상처를 준 매국노였습니다. 로마 원로원과 시민들도 옥타비아누스 편에 서서 안토니우스를 응징해야 한다고 거들었습니다.

로마 대군이 지중해를 건너 안토니우스와 클레오파트라 연합 부대를 치러 갔고 악티움에서 대전투가 벌어졌습니다. 이 전투에서 패한 안토니우스와 클레오파트라는 스스로 목숨을 끊었습니다. 안토니우스의 힘을 이용해 이집트를 지키면서 로마 통치까지 넘보았던 클레오파트라의 꿈은 실패로 끝났습니다.

어떤가요? 지금도 클레오파트라가 치명적인 매력으로 남자를 유혹한 '팜므 파탈'로 보이나요? 어쩌면 그녀는 정치적 포부를 실현하기 위해 적국의 영웅조차 자신의 편으로 이용한 영리한 정치인이자 걸출한 지도자는 아니었을까요?

고대 로마에서도 오늘날처럼 부동산이 문제였다고요?

이사를 계획하시는 부모님 표정이 좋지 않아요. 집값이 너무 많이 올라 집을 구하기가 쉽지 않다고 하시네요. TV 뉴스에도 우리 부모님처럼 집값 때문에 힘들어하는 사람들 이야기가 자주 나와요. 과거에도 지금처럼 부동산 때문에 힘들었던 경우가 있었나요?

로마 공화정의 위기

기원전 8세기 중엽 로마는 이탈리아반도의 작은 도시 국가로 출발했습니다. 처음에는 왕이 있었지만, 기원전 6세기 말 왕을 몰아내고 공화정을 수립하면서 귀족들이 권력을 차지했습니다. 이후 부유해진 평민들도 전쟁에 참여하여 세력을 키우면서 정치에 참여할 기회를 달라고 요구했습니다. 그 결과 기원전 5세기 초 평민회와 호민관이 설치되었고 평민의 참정권이 확대되었습니다.

기원전 3세기 무렵 이탈리아반도를 통일한 로마는 지중해의 패권을 놓고 카르타고와 포에니 전쟁(기원전 264~기원전 146)을 치렀습니다. 우리에게는 코끼리 부대를 이끌고 알프스 산맥을 넘어 로마를 위협한 카르타고의 한니발 장군 이야기가 많이 알려졌지만, 전쟁은 로마의 승리로 끝났습니다. 카르타고에 이어 동쪽으로 헬레니즘 세계까지 정복한 로마는 이제 작은 도시 국가가 아닌 지중해 세계를 지배하는 대제국이 되었습니다.

거듭된 전쟁 승리로 로마의 영토는 넓어지고 경제 규모도 커졌습니다. 그런데 여기에 심각한 문제가 잠재되어 있었습니다. 소수의 귀족은 전쟁을 통해 얻은 토지와 노예를 이용해 대농장 라티푼다움을 경영해 막대한 부를 얻었습니다. 반면에 시민 대다수를 차지하는 자영농은 날이 갈수록 가난해졌습니다. 왜냐고요? 그들은 오랫동안 군인으로 전쟁에 동원되었습니다. 농촌에는 농사를 지을 사람이 부족해 땅은 황폐해졌으며, 생산량이 줄어들어 농촌 경제를 위축시켰습니다. 게다가 정복지에서 들여온 값싼 곡물 때문에 자영농들은 더욱 어려움을 겪었습니다. 결국 로마 사회의 중심이자 군대의 주력 병사였던 자영농이 무너지면서 로마 공화정은 위기를 맞았습니다.

그라쿠스 형제의 개혁

로마에 살던 코르넬리는 일찍 남편을 여의고 홀로 자식들을 키우며 살고 있었습니다. 어느 날 집에 친구들이 찾아와 이런저런 이야기를 하다가 무엇이 가장 소중한 보물인가를 놓고 서로 이야기를 나누었습니다. 친구들은 값비싼 물건을 소개하느라 여념이 없었습니다. 코르넬리 차례가 되었습니다. 가난한 그녀가 소개할 보물이 무엇일지 모두 궁금해했습니다. 그녀는 자신의 어린 두 아들을 불렀습니다. 두 아이가 다가오자 코르넬리는 아들들의 어깨를 다정히 끌어안으며 속삭이듯이 말했습니다.

"나의 가장 귀한 보물은 여기 이 아이들입니다."

현명한 어머니의 품에서 자란 이 아이들은 훗날 로마의 훌륭한 정치가가 되었습니다. 그들이 바로 로마 공화정의 위기를 극복하기 위해 자신의 목숨까지 걸었던 그라쿠스 형제입니다. 기원전 133년 서른한 살의 젊은 나이에 호민관으로 선출된 티베리우스 그라쿠스는 자영농의 몰락으로 위기에 빠진 로마 공화정을 구하려 했습니다.

"로마를 위해서 몸 바쳐 싸운 사람들이 누릴 수 있는 것이 있다면, 그것은 누구에게나 주어진 공기와 햇빛뿐입니다. 그들은 쉴 자리도, 돌아갈 고향도 없어 가족을 이끌고 이곳저곳 떠돌고 있을 뿐입니다. (…) 로마는 세계의 지배자가 되었지만, 시민들은 한 줌의 흙도 손에 쥐지 못했습니다."

그는 대규모 토지 소유를 제한하고, 땅이 없는 농민들에게 토지를 나누어 주는 법을 추진했습니다. 하지만 대토지를 소유한 귀족들은 티베리우스의 토지 개혁안에 격렬히 반대했습니다. 토지 개혁안 투표가 있던 날, 티베리우스에 반대하는 귀족들은 무장한 채 투표장에 나타났습니다. 그들은 "티베리우스가 나라를 배반하려 한다"며 티베리우스와 그를 지지하던 시민들을 무참히 죽였습니다.

티베리우스 그라쿠스가 살해되자 동생 가이우스 그라쿠스가 나섰습니다. 귀족들의 방해에도 평민들의 지지를 받아 호민관이 된 그는 형의 뜻을 이어받아 다시 개혁을 추진했습니다. 티베리우스가 제안한 것보다 훨씬 더 개혁적인 토지 분배 계획안을 제시했을 뿐만 아니라, 시민들이 양곡을 싼값에 살 수 있게 했습니다. 하지만 이번에도 귀족들은 가만있지 않았습니다. 온갖 음모와 모함으로 가이우스와 그의 지지자들에게 반역자 누명을 씌웠습니다. 결국 가이우스는 스스로 목숨을 끊었습니다. 로마 공화정을 위기에서 구하고자 했던 그라쿠스 형제의 개혁은 빛을 보지 못한 채 사라지고 말았습니다.

고대 로마가 콘크리트 공법의 원조라고요?

이탈리아에 여행을 갔다가 고대 로마의 건축물인 판테온 신전, 콜로세움이 모두 콘크리트로 지어졌다는 걸 알았어요. 콘크리트는 현대에도 크고 높은 건물을 짓는 데 사용하는 건축 재료잖아요. 그런 재료를 2,000년 전 로마에서 이미 사용하고 있었다니 정말 놀라워요! 고대 로마에서는 어떻게 콘크리트로 건축물을 지었을까요?

콘크리트 공법이 무엇인가요?

고대 인류는 사냥과 채집을 하며 유목 생활을 했습니다. 눈과 비를 피해 잠들 곳을 찾다가 석회암 동굴을 찾아 들어갔는데, 동굴 안에서 빗물이 동굴 벽으로 흘러내리다가 굳는 현상을 목격했습니다. 이때부터 인류는 다양한 용도로 석회석을 활용하기 시작했습니다. 수메르인, 이집트인, 페니키아인이 석회 벽돌을 이용했고, 그리스에서도 산토리니섬에서 나온 석회암을 이용해 건축물을 지었습니다.

　로마에서도 기원전 2세기부터 기원후 5세기까지 석회암을 광범위하게 사용했습니다. 특히 기원후 1세기에 발명된 포졸라나는 석회와 모래를 혼합한 콘크리트로 로마 제국의 수많은 건축물을 짓는 데 사용되었습니다. 포졸라나의 특징은 굳는 속도가 빠르면서 강도도 높다는 것입니다. 따라서 돔이나 궁륭 양식을 가진 멋진 건축물을 지을 수 있었습니다.

　로마에서 건축물을 지을 때는 화산재와 석회를 바닷물로 반죽해 자갈이나 작은 돌을 섞어 제조했는데, 이러한 재료 배합은 현대의 콘크리트 제조법과 비슷합니다. 그런데 아이러니하게도 첨단 기술을 이용해 짓는 현대 콘크리트 구조물은 수명이 100년을 못 가는데 로마 제국의 콘크리트 건축물들은 2,000년이 지난 현재까지도 굳건히 버티고 있습니다. 이탈리아 나폴리의 포주올리만 해안에 있는 로마 시대에 만든 콘크리트 방파제는 바닷속에 잠겨 있지만 부식되지 않고 오히려 더 단단해지고 있습니다. 게다가 로마 콘크리트는 제조 과정에서 이산화탄소를 배출하지 않아 친환경 재료이기도 합니다.

로마 시대 때 지은 콘크리트 공법 건물로는 어떤 것이 있나요?

　로마의 콘크리트 건축물 중에서 첫 번째로 소개할 것은 판테온 신전입니다. 판테온은 '모든'이라는 뜻의 '판pan'과 '신'이라는 뜻의 '테온theon'이 합쳐진 단어로 '모든 신을 위한 신전'이라는 뜻입니다. 신을 위한 집이지만 판테온은 왕과 귀족들의 무덤으로 사용되었습니다. 기원전 27년 집정관 아그리파가 지었는데 로마 대화재 때 소실되었다가, 지금의 판테온은 125년 하드리아누스 황제가 새로 지은 건물입니다.

　로마 시대 만들어진 대형 건축물의 지붕은 대부분 돔으로 이루어져 있는데, 특이하게도 판테온의 돔 천장은 한가운데 들어가야 할 쐐기돌이 없고 그 자리에 구멍이 뻥 뚫려 있습니다. 돔형 건축에서 쐐기돌은 상층부의 무게를 분산시키며 구조를 튼튼하게 해 주기 때문에 꼭 있어야 합니다. 그런데도 판테온 천장에 쐐기돌이 없는 이유는 이 건물이 콘크리트 공법으로 지어졌기 때문입니다.

두 번째로 소개할 건축물은 콜로세움 경기장입니다. 벽돌과 콘크리트로 세워진 콜로세움은 '거대하다'라는 뜻을 지닌 말 '콜로사레Colossale'에서 유래했습니다. 경기장의 최대 길이는 188미터이고, 4층 높이의 타원형 건물로 수용 인원이 5만여 명에 이르렀습니다. 이런 거대한 건물을 구조적으로 튼튼하게 만들어 준 것이 콘크리트였습니다.

판테온 신전. 125년에 지어진 판테온은 콘크리트로 지었기 때문에 돔 천장 중앙이 비어 있어도 튼튼하게 건물을 유지한다.

콜로세움이 완성된 것은 80년 티투스 황제 시대입니다. 경기장이 있는 곳은 네로 황제의 황금 궁전이 있던 자리로 티투스 황제는 황실 소유의 공간을 로마 시민을 위한 공설 운동장으로 탈바꿈했습니다. 황제는 이 경기장에서 시민들이 열광하는 검투 경기를 개최하며 그들과 소통했고, 자신을 향한 적극적 지지를 이끌어 냈습니다. 한편 검투 경기 같은 자극적인 격투 이벤트는 시민들의 관심을 정치가 아닌 곳으로 돌리려는 목적도 있었습니다. 시민들이 정치에 무관심해지면 황제가 권력을 마음대로 행사할 수 있었기 때문입니다.

세 번째로 소개할 로마의 콘크리트 건조물은 수로입니다. 고대 로마인은

하루 평균 1,000리터 정도의 물을 사용했습니다. 현재 서울 시민 1인당 하루 물 사용량이 평균 298리터이니, 로마 사람들은 물을 매우 많이 사용한 편입니다. 이렇게 많은 물을 로마 시민들이 불편함 없이 사용하도록 하려면 수량이 풍부한 수원지에서 로마 시내까지 끌어와야 합니다. 멀리 떨어진 수원지에서 로마 시내까지 물을 끌어오기 위해 로마는 정교한 낙차를 이용했는데, 평균 0.2~0.5도의 각도를 꾸준히 유지하기 위해 수로와 수도교를 많이 만들었습니다. 이때 수로를 구성하는 바위나 아치에 물이 새지 않도록 일종의 코팅제로 콘크리트를 사용했습니다.

한편 로마는 식민 도시를 개척하면 수원지를 확보한 다음 수로를 건설해 식민지 주민들이 편리하게 사용할 수 있도록 했습니다. 그래서 고대 로마 제국의 식민지였던 지금의 에스파냐와 프랑스에는 아직도 로마 시대 때 콘크리트로 만든 수로와 수도교가 대형 유적으로 남아 있습니다.

　로마의 건축은 그리스 건축을 계승 발전시켰습니다. 그리스 건축은 이상적인 조화와 균형을 강조했는데 로마 건축은 실용성을 추구했습니다. 로마는 콘크리트를 적절히 활용해 아치와 돔, 궁륭 천장이 있는 거대한 건축물을 만들고, 건축물을 통해 권위를 세우며 거대 제국을 운영했습니다.

28 **크리스트교가 널리 전파된**
배경에는 로마 제국이 있다고요?

크리스마스christmas는 '예수christ'와 '예배mass'의 합성어래요. 지금까지 크리스마스는 예수의 탄생을 축하하는 날로 알고 있었는데 예수는 12월 25일에 태어나지 않았다고 하네요. 12월 25일은 원래 로마에서 태양신을 숭배하는 축제일이었다고 해요. 그런데 어떻게 태양신 축제일이 예수가 태어난 날로 바뀌었을까요?

크리스트교는 어디에서 시작되었나요?

우리가 쓰는 달력인 서양력은 기원전BC과 기원후AD로 나뉩니다. 기원전을 뜻하는 BC는 'Before Christ(예수 탄생 전)'에서 머리글자를 따왔습니다. 기원후를 뜻하는 AD는 라틴어 'Anno Domini'에서 유래했는데, '주님이 탄생한 해'라는 뜻입니다. 이처럼 전 세계 사람들이 공식적으로 쓰고 있는 연도 표시는 크리스트교를 탄생시킨 예수와 깊은 연관이 있습니다.

예수는 인류 역사에 중대한 영향력을 미친 사람 중 한 명입니다. 예수가 태어난 곳은 현재 이스라엘이 있는 지역인데 고대에는 이스라엘 왕국과 유다 왕국이 존재했던 곳으로, 예수가 태어나던 시기에는 로마의 식민 지배를 받고 있었습니다. 오랫동안 이 지역에 살았던 유대 민족은 자신들만이 하느님(야훼)에게 선택받은 민족이라고 믿는 유일신 신앙이 있었습니다. 그들은 언젠가는 하늘에서 구세주인 메시아가 내려와 자신들을 구원할 것이라고 믿었습니다.

시골 변두리 동네인 베들레헴에서 태어난 예수는 자신이 하느님의 아들이며 인류를 구원할 것이라고 생각했습니다. 그는 세상에서 외면받는 병자와 장애인, 매춘부 같은 소외 계층에게 먼저 손을 내밀었습니다. 한편 사회의 기득권자이자 주류 세력인 유대교 사제들의 엄격한 종교 의식과 경직된 율법, 자신의 이득만 따지는 못된 신앙 행위를 강하게 비난했습니다.

시간이 지나면서 예수를 따르는 신도가 늘어났습니다. 기득권 세력은 예수를 자신들의 지위를 넘보는 위험한 인물로 여기고 총독 빌라도에게 고발했습니다. 유대인은 저항과 반란이 잦아 항상 경계하고 있었는데, 예수가 대규모 집회를 열며 많은 사람의 지지를 받자 로마 총독 빌라도는 반란을 일으킬 가능성이 높다고 판단해 예수를 십자가에 못 박아 처형했습니다. 그런데 이 사건은 여기서 끝나지 않았습니다. 예수의 제자 중 일부가 예수 부활을 소문냈으며, 부활한 예수를 봤다는 사람도 나타났습니다. 또한 예수의 제자들은 예수가 진정한 메시아임을 알리는 복음을 전파하기 시작했습니다. 이들은 이스라엘을 출발해 소아시아(지금의 튀르키에 지역) 여러 곳으로 퍼져 전도 활동을 지속했고, 이들에 의해 초기 교회들이 세워졌습니다. 그리고 마침내 로마에도 크리스트교가 전래되었습니다.

로마에서는 왜 크리스트교를 박해했나요?

전파 초기에 크리스트교는 로마에서 환영받지 못했습니다. 신흥 종교인 크리스트교가 로마에서 박해받은 가장 큰 이유는 우상 숭배를 할 수 없다는 종교적 신념에 따라 황제 숭배를 거부했기 때문입니다. 로마에서 신적인 인물인 황제를 숭배하지 않는다는 것은 곧 죽음을 의미했습니다. 게다가 크리스트교인은 입대를 거부하거나 입대하더라도 탈영하는 경우가 잦아 제국의 질서를 위협했습니다.

그러나 크리스트교의 평등 사상에 동의하는 신도들의 열정적인 전도로 로마 지배층의 박해에도 불구하고 로마 제국에는 크리스트교를 믿는 사람들이 늘어갔습니다. 확대되는 크리스트교에 대한 로마 지배층의 불안감은 점점 커졌고, 급기야 네로 황제가 다스리던 64년에 박해가 시작되었습니다. 이 해에 로마 시내에 큰 화재가 발생했는데, 네로는 화재의 원인을 크리스트교인들에게 돌리며 극심한 박해를 가했습니다. 이때 많은 크리스트교인이 콜로세움 경기장 안에서 사자한테 물려 죽었습니다. 크리스트교에 대한 박해는 네로 황제 때부터 313년 콘스탄티누스 황제가 크리스트교를 공인하기까지 250여년 동안이나 지속되었지만, 한번 불붙기 시작한 교세는 쉽게 사그라들지 않았습니다.

크리스트교는 어떻게 전 세계로 퍼져 나갔나요?

로마 제국은 지중해를 건너 유럽 전 지역으로 영토를 확장해 나갔습니다. 같은 시기 탄압받고 있던 크리스트교의 교세도 계속 확산되었습니다. 마침내 313년 콘스탄티누스 황제는 제국 내 백성들의 화합을 위해 밀라노 칙령을 내려 크리스트교를 로마의 공식 종교로 인정했습니다. 콘스탄티누스 황제가 크리스트교를 받아들인 것과 관련해 전해 내려오는 일화가 있습니다.

콘스탄티누스는 독실한 크리스트교인인 어머니의 영향을 받고 자랐습니다. 하루는 콘스탄티누스가 황제권을 차지하기 위한 전투를 치르던 중 꿈속에서 "십자가의 깃발로 싸우라"는 말을 들었습니다. 당시 상대편에 밀리고 있던 그의 부대는 꿈에서 들은 대로 십자가 깃발을 들고 싸웠고, 세 배도 넘는 상대편 군대를 기적적으로 무찔렀습니다. 이 일이 있은 후 콘스탄티누스도 십자가의 힘을 믿고 크리스트교를 받아들이게 되었다는 것입니다.

하지만 전해 내려오는 이야기일 뿐, 콘스탄티누스 황제가 크리스트교를 공인한 진짜 이유는 따로 있습니다. 콘스탄티누스는 인구의 20퍼센트가 교인일 정도로 급성장한 크리스트교를 제국 내 백성들의 융합을 위해 정치적으로 활용하고자 했습니다. 그는 교회의 적극적인 후원자가 되었고, 수시로 교

예수의 제자 바울의 전도 여행. 바울은 크리스트교인으로서 처음으로 이방인에게 전도 활동을 펼쳤다. 전 생애를 전도에 힘쓰고 각지에 교회를 세웠으며 로마에서 순교했다.

회 지도자를 궁으로 초대해 왕족을 모두 모아 놓고 예배를 드렸습니다. 또한 자신이 직접 교회를 관장하며 교회에 보내는 모든 공문서에 '우주적', '보편적'이라는 뜻의 '가톨릭'이라는 용어를 사용하기 시작했습니다. 한편 로마 제국은 당시 제국에 번성했던 종교인 미트라교의 태양신을 숭배하고자 축일을 만들었는데 크리스트교인들도 같은 날에 예수의 생일을 기념했습니다. 이것이 발단이 되어 미트라교의 태양신 축일인 12월 25일이 예수의 탄생을 기념하는 크리스마스가 되었습니다.

로마에서 오랜 기간 탄압받았던 크리스트교는 황제와 황실의 적극적인 지지 속에 성장해 392년 테오도시우스 황제 때에는 국교로 지정되었습니다. 로마 제국은 명실상부한 크리스트교 국가가 되었으며, 크리스트교의 영향력은 유럽 내에서 폭발적으로 커졌습니다. 이후 크리스트교는 유럽의 역사와 함께했고, 유럽인의 보편적 신앙이자 세계관이 되었습니다. 나아가 15세기부터 유럽이 아메리카와 아시아 대륙으로 진출할 때에는 선교사들이 함께 가서 크리스트교를 포교하며 세계적인 대종교로 발전했습니다.

29 팍스 로마나가 무엇인가요?

강력한 군사력과 경제력을 이용해 전 세계에 영향력을 미치려고 하는 강대국의 외교 정책을 '패권주의'라고 해요. 패권주의 국가들은 물리력 바탕으로 자신들이 주도하는 세계 질서를 '평화'라고 포장하기도 하는데요, 그 시초는 로마였어요. 팍스 아메리카나, 팍스 브리태니카 같은 말을 낳게 한 '팍스 로마나'라는 이름으로 포장된 '평화'의 실상은 어땠을까요?

팍스 로마나는 무슨 뜻인가요?

'팍스 로마나 Pax Romana'는 '로마 제국의 전성기', '로마 제국의 황금기'를 뜻하는 말입니다. 대체로 옥타비아누스가 악티움 해전(기원전 31)에서 승리하며 내전을 종식한 후부터 3세기 로마 제국이 위기에 빠지기 전까지의 평화 시기를 말합니다. 한편 팍스 로마나는 로마의 초대 황제 아우구스투스 시절부터 시작되었다고 해서 '아우구스투스의 평화'라고 말하기도 합니다.

팍스 로마나라는 용어를 처음 사용한 사람은 18세기 영국의 역사가 에드워드 기번입니다. 그는 다섯 명의 현명한 황제가 통치했던 2세기 로마를 인류 역사상 가장 풍요롭고 행복했던 시대라고 평가했습니다. 그래서 로마 신화에 나오는 평화의 여신 '팍스'의 이름을 따 이 시기를 '팍스 로마나', 즉 '로마의 평화'라고 표현했습니다.

세 명의 나쁜 황제 그리고 빵과 서커스

초대 황제 아우구스투스 사망 후 80여 년 동안 로마를 나락으로 떨어트린 나쁜 황제가 세 명 있습니다. 어리석은 황제 칼리굴라, 폭군 네로, 악한 황제 도미티아누스가 그 주인공들입니다. 칼리굴라는 심각한 낭비벽으로 국가 재정을 탕진했고, 사람들을 잔인하게 죽였습니다. 네로는 처음에는 선정을 베풀었지만 어머니와 아내를 비롯한 여러 친족을 죽이고 크리스트교를 박해했으며, 당대 최고의 철학자인 세네카를 자살하게 만들었습니다. 도미티아누스는 간신의 말에 속아 무고한 희생자들을 만들었으며, 재정이 악화되고 있는데도 볼거리와 오락에 돈을 쏟아부어 국고를 낭비했습니다.

그런데요, 특이한 것은 이들 황제를 나쁘다고 규정한 것은 원로원이었을 뿐, 세 황제 모두 사비를 털어 시민들에게 '빵과 서커스'를 제공해 주는 등, 시민들에게는 상당히 우호적인 지도자였습니다. 사실 지도자가 인기를 얻기 위한 '빵' 제공은 공화정 시기부터 있었습니다. 처음에는 경제력이 있는 거물 정치가가 표를 얻기 위해 값싼 곡물을 시민들에게 제공했습니다. 이런 관습은 제정 시기에도 이어져 황제는 인기를 얻기 위해 매월 일정량의 곡물을 로마 시민에게 무료로 제공했습니다. 한편 '서커스'는 시민들이 오락으로 즐긴 다양한 볼거리 중 하나였습니다. 영화 〈벤허〉에 나오는 전차 경주나 〈글래디에이터〉에 나오는 검투사 경기도 이 시기에 로마 시민들에게 제공된 오락거

콜로세움 내부. 5만 명의 관중을 수용할 수 있는 콜로세움에서 로마의 황제들은 검투사 경기를 비롯한 다양한 오락 거리를 로마 시민에게 제공했다.

리입니다.

　이처럼 로마의 황제들은 빵을 통해 인간의 기본 욕구를, 서커스를 통해 시민의 관심을 사로잡으며 자신의 권위를 높이고 인기를 유지했으며, 체제 비판 의식을 마비시켰습니다. 당대 로마를 대표하는 풍자 시인 유베날리스는 제정 로마 시대 시민의 나태한 모습을 이렇게 표현했습니다.

"일찍이 권세나 국위, 군사 등에 온 힘을 기울였던 로마 시민이 지금에 와서는 소박해져서 단 두 가지, 빵과 서커스에만 애를 태운다."

팍스 로마나를 상징하는 '오현제'는 누구인가요?

제정 로마 시대로 접어들어 인기에 연연하며 정치보다는 노는 데 빠진 황제도 있었지만, 로마의 평화를 지속하는 데 큰 힘을 쓴 현명한 황제도 다섯 명이나 있습니다. 이들을 '오현제五賢帝'라고 하는데, 네르바, 트라야누스, 하드리아누스, 안토니누스 피우스, 마르쿠스 아우렐리우스입니다.

네르바 황제는 도미티아누스 황제가 암살된 후 원로원의 추대로 황제에 즉위했습니다. 그가 황제로 있던 기간은 2년이 채 안되었지만 명망 높은 장군 트라야누스를 양자로 삼고 자리를 물려줌으로써 내란 위기에 있던 로마를 안정시켰습니다. 네르바로부터 권력을 승계한 트라야누스 황제는 제국의 영토를 최대로 넓혀서 로마의 국력과 경제력 향상에 크게 기여했습니다. 하드리아누스 황제는 정복 전쟁을 중단했으며, 외적의 침입을 막기 위해 '하드리아누스 성벽'을 건설해 로마가 안정적으로 번영을 누릴 수 있도록 했습니다. 안토니누스 피우스 황제는 하드리아누스의 현상 유지 정책을 충실히 이어받아 외세와 전쟁을 치르지 않았고, 국고 지출이 심한 대규모 공공 건물 건축 사업도 벌이지 않았습니다. 안토니우스 피우스 황제 시기에 로마는 국가 재정이 안정되었고 경제적인 부를 누렸습니다. 철인哲人 황제라고도 불리는 마르쿠스 아우렐리우스 황제는 금욕적이고 엄격했으며 신의가 깊었을 뿐만 아니라 학문에서도 로마에서 둘째가라면 서러울 정도로 공부를 많이 했습니다. 다만 그는 후계자 계승에서 앞선 네 명의 황제와는 다른 방식을 택했습니다. 네르바, 트라야누스, 하드리아누스, 안토니우스 피우스는 원로원 의원 중 능력 있는 자를 양자로 삼은 다음 황제 자리를 물려주었습니다. 어쩌면 이러한 왕위 계승 방식이 로마의 평화 시대를 지속시켰는지도 모릅니다. 그런데 마르쿠스 아우렐리우스는 아들 콤모두스에게 왕위를 물려주었습니다. 콤모두스가 나라를 잘 다스렸을까요? 그는 아버지와 달리 폭군으로 이름을 날렸으며, 콤모두스 황제 시기부터 팍스 로마나는 서서히 막을 내리게 되었습니다.

팍스 로마나 시기에 정말로 평화로웠나요?

에드워드 기번의 평가처럼 팍스 로마나 시대는 진정 평화롭고 번영한 시기였을까요? 로마의 지배 계급인 귀족들한테는 내전이 종식되고 속주가 비교적 안정되어 있었으니 평화 시대였을지 모릅니다. 하지만 평화는 단순히 '전쟁'이 없는 시대만 뜻하는 것은 아닙니다. 평화라는 개념에는 '평등'이 전제되어 있습니다. 평등이 없는 평화란 힘없는 피지배층의 굴종을 바탕으로 이룬 '거짓 평화'일 뿐이지요. 이런 측면에서 생각해 보면, 팍스 로마나는 '그들만의 평화'에 불과했다고 할 수 있습니다.

실제로 팍스 로마나 시기에 로마 내부는 불평등이 만연해 있었습니다. 로마의 생산과 군대를 지탱하던 중소 자영농과 시민군은 몰락했고 도시는 빈민들로 가득 찼습니다. 극심한 빈부 격차, 생산성 둔화 등 사회 구조적 모순이 팽배했음에도 이런 것들은 언급되지 않았습니다. 팍스 로마나 시기 중 황금기라 할 수 있는 오현제 시대에도 재정 압박은 항상 존재했고, 이민족은 국경을 침입해 왔으며 전염병이 창궐했습니다. 한편 이탈리아반도 밖에 있던 제국 영토인 속주에서는 로마 시민들에게 빵과 서커스를 제공하기 위한 착취가 난무했고, 이로 인한 반란이 끊이지 않았습니다.

팍스 로마나 시대가 진짜로 평화롭고 번영했던 시기라면, 이 시기 이후에도 로마는 지속적으로 평화 시대를 유지했겠지요. 하지만 화려한 모습 이면에는 사회 각 분야에 균열이 발생하고 있었고, 로마는 3세기 이후 쇠퇴해 갔습니다.

로마 제국은 어떻게 몰락했나요?

현대 세계의 강대국은 미국과 중국이라고 할 수 있지요. 그러나 제2차 세계 대전 전에는 영국과 프랑스가, 그 전에는 에스파냐와 포르투갈이 세계를 호령했습니다. 그리고 더 한참 전인 고대에는 로마가 세계 최고의 강대국이었습니다. 그런데 사람에게 수명이 있듯 국가도 생로병사의 운명을 겪습니다. 한때 세계를 지배했던 로마 제국은 언제, 왜, 사라졌을까요?

평화 시대가 끝나고 군인 황제 시대가 열리다

카르타고와 벌인 포에니 전쟁에서 승리한 로마는 주변 지역으로 영토를 넓혀 가면서 지중해 일대를 장악했습니다. 이전까지는 시민이 통치하는 공화정으로 국가를 운영했지만 옥타비아누스 집권 시기부터는 한 사람이 권력을 독점했습니다.

옥타비아누스가 "이제부터는 내가 황제다!"라고 선언하더라도 당시 로마에서는 누구 하나 그에게 반발할 사람이 없을 정도로 옥타비아누스의 권력은 막강했습니다. 하지만 그는 시민들의 마음을 얻기 위해 자신은 황제가 아니라 '로마의 제1시민'에 불과하다며 스스로를 낮추었습니다. 원로원은 공화정 체제를 해치지 않은 그에게 '존엄한 자'라는 뜻의 '아우구스투스'라는 칭호를 부여했고, 그는 죽을 때까지 이 이름으로 로마를 통치했습니다.

그럼 로마에서 황제가 등장한 시기는 언제부터일까요? 옥타비아누스가 죽고 난 이후부터입니다. 황제 체제로 바뀌고 1세기 말부터 2세기 후반까지는 현명한 황제 다섯 명이 잇달아 등장하며 로마 제국은 전성기를 맞았습니다. '팍스 로마나', 즉 '로마의 평화'라고 불리던 시대였습니다.

아우구스투스 조각상. 로마의 원로원은 공화정 체제를 해치지 않은 옥타비아누스에게 '존엄한 자'라는 뜻의 '아우구스투스' 칭호를 부여했다.

그러나 로마의 전성시대는 오래가지 못했습니다. 3세기부터 로마는 내리막길에 접어들었고, 군인들이 서로 황제가 되겠다고 싸움을 벌이는 군인 황제 시대가 시작되었습니다. 이 시대가 얼마나 혼란스러웠던지 235년부터 284년까지 50여 년 동안 황제가 무려 스물여섯 명이나 바뀌었습니다. 황제의 평균 재위 기간이 2년 정도에 불과했으니 나라꼴은 안 봐도 뻔합니다. 이제 로마는 돌이킬 수 없는 지경에 빠졌습니다.

로마를 괴롭히던 게르만족이 로마를 지키다

사실 로마는 오래전부터 내적으로 멸망의 씨앗이 움트고 있었습니다. 로마의 팽창을 이끌었던 포에니 전쟁의 승리는 나라를 위해 의무를 다한 시민들

덕분이었습니다. 시민들은 자기 땅을 가지고 있었기에 경제적인 여유가 있었으며, 스스로 무기를 구입해 전쟁터에 나갔습니다. 그런데 포에니 전쟁은 많은 로마 시민의 목숨을 앗아 갔습니다. 죽지 않고 고향으로 돌아온 시민들도 냉혹한 현실을 마주해야 했습니다. 고향에는 쓰러져 가는 낡은 집과 오랫동안 농사를 짓지 않아 황폐해진 토지만 있었습니다. 당장 생계가 막막하다 보니 스스로 무기를 구입해 전쟁에 나서는 것은 엄두조차 낼 수 없는 일이었습니다. 결국 전쟁에 참여할 여유가 있는 시민의 수가 급격히 줄어들며 로마는 항상 병력 부족에 시달렸습니다.

이러한 현상은 군인 황제 시대로 접어들며 더 심해졌습니다. 더 이상 로마 시민들로 구성된 군대만으로는 광활한 국경선을 지킬 수 없었습니다. 이 시기에 구멍 난 로마 군대의 빈자리를 채운 사람은 게르만족이었습니다.

게르만족은 아주 오래전부터 로마의 북쪽 국경 지대를 넘나들며 로마의 심기를 건드렸던 골칫거리였습니다. 하지만 그들은 싸움을 잘했으며 적은 비용으로 고용할 수 있었습니다. 로마 지배층은 게르만족을 용병으로 채용해 국경 수비를 맡겼습니다. 거대한 제국을 지키기 위한 불가피한 선택이었습니다.

게르만족, 로마 제국을 멸망시키고 새로운 시대를 열다

군인 황제 시대의 혼란은 디오클레티아누스 황제와 콘스탄티누스 황제에 의해 끝났습니다. 두 황제는 로마를 안정시키기 위해서 온몸을 불살랐습니다. 하지만 옛 영광을 되찾기란 그리 쉬운 일이 아니었습니다. 더구나 뒤를 이은 테오도시우스 황제는 395년에 세상을 떠나면서 로마 제국의 영토를 양분해 두 아들에게 물려주었습니다. 이렇게 동로마 제국과 서로마 제국이 탄생했습니다.

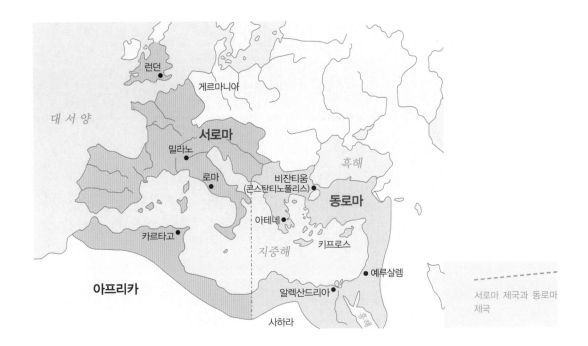

서로마 제국과 동로마 제국

　이탈리아반도를 중심으로 한 서로마 제국은 476년 게르만족 용병대장 오도아케르가 황제를 폐위시키면서 멸망했습니다. 이후 서유럽에는 게르만족이 프랑크 왕국을 비롯한 여러 나라를 건국하며 새로운 시대를 열었습니다. 콘스탄티노폴리스(지금의 튀르키예 이스탄불)를 수도로 한 동로마 제국은 숱한 위기를 넘기며 1,000년 넘게 존속했습니다. 한때는 비잔티움 제국이라는 이름으로 로마 제국의 부활을 꿈꿀 정도로 번영했으나 1453년 오스만 제국의 침략을 막지 못해 멸망했고, 동로마 제국 영토는 이슬람 세력권이 되었습니다.

세계 종교의 확산과
지역 문화의 형성

31, 인도에서 발생한 불교는 수레로 종파를 나누었다고요?

불교에서는 깨달음을 얻어 부처님과 같은 경지에 오르는 것을 최고로 여깁니다. 여러분 앞에 두 명의 승려가 나타나 함께 수레를 타고 깨달음의 세계로 떠나자고 권유합니다. 한 스님이 끄는 수레는 1인용이고 또 한 스님이 끄는 수레는 여러 명이 탈 수 있는 수레입니다. 여러분은 어떤 수레를 타고 싶은가요? 타는 수레에 따라 종파가 달라집니다.

《베다》 영향 속에 등장한 불교

불교는 지금으로부터 2,500여 년 전 히말라야에 있는 샤카 왕국(지금의 네팔)의 왕자가 창시한 종교입니다. 그 왕자의 이름은 고타마 싯다르타입니다. 지금 우리는 그를 '부처', '붓다', '석가', '석가모니'라고 부릅니다. '붓다', 즉 '부처'는 '깨달은 자'라는 뜻입니다. '석가'나 '석가모니'는 '샤카족의 성자'라는 뜻의 '샤카무니'를 한자로 음역한 이름입니다.

고타마 싯다르타가 깨달음을 얻어 불교를 창시했을 당시 인도의 대중 종교는 브라만교였습니다. 이 종교의 경전은《베다》인데, 인도 서북쪽 중앙아시아 초원 지대에서 내려온 아리아인이 갠지스강 상류 지역에 자신들의 문명을 형성하며 오랜 세월에 걸쳐 만든 경전입니다.

불교 교리는 브라만교의《베다》영향을 진하게 받았습니다. 첫째, 현재는 과거의 결과인 동시에 미래의 원인으로 작용한다는 '업業' 개념을 수용했습니다. 둘째, 절대적인 진리를 깨달을 때까지 수레바퀴가 굴러가듯이 계속 새로운 세상에 다시 태어난다는 '윤회輪回' 사상도《베다》에서 영향받은 개념입니다. 셋째, 속세의 모든 속박에서 벗어나 자유롭게 된다는 '해탈解脫'도《베다》의 영향으로 생겨난 개념입니다.

석가모니 열반 후 불교는 어떻게 갈라졌나요?

석가모니는 본인이 깨달은 것을 고통받는 대중들에게 전하기 위해 여러 지역을 떠돌았습니다. 많은 사람이 석가모니의 가르침을 받기 위해 제자가 되었으며 인간으로 살아가며 느끼는 모든 고통에서 벗어나고자 석가모니와 함께 수행 정진했습니다. 그러다 석가모니의 제자들에게 큰 슬픔이 닥쳐옵니다. 그들의 스승인 석가모니가 여든 살의 나이로 속세를 떠나 해탈한 것입니다. 불교에서는 이를 열반에 들었다고 말합니다.

석가모니를 화장해 장례를 치른 제자들은 동굴에 모여 석가모니가 생전에 알려 준 가르침과 본인들이 제자로서 지켜야 할 규범 등을 만들었습니다. 그런데 이 모임에 여러 가지 이유로 참석하지 못한 제자들도 있었습니다. 그들역시 석가모니의 가르침을 떠올리며 별도로 모여 석가모니 말씀을 정리한 경전을 펴냈습니다.

서로 다른 경로로 두 개의 경전이 만들어지자, 불법을 수행하는 승려들 사이에는 종종 '어느 경전을 따르고 계율을 지킬 것인가?'를 두고 논란이 일었습니다. 석가모니가 열반에 든 지 100여 년이 흐른 뒤 석가모니의 가르침을 따르는 승려들이 이 문제를 해결하기 위해 다시 한자리에 모였습니다.

모임에서는 '석가모니가 정한 규칙은 반드시 지켜야 한다'는 원칙주의자들의 의견이 다수여서 그렇게 하자고 결론을 냈습니다. 그런데 이 결론에 반대하는 사람들이 따로 회의를 열어 자기들 생각대로 새 규정을 만들었습니다. 이 일을 계기로 인도 불교계는 두 파로 나뉘었습니다. 석가모니가 생전에 말한 대로 수행하자는 원칙주의자들의 집단은 '상좌부'로, 석가모니의 말을 현실 상황에 맞게 고쳐서 수행하자는 집단은 '대중부'로 헤쳐 모였습니다.

다시 갈라지는 인도의 불교

불교가 상좌부와 대중부로 분열되자, 각 종파 승려는 자기들 주장을 석가모니 말씀 안에서 찾아 해석하기 시작했습니다. 이후 불교는 상좌부 불교와 대중부 불교가 수행법을 달리하며 성장했고, 인도 마우리아 왕조(기원전 317~기원전 180) 아소카 왕에 의해 기원전 3세기 중엽에 널리 퍼졌습니다.

그리고 오랜 시간이 흘러 석가모니가 열반에 든 지 500년 정도 지났습니다. 인도 쿠샨 왕조(30~375)의 카니슈카 왕이 집권하던 2세기 중엽에 상좌부 불교와 대중부 불교의 '학문 중심'과 '개인 해탈' 강조가 불교를 일반 서민에게 전파하는 데 너무 폐쇄적이라는 비판의 목소리가 나왔습니다. 그들은 개인의 해탈을 강조하는 '상좌부'와 '대중부'를 '작은 수레'를 뜻하는 '소승小乘'이라 낮춰 불렀습니다. 그러면서 본래 석가모니가 보리수 아래서 깨달음을 얻은 후 바로 해탈하지 않은 까닭은 많은 사람을 구제하기 위해서라고 주장했습니다. 이처럼 일반인들에게 더 밀접한 종교가 되어야 한다고 주장하는 이들이 새 종파를 세웠으니, '큰 수레'를 의미하는 '대승大乘'이라 했습니다.

상좌부 불교와 대중부 불교 승려들은 자신들을 '소승'이라 부르는 데 동의하지 않았습니다. 그들은 자신들을 고대 승려들의 수행법을 따르는 불교 종파라는 의미에서 스스로 '상좌부'라 부르고 있습니다.

한편 새롭게 대두된 대승 불교는 불교를 승려들만의 것에서 모든 사람의 종교로 확대하며, 깨닫지 못한 사람들을 구하는 데 힘쓰는 '보살'이라는 개념을 만들어 일반인들이 불교에 쉽게 접근하도록 했습니다. 지장보살, 관세음보살, 미륵보살 등이 이때 만들어진 다양한 보살들입니다. 이렇게 만들어진 대승 불교는 인도에서 중국으로 넘어와 우리나라와 일본 등지에 큰 영향을 끼치며 지금까지도 동아시아 불교의 원류를 형성하고 있습니다.

갠지스강에서 목욕하면
죄가 씻겨 내려간다고요?

인도에 있는 갠지스강에는 날마다 수많은 사람이 몸을 씻으려고 모여듭니다. 힌두교 신자들은 갠지스강물에 몸을 씻으면 모든 죄와 오염, 질병에서 벗어난다고 믿어요. 더 나아가 해탈의 경지에 이른다고 생각하지요. 그래서 갠지스강은 죽은 사람을 화장해서 뿌리는 성스러운 곳이기도 합니다. 이렇게 특이한 의례가 생활이 된 힌두교는 어떤 종교인가요?

인도의 다양성이 드러나는 종교, 힌두교

힌두교는 인도인에게 거의 전부라 할 수 있는 종교입니다. 놀랍게도 이 종교는 다른 종교와 달리 창시자도 없고, 조직도 없고, 경전도 없습니다. 힌두교의 '힌두'는 '인더스강'을 가리키는 말로, '그 강 건너에 살던 사람'이라는 뜻이기도 합니다. 또한 '힌두'는 '인도인' 그 자체를 뜻하는 말이기도 합니다.

힌두교는 불교 등장 이후 위기 의식을 느낀 브라만교가 점차 변하면서 만들어진 종교입니다. 상류 계급인 브라만을 위한 종교인 브라만교의 복잡한 제사 의식과 제물을 간소화해 일반인도 쉽게 받아들일 수 있도록 했고, 해탈에 이르는 다양한 방식을 인정했습니다. 더 나아가 불교의 석가모니를 비롯한 수많은 인도의 토속신을 모두 힌두교의 신으로 포용하며 여러 전통 종교가 융합되어 힌두교로 결집되었습니다.

그래서 힌두교에는 수많은 신이 있는데, 여러 신 중에서 힌두교도들이 절대적으로 숭배하는 신은 셋입니다. 우주를 창조한 브라흐마, 우주를 유지하는 비슈누, 우주의 수명이 다했을 때 이를 파괴하고 새로운 창조를 가져오게 하는 파괴의 신 시바입니다. 그런데 흥미로운 것은 세상을 창조한 브라흐마는 곧 세상을 보존하는 비슈누이고, 그는 또한 세상을 파괴하는 시바로, 사실 이들 세 신은 개별 존재가 아닙니다. 설명이 헷갈린다고요? 창조라는 것은 궁극적으로 세상을 만들어 잘 운영하는 것을 전제로 합니다. 한편 세상을 잘 운영하고 보존하기 위해서는 파괴도 있어야 합니다. 파괴할 것은 파괴하고, 유지할 것은 유지해야 세상이 잘 돌아가기 때문입니다. 인도인에게는 익숙하지만 우리에게는 다소 낯선 힌두교의 세 신에 대한 관점을 보면, '이렇게 보면 이것이고, 저렇게 보면 저것일 수 있다'는 인도인의 삶의 태도를 이해할 수 있게 됩니다.

왕은 비슈누의 화신, 힌두교가 널리 퍼지다

힌두교를 장려하고 전파하는 데 앞장선 왕조는 4세기 전반부터 6세기 중반까지 200여 년 동안 북인도를 통치한 굽타 왕조(320~550)입니다. 이 왕조는 쿠샨 왕조 멸망 후 분열된 인도 북부를 재통일해서 성장한 국가입니다.

굽타 왕조는 이전의 왕조들과 달리 왕권이 강하지 않았습니다. 따라서 왕은 브라만교를 비롯한 종교를 이용해 왕권을 강화하고 사회 불안을 방지하고자 했습니다. 그래서 왕은 신을 모시는 사제 계층인 브라만에게 토지를 하사하고 사회적으로 최고 계층 대우를 해 주었습니다. 그 대가로 브라만은 왕을 신과 같은 존재로 추켜세워 주었습니다. 한편 굽타 왕조의 왕은 권위를 세우기 위해 자신을 비슈누 신에 비유하면서 힌두교를 적극적으로 장려했습니다. 영토 곳곳에 힌두 사원을 짓고 사제들에게 땅과 재산을 듬뿍 나누어 주었습니다.

넓은 토지를 받은 브라만들이 자신의 영지로 이주하면서 토착민과 적극적으로 접촉하게 되었고, 그 과정에서 토착민들의 기존 종교와 문화는 점차 사라지고 힌두교가 시골 구석구석까지 전파되었습니다. 이렇게 힌두교는 인도 전체를 아우르는 종교로 자리 잡게 되었습니다.

많은 인도인이 믿는 종교로 발전한 힌두교는 사람들의 일상생활까지 영향을 주었습니다. 또한 카스트에 따른 의무와 규범을 자세히 규정해 놓은《마누 법전》이 편찬되어 인도인의 생활과 의식을 지배했습니다.

인도에서는 도로에 소가 누워 있으면 차가 피해 간다고요?

힌두교는 지금까지도 인도인의 일상생활에 지대한 영향을 끼치고 있습니다. 대표적으로 인도인은 파괴의 신 시바가 소를 타고 다닌다고 믿기 때문에 소를 숭배합니다. 특히 '암소'는 어머니처럼 모든 것을 내준다고 생각하기에 더욱 소중하게 여깁니다. 소를 숭배하는 풍습은 식습관에도 영향을 끼쳐 힌두교를 믿는 사람들은 소고기를 먹지 않고 소를 죽이는 일도 금지합니다. 도로에 소들이 길을 막고 누워 있어도 사람들은 경적을 울리지 않고 조용히 소를 피해 지나갑니다.

한편 힌두교도는 아침저녁으로 갠지스강물에 목욕하면 죄가 씻겨 내려가고 영혼이 정화되어 윤회의 고통에서 벗어난다고 믿습니다. 인도 사람들에

아르티 푸자. 하루를 무사히 보낸 것에 감사하며 신성한 갠지스강과 시바신에게 바치는 힌두교 의식이다. 불은 모든 것을 정화한다고 믿기 때문에 아르티 푸자에도 불꽃이 사용된다.

게 갠지스강에서의 죽음은 해탈로 가는 지름길이라는 인식이 강해 이 강은 죽은 사람을 화장해서 뿌리는 성스러운 장소이기도 합니다. 그래서 갠지스강 주변에는 죽음을 기다리는 사람들로 가득 차 있으며, 죽은 사람을 화장하는 화장장이 여러 곳 있습니다. 갠지스강 유역에 있는 바라나시라는 도시에서는 매일 저녁 브라만 사제의 주관으로 힌두교 제사 의식인 아르티 푸자가 치러집니다. 그래서 바라나시에는 해마다 300만 명에 이르는 순례자들이 찾아옵니다.

정글에서 뜻밖에 발견한 도시 유적이 있다고요?

"정글 숲을 기어서 가자, 엉금엉금 기어서 가자~" 이런 동요를 부른 적이 있지요? 우리나라에는 정글이 없지만 비행기를 타고 두세 시간만 가면 도착하는 동남아시아는 일 년 내내 고온다습해 울창한 정글 숲을 볼 수 있습니다. 만약 여러분이 정글을 탐험하다 화려한 도시 유적을 찾았다면, 무슨 생각이 들까요? 기분이 어떨까요?

귀신이 나온다는 정글 숲을 탐험하다 발견한 세계 문화유산

동남아시아에 있는 캄보디아는 19세기에 프랑스의 식민지였습니다. 당시 크리스트교 선교사로 캄보디아에 온 프랑스인 신부는 깊은 숲에서 뱀 모양의 악령을 보았습니다. 우연히 이 악령 숲 이야기를 들은 프랑스 식물학자 앙리 무어는 1860년 이 숲의 정체를 밝히기 위해 캄보디아로 왔습니다. 탐험대를 조직해 깊은 숲으로 들어가니 귀신은 보이지 않고 돌로 쌓은 대형 건축물이 눈에 들어왔습니다. 마을로 돌아온 그는 주민들에게 숲에 있는 건축물을 누가 지었는지 물었습니다. 마을 사람 누구도 그의 질문에 해답을 주지 못했습니다. 앙리 무어는 의문을 품은 채 프랑스로 돌아갔습니다. 그리고 다시 탐험대를 조직해 캄보디아에 온 그는 자신이 발견한 건축물이 종교 사원임을 밝혀냈습니다. 더불어 그는 사원 주변으로 거대한 중세 도시가 있었다는 것도 찾아냈습니다.

1866년에 프랑스 해군 장교 루이 들라포르트는 세계에서 가장 아름다운 중세 도시가 캄보디아 밀림에 있다는 앙리 무어의 보고서를 읽고 그 신전과 도시를 직접 확인하고 싶었습니다. 그는 프랑스 정부의 지원을 받아 탐사대를 조직해 캄보디아로 들어왔습니다. 탐사대는 앙리의 보고서를 바탕으로 정글 속 사원과 도시를 다시 세밀하게 조사했습니다. 이들의 조사로 캄보디아인들이 이 지역을 '앙코르'라고 했다는 사실이 밝혀졌습니다. 그런데 당시 캄보디아는 불교가 국교였기에, 탐사대는 밀림 속 유적지를 불교 사원으로 판단했습니다. 그래서 캄보디아 말로 불교 사원을 뜻하는 '와트'를 붙여서 이 유적지를 '앙코르 와트'라고 불렀습니다. 1992년에는 유네스코가 앙코르 와트의 가치와 예술성을 인정해 세계 문화유산으로 등재했습니다.

앙코르 와트의 실체는?

1860년 처음 발견된 앙코르 와트와 주변에 있던 계획 도시 앙코르 톰은 그 후 지속적인 탐사와 연구로 캄보디아에 있던 중세 국가 크메르 제국(9세기~15세기)의 수도라는 것이 밝혀졌습니다. 캄보디아와 태국, 베트남이 자리 잡고 있는 인도차이나반도는 그 이름에서도 알 수 있듯이 인도와 중국 사이에 위치합니다. 그래서 인도와 중국의 문화가 섞인 모습을 볼 수 있는 지역입니다. 특히 동남아시아의 남쪽, 인도와 가까운 지역은 인도 문화의 영향을 강하게 받았습니다.

앙코르 와트는 12세기 무렵에 건립되었는데, 그 배경이 매우 특이합니다. 당시 크메르 제국은 왕위 계승으로 인한 내분 때문에 무척 혼란스러웠습니다. 크메르의 왕위 계승 방법은 고대 국가의 일반적인 왕위 계승 방식인 부자 상속이 아닌 힌두교 사제인 브라만이 왕족 중에서 왕을 선택해 왕위를 잇게 하는 방식이었습니다. 그러다 보니 아버지에서 아들로 왕위가 상속되는 경우는 거의 없었고, 왕이 되기 위해 앙코르 지역 왕족과 다른 지역 왕족들 간에 다툼이 심했습니다.

12세기 크메르 제국에 뛰어난 지혜와 용기를 가져 브라만들의 눈에 든 청년이 있었습니다. 이 청년에게는 혼란스러운 왕국을 평화로운 나라로 만들고 싶다는 야망이 있었습니다. 그는 브라만들의 도움을 받아 큰아버지인 왕을 살해하고 왕위에 올랐습니다. 1113년, 그의 나이 열일곱 살 때 일어난 일로 수리야바르만 2세입니다.

새 왕이 된 수리야바르만 2세는 제국 내의 반란 세력을 진압하고 종교 개혁을 실시했습니다. 당시 크메르 제국의 국교는 힌두교였습니다. 크메르의 이전 왕들은 파괴의 신인 시바를 신봉했습니다. 하지만 수리야바르만 2세는 비슈누를 최고신으로 섬겼습니다. 비슈누는 평화를 상징하는 신이었고, 크메르 제국이 앞으로 평화롭기를 기원하는 새 임금의 굳은 의지가 담긴 개혁 조치였습니다. 한편 그는 종교 개혁을 성공리에 완수하기 위해 비슈누 신을 위한 사원을 지었습니다. 무려 37년에 걸친 대공사 끝에 신전이 완성되었고, 이 신전이 현재의 '앙코르 와트'입니다.

앙코르 와트 주변을 둘러싼 해자, 돋을새김으로 장식한 벽화 등 신전의 화려한 모습은 지금까지 남아 있습니다. 전문가들은 앙코르 와트 건설 당시 매일 2만 명의 사람이 신전 건축에 동원되었을 것으로 추정합니다. 수리야바르만 2세의 권력과 크메르 제국의 경제 규모를 짐작할 수 있는 부분입니다. 그런데 힌두교 사원으로 지어진 앙코르 와트는 언제부터 불교 사원으로 바뀌었을까요? 수리야바르만 2세가 죽고 난 후, 크메르 제국의 영광도 시들기 시작했고 나라는 다시 내분으로 혼란스러워졌습니다. 종교도 힌두교에서 불교로 바뀌며 앙코르 와트도 불교 사원으로 바뀌었습니다.

이처럼 왜 화려했던 종교 사원이 왜 밀림 속 폐허가 되었냐고요? 크메르 제국은 13세기부터 쇠락의 길로 접어들었습니다. 당시 수도가 다른 곳으로 옮겨가며 앙코르 와트와 앙코르 톰은 사람들의 기억 속에서 점차 사라지게 되었습니다.

34 실제 역사보다 더 유명한 역사 소설이 중국에 있다면서요?

"《삼국지》를 세 번 이상 읽은 사람과는 상대하지 마라"는 격언이 있습니다. 《삼국지》에는 다양한 교훈과 지혜뿐 아니라 전략과 전술, 권모술수가 풍부하게 들어 있는데, 《삼국지》를 세 번 이상 읽었을 정도면 그것을 꿰뚫고 있는 사람이니 조심해서 상대해야 한다는 뜻이지요. 그런데 이렇게 유명한 《삼국지》가 실제 역사와는 다르다던데 어찌된 영문일까요?

위진 남북조 시대의 시대 구분

중국 역사에서는 후한이 멸망한 220년부터 수나라 문제가 중국을 재통일한 589년까지를 위진 남북조 시대라고 합니다. 이를 100년을 한 단위로 셈하는 '세기'로 표현하면, 3세기 전반부터 6세기 말까지이며 약 370년 동안이 이 시대에 해당합니다.

그런데 위진 남북조 시대는 다시 세 시기로 구분할 수 있습니다. 3세기 전반에서 후반까지는 조조, 유비, 손권이 위, 촉, 오를 건국해 대립한 시기로 이 시대를 '삼국 시대'라 합니다. 삼국 시대는 3세기 후반에 위나라의 재상 사마의의 후예들이 위 왕조를 멸망시키고 새 나라 '진晉'을 세우며 역사 속으로 사라졌습니다.

진나라가 삼국 시대를 끝내고 중국 대륙에 통일 왕조를 다시 세우기는 했으나 진은 그리 강한 나라가 아니었습니다. 북방 초원 지대 유목민에게 자주 침략당해 317년에는 당시 고대 중국의 중심지인 중원 지역을 북방 이민족 중 하나인 선비족에게 내주고 동남쪽으로 멀리 떨어진 건강(지금의 난징)으로 수도를 옮겼습니다. 이로 인해 진나라는 동쪽으로 천도하기 이전인 장안(지금의 시안)이나 뤄양에 수도가 있었을 때를 '서진', 건강으로 도읍한 이후의 진을 '동진'이라고 합니다.

고대 중국의 왕조들에 만리장성 이북 초원 지대에 사는 유목민들은 언제나 골칫거리였습니다. 전한 시대까지만 하더라도 흉노가 위세를 떨치고 있어서 이들의 침입을 막기 위해 막대한 조공을 보내며 화친 정책을 펴야 했습니다. 후한 시대에는 흉노에서 내분이 발생하자 이 틈을 타 또 다른 유목민 '선비족'이 초원 지대의 새로운 강자로 부상했습니다. 중국 대륙에 진이 들어섰을 무렵, 선비족은 진의 세력이 약한 틈을 타 만리장성 이남의 중국 영토로 깊숙이 쳐들어왔습니다. 진은 당시 수도였던 뤄양을 버리고 양쯔강(장강) 하류에 있는 건강에 새 도읍지를 건설했습니다. 이처럼 급격한 정치 변동 속에 중원 지역에는 유목민들인 흉노족, 선비족, 갈족, 강족, 저족이 세운 열여섯 개 나라가 들어섰습니다. 이른바 '다섯 오랑캐족에 의해 중원 지역에 열여섯 개 국가가 만들어진 시기'로 이 시대를 '5호 16국 시대'라 합니다. 4세기 초반부터 6세기 전반까지가 이 시대에 해당합니다.

여기서 잠깐! 5호의 '호胡'는 '오랑캐'라는 뜻을 가진 한자어이고, '흉노',

'선비', '갈', '강', '저'는 모두 오랑캐를 뜻하는 한자어입니다. 흔히 '오랑캐'는 만리장성 북쪽 초원 지대에 살았던 민족을 낮춰 부르는 말로 쓰였지요. 하지만 이들을 오랑캐로 취급한 사람은 당시 중국 사람들이었을 뿐, 실제로 그들이 야만스러운 종족은 아니었습니다.

5호 16국 시대는 선비족이 세운 나라 북위가 중원 지역 전체를 통일하면서 막을 내립니다. 이때 이후로 중국 북쪽 지대에는 유목민이 세운 나라가 잇달아 등장했으며, 강남 지역에는 동진 이후 한족이 송 – 제 – 양 – 진나라를 차례로 세웠습니다. 5세기 후반부터 6세기 후반까지 140여 년간 이어진 시기로 이 시기를 '남북조 시대'라 합니다.

위진 남북조 시대는 여러 나라가 등장했다 사라지며 서로 치열하게 싸웠던 시기입니다. 그러다 보니 시대 구분이 헷갈리기 쉽습니다.

위진 남북조 시대의 중국

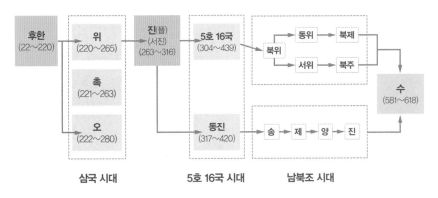

어떤가요? 도표로 정리하니 일목요연하게 눈에 들어오지요? 이렇게 위진 남북조 시대는 '삼국 시대', '5호16국 시대', '남북조 시대'로 구분되며, 수나라를 세운 문제가 581년 중국을 재통일함으로써 중국 대륙에는 다시 통일 왕조가 들어섰습니다.

중국에도 존재하는 삼국 시대

중국 대륙을 두고 위, 촉, 오 세 나라가 경합을 벌였던 삼국 시대는 영웅들이 다수 배출되었고, 적벽 대전 같은 극적인 전투가 여러 차례 벌어졌기에 《삼국지》라는 제목의 소설로 재구성되었고 현대에도 이 소설을 바탕으로한 영화와 드라마, 게임이 계속해서 탄생하고 있습니다. 아마 여러분 중에도 소설 《삼국지》는 읽은 적이 없어도, 게임 〈삼국지〉를 해본 사람은 많을 겁니다. 그만큼 《삼국지》는 중국은 물론 한국과 일본에서도 큰 인기를 끈 역사 소설입니다. 그런데 소설 《삼국지》가 실제 역사와는 상당히 다르다는 사실을 알고 있나요? 사실 《삼국지》는 실제 역사가 아니라 작가 나관중이 중국의 삼국 시대를 배경으로 상상력을 발휘해 재미있게 이야기로 엮은 창작 소설입니다.

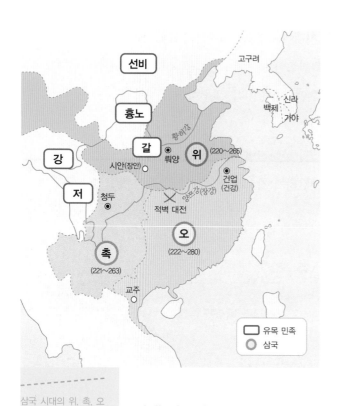

삼국 시대의 위, 촉, 오 영토

실제 역사와는 다른 소설 《삼국지》

중국 삼국 시대 역사를 기록한 역사서로는 진晉나라의 역사가 진수가 지은 《삼국지》가 있습니다. 이 책이 유일하게 삼국 시대를 기록해 놓은 정통 역사서입니다. 그러면 많은 사람이 즐겨 읽는 소설 《삼국지》는 언제 나왔을까요? 소설 《삼국지》의 작가 나관중은 원나라 말기에서 명나라 초기를 살았던 인물입니다. 당시 중국은 도시뿐만 아니라 농촌에서도 연극과 소설을 즐길 정도로 서민 문화가 융성했습니다. 이 시기 나관중은 진나라의 역사가 진수가 쓴 정사 《삼국지》를 기본 뼈대로 한 역사 소설 《삼국지연의》를 완성했습니다. '연의'는 '사실에 여러 가지 것을 첨가하여 재미있게 설명함'이라는 뜻으로, 실제 역사에 허구를 덧붙인 이야기를 말합니다.

소설 《삼국지연의》가 창작된 이후 얼마나 인기가 많았던지, 후대로 갈수록 상상을 더해 내용을 고치거나 덧붙이는 사람들이 많아졌습니다. 따라서 지금 우리가 읽는 소설 《삼국지》는 나관중이 쓴 작품이 그대로 전해 내려오는 것이 아니라 그가 써 놓은 작품을 후대 사람들이 더 흥미진진하게 각색해 놓은 작품이라고 할 수 있습니다.

그런데 재미있는 사실은 《삼국지연의》가 유명해지면서 사람들은 진수가 쓴 역사서 《삼국지》를 《정사 삼국지》라 부르고, 나관중이 쓴 소설 《삼국지연의》를 《삼국

저장성 핑후 광장에 있는 나관중 동상. 원나라 말기에서 명나라 초기를 살았던 나관중은 진나라의 역사가 진수가 쓴 《삼국지》를 기본 뼈대로 소설 《삼국지연의》를 지었다.

지》로 부르기 시작했다는 것입니다. 그러면서 《삼국지연의》에 등장하는 내용을 소설이 아닌 역사적 사실로 믿는 사람도 많아졌습니다. 하지만 분명한 것은 현재 우리가 《삼국지》라고 알고 있는 소설 《삼국지연의》는 실제 역사가 아니라 나관중과 후대 사람들이 합작해서 탄생시킨 '소설'이라는 것입니다.

소설 《삼국지》는 패배자들을 영웅으로 만들었다

진수가 쓴 《정사 삼국지》는 위, 촉, 오 세 나라 중 위나라 입장에서 내용을 서술했습니다. 진수는 위나라를 계승한 진나라에서 벼슬을 살며 이 책을 썼

습니다. 반면에 나관중이 쓴 《삼국지연의》는 후한 황실의 후손인 유비가 세운 촉나라 입장에서 이야기를 전개하고 있습니다. 그래서 《삼국지연의》에서는 위나라를 건국한 조조가 아니라 촉나라를 세운 유비와 그와 도원결의를 맺은 의형제 관우와 장비, 전략 전술에 능했던 군사 제갈량이 주인공입니다. 하지만 실제 역사에서 촉나라는 위나라나 오나라보다 국력이 약한 작은 나라였고, 제갈량 사후 위나라에 멸망했습니다. 따라서 소설 《삼국지》의 주인공인 유비는 물론 지혜의 대명사 제갈량도 실제 역사에서는 소설만큼 대단한 활약을 하지 못했습니다.

흔히 '역사는 승리한 자의 기록'이라고 합니다. 그런데 나관중의 소설 《삼국지》는 승자가 아닌 패배자 입장에서 이야기를 전개하고 있습니다. 아마 상상력을 기반으로 한 소설이었기에 가능한 일이었을 겁니다.

35. 'made in china'를 좋아한 유목민 출신 황제가 있었다고요?

지구촌 시대인 현대 사회는 세계 각국의 다양한 교류 속에 많은 것이 세계화되고 있습니다. 하지만 세계화도 자기 문화의 정체성을 유지하며 이룰 때 의미가 있습니다. 만약 정부가 "선진국으로 발돋움하기 위해 이제 우리는 외국의 선진 문물만 받아들여 사용해야 합니다"라고 한다면 어떨까요? 순순히 받아들일 수 있을까요?

북방 유목민은 다른 문화권인 중국을 어떻게 지배했을까요?

북방 초원 지대에 살고 있던 유목민의 국가들인 5호가 속속들이 만리장성을 넘어 중원으로 들어오자 한족 국가 진晉은 수도를 남쪽 건강(지금의 난징)으로 옮겼습니다. 이때 지배층은 북방 유목민의 침입을 피해 그들이 오기 힘든 동남쪽 먼 곳으로 피난 갔지만, 농토에 의지해 하루하루 먹고살아야 했던 다수의 일반 백성은 고향을 떠나지 못하고 유목민이 지배하게 된 땅에 그대로 눌러살았습니다. 그래서 5호 16국 시대는 유목민과 한족이 함께 어울려 사는 시대였습니다. 사상과 문화가 다른 여러 민족이 갑자기 한곳에 살게 되면 갈등과 대립이 일어나겠지요? 그런데 5호 16국 시대 유목민이 중원에 세운 나라들은 한족을 탄압하며 압박하기보다는 공존을 선택했습니다. 그 대표적인 나라가 남북조 시대를 연 북위였습니다.

유목민은 씨족 사회이고, 일가 친척들이 한마을에서 무리를 형성하여 살다가 철이 바뀌면 함께 이동하는 전통이 있습니다. 북위는 이러한 유목민 고유의 전통을 건국 초에 해체했습니다. 이게 무슨 말이냐고요? 북위 황실은 국초부터 정주하는 농경민인 한족과 함께 살기 위한 정책을 내놓은 것입니다. 이러한 체제를 '호한 체제'라고 합니다. 북방 오랑캐 민족인 호족과 진나라 정착민인 한족이 공존하는 체제라는 뜻이지요.

북위의 적극적인 한화 정책

개국 초기부터 한족과 공존 정책을 추진했던 북위 황실에는 선비족 아버지와 한족 어머니 사이에서 태어난 황제가 많았습니다. 이러한 혼인 정책으로 북위의 황제들은 세월이 흐를수록 선비족이 아닌 한족 혈통에 더 가까워졌습니다. 그래서였을까요? 북위의 제7대 황제 효문제는 선비족의 국가 북위를 완전한 한족 국가로 만드는 '한화 정책'을 추진했습니다.

어린 나이에 임금이 된 효문제는 성년이 되어 직접 정치를 담당하게 되자 수도를 한족 문화의 중심지인 '뤄양(낙양)'으로 옮겨 한족 문화를 적극적으로 수용할 기반을 닦았습니다. 그 후 강력한 한화 정책을 추진해 사회 전반의 문화와 관습을 모두 한족 스타일로 바꿔 갔습니다. 효문제는 중국어만 사용했으며, 중국 전통 복장을 입고, 심지어 자신의 성씨마저 중국 성으로 바꿨습니다. 북위 황실의 전통 성씨는 '탁발' 씨였는데, '원元' 씨로 바꿨습니다. 관제도

대폭 개편했습니다. 한족 출신 관리를 더 많이 선발하려는 의도였습니다. 게다가 한족 지배층을 선비족 지배층과 동등하게 대우하는 '성족 분정' 정책도 추진했습니다. 이건 또 무슨 정책이냐고요? 전통적으로 한족의 뼈대 있는 네 개 성씨의 귀족 가문을 북위를 세우는 데 큰 공을 세운 선비족의 여덟 개 성씨의 가문과 동격으로 대우해 준 정책입니다.

그런데 효문제는 왜 이렇게 적극적인 한화 정책을 추진했을까요? 그는 황허강 일대인 화북 지역의 황제에서 벗어나 중국 전역을 통치하는 황제가 되고 싶었습니다. 자신이 세운 목표를 실현하기 위해서는 남쪽의 한족 왕조를 정벌해야 했습니다. 이러한 큰 꿈을 달성하기 위해서는 국가 내부가 안정돼야 했지요. 또한 적을 알고 나를 알면 백전백승입니다. 한족처럼 생각하고 한족처럼 생활하면 강남 지역에 있던 한족 나라를 좀 더 빨리 흡수 통일할 수 있었습니다. 효문제의 강력한 개혁 정책으로 북위는 점점 더 강성해졌고, 강남의 한족 왕조는 수세에 몰렸습니다.

이처럼 강력한 한화정책을 추진했던 효문제는 과연 중국 전역을 통일했을까요? 그건 아닙니다. 효문제가 죽은 후 나라는 오히려 분열의 길을 걸었습니다. 그가 실시한 급진적인 한화 정책에 후폭풍이 일었습니다. 한화 정책으로 피해를 입은 선비족, 특히 군인들이 예전보다 대우가 나빠졌다며 반란을 일으켰습니다. 초원 지대에서 말을 타고 누비며 길렀던 강인한 기상도 농경 사회에서 정착해 살면서 많이 무뎌졌는지 북위는 점차 쇠퇴의 길로 접어들었습니다.

사람들의 관심을 끌기 위해 일부러 튀는 행동을 하거나 엉뚱한 말을 하는 사람을 요즘 말로 관심 종자, 줄여서 '관종'이라고 해요. 인터넷 같은 온라인 공간에서 관종을 많이 보는데요, 고대 중국에도 관종이 있었다고 해요. 고대 중국의 관종은 대체 어떤 사람이었나요?

돈 자랑 대결을 펼쳤던 관종들

중국 삼국 시대의 최종 승자는 위, 촉, 오가 아닌 위나라의 뒤를 이어 사마 씨들이 세운 진^晉나라였습니다. 진나라 무제 사마염은 오나라를 정벌하고 다시 중국을 통일했습니다.

사마염은 검소함이 몸에 밴 사람이었습니다. 한번은 신하가 꿩의 머리털로만 만들었다는 진귀한 옷을 바치자, 사마염은 황급히 몸을 뒤로 젖히며 소리쳤습니다. "이것은 사치품이다. 태워라!" 이런 황제의 모습은 신하와 백성 모두에 모범이 되어 진나라는 부강해질 수 있었고 결국 통일까지 이루어 냈습니다. 하지만 통일 후 사마염의 검소함은 온데간데없이 사라졌고, 황제는 사치와 놀이만 좋아하는 향락꾼으로 변해 버렸습니다. 산해진미 가득한 호화로운 밥상에 비단옷만 입으려 했습니다.

사치를 일삼는 황제의 품행은 신하들에게도 영향을 끼쳤습니다. 관료들은 돈 자랑하는 데 열을 올렸습니다. 특히 두 명의 고위 관리는 경쟁하듯 돈 쓰는 것을 자랑하는 '관종' 생활에 젖어 들었습니다. 황제의 외삼촌 왕개와 지방관 출신으로 백성들을 수탈해 부자가 된 석숭이었습니다. 석숭이 은으로 만든 요강을 쓴다고 소문이 나자, 왕개는 황금으로 만든 세숫대야와 그릇을 썼으며, 설거지할 때도 꿀물로 씻도록 했습니다. 또 왕개가 사람의 젖을 먹인 새끼 돼지를 먹자, 석숭은 금가루를 모이로 준 닭고기를 먹었습니다. 두 사람의 이런 쓸데없는 돈 자랑 배틀은 진나라 수도 뤄양 사람들에게 화젯거리가 되었습니다.

두 사람의 돈 자랑 대결에는 황제도 관심을 보였습니다. 삼촌 왕개가 석숭에게 밀린다는 소문을 들은 사마염은 왕개에게 일본에서 보내온 진귀한 산호수를 선물로 주었습니다. 신이 난 왕개는 의기양양하게 석숭을 불러 자랑했습니다. 하지만 석숭은 코웃음을 치며 황제가 왕개에게 준 산호수를 몽둥이로 부숴 버렸습니다. 그러고는 하인을 시켜 집에 있는 산호수를 가져오게 했습니다. 아니나 다를까 석숭의 산호수는 황제가 내려 준 것보다 더 크고 아름다웠습니다. 석숭이 왕개에게 말했습니다. "여기 더 큰 산호수가 있습니다. 댁에 놔두시지요." 왕개는 석숭의 재산 자랑에 코가 쭉 빠졌습니다. 결국 두 관종의 돈 자랑 대결은 석숭의 승리로 끝났습니다. 하지만 그 영향은 여기서 끝나지 않았습니다. 이 터무니없는 대결은 진나라 경제를 피폐하게 만들었습니다. 백성을 위해 힘써 일해야 할 관리들이 사유재산 축적에만 혈안이 되어 있었으니, 그 사회가 어떠했겠습니까?

위진 남북조 시대의 관종, 청담 사상가

삼국 시대부터 수나라 문제가 다시 중국을 재통일하는 6세기 후반까지를 '위진 남북조 시대'라고 하는데, 이 시대는 여러 나라 간의 계속되는 싸움으로 사회가 무척 불안정했습니다. 그래서 그런지 이 시대에는 석숭이나 왕개 같은 관종이 자주 등장했습니다.

한편 혼란스러운 세상사에 마음 쓰지 않고 규범에 얽매이지 않으며 자유롭게 살아가고자 하는 사람들도 등장했습니다. 그런 사람 중에서도 유명한 사람이 일곱 명 있었는데, 그들을 '죽림칠현'이라고 합니다. '대나무를 벗 삼아 고고한 삶을 사는 일곱 명의 현자'라는 뜻입니다. 하지만 이 말은 듣기 좋게 잘 포장한 말일 뿐, 이들의 실제 삶은 현대 사회의 관종질이나 다름없었습니다.

죽림칠현은 전쟁이 끊이지 않고 혼란스러웠던 당시 현실 사회에 참여하고 싶지 않았습니다. 그래서 늘 술에 취해 살며 인간 사회가 만들어 놓은 제도나 규범에서 벗어나려고 했습니다. 특히 당시 주류 학문이었던 유교적 예법을 철저히 부정했습니다. 어찌 보면 그들은 도교에서 말하는 자연 그대로의 상태인 '무위자연'을 실현하고자 했는지도 모릅니다.

당시 사람들은 이렇게 세상사에서 벗어나 자유로운 삶을 추구하는 죽림칠현이 하는 말을 세상사에 더럽혀지지 않은 깨끗한 담론이라며 '청담'이라고 추켜세워 주었습니다. 이런 청담 사상가 죽림칠현 중에는 명문장가이자 붓글씨를 잘 써서 지금까지도 유명한 왕희지와 그의 아들들도 있습니다.

왕희지는 우리나라 한석봉 같은 명필로, 실제로 한석봉이 무척 존경했던 서예가입니다. 그의 집안은 대대로 높은 벼슬을 한 명문가였는데, 그는 출세와 격식에 연연하지 않고 자유롭게 살아가고자 했던 청담 사상가였습니다. 이런 왕희지에게 아들이 일곱 명 있었습니다. 그중 다섯째 아들 왕휘지는 아버지를 능가하는 자유인이었습니다. 그는 황제에 버금갈 정도의 권력자인 환온과 그의 동생 환충의 보좌관을 연달아 맡았습니다. 그가 맡은 관직은 출셋길이 확실한 요직 중의 요직이었습니다. 만약 여러분이 출세가 보장된 관직을 맡았다면 어땠을까요? 보통 사람이라면 그 자리를 발판 삼아 더 높은 관직에 오르려고 하겠지요? 그렇지만 피는 물보다 진하다고 했던가요? 왕휘지는 왕희지의 아들이었습니다. 출세에는 전혀 관심이 없었습니다. 그는 머리를 산발한 채 관복도 제대로 갖춰 입지 않고 저잣거리를 돌아다녔습니다. 또한 근무 태도도 불량했습니다. 어느 날 환충이 수레에 앉아 길을 가고 있었습니다. 보좌관이던 왕휘지는 말을 타고 뒤따라가고 있었습니다. 그때 갑자기 폭우가 쏟아졌습니다. 왕휘지는 환충이 타고 있는 수레 안으로 들어가 환충을 밀치며 말했습니다.

"어찌 공께서 홀로 이 수레를 독차지한단 말이오?"

부하로부터 어이없는 일을 당한 환충은 나중에 그를 불렀습니다.

"경은 어느 부서에 있는가?"

"말을 다루는 부서인 것 같습니다."

그러자 환충이 다시 물었습니다.

"몇 마리 말을 관리하고 있는가?"

"말을 알지 못하는데, 어찌 그 숫자를 안다는 말입니까?"

하급자가 상급자에게 할 만한 답변은 아니었습니다. 환충이 다시 물었습니다.

"최근에 말이 몇 마리나 죽었소?"

"아직 삶도 알지 못하는데, 어찌 죽음을 안단 말입니까?"

옆에서 들었다면, 제정신으로 하는 말인지 의심이 들 정도로 왕휘지는 상관인 환충에게 겁도 없이 태연하게 대꾸했습니다. 왕휘지가 이렇게 말한 것은 청담 사상가답게 세상이 정해 놓은 규범에 구속되지 않고 자유롭게 살고 싶은 욕망 때문이었습니다.

이처럼 청담 사상과 그 사상을 대표하는 죽림칠현은 현대 사회 관종과 비슷한 삶을 살며 위진 남북조 시대의 사회에 다양한 영향을 미쳤습니다. 어떤 영향을 미쳤냐고요? 위진 남북조 시대는 대단히 혼란스러운 시대였습니다. 이런 시대에 모든 걸 내려놓고 자유롭게 살고자 하는 청담 사상가들을 일반 사람들은 선망의 눈으로 바라보며 그들의 삶을 부러워했습니다. 그리고 그 삶을 따라 하고 싶어했습니다. 그러고 보면 관종질도 시대에 따라 다른 관점으로 해석할 수 있다는 것을 알 수 있습니다.

37 과거 시험에도 부정행위가 있었다고요?

얼마 전 수능에서 좋은 성적을 받았다가 대리 시험을 친 게 밝혀졌다는 사건을 뉴스에서 봤어요. 수능뿐 아니라 공무원 시험, 토익 시험 등 다양한 시험에서 부정행위가 일어난다고 하네요. 중국은 오래전부터 과거 시험을 통해 관리를 뽑았는데, 그때는 부정행위가 없었나요? 그나저나 중국은 왜 시험이라는 걸 만들어 후손들을 힘들게 하는 걸까요?

중국 사람들은 언제부터 과거 시험으로 관리를 뽑았을까요?

우리나라는 국가를 위해 일할 공무원을 대부분 시험을 통해 채용합니다. 이렇게 시험을 통해 공무원을 선발하는 제도의 원조는 과거 시험이고, 과거 제를 세계 최초로 만든 나라는 중국입니다.

관리 선발 제도인 과거는 위진 남북조 시대의 분열을 통일한 수나라에서 처음 실시했습니다. 수나라를 세운 문제는 황제 중심의 강력한 중앙 집권 체제를 추구했고, 이를 위해서는 황제의 명령을 백성들에게 재빨리 전달하고 집행할 많은 관리가 필요했습니다. 또한 관리가 자신의 명령을 잘 수행할 수 있기를 바랐던 문제는 위진 남북조 국가들이 가문의 높낮이에 따라 관리를 등용했던 것과는 달리 시험을 통해 관리 후보자의 능력을 파악하고자 했습니다. 수문제의 이런 의도 속에 관리 채용과 시험 제도가 합쳐져 과거 제도가 만들어졌습니다. 이 과거 제도는 청나라 말에 폐지될 때까지 약 1,300년 동안 중국 각 왕조의 관리 선발 제도로 기능했습니다.

과거 시험이 번성했던 시기는 송나라 때입니다. 송나라는 문신을 우대했고, 고위 관리가 되기 위해서는 반드시 과거 시험에 합격해야 했습니다. 이전 시대보다 과거 시험의 위상이 매우 높아졌고 그 높아진 위상을 나타내는 것이 '전시제'입니다. 송대 과거는 초시, 복시, 전시 세 단계로 진행되었으며 과거 시험의 마지막 단계인 전시는 황제가 직접 주관하여 응시자들의 순위를 결정했습니다. 전시제가 왜 과거의 위상을 높였냐고요? 국가 최고 지배자인 황제가 직접 주관하고 순위까지 결정했기 때문입니다. 게다가 전시에 합격해 관리가 된 이들은 황제를 스승으로 여겨 황제와 관리들 사이에는 사제 관계가 형성되었고, 이에 따라 관리들은 황제에게 더욱 충성하게 되었습니다.

이처럼 과거의 위상이 높아지고 송나라가 문신 우대 정책을 펼치자 과거 시험에 합격해 문신 관료가 되어 부와 명예를 얻고자 하는 사람들이 많아졌습니다. 그러다 보니 과거 시험 경쟁률은 점점 더 높아졌고 송나라 말기인 1275년에는 경쟁률이 무려 200 대 1에 이르렀습니다.

합격하면 부와 명예를 약속하는데 부정행위는 없었을까요?

이처럼 경쟁률이 높아지자 평생을 공부해도 과거에 합격하기란 '하늘의 별 따기'였습니다. 여러 번 낙방을 거듭한 수험생들 중에는 편법을 써서라도 과거에 합격하려고 하는 사람도 있었습니다. 시험장에서 자주 저질러진 부정행위는 커닝 페이퍼를 보는 것입니다. 역대 과거 시험의 문제와 이전 합격자의 모범 답안이 기록된 책을 가지고 시험장에 입장하거나 유교 경전이 빽빽이 적힌 커닝용 속옷을 입고 들어가기도 했습니다. 심지어 다른 사람이 대신 시험을 보는 행위도 있었습니다. 수험생이 시험장에 들어가서 시험 문제가 적힌 쪽지를 돌에 감싸 시험장 밖으로 던지면, 대리 시험인이 밖에서 대신 답안지를 작성해 안으로 들여보내는 대담한 방법이 동원되기도 했습니다. 이뿐만이 아닙니다. 다양한 청탁도 성행해 아들이나 지인을 합격시키려고 시험 감독관에게 엄청난 뇌물을 주기도 했습니다.

이러한 부정 행위를 나라는 그냥 보고만 있었을까요? 송나라는 부정 행위를 방지하고 공정하게 관리를 선발하기 위해 '호명법'과 '등록법'을 실시했습니다. 호명법은 답안지에서 이름이 적힌 부분을 채점관이 보지 못하게 하는 제도입니다. 채점관이 아는 사람이나 뇌물을 준 사람에게 높은 점수를 주는 부정 행위를 막기 위함이었습니다. 등록법은 제출된 답안을 다른 종이에 모두 옮겨 적은 후 채점하도록 하는 제도였습니다. 이는 글씨체나 답안지에 적힌 암호를 알아보고 채점관이 불공정하게 채점하는 것을 방지하기 위해 채택한 제도입니다. 그리고 '쇄원'이라 하여 과거 시험의 시험관을 시험 기간 동안 외부와 격리시켜 뇌물을 주고받는 행위를 근절시키려고도 했습니다.

한편 과거 시험장에서는 입장하는 응시자의 몸을 철저하게 수색해 커닝페이퍼를 가지고 들어가지 못하도록 했습니다. 또한 뇌물을 바친 자와 받은 자를 적발하면 양쪽 모두를 엄벌에 처했습니다. 송나라 때보다 훨씬 후대인 청나라 때 일이지만, 《아Q정전》이라는 작품을 써서 유명한 중국 작가 루쉰의 할아버지도 과거 시험에 자신의 지인을 합격시키고자 뇌물을 바쳤다가 들통이 나서 처벌을 받았다고 합니다. 이렇듯 송나라를 비롯한 중국의 각 왕조는 다양한 방법으로 부정 행위를 막고 과거 시험을 최대한 공정하게 시행하고자 노력했습니다.

과거 시험은 중국과 동아시아 사회에 어떤 영향을 미쳤나요?

일부 역사학자는 과거 제도 때문에 중국의 근대화가 늦어졌다며 비판합니다. 비판의 주된 근거는 국가의 모든 교육이 과거 시험에 종속됨으로써 과거와 관련 없는 학문이 발전하지 못했다는 것입니다. 실제로 과거 제도를 실시한 대표적인 국가인 중국과 조선이 본격적으로 근대화를 추진하던 시기에 과거 제도는 지식인들에게 많은 비판을 받았고 개혁의 대상이었습니다. 그런데 정말로 과거 시험은 중국과 동아시아 사회 발전에 부정적인 영향만 끼쳤을까요?

"중국의 정치가 공정하고 명백할 수 있었던 것은 현명하고 능력이 있으면서 학식을 갖춘 인재를 기용할 수 있었기 때문이다."

이 말은 영국인 선교사로 중국에 오래 살았던 메드허스트가 중국의 과거 제도를 높게 평가하며 한 말입니다. 공정한 관리 선발 제도가 없었던 서양에서는 많은 학자가 중국의 과거 제도를 인재 선발을 위한 훌륭한 제도라고 평가했으며, 자신의 국가에도 도입해 사회 개혁의 수단으로 삼고자 했습니다. 서양학자들의 평가처럼 중국 왕조들은 과거 시험을 통해 유능한 인재들을 관리로 채용할 수 있었고, 이들 관리들을 통해 국가를 효율적으로 운영할 수 있었습니다.

한편 과거 제도는 동아시아 주변국에도 긍정적인 영향을 끼쳐 한국과 베트남 왕조가 과거 시험을 도입함으로써 상당한 정치 발전을 이룩할 수 있었습니다. 또한 신분이 낮은 사람도 과거 시험에 합격하기만 하면 관리가 되어 상류층에 편입될 수 있었기에 사회 안정에도 기여했습니다.

우리에게는 정말 지긋지긋하고 세상에서 없어졌으면 좋을 것 같은 시험! 하지만 시험이라는 것은 중국의 과거 시험처럼 국가의 인재를 뽑는 장이자, 능력만으로 결과를 성취할 수 있게 하는 중요한 제도입니다. 이렇게 보면 시험이 꼭 나쁜 것만은 아니지요.

38. 폭군으로 유명한 수양제는 왜 대운하를 건설했나요?

2021년 3월 수에즈 운하에서 선박이 전복되어 물길 통행이 마비된 사건이 발생했습니다. 이 사건으로 전 세계 해상 물류 이동에 큰 차질이 빚어졌을 정도로 운하는 선박에 의한 물류 운송에 핵심적인 역할을 합니다. 이런 운하를 국가 통치에 활용하기 위해 무려 1,400여 년 전에 건설한 황제가 있습니다. 그가 실시한 대공사는 중국 역사에 어떤 영향을 미쳤을까요?

운하가 있으니 내 나라를 쉽게 둘러볼 수 있어, 허허

위진 남북조 시대 강남이 개발되다

여러분은 '강남' 하면 무엇이 떠오르나요? 많은 사람이 높은 빌딩과 고급 아파트들이 즐비한 서울의 강남을 떠올리겠지요. 그런데 중국에도 강남이 있습니다. 중국의 강남은 일반적으로 양쯔강 유역을 비롯한 중국 남부 지방을 말합니다. 이 지역은 한나라 때까지는 미개척지가 많아 농업 생산력이 황허강 유역인 화북 지대에 견주어 크게 떨어졌습니다. 하지만 삼국 시대 때 오나라에 의해 개발되기 시작한 이후, 뒤이어 들어선 남조 정권이 적극 개발하면서 수나라 건립 무렵에는 농업 생산력이 화북과 비슷해질 정도로 성장했습니다.

위진 남북조 시대의 분열기를 끝내고 중국을 통일한 수나라는 화북 지역인 장안을 수도로 정했습니다. 고대부터 정치 중심지였던 화북에 수도를 건설한 것은 수나라로서는 합리적인 선택이었습니다. 하지만 경제적으로 성장한 강남도 중요했습니다. 그래서 '강남의 물자를 어떻게 화북의 수도까지 효율적으로 옮길 수 있을까?'라는 문제가 수나라 정부에 중요한 과제로 떠올랐습니다.

수양제, 효율적인 물자 운송을 위해 운하를 건설하다

중국은 한나라 시기부터 원활한 물자 운송을 위해 황허강 유역을 중심으로 크고 작은 운하를 건설했습니다. 하지만 위진 남북조 시대의 정치 혼란 속에서 운하는 제대로 관리되지 않아 배가 다닐 수 있는 물길로써 기능을 잃고 말았습니다. 거기에 중국의 강들은 대부분 서쪽에서 동쪽으로 흐르기에 동쪽 지역과 서쪽 지역 간의 물자 운송에는 물길을 이용할 수 있었지만, 남북 간의 물자 운송에는 물길을 이용할 수 없었습니다. 이러한 지리적 조건에서 수문제는 수도인 장안과 중국의 강들을 연결하는 대운하 건설을 계획했습니다. 하지만 수문제가 운하 건설을 직접 실행하지는 않았습니다. 대운하 건설보다 오랜 기간 혼란을 겪은 백성들의 삶을 안정시키고, 국가 재정을 확보하는 것이 무엇보다 중요했기 때문입니다. 문제의 대운하 건설 야망은 아들인 양제 때 충족되었습니다. 그는 아버지가 물려준 풍족한 재정을 바탕으로 대규모 토목 공사를 벌였는데 그중 가장 큰 사업이 운하 건설이었습니다.

양제는 무려 8년에 걸쳐 중국의 남과 북을 물길로 잇는 운하를 건설했습

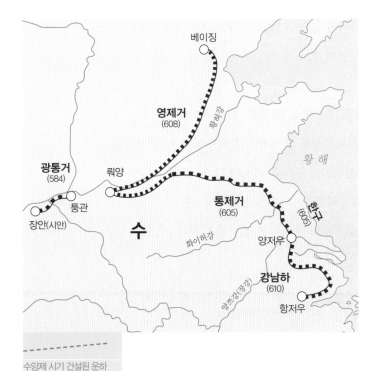

베이징

영제거
(608)

황허강

황 해

광통거
(584)

뤄양

통제거
(605)

한구
(605)

수

장안(시안)

퉁관

화이허강

양저우

강남하
(610)

양쯔강(장강)

항저우

수양제 시기 건설된 운하

니다. 이 운하가 그후로도 지속적인 증축을 통해 지금까지 활용되고 있는 '대운하'입니다. 수양제는 먼저 황허강과 화이허강을 연결하는 통제거를 건설하고 이어서 화이허강과 양쯔강을 잇는 한구를 건설했습니다. 이후 황허강에서 북으로 지금의 베이징에 이르는 영제거를 건설했는데, 이 물길은 건설 목적이 고구려와 연관 있습니다. 양제는 대규모 토목 공사와 함께 활발한 대외 원정을 펼쳤는데, 고구려 원정을 준비하면서 원정에 필요한 물자를 효율적으로 운송하기 위해 황허강에서 베이징에 이르는 영제거를 건설했습니다. 그 후 양제는 양쯔강에서 항저우에 이르는 강남하를 건설해 베이징에서 수도인 장안을 거쳐 강남의 아름다운 도시 항저우까지 자유롭게 오갈 수 있는 대운하 사업을 완결 지었습니다.

수양제의 대운하 건설, 무엇을 얻고 무엇을 잃었나요?

수양제는 중국사 최악의 폭군 중 한 명이라는 부정적인 평가를 받습니다. 그도 그럴 것이 양제는 아버지를 살해하고 왕위에 올랐을 정도로 냉혹했으며, 시기심도 많아 자기보다 능력이 좋은 이들은 모함해 살해하는 등 성격이 잔인했습니다. 그뿐 아니라 무리한 고구려 원정과 대규모 토목 공사, 사치 등으로 백성들을 힘들게 했으니 긍정적 평가를 받기는 어렵습니다.

하지만 수양제의 대운하 건설에 대한 후대의 평가는 긍정과 부정이 함께합니다. 중국 왕조 시대 학자들, 특히 유학자들은 대부분 대운하 건설을 부정적으로 평가했습니다. 그들이 부정 평가를 한 이유는 많은 백성을 가혹하게 동원했고 국력을 너무 많이 소모했기 때문입니다. 양제는 1년에 100만 명 넘는 백성을 운하 건설에 투입했고 남자만으로 힘에 부치자 여자들까지 동원했습니다. 게다가 운하 건설 후에는 대규모 선단을 만들어 운하 유람에 나섰는데, 이 행사를 준비하느라 백성들은 엄청난 물적·인적 희생을 감수해야 했습니다. 이런 무리한 사업 추진은 백성들의 반발을 샀고 결국 반란이 일어나 수는 나라를 세운 지 37년 만에 멸망하고 말았습니다. 그러니 유학자들의 부정적 평가도 충분히 납득이 갑니다.

그런데 수양제를 처음으로 이렇게 평가한 사람은 당나라의 유학자들이었습니다. 당나라는 수나라를 멸망시키고 탄생한 나라입니다. 자기 나라의 창업을 정당화하기 위해 이전 왕조의 업적을 부정적으로 평가하려는 의도도 없지 않았겠지요.

한편 현대 역사가들은 수양제의 대운하 건설을 긍정적으로 평가합니다. 현대 역사가들이 긍정적으로 평가하는 근거는 무엇일까요? 첫째, 물자 운송 시스템 마련과 이에 따른 상업 발달에 운하가 큰 구실을 했기 때문입니다. 수나라 이후 중국의 각 왕조는 수양제가 건설한 운하를 통해 강남과 화북의 물자 이동을 원활히 할 수 있었습니다. 둘째, 운하 주변 교통 요지에는 상업 도시들이 생겨나 상업이 활성화되었고 전체적으로 나라의 부를 증대시켰습니다. 셋째, 대운하 건설로 진정한 중국 통일이 이루어졌습니다. 중국은 진·한 제국 이후 정치적으로는 통일되었지만 영토가 넓다 보니 화북과 강남 지역은 사회·경제·문화적 특성이 서로 달랐습니다. 이 점은 중국 전체를 하나의 통치 체제로 다스리려는 중국 황제들에게 항상 걸림돌이었습니다. 수양제의 대운하 완성으로 강남 지역과 화북 지역 간의 교류가 수월해졌고 중국 전체가 비로소 동일한 통치 체제하에서 조화롭게 운영될 수 있었습니다.

현재도 배들이 오가는 대운하

지금도 강남과 화북 지역을 잇는 대운하는 수로 교통로의 기능을 잘 수행하고 있습니다. 다만 현재 중국 내륙의 남북을 잇는 운하는 수양제 시절에 만들어진 운하가 아닙니다. 양제 시절 만들어진 운하는 이후에 등장하는 송나라가 여진족에게 쫓겨 강남으로 내려오면서 다급히 흙으로 메워 버렸습니다. 여진족이 운하를 이용해 남송을 침입할 가능성이 있었기 때문입니다.

지금도 흐르고 있는 중국의 대운하. 수양제 시절에 만들어진 운하를 바탕으로 원나라와 명나라 시대에 완성했다.

지금 사용하는 운하는 수양제 시절에 만든 운하를 기반으로 원나라와 명나라 시절에 새로 만든 운하입니다. 수양제 시절에 만들어진 옛 운하가 있었기에 지금의 운하를 만들 수 있었으며, 그런 측면에서 생각해 보면 수양제의 대운하 건설은 대단히 성공적인 토목 사업이었다고 평가할 수 있습니다.

39, 중화주의 같은 차별 질서가 세계 도처에 있었다고요?

'중화주의'는 중국이 문화의 중심이라 생각하고 우월성을 자랑하는 관점이자 사상입니다. 지리적으로는 중국, 민족적으로는 한족만 우월하게 보고 주변국의 문화는 저급하고 미개한 문화로 얕잡아 봅니다. 자기 나라, 자기 민족에 자부심을 갖는 건 좋지만, 이런 관점을 계속 유지하는 게 괜찮을까요?

민주주의가 출발한 고대 그리스에도 있었던 민족 차별 의식

유럽 사람들은 문명의 출발을 고대 그리스에서 찾습니다. 그중에서도 아테네를 문화적 토대로 생각합니다. 아테네 민주 정치가 서양 문화 발전의 원동력인 민주주의 사상의 원류이자, 현대 민주주의 발전에 많은 영향을 끼쳤다고 믿기 때문입니다.

그런데 고대 아테네 민주 정치는 그리스인 전체를 대상으로 한 것이 아니라 아테네 폴리스에 살고 있는 '시민'만 대상으로 한 제한적 민주 정치였습니다. 여성, 노예, 외국인은 시민에 포함되지 않았고 참정권이 없었습니다. 아테네 민주 정치 발전에 크게 기여한 클레이스테네스는 주변 부족들을 '히아타이(맷돼지)', '오네아타이(당나귀)', '코이레아타이(집돼지)'라고 불렀습니다. 자신들 이외는 모두 저급하다는 것을 드러낸 말이지요.

오랜 기간 동아시아 사회를 주도했던 중국도 마찬가지입니다. 중국인들은 자기 나라를 문화 대국으로 여기며 문화적으로 우월하다고 생각했습니다. 이러한 사상을 '중화사상' 또는 '중화주의'라고 합니다. 고대 중국인들은 주변 이민족을 지칭할 때 '동이東夷', '서융西戎', '남만南蠻', '북적北狄'이라 했습니다. '동이'와 '서융'은 각각 활과 창을 뜻하는 한자를 써서 싸움만 잘하는 오랑캐라는 뜻이고, '남만'은 벌레, '북적'은 개를 의미합니다.

그리스인이나 중국 사람들한테 보이는 상대적 우월 의식은 이 나라 사람들만 가지고 있던 선민의식은 아닙니다. 선민의식이 뭐냐고요? 자기들을 하늘로부터 선택된 민족이라고 여기는 원시 사상입니다. 세계적으로 살펴보면, 고대 이집트나 이스라엘, 페르시아 사람들도 선민의식을 지니고 있었습니다. 따라서 자민족 우월 의식인 선민 사상은 세계 도처에서 패권을 장악한 민족이 자기중심적 세계관을 바탕으로 주변 민족을 대하는 일반적인 태도라고 할 수 있습니다.

아시리아와 페르시아에도 있었던 조공 제도

'조공'은 중국의 주변국들이 중국 황제를 만나러 갈 때 가지고 가는 특산물인 공물, 일종의 선물을 말합니다. 동아시아 나라들은 자기 나라 왕을 세울 때도 함부로 세우지 않고 중국 황제의 임명장을 받아 왕을 세웠습니다. 따라서 조공 제도는 상하 관계를 확실히 보여 주는 차별적 외교·무역 제도로 우리

민족도 대한제국 이전 시기까지는 중국에 조공을 했습니다.

그런데 이러한 조공 제도가 동아시아 국가에만 있었던 것은 아닙니다. 기원전 9세기 이스라엘 왕이 아시리아의 살마네세르 3세에게 조공을 바치는 그림이 오벨리스크에 새겨져 있습니다. 기원전 5세기에는 페르시아의 힘이 워낙 강해 주변국인 엘람, 바빌로니아, 아시리아, 아라비아, 이집트, 리디아, 파르티아, 스키타이족이 페르시아의 다리우스 1세에게 조공을 바쳤는데, 페르시아 아파다나 궁전 계단에 조각으로 새겨져 있습니다. 이러한 사례로 보아도 조공 제도가 동아시아에만 존재했던 특별한 외교 관계가 아니라는 것을 알 수 있습니다.

북방 이민족에 조공을 바친 중국

고대 중국 역사를 살피면, 뜻밖에도 한족 국가가 북방 이민족에 조공했던 기록을 발견할 수 있습니다. 중국 한나라를 세운 유방은 백등산 전투에서 흉노족에 패해 겨우 목숨을 부지한 적이 있습니다. 이후 한나라 공주를 흉노의 왕 묵특 선우에게 부인으로 보내고, 해마다 일정량의 무명과 비단, 술, 쌀 등을 바치며 형제의 맹약을 맺어 화친했습니다. 당시 형은 흉노족 왕, 동생은 한나라 황제였으니, 중국 한족 국가가 오랑캐라고 무시하던 북방 이민족인 흉노족에 조공의 예를 다했던 것입니다.

수나라와 당나라는 주변국인 토욕혼, 돌궐, 위구르, 거란에 화번공주를 보내 친교 관계를 유지했습니다. 화번공주가 뭐냐고요? 중국 황실이 주변 이민족과 관계에서 정략적으로 혼인을 통한 화친 정책을 추진할 때 보내는 황실의 여인을 말합니다. 중화주의 관점에서는 있을 수 없는 일이지만, 힘의 우위에서 밀릴 때는 중국도 주변국의 눈치를 볼 수밖에 없기 때문에 나타난 외교 정책입니다.

동아시아 사회에서 오랜 기간 유지되었던 중화주의와 조공 제도. 언뜻 보면 중국 대륙에 있던 한족 국가가 일방적으로 주변국에 군림했을 것으로 여기기 쉽지만, 한나라의 유방, 수나라와 당나라의 화번공주 사례에서도 알 수 있듯이 주변국의 힘이 강할 때는 중국이 주변국에 조공을 하기도 했습니다.

40 전쟁이 종이를 서양 세계에 보급했다고요?

중국의 4대 발명품은 화약, 나침반, 인쇄술, 종이라고 배웠어요. 그중에서도 종이는 인류가 축적한 엄청난 양의 지식과 정보를 후대에도 전달할 수 있도록 해 인류 문명 발전에 크게 기여했습니다. 종이가 없을 때 인류는 어떻게 기록을 남겼을까요? 그리고 종이는 어떻게 중국에서 발명되어 전 세계로 확대 보급되었을까요?

인류가 기록을 위해 사용한 물건으로는 무엇이 있나요?

종이를 발명하기 전 인류는 파피루스, 거북이 등껍질, 동물 뼈, 비단, 대나무, 양피지 등을 이용해 기록을 남겼습니다. 5,000년 전 이집트에서 사용하기 시작한 파피루스는 갈댓잎을 펴서 여러 장 길게 붙여 만든 것으로 가볍지만 생산지가 제한되어 있고 습기에 약했습니다.

중국에서는 종이가 등장하기 전에 거북이 등껍질과 동물 뼈에 문자를 새겨 넣었습니다. 하지만 그 양이 제한적이었고 새기기도 어려워 사용하기가 매우 불편했습니다. 한편 메소포타미아에서는 점토판에 쐐기를 활용하여 글자를 새겼는데, 점토판은 휴대가 쉽지 않았고 판이 굳고 나면 다시 문자를 새길 수 없었습니다.

거북이 등껍질과 동물 뼈에 기록하는 일이 불편하다 보니 동아시아에서는 비단이나 대나무, 나무를 깎아 만든 죽간과 목간에 붓과 먹물을 이용해 문자를 기록했고, 서양에서는 동물의 가죽을 얇게 펴서 말린 양피지에 글을 썼습니다. 그런데 비단은 너무 비쌌고 죽간이나 목간은 부피가 크고 무거웠습니다. 양피지는 내구성도 좋고 보관성도 높았지만 생산량이 제한적이었고 책으로 만들면 부피가 크고 무거웠습니다. 이러한 여러 가지 불편한 점 때문에 인류는 가벼우면서 싸고 쓰기에도 편리한 기록 용품이 필요했습니다.

종이는 누가 발명했을까요?

지금까지 종이를 발명한 사람은 한나라의 환관 채륜이라고 알려져 왔습니다. 그는 중국 후한 때 환관으로 궁중에서 필요한 물품을 조달하고 관리하던 '상방령'이라는 벼슬에 있었습니다. 평소에 채륜은 죽간이나 목간은 부피가 너무 크고 무거워 불편하고 비단은 너무 비싸 왕실 재정에 부담을 주기 때문에 죽간이나 목간, 비단을 대신할 수 있는 물건을 찾았습니다. 그러던 중 냇가에서 솜을 빨고 있는 여인을 보며 좋은 생각을 떠올렸습니다. 목화솜을 얇게 펼쳐서 이불이나 솜옷을 만드는 것처럼, 나무의 섬유질을 물에 불려 풀어지게 한 다음 이것을 채로 떠내면 기록이 가능할 것 같았습니다. 직접 만들어 보니 붓으로 글씨 쓰기 좋은 신제품이 만들어졌고, 이것이 바로 종이의 원조인 '채후지'였습니다.

그런데 여기에 반전이 있습니다. 최근 연구에 따르면 채륜이 종이를 발명했다고 알려진 시기에 이미 종이가 있었다는 것입니다. 채륜은 기원후 1세기 후반에서 2세기 전반을 살았던 사람인데, 전한 시대인 기원전 2세기경에 사용했던 종이가 간쑤성 톈수이시에서 발견되었습니다. 채륜이 종이를 발명했다는 시기보다 200~300년이나 앞서 만들어진 종이입니다. 따라서 채륜은 기존의 종이 제조법을 개량하고 체계화해 질 좋은 종이를 만들었다고 할 수 있습니다. '하늘 아래 새로운 것은 없다'는 말이 있습니다. 종이도 그렇습니다. 앞서 개발된 기술이 축적되고, 쓰기 편한 종이를 만들고자 한 채륜의 노력이 합쳐져 이전 시대보다 더 사용하기 좋은 종이가 만들어진 것입니다.

전쟁 때문에 종이 제조 기술이 서양 세계에 알려졌다고요?

중국에서 종이 제조 기술이 본격적으로 전파된 것은 탈라스 전투 이후입니다. 8세기 무렵 당나라가 서쪽으로 세력을 확장하던 시기에 아라비아반도를 중심으로 성장한 이슬람이 동쪽으로 세력을 확장해 왔습니다. 두 세력은 필연적으로 부딪칠 수밖에 없었고 중앙아시아 탈라스 평원에서 전투를 벌였습니다. 당나라군을 이끌던 장수는 고구려 유민 2세 고선지 장군이었습니다. 이 전투에서 당나라가 크게 패하면서 많은 당나라 병사가 이슬람군의 포로가 되었습니다. 이때 포로 중에는 종이 만드는 기술자가 있었습니다.

탈라스 전투로 알려진 이 전쟁 때문에 종이 제조 기술은 이슬람 세계로 전파되었고, 사마르칸트(지금의 우즈베키스탄)를 중심으로 이슬람 권역에 무려 300여 개의 종이 공장이 생겨났습니다. 이후 종이 제조술은 바그다드와 다마스쿠스, 이스탄불을 거쳐 이탈리아 베네치아로 전파되었고, 다른 한편으로는 북아프리카를 통해 이베리아반도로 전파되었습니다.

41

고구려를 도왔던 돌궐족이 튀르키예 민족의 선조라고요?

우리나라와 튀르키예는 서로 '형제의 나라'라고 부르며 친선을 유지합니다. 6·25전쟁이 났을 때 튀르키예가 가장 먼저 우리나라에 와 주었기 때문에 그렇대요. 이런 역사적 배경 때문인지 우리나라 사람들은 튀르키예와 튀르키예 사람들을 좋아합니다. 그런데 우리나라와 튀르키예는 훨씬 오래전부터 인연을 맺고 있었습니다. 언제, 무슨 인연이 있었을까요?

튀르키예? 튀르크? 돌궐?

여러분은 '튀르키예' 하면 무엇이 떠오르나요? 음악을 좋아하는 사람은 모차르트의 〈터키 행진곡〉을 떠올릴 것이고, 음식을 좋아하는 사람은 '케밥'을 떠올릴지도 모릅니다. 세계사에 흥미 있는 사람은 바로 '튀르키예'라는 말에 '튀르크'를 떠올리겠지요. 우리에게 튀르키예는 상당히 친숙한 나라입니다. 그런데 우리가 지금까지 발음했던 나라 이름 '터키'는 영어식이고, 그 나라 사람들은 자기 나라를 '튀르키예 줌후리예티⁽공화국⁾'라고 합니다. 2022년 유엔은 튀르키예 정부의 국호 변경 요청을 받아들여 지금까지 썼던 '터키' 대신 '튀르키예'를 정식 국호로 결정했습니다.

튀르키예 공화국은 튀르크인이 세운 국가입니다. 튀르키예가 공화국 체제가 되기 전에 있었던 오스만 튀르크, 셀주크 튀르크는 모두 '튀르크인의 국가'라는 뜻에서 붙여진 나라 이름입니다. '튀르크'는 '힘', '용감하다'를 뜻하는 말에서 유래했습니다. 이름 자체에서 이미 유목 민족의 기상이 풍겨납니다.

실제로 튀르크족의 고향은 흉노족, 몽골족처럼 유목 민족들이 활개 치고 다녔던 중앙아시아입니다. 이 튀르크족을 중국 역사서에는 '돌궐'이라는 이름으로 기록하고 있습니다. '날뛰는 오랑캐 족속'이라는 뜻으로 중국 사람들이 튀르크족을 비하하며 붙인 이름입니다.

한편 우리나라 삼국 시대 때 만주와 한반도 북부에서 번창했던 고구려는 돌궐과 친하게 지냈습니다. 수·당과 대립할 때도 고구려는 돌궐을 끌어들여 중국을 견제했습니다. 고구려와 돌궐의 우호는 양국 모두에 도움이 되는 윈-윈 전략이었습니다. 이러한 사실을 놓고 보면, 우리 민족과 튀르키예인은 이미 삼국 시대부터 깊은 인연으로 맺어진 사이라고 할 수 있습니다.

한 가지 특이한 사실은 몽골과 중앙아시아 초원 지대에 살던 튀르크족이 유럽과 맞닿은 소아시아 지역 아나톨리아반도까지 이동해서 정착했다는 점입니다. 그들은 왜 고향을 떠나 먼 땅으로 이동해야 했을까요?

유목 생활하며 나라를 세우다

본래 튀르크족이 살았던 중앙아시아 초원 지역은 정착하며 살기에 적절한 땅이 아니었습니다. 봄, 가을이 거의 없고 계절의 대부분이 여름과 겨울이었습니다. 일 년 중 비도 거의 내리지 않아 농사를 지을 수 없었고, 사람들은 양,

소, 말 같은 가축을 키우며 이동 생활을 했습니다.

이동 생활을 하는 유목민들은 정주 생활을 하는 농경 민족에 견주어 집단 결속력이 느슨합니다. 이 말은 국가를 만드는 힘이 약하다는 뜻도 됩니다. 왜 냐고요? 가축에게 먹일 초지를 찾아 항상 떠돌아다녀야 하기에 가족 단위, 부족 단위 결속은 생존을 위해서도 꼭 필요했지만, 여러 부족과 화합하고 통합하는 일은 자주 있는 일도 꼭 필요한 일도 아니었습니다. 따라서 국가라는 큰 조직을 만드는 힘은 떨어졌습니다. 물론 유목민 중에서 영웅이 등장해 국가를 세우면 그 나라는 주변 나라를 벌벌 떨게 할 정도로 강력한 힘을 발휘합니다. 칭기즈 칸이 세운 몽골 제국이 바로 그런 나라입니다.

튀르크족에서도 6세기경 부족들을 통합한 영웅이 출현했습니다. 그의 이름은 부민입니다. 당시 튀르크족은 이웃 민족인 유연의 지배를 받고 있었습니다. 제철 기술이 뛰어났던 튀르크족은 유연의 지시로 철제 무기를 공급했습니다. 하지만 부민을 중심으로 강성해진 튀르크족은 유연족과 싸워 승리한 후에 552년 국가를 만들었습니다. 그래서 튀르키예는 552년을 '건국의 해'로 지정하고 있습니다.

나라를 세운 부민은 '하늘의 지명을 받은 자'라는 뜻의 '카간'으로 즉위했습니다. 나라를 세운 해에 부민은 죽었고, 유목 민족의 전통에 따라 튀르크 땅은 두 아들이 세습해 동과 서로 나누어 다스렸습니다. 이때만 하더라도 당나라는 북방의 새로운 강자인 튀르크와 전쟁보다는 화친에 관심이 있었습니다. 그래서 당나라 사절단은 조공을 잔뜩 가지고 가 튀르크족의 환심을 사려고 했습니다. 그런데 시간이 지날수록 당나라가 튀르크를 적대시했습니다. 왜 그랬냐고요? 당나라가 날이 갈수록 강성해졌거든요. 반면에 튀르크는 왕위가 교체될 때마다 후계권을 가진 아들들에게 영토를 분할 상속하다 보니 국력이 점점 약해졌습니다.

이렇게 쇠퇴하고 있던 튀르크에 손을 내민 나라가 있었으니, 서아시아의 이슬람 국가 아바스 왕조입니다. 튀르크는 아바스와 동맹을 맺고 751년 당나라와 전쟁을 벌였습니다. 바로 탈라스 전투입니다. 이 전쟁은 튀르크·아바스 연합군의 승리로 끝났고, 이때 포로가 된 중국인들이 종이 만드는 기술을 이슬람 세계에 전파했습니다. 한편 튀르크인들은 아바스 왕조와 교류하며 아바스 왕조 땅에 정착했습니다. 중앙아시아 초원 지대에 살던 튀르크인이 유럽 땅과 가까운 아나톨리아반도에 점점 가까워지는 순간이었습니다.

튀르크족, 시련을 딛고 대제국을 건설하다

유목 민족인 튀르크인은 이슬람교로 개종하고 아바스 왕조의 땅에 잘 정착했습니다. 그런데 9세기 무렵부터 아바스 왕조에 위기가 닥쳤습니다. 지방 세력의 반란으로 왕조가 흔들렸습니다. 이런 혼란의 시기에 튀르크족에서 유능한 장군이 출현했는데, 그의 이름은 셀주크입니다. 셀주크는 튀르크족을 뭉치게 했습니다. 셀주크의 손자 토그릴 대에는 고향 중앙아시아가 아닌 서아시아 땅에 셀주크 왕조를 세웠습니다(1037). 이후 토그릴은 바그다드를 점령해 반란 세력으로부터 위기에 처한 이슬람의 종교 지도자 칼리프를 구하고, 그로부터 통치자를 뜻하는 '술탄'에 임명되었습니다. 이제 이슬람 세계는 튀르크족이 이끌게 되었습니다.

셀주크 튀르크는 이슬람 세계의 확장을 위해 영토를 넓혀 갔습니다. 그러던 중 크리스트교 국가 비잔티움 제국과 맞대결을 하게 되었습니다. 두 나라는 만지케르트에서 충돌했습니다. 이 전투에서 셀주크 튀르크는 대승을 거두고 아나톨리아반도까지 영토를 확장했습니다. 하지만 좋은 일이 있으면 탈도 생기는 법입니다. 비잔티움 제국에 승리를 거둔 튀르크에 시련이 찾아옵니다. 위기감을 느낀 비잔티움 제국이 로마 교황에게 도움을 청해 십자군이 쳐들어온 것입니다. 신앙심으로 똘똘 뭉친 크리스트교도와 이슬람교도들 간에 전쟁이 벌어졌습니다. 모두 여덟 차례나 이어진 이 십자군 전쟁은 1차를 제외하고는 모두 십자군이 패배했습니다.

그럼 이제 셀주크의 영광은 활짝 꽃피었을까요? 그건 아닙니다. 예상하지 못한 시련이 이들에게 닥쳐왔습니다. 칭기즈 칸을 중심으로 결집한 몽골족이 튀르크 땅까지 쳐들어왔습니다. 거침없이 밀고 들어오는 몽골군에 셀주크 왕조는 굴복할 수밖에 없었습니다. 튀르크족이 다시 힘을 모은 것은 젊은 용사 '오스만'의 등장 이후입니다. 오스만은 뿔뿔이 흩어져 살고 있던 튀르크족을 한데 모아 1299년에 새 나라를 만들었습니다. 이 나라가 현재 튀르키예와 직접적으로 이어지는 오스만 제국입니다.

오스만 제국은 아나톨리아반도를 중심으로 나라를 세웠습니다. 당시에도 바다 건너에는 비잔티움 제국이 존속하고 있었습니다. 오스만 제국은 지리적으로 인접해 있는 크리스트교 국가 비잔티움 제국과 치열하게 다퉜습니다. 결국 1453년, 오스만 제국이 콘스탄티노폴리스를 점령하면서 비잔티움 제국은 멸망했습니다. 오스만 제국은 콘스탄티노폴리스를 '이스탄불'로 바꾸고 수도로 삼았으며 유럽과 아시아, 아프리카에 이르는 영토를 둔 대제국을 만들어 냈습니다.

튀르크 제국의 재상이었던 투뉴쿠크는 이런 말을 했습니다. "성을 쌓고 사는 자는 반드시 망할 것이요. 이동하는 자만이 살아남을 것이다." 이 말에서 우리는 유목 민족이 어떤 삶을 지향하고 사는지 알 수 있습니다. 톤유쿡의 말처럼 튀르크족은 이동에 이동을 거듭하며, 여러 번의 시련을 겪은 후 지금의 튀르키예 땅을 차지하고 대제국을 건설했습니다.

당나라의 수도 장안이
세계적인 국제도시였다고요?

'장안의 화제'라는 말은 사람들 사이에서 자주 오르내리는 이야깃거리라는 뜻인데, 여기서 장안이 당나라의 수도 '장안'이라면서요? 당나라는 우리나라가 삼국 시대일 때 중국에 있던 나라인데, 그때 인구가 100만에 달할 정도로 번성한 도시였다고 해요. 외국에서 온 유학생, 상인들도 많았고요, 유럽 사람, 유럽 상품들도 장안에 있었다고 하던데 장안은 어떤 도시였나요?

당나라의 수도 장안성은 세계 최대 규모의 도시였다

7세기에서 10세기경 당나라의 수도 장안은 신라, 일본, 돌궐, 토번, 인도는 물론 멀리 페르시아, 아랍, 유럽 등지에서 몰려온 사절단과 상인, 유학생들로 번성했습니다. 당시 장안은 전 세계 인재들이 꿈을 펼치는 기회의 땅이기도 했습니다. 외국인들은 신라의 영재 최치원의 사례처럼 빈공과라는 과거 시험을 통해 신분과 국적을 넘어 당나라의 관리가 될 수 있었습니다. 심지어 당은 군대까지 외국인에게 개방했습니다. 당나라 주변의 소수 민족은 물론 아라비아인까지 받아들여 당나라 군대에는 이민족 출신 군인이 많았습니다. 8세기 당시 장안은 호적에 등록된 인구만 해도 50만 명이 넘어 누락된 인구까지 합치면 100만 명은 넘었을 것으로 추정합니다. 이 인구만으로도 장안이 당시 세계 최대 도시 중 하나였음을 알 수 있습니다.

많은 인구가 거주하는 장안성은 치밀한 계획하에 지어졌으며 규모도 상당했습니다. 5미터가 넘는 높은 성벽이 사방을 둘러싸고 있었고, 동서로 9.6킬로미터, 남북으로 8.7킬로미터에 달했습니다. 내부는 동서남북을 가르는 도로에 의해 구역이 나뉘었습니다. 모두 108개의 구역으로 나뉘어 바둑판 같은 형태를 이루었는데 도시 중앙에는 북쪽의 황제가 거주하는 황궁으로 향하는 폭 155미터에 이르는 거대한 주작대로가 뚫려 있었습니다. 폭이 155미터라니, 얼마나 넓은 걸까요? 성 한가운데에 52차선 차로가 나 있는 셈입니다.

주작대로를 중심으로 도시는 크게 동서로 나뉘었습니다. 동쪽에는 황궁에 출입하는 관료들이 많이 살아 고급 주택가가 형성되었고 부유한 상인들과 과거 수험생들을 주 고객으로 하는 상점가도 발달했습니다. 서쪽은 주로 서민의 활동 지역으로 서역인을 비롯한 외국인들과 다양한 계층의 사람들이 모여 활기찬 분위기를 이루었습니다. 기록에 따르면 서쪽 시장인 서시에는 약 4만 개의 상점이 밀집해 있었고 200여 종의 상품을 취급했다고 합니다. 지역에서 올라온 토산품뿐 아니라 식료품, 가축, 의약품, 향신료, 보석, 악기,

▲ 도교 사원　● 경교 사원
卍 불교 사원　● 조로아스터교 사원

대명궁
함원전
용수거
태극전
궁성
황성
서시
동시
주작대로
현도관
당나라 시기 장안성 구조

당의 최대 영역(8세기 전반)

게임판 같은 생활용품과 이국적인 외국 상품도 쉽게 구입할 수 있었습니다. 식당, 여관, 은행, 점집 등 갖가지 편의 시설이 있고, 걷거나 짐을 들고 다니기 힘들 때는 당나귀를 빌릴 수도 있었습니다. 시장 한쪽에서는 파란 눈에 높은 코를 가진 서역 사람들이 서커스를 했고, 이국적인 춤을 추는 무희들도 볼 수 있었습니다.

당의 문화를 국제적이라고 하는 까닭은?

당은 8세기 중반 안사의 난이 발생하기 전까지 정치·경제적으로 상당 기간 동안 안정기를 이루었습니다. 중국 북쪽 지대인 화북 지방에서는 2년에 세 번이나 밭농사를 지을 수 있어 농업 생산력이 크게 증가했고, 비단길은 물론 바닷길을 이용하는 상인들이 유럽과 아시아를 통하는 무역으로 얻는 경제적 이익이 상당했습니다. 이러한 정치·경제적 발전은 수도 장안이 발전하는 배경이 되었습니다.

당나라 때는 중국 역사상 실크 로드 교역이 가장 왕성하게 이루어진 시대였고 교역의 거점이 바로 장안이었습니다. 장안 동쪽에 조성된 인공 호수에는 세계 여러 나라에서 조공으로 보내 온 선물을 가득 실은 배들이 북적댔습니다. 북방에서 보내 온 붉은 펠트 안장 덮개, 남쪽의 귤, 동쪽의 카펫, 서쪽에서 보내온 진홍색 명반 등을 실은 배가 운하를 통해 장안으로 들어왔습니다.

이러한 경제 호황은 문화 발전으로 이어졌습니다. 당은 북방 유목 문화와 서역 문화 등 외래문화를 적극적으로 수용하는 정책을 펼쳐 개방적이고 국제적인 문화가 발전했습니다. 세계 각지에서 온 물건들이 일반 가정에서 사용되었으며, 의복도 외국의 영향을 받았습니다. 한편 장안에는 다양한 종교 사원이 세워졌는데, 이는 다양한 국적과 종교를 가진 사람이 많이 거주했기 때문입니다. 불교와 도교는 물론 조로아스터교, 마니교, 경교(네스토리우스교), 이슬람교 등 다양한 외래 종교가 공존했습니다.

이러한 당나라의 국제적인 문화는 아시아 나라들에 영향을 미쳤습니다. 신라와 일본을 비롯한 여러 나라에서는 당나라에 사신을 보내 문물을 수입했을 정도로 당은 당시 동아시아 여러 나라에 영향을 주며 경제와 문화를 선도했습니다.

43, 백제계 후손이
고대 일본 사회를 지배했다고요?

고대 일본은 우리나라 삼국 시대 문화의 영향을 받으며 발전했습니다. 일본 고대 문화를 조금만 들여다보면 우리 고대 문화의 흔적을 아주 많이 볼 수 있습니다. 삼국 중 일본 고대 문화 발전에 가장 크게 영향을 미친 나라는 백제였습니다. 왜 고구려나 신라가 아닌 백제 문화였을까요? 백제 문화는 고대 일본 문화에 어떤 영향을 미쳤을까요?

백제 사람들 덕분에 일본에 불교 문화가 생겼다고요?

동아시아 사회인 중국, 한국, 일본에 전파된 불교는 대승 불교로 중국의 위진 남북조 시대에 우리나라에 전래되었습니다. 일본은 중국보다는 지리적으로 가까운 한반도를 통해 불교를 수용했습니다.

우리나라 삼국 시대 후반기에 해당하는 6세기경 일본은 야마토 정권 시대였습니다. 이때 천황을 보좌하며 큰 힘을 발휘했던 가문으로 '소가씨'와

'모노노베씨'가 있었습니다. 이 두 세력은 552년 백제에서 전래된 불교의 수용을 둘러싸고 대립했습니다. 소가씨 세력은 불교를 수용하자고 주장했고, 모노노베씨 세력은 전통 신앙을 옹호하며 수용을 거부했습니다.

새로운 종교인 불교 수용을 놓고 벌인 이 대결에서 승리는 소가씨 세력이 차지했습니다. 소가씨는 모노노베씨를 조정에서 퇴출해 이제 일본 사회에서 최고의 권력을 가진 세력은 소가씨뿐이었습니다.

소가씨는 본래 백제에서 건너온 백제 귀족 세력의 후예들입니다. 이들의 조상은 백제 귀족 8성 중 한 세력인 '목씨'였습니다. 당시 백제 내부의 정치 싸움을 피해 목씨 중 일부가 일본으로 건너가 소가씨로 성씨를 바꾸고 일본의 가장 영향력 있는 귀족 집단이 되었습니다.

불교 수용을 놓고 벌인 한판 대결에서 소가씨는 모노노베씨를 제거하고 천황의 왕위 계승 분쟁에 개입해 자신들의 혈육인 스이코 천황을 옹립했습니다. 이후 스이코 천황의 조카인 쇼토쿠 태자는 593년 일본 최초 국립 사찰인 시텐노지를 세웠습니다. 당시 일본에서 천황 다음으로 권세를 누렸던 사람이 소가씨 가문 사람이었던 것은 당연한 사실이었습니다. 소가씨는 아스카 문화의 꽃이라 불리는 아스카데라를 창건했습니다. 이 사찰은 백제 기술자들이 지은 절입니다. 그래서일까요? 아니면 자신들이 백제의 후예라는 사실을 일본 땅에 분명히 밝히고 싶어서였을까요? 609년 아스카데라의 목탑이 완공되었을 때에 소가씨 일족은 백제 옷을 입고 불공을 드렸습니다.

7세기 전반 스이코 천황 시기 아스카 지역(지금의 나라현)에서 발달한 일본 고대 문화를 '아스카 문화'라고 합니다. 일본 최초의 불교 문화로, 고구려, 백제, 신라 문물의 영향 속에 만들어진 일본 고대 문화입니다. 아스카 문화는 당시 한반도에 있던 삼국 중에서 백제의 영향을 가장 많이 받았습니다.

소가씨 제거 후 단행한 정치 개혁

일본의 전 역사를 통틀어 큰 변화를 일으킨 정치 개혁이 두 번 있었습니다. 하나는 수백 년간 이어져 온 무사 정권을 무너뜨리고 근대 국가의 출발점을 마련한 1868년의 '메이지 유신'이고, 또 하나는 654년 고대 일본의 중앙 집권 체제를 완성한 '다이카 개신'입니다.

소가 정권 시대에 일본은 쇼토쿠 태자의 주도로 나라 발전을 위한 다양한 정책을 시행했습니다. 관리들의 등급을 정하고, 고대 법률인 율령을 제정했습니다. 대외적으로는 동아시아 강대국이자 문화 강국이었던 수나라와 당나라로 사절단을 파견했으며, 자신들의 뿌리인 백제와 문물 교류도 확대 강화했습니다. 신라, 고구려와도 교류하며 삼국의 선진 문물을 적극 수용했습니다.

645년 다이카 개신으로 소가 정권도 막을 내렸습니다. 이 개혁은 당시 황자 나카노오에와 당나라 유학생들이 중심이 되어 일으킨 정치 개혁입니다. 당시 당나라는 동아시아 정치의 중심지이자 문화 강대국이었습니다. 당나라에서 유학하고 돌아온 혁신 세력은 친백제 노선을 추구하고 있던 소가 정권에 반기를 들었습니다.

소가 정권 반대 세력의 중심에는 왕위 계승권자였던 황자 나카노오에와 나카토미노 가마타리라는 관리가 있었습니다. 두 사람은 소가 정권에 불만을 가진 세력들을 모아 645년 정변을 일으켰습니다. 백제 사신이 일본을 방문해 백제 왕이 보낸 국서를 받들기 위해 조정 대신 모두 조정 회의에 참석했을 때였습니다. 백제 사신이 국서를 낭독하기 시작하자 갑자기 궁궐 문이 닫히며 나카노오에 황자가 소가 가문의 수장을 칼로 찔렀습니다. 이 사건 후 새로운 천황이 즉위했으며, 소가 정권은 무너졌습니다. 한편 나카노오에 황자는 개혁의 선봉에서 혁신 정치를 단행했습니다. 백성들에게 토지를 나눠 주고, 연호를 사용하기 시작했습니다. 이때 사용한 연호가 '다이카'로, 일본 황실에서 처음 사용한 연호입니다. '다이카 개신'이라는 말도 당시 연호에서 따왔습니다.

개혁을 주도했던 나카노오에 황자는 천황이 되어 천황 중심의 국가를 운영하기 위해 율령 제도를 도입했고, 백성들의 '호적'을 작성하는 등 각종 제도를 정비해 고대 일본의 중앙 집권 체제를 완성했습니다.

한편 나카노오에 황자와 함께 소가씨 제거에 큰 공을 세운 나카토미노 가마타리는 권력을 장악한 황자에게 '후지와라'라는 성을 하사받았습니다. 이후 후지와라 가문은 천황가와 혼인을 통해 소가 가문에 버금가는 강력한 외척 세력으로 성장했습니다.

왜 일본 왕을 '천황'이라고 부르나요?

일본 사람은 자기 나라 왕을 '천황(덴노)'이라고 부릅니다. 그런데 우리나라 사람이 일본 왕을 '천황'이라고 부르면 화를 내며 비난하는 사람들이 많습니다. 천황이 아닌 '일왕'으로 불러야 한다고 주장하기도 합니다. 천황이라는 호칭에 어떤 의미가 있기에 이렇게 거북스럽게 생각할까요? 우리는 일본의 국왕을 뭐라고 불러야 할까요?

'천황'이 가지고 있는 뜻은?

천황은 '하늘의 황제'라는 뜻입니다. 우리나라 왕조 시대에 사용했던 '왕'이라는 칭호보다 지위가 더 높아 보이는 칭호이지요. 이런 칭호를 일본은 언제부터 사용했을까요? 일본의 기록에 따르면 '천황'이라는 호칭은 기원전 660년부터 사용했습니다.

처음 이 칭호를 사용한 왕은 '진무 천황'입니다. 일본 천황가의 시조라 할 수 있는 진무 천황이 '천황'이라는 칭호를 사용한 배경에는 그의 출신 성분과 관련이 있습니다. 진무 천황의 할아버지는 니니기노 미코토라는 하늘 신입니다. 이 신은 태양신이자 일본 신화 속 최고의 신인 아마테라스의 손자입니다. 니니기노 미코토는 지상 세계를 다스리라는 할머니 아마테라스의 명령을 받고 일본 땅으로 내려옵니다. 이때 태양신 아마테라스는 니니기노 미코토에게 세 가지 보물을 주었습니다. 삼종 신기, 즉 세 가지 신의 물건인 거울과 칼, 굽은 옥이었습니다. 일본 천황가에서는 이

일본 천황가에 내려오는 삼종 신기. 거울, 검, 굽은 옥이다.

때 가지고 내려온 삼종 신기를 지금도 계승하고 있어서 2019년 10월 나루히토 천황의 즉위식 때도 삼종 신기가 등장했습니다. 그런데 여기에는 짚고 넘어가야 할 것이 하나 있습니다. 기원전 시대에 하늘에서 내려보낸 삼종신기를 아직도 일본 천황가가 가지고 있다고요? 당연히 이 이야기는 사실이 아닙니다. 일본의 개국 신화는 우리나라 단군 신화처럼 만들어진 이야기입니다. 하지만 일본 사람들은 오랜 기간 전승되어 내려오는 신화 속의 이야기를 가지고 자기들 국왕을 하늘 왕인 '천황'이라 부르고 있으며, 오늘날까지도 천황제를 유지하는 근거로 삼고 있습니다.

천황, 허수아비 왕으로 전락하다

세계사에 등장한 여러 나라가 그랬듯이 막강한 권력을 가진 것처럼 보이는 왕조 시대에도 권력은 영원하지 않았습니다. 우리 역사의 고구려, 백제, 신라, 고려 같은 왕조들도 번영기에는 영원할 것처럼 보였지만, 결국은 멸망

하고 새 왕조가 그 자리를 차지했습니다.

세계 여러 나라의 왕조 변천사 중에서도 일본 천황가의 권력 승계는 좀 유별납니다. 일본에서는 어떤 사람이 반란을 일으켜 성공하더라도 자신이 직접 최고 권력자가 되지는 않았습니다. 천황은 '신의 자손'으로 추앙받는 터라, 아무리 큰 권세를 잡더라도 천황 자리는 넘보지 않았습니다. 그러다 보니 기원전 7세기 후반부터 시작된 일본 황실은 무려 2,800년이 지난 지금도 일본의 최고 권력 가문으로 그 세력을 유지하고 있습니다.

그러면 일본의 천황은 국가의 최고 통치자로서 권력을 마음껏 누릴까요? 지금도 그렇지만, 아주 오래전인 9세기경에도 외척 가문의 위세 때문에 천황의 권위는 겨우 명맥만 유지할 정도였습니다. 더구나 무력으로 모든 것을 해결하려는 사무라이 세력이 강성해지는 12세기 후반부터는 사무라이들의 우두머리인 쇼군이 막부를 세워 일본 정치를 좌지우지했습니다. 일본이 근대화되는 메이지 유신 이후로는 수상, 즉 총리가 정치를 전담하고 있고요.

그럼 천황은 뭘하냐고요? 천황은 나라의 상징적 권력자입니다. 일본에서 천황이라는 존재는 '신의 자손'이자 '일본의 상징'으로 인식되기에 일본 사람들에게 천황이 갖는 위상은 대단히 큽니다.

우리나라 사람 중에는 일본의 국왕을 '천황'이라 부르는 데 반발하는 사람이 있습니다. 그들은 어떻게 남의 나라 일본의 왕을 하늘 왕을 뜻하는 '천황'이라 할 수 있냐며, '일왕'으로 불러야 한다고 합니다. 하지만 우리가 역사에 등장하는 강대국의 지배자를 '황제'라고 부르듯, '천황'도 역사 용어로 생각한다면, 일본 왕을 천황이라고 부르지 못할 이유가 없습니다. 물론 천황이라고 부르든 일왕이라고 부르든 선택은 각자의 몫입니다.

크리스트교와 이슬람교가 믿는 신이 같다고요?

7세기 무함마드가 이슬람교를 창시한 후 크리스트교와 이슬람교는 무려 1,000년에 걸쳐 대립하고 있습니다. 두 종교는 섬기는 신도 같고, 교리도 비슷하고, 신도들이 보는 경전의 내용도 비슷한 점이 많은데 왜 그렇게 무시무시한 전쟁까지 하면서 대립하는 걸까요?

이슬람교와 크리스트교는 어떻게 시작된 종교일까요?

크리스트교는 기원 전후 무렵 지금의 이스라엘과 팔레스타인 지역에서 예수와 그를 따르는 사람들에 의해 탄생했습니다. 이후 이 종교는 유럽 땅으로 건너가 로마의 박해를 받으면서도 전도 활동을 하며 세를 넓혀 갔으며, 마침내 313년에는 밀라노 칙령으로 신앙의 자유를 인정받았습니다. 뒤이어 테오도시우스 황제 때인 392년에 로마 제국의 국교로 지정되며 교세를 더욱 크게 확장했습니다.

한편 이슬람교는 610년 아라비아반도 중부에 있는 도시 메카에서 무함마드가 천사 가브리엘로부터 유일신 알라의 계시를 받아 창시한 종교입니다. 무함마드의 후계자들은 아라비아 지역을 통일하고 페르시아와 아프리카를 거쳐 8세기경에는 이베리아반도를 점령하면서 유럽에도 이슬람교의 뿌리를 내렸습니다.

이슬람교와 크리스트교는 근본 교리가 같다

이슬람교와 크리스트교는 오랫동안 서로 대립해 왔기 때문에 전혀 다른 종교인 것처럼 보입니다. 그러나 두 종교는 공통점이 아주 많습니다. 먼저, 두 종교 모두 유일신 하느님을 믿습니다. 크리스트교 경전인 《성경》과 이슬람교 경전인 《쿠란》에 나오는 유일신은 같은 인물입니다. 또한 두 종교는 유대인들이 체계화한 구약 성경을 공식 경전으로 삼고 있으며, 마리아에게 예수를 임신했다는 사실을 알려 준 천사 가브리엘이 이슬람교를 만든 무함마드에게도 신의 계시를 내렸습니다. 여기에 두 종교 모두 최후의 심판, 천국과 지옥, 영원한 구원을 믿는 비슷한 세계관을 갖고 있습니다.

두 종교에 차이가 있다면 예수를 보는 관점입니다. 크리스트교에서는 예수를 하느님의 아들이자 신으로 여깁니다. 반면 이슬람교는 예수를 하느님이 보낸 선지자, 즉 여러 예언자 가운데 한 명으로 생각합니다.

이슬람교와 크리스트교 교리에 공통점이 많은 이유는?

'아브라함 협정'을 들어 본 적 있나요? 2020년 8월 13일 정치·종교적 갈등을 겪고 있는 유대교 국가인 이스라엘과 이슬람 국가인 바레인·아랍에미리트 간에 맺어진 평화 협정입니다.

아브라함은 기원전 2000년경 현재 이라크 지역에 살았던 인물로 알려져 있습니다. '아브라함'은 '많은 무리의 아버지' 또는 '민족의 아버지'라는 뜻입니다. 이름에서도 알 수 있듯, 아브라함은 아라비아 세계에서 여러 민족의 시조, 또는 종교의 시조로 받들어지고 있습니다. 현재 전 세계 인구의 절반 이상이 믿는 종교인 유대교와 기독교, 이슬람교가 자신들의 시조로 아브라함을 꼽는다는 말이지요. 세 종교 모두 공식 경전으로 인정하는 구약 성경을 보면, 하느님이 아브라함에게 "네 자손이 하늘의 별과 같이 많아질 것이다"라고 약속하는 부분이 있습니다. 이 예언 이후 아브라함은 그의 나이 여든여섯 살에 자신의 몸종이던 하갈이라는 여인에게서 이스마일을 낳았는데 그의 후손이 이슬람교를 창시한 무함마드입니다. 한편 아브라함은 백 살 때, 본처인 사라에게서 이삭을 낳았고, 이삭의 아들 야곱과 연결된 예수에 의해 크리스트교가 탄생했습니다.

어떤가요? 크리스트교와 이슬람교는 완전히 다른 종교 같지만, 사실은 공통점이 더 많은 종교입니다. 크리스트교와 이슬람교가 전혀 다른 역사 때문에 두 종교의 신자들이 서로 대립하고 갈등한다고 생각한다면, 이는 오해입니다. 크리스트교와 이슬람교의 대립은 종교적 측면만으로는 설명할 수 없으며, 국제 정치의 복잡한 관계 속에서 빚어진 갈등이 더 많습니다.

46 이슬람교에 두 개의 큰 종파가 있다고요?

이슬람교는 유일신 알라를 섬기고 형제간의 우애를 강조하는 종교라서 이슬람 국가들은 서로 사이가 좋을 것 같아요. 그런데 크리스트교와 이슬람교만 대립하는 게 아니라 이슬람 국가끼리도 대립과 경쟁이 아주 심하더라고요. 종파가 다르기 때문이라고 하던데, 이슬람에는 어떤 종파가 있고 왜 종파가 나뉘었나요?

메카에서 새로운 종교가 나타나다

7세기 초반인 610년, 아라비아반도 중부에 있는 도시 메카의 상인 무함마드는 새로운 종교를 창시했습니다. 현재 세계 3대 종교 중 하나인 이슬람교입니다.

이슬람교의 발상지 메카는 카바 신전을 중심으로 여러 부족이 각자의 신을 숭배해 온 오랜 종교 도시이자 상업 도시였습니다. 이런 도시에서 무함마

7세기 아라비아반도

드가 유일신을 섬기는 새로운 종교를 만들자 카바 신전에 의지하며 부를 축적했던 지역 유지들은 그를 미친 사람 취급하며 잡아 죽이려 했습니다.

종교 박해를 피해 무함마드는 자신을 따르는 무리를 데리고 622년 메디나로 피신했습니다. 이 해를 이슬람교에서는 '헤지라'라고 칭하고, 이슬람력의 시작 연도로 삼고 있습니다. '헤지라'가 뭐냐고요? 아랍어로 '성스러운 이주'라는 뜻입니다.

메디나로 피신한 무함마드는 주변 세력을 통합하며 종교 공동체로 크게 성장시키고 630년에는 자신이 도망 나왔던 메카를 정복했습니다. 이로써 무함마드는 아라비아반도 내에서 종교적 권위, 정치적 명성, 군사적 지배를 확고히 했습니다.

632년 무함마드가 사망하자 이슬람 공동체는 무함마드의 후계자로 '칼리프'를 선출했습니다. 칼리프는 무함마드를 잇는 '계승자'라는 뜻으로, 종교 지도자이면서 정치, 군사적 실권까지 함께 가진 이슬람 공동체의 최고 권력자입니다. 칼리프의 계승은 4대까지 잘 운영되어 이 시기를 '정통 칼리프 시대'라고 합니다. 당시 이슬람 세력은 서쪽으로는 이집트를 넘어 북아프리카 지역까지 영역을 확장했으며, 북쪽으로는 사산 왕조 페르시아까지 점령했습니다.

이슬람 공동체가 분열되다

무함마드 사후 무함마드의 오른팔이자 장인인 아부 바크르가 1대 칼리프로 선출되어 무함마드 뒤를 이었습니다. 그는 반이슬람 세력을 척결했으며, 이를 '성스러운 전쟁', 즉 '지하드'라고 선동하며 이슬람 공동체를 이끌었습니다. 아부 바크르 사후에는 이슬람교를 배척하다가 열성 신도가 된 우마르가 2대 칼리프가 되어 부족 간의 분쟁을 중재하면서 이슬람 공동체를 더욱 결속시켰습니다.

그런데 부자 상인 집안인 우마이야 가문의 우스만이 3대 칼리프로 선출되면서 이슬람교 내부에 문제가 발생합니다. 이때부터 이슬람 공동체는 세속적인 집단으로 변질되었고, 빈부 격차가 커졌으며 공동체 내에서 여러 갈등이 나타나기 시작했습니다. 결국 반대파에 의해 우스만은 암살되었고 4대 칼리프로 무함마드의 사촌이자 무함마드의 사위인 알리가 선출되었습니다. 이슬람교도 다수는 알리가 이슬람 공동체의 질서를 바로 세울 적임자라고 여겼습니다. 하지만 우마이야 가문을 중심으로 하는 기득권 세력은 알리의 칼리프 취임을 반대했습니다. 양대 진영의 대립 속에 4대 칼리프로 선출된 알리가 살해되었습니다. 이후 우마이야 가문 출신의 시리아 총독 무아위야가 칼리프를 차지했으며, 무아위야가 죽은 뒤에는 아들이 계승했습니다. 이로써 칼리프를 선출하던 정통 칼리프 시대가 끝나고 칼리프는 우마이야 가문이 세습하게 되었습니다.

칼리프가 선출직에서 세습직으로 달라지는 시기에 이슬람 공동체는 두 개의 파, 즉 수니파와 시아파로 나뉘었습니다. 수니파는 '관행', '범례'를 뜻하는 '순나'를 뜻하며, 4대 칼리프 알리의 후손이 아니어도 후계자가 될 수 있다고 주장하는 신도들이 주도했습니다. 반면에 시아파의 '시아'는 '알리의 당'이라는 뜻의 '시아 알리'에서 나온 명칭으로, 알리와 그의 후손만이 칼리프에 취임할 수 있다고 생각한 신도들이 이끌었습니다.

수니파는 우마이야 가문이 칼리프를 세습하면서 세운 '우마이야 왕조'를 인정했습니다. 하지만 시아파는 우마이야 왕조를 인정하지 않았고 알리의 차남인 후세인의 자손들을 '이맘'이라고 칭하며 지도자로 삼았습니다.

오늘날에도 지속되고 있는 수니파와 시아파의 갈등

수니파와 시아파는 분열 이후 서로 화합하지 못하고 오늘날까지도 갈등하고 있습니다. 현재 아라비아반도에 있는 국가 중 가장 작은 나라인 바레인은 소수의 수니파가 전체 국민의 70퍼센트인 시아파를 통치하고 있습니다. 다수의 시아파는 정치 참여를 주장하며 수니파가 장악한 정부에 격렬히 저항하고 있습니다. 반정부 시위는 2000년대 이후에도 수시로 일어나고 있는데, 수니파 정권은 시위가 벌어질 때마다 시아파 국민을 무자비하게 진압합니다. 바레인에서 종파 갈등은 인접 국가에도 영향을 미쳐 사우디아라비아는 같은 수니파 정부인 바레인을 돕기 위해 군대를 파견하기도 했습니다.

2011년에 일어난 '시리아 내전'도 수니파와 시아파의 갈등이 도화선이었습니다. 시리아는 국민 대부분이 수니파인 나라인데, 권력은 소수 시아파가 독점하고 있습니다. 2011년 3월 '아랍의 봄'이라 불린 민주화 운동이 아랍 전역에 확산되자 권력 기반이 약했던 시리아의 시아파 정권은 반정부 시위대를 잔인하게 탄압했습니다. 그리고 이 탄압은 이슬람 극단주의 세력의 개입을 초래했습니다. 이후 시리아는 내전 상태로 돌입해 시아파 정권, 수니파 반정부 세력, 이슬람 극단주의 세력의 각축장이 되었습니다. 이 내전은 아라비아반도에 있는 여러 나라의 이해관계와 뒤얽혀 대리전 형태로 지금도 지속되고 있습니다.

무슬림은 왜 일생에 한 번은 메카 순례를 해야 하나요?

'무슬림'은 '이슬람을 믿는 사람'이라는 뜻입니다. 전 세계 무슬림은 19억 명으로 140여 개 나라에 흩어져 살고 있다고 해요. 그런데 무슬림이라면 누구나 일생에 한 번은 꼭 메카를 순례해야 한다고 하네요. 세계의 무슬림들이 메카에 모여들면 정말 장관이겠어요. 이슬람은 왜 이런 규율을 정했을까요?

이슬람교와 무슬림

무함마드는 7세기에 메카에서 이슬람교를 창시했습니다. 하지만 부유층의 반발 속에 가족과 무리를 데리고 메디나로 이주했습니다. 메디나에서 종교 체계를 굳건히 세운 무함마드는 박해와 핍박에 대항하려면 결속력이 강한 종교 공동체(움마)가 필요하다는 것을 절감했습니다. 그는 설교 때마다 공동체 정신과 형제애를 강조했습니다. 그리고 공동체를 운영하기 위해 일상생활과 경제에 관한 규율을 만들어 종교 지도자뿐만 아니라 정치 지도자의 역할도 함께 했습니다. 무함마드는 종교 공동체의 생존을 위해 메카의 부유한 상인이나 주변 부족을 공격해 전리품을 얻기도 했는데, 이를 '지하드', 즉 '성스러운 전쟁'이라고 했습니다. 2000년대 이후 '지하드'라는 말은 이슬람 범죄 단체인 아이에스[IS]를 포함해 이슬람 극단주의자들 때문에 유명해졌는데, 사실 이 말은 초기 이슬람 세력이 탄압받던 당시의 저항 투쟁에서 비롯된 말입니다.

메디나의 무슬림은 세력을 키워 630년에 메카를 공격한 후 점령했고, 이때 카바 신전의 우상들을 다 파괴했습니다. 카바의 신들을 믿던 메카의 여러 부족도 충성을 서약하며 이슬람교로 개종했습니다. 무함마드는 개종자 모두를 용서하고 관대하게 받아 주었습니다. 또한 자기 관할 지역에 살고 있는 유대인이나 크리스트교인들도 세금만 내면 그들의 신앙을 인정해 주었습니다. 이들이 내는 세금은 무함마드가 이끄는 이슬람 공동체의 주요 재원이 되었습니다. 한편 무함마드는 자신을 따르는 신도들 중 젊은 남성들을 병사로 선발해 군대도 만들었습니다. 비록 규모는 크지 않았지만 종교적 열정이 강했기에 이들의 사기는 매우 높았습니다.

초기 이슬람 공동체는 국가라기보다는 종교 공동체의 성격이 더 강했습니다. 이들의 결속력을 높이기 위해서는 국가 상징물이나 왕에 대한 충성이 아닌 무슬림이 공통으로 행해야 하는 종교 의식이 필요했습니다. 무함마드는 무슬림이라면 반드시 지켜야 하는 다섯 가지 종교 의무를 만들어 무슬림이 서로 일체감을 느끼고 함께 의지하며 살도록 했습니다. 의무의 첫 번째는 "알라 외에 다른 신은 없으며, 무함마드는 알라께서 보낸 예언자다"라는 신앙 고백을 반복하는 것입니다. 두 번째는 순종을 뜻하는 동작으로 몸을 굽혀 이마가 바닥에 닿도록 절하며 하루에 다섯 번씩 예배를 드리는 것입니다. 세

번째는 매년 이슬람력 9월을 라마단으로 정해 한 달 동안 해가 떠 있는 시간에는 먹고 마시는 것을 금지하는 것입니다. 네 번째는 자신이 가진 재산의 일부를 바치는 헌금입니다. 이슬람 초기에는 이 돈을 주로 빈민 구제에 써서 빈부 격차를 해소하면서 포교 활동을 했습니다. 다섯 번째로 죽기 전에 꼭 한 번은 메카를 순례하는 것입니다.

왜 꼭 메카를 순례해야 하냐고요? 무함마드는 632년 노쇠한 몸을 이끌고 메카를 순례했습니다. 세상을 떠나기 전, 그는 메카에서 마지막 설교를 하며 이슬람교의 승리를 공식 선포하고, 모든 무슬림은 형제이므로 서로 도우라고 당부했습니다. 이후 메카 순례는 무슬림 간에 형제애를 나누는 최대 행사로 발전했습니다. 한편 무슬림은 메카를 순례하면 죄가 깨끗이 용서된다고 믿습니다. 그래서 세계의 무슬림들은 아무리 힘든 상황이더라도 평생에 단 한 번은 메카를 방문하고 싶어합니다.

이슬람교의 경전 《쿠란》

이슬람교 경전인 《쿠란》은 무함마드가 알라로부터 직접 영감을 받은 이야기를 모아 놓은 책입니다. 앞쪽에는 종교관과 신앙에 대한 내용을 다루고 있고, 뒷부분에는 무슬림의 의무, 혼인과 이혼을 비롯한 일상생활에 관한 윤리 규범이 적혀 있습니다. 이 규범들은 세월이 흐르며 더 체계화되어 현재는 무슬림 전체 생활을 규제하는 이슬람법이 되었습니다. 그래서 이슬람 국가들은 유럽에 국민 국가가 들어서고 국민 주권의 개념이 생길 때에도 자신들만의 방식으로 정치와 사회를 운영했습니다.

한편 아랍어로 기록된 《쿠란》은 다른 언어로 번역할 수 없습니다. 번역하는 과정에서 의미가 변질되는 것을 막기 위함이라고 합니다.

이슬람 덕분에 그리스 로마 문화가 부활할 수 있었다고요?

라파엘로의 그림 〈아테네 학당〉에는 정중앙에 서양 철학을 대표하는 플라톤과 아리스토텔레스가 나란히 걸어가고 있고, 그 주변으로 여러 인물들이 배치되어 있습니다. 그런데 그림 속에 이슬람 출신 학자도 있대요. 〈아테네 학당〉은 로마 교황의 의뢰로 바티칸 교황청에 그려진 벽화입니다. 이런 그림에 왜 이슬람 학자가 있을까요?

르네상스 시대 그림 〈아테네 학당〉에 이슬람 학자가 나오는 까닭은?

라파엘로의 그림 〈아테네 학당〉에 등장하는 이븐루시드는 이슬람 학자인데 그가 살았던 곳은 현재 에스파냐가 있는 이베리아반도입니다. 우리가 알고 있는 에스파냐는 크리스트교 국가입니다. 따라서 이슬람 교도인 이븐루시드가 이베리아반도에 살았다는 것 자체가 이상한 일입니다.

이슬람은 무함마드 시대에 아라비아반도를 통일하고 무함마드가 죽은 후

〈아테네 학당〉. 산치오 라파엘로, 1510~1511. 교황 율리우스 2세의 의뢰로 바티칸궁을 장식하는 벽화로 그려졌다. 〈아테네 학당〉은 고대 그리스 철학자들과 현인들을 한자리에 모아 진리를 향한 탐구를 찬양한 그림이다. 이븐루시드(동그라미 안)는 그리스 철학자 아리스토텔레스의 철학을 보존하고 발전시켜 유럽의 르네상스에 크게 공헌했다.

에는 정치와 종교 지도자인 칼리프를 선출했습니다. 7세기 중엽부터는 우마이야 가문에서 칼리프를 세습하면서 우마이야 왕조가 성립되었습니다. 이 왕조가 북아프리카와 유럽의 이베리아반도까지 점령해 다스렸습니다. 15세기 크리스트교 세력이 재정복 운동으로 되찾을 때까지 이베리아반도는 이슬람 세력권이었습니다.

이븐루시드는 12세기에 이베리아반도에서 법관의 아들로 태어나 신학, 법률, 의학, 수학을 공부했고 이후 칼리프의 주치의가 되었습니다. 그의 본업은 의사지만, 다방면에 해박했던 만큼 철학에도 조예가 깊어 이슬람 신앙과 아리스토텔레스 철학의 조화를 탐구했습니다. 이븐루시드의 철학 체계는 신앙과 이성의 조화를 강조해 중세 유럽 철학에 영향을 주었으며 르네상스 사상의 밑바탕을 제공했습니다. 이러한 업적이 르네상스 시대의 화가 라파엘로로 하여금 〈아테네 학당〉에 그리스 시대 여러 학자와 함께 그의 모습을 그려 넣게 했습니다.

아리스토텔레스 철학을 연구했던 이슬람 세계

그리스 철학의 양대 산맥은 플라톤 철학과 아리스토텔레스 철학입니다. 플라톤 철학은 이상과 본질을 강조했기에 절대적 신을 설명하기에 적절했습니다. 아리스토텔레스의 철학은 이상과 본질보다 개별적 현상을 중시하고 개인의 경험을 강조했기 때문에 크리스트교에서는 반기지 않았습니다. 그래서 크리스트교가 뿌리를 내린 서유럽에서는 한때나마 아리스토텔레스 철학을 배척하기도 했습니다.

그런데 재미있는 사실은 아리스토텔레스 철학이 5세기부터 크리스트교단에서 이단으로 낙인찍힌 종파인 네스토리우스파에 의해 이집트와 시리아로 전파되었습니다. 당시 크리스트교가 세력을 확장하고 있던 유럽에서는 아리스토텔레스 철학 연구가 미비했지만, 이슬람권에서는 활발하게 진행되었습니다. 특히 아바스 왕조(750~1258) 시대 7대 칼리프 알마문은 '지혜의 집'을 짓고 번역 작업을 활성화하며 적극적으로 연구를 지원했습니다. 이후 이베리아반도가 이슬람 권역이 되면서 아리스토텔레스 철학이 반도 내에 유포되었고, 이븐루시드가 아리스토텔레스 철학을 체계적으로 정리하고 신앙과 조화시켜 유럽 사회에 전해 주었습니다.

　한편 이슬람은 세력이 확장되면서 다양한 민족, 국가, 언어, 종교를 하나로 묶어야 하는 과제가 생겼습니다. 다양한 세력을 하나로 묶기 위해서는 논리적이고 합리적인 사고를 바탕으로 한 교리와 법률이 필요했습니다. 또한 이슬람교를 전파하기 위해 천문학도 연구했습니다. 무슬림은 매일 다섯 번씩 메카를 향해 절을 하는데 포교지에 이슬람 사원인 모스크를 지으면 어느 방향에 메카가 있는지 알아야 했습니다. 당연히 천문학과 지리 연구가 필요했지요. 이러한 사정과 이유가 복합적으로 작용하며 이슬람권에서 그리스 로마의 문화 연구가 크게 활성화되었고, 르네상스 시대에는 유럽으로 역수출되어 그리스 로마 문화 부활에 크게 기여했습니다.

알람브라 궁전의 주인은 누구인가요?

에스파냐 남부 해안 도시 그라나다에는 아름다운 궁전이 있습니다. 그라나다의 랜드마크 알람브라 궁전이지요. 알람브라는 아랍어로 '붉은색'이라는 뜻이니 알람브라 궁전은 '붉은 궁전'이라는 뜻이네요. 에스파냐는 가톨릭 나라로 유명한데 궁전 이름이 아랍어라니 좀 이상하네요. 어찌 된 사연인가요?

이베리아반도의 주인공이 무슬림이었다고요?

유럽 대륙의 남서쪽 끝에 있는 이베리아반도에는 에스파냐와 포르투갈이 있습니다. 남쪽 지브롤터 해협 너머로는 아프리카 모로코와 마주하고 있고, 북쪽에는 피레네산맥, 동으로는 지중해, 서쪽으로는 대서양과 만나지요.

이 반도에 있는 에스파냐와 포르투갈은 주로 크리스트교를 믿었습니다. 그래서 이 두 나라를 여행하다 보면 모든 지역에서 크리스트교 색채를 진하게

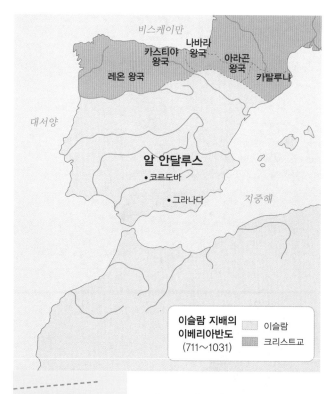

이슬람 지배의
이베리아반도
(711~1031)

이슬람

크리스트교

이슬람이 지배했던 시기의 이베리아반도. 이베리아반도에서 이슬람이 다스리는 지역을 '알 안달루스'라고 한다.

느낄 수 있습니다. 그런데 사실 이베리아 반도는 8세기부터 15세기까지 이슬람이 지배했던 지역입니다.

7세기 초 아라비아반도에서 창시된 이슬람교는 빠르게 세력을 확장했습니다. 8세기에 이르자 아프리카와 이베리아반도를 점유하고 피레네 산맥을 넘어 현재 프랑스가 있는 서유럽 땅까지 위협했습니다. 8세기 후반 프랑크 왕국의 카롤루스 대제가 피레네산맥을 넘어오는 이슬람 세력을 저지했기 망정이지, 그때 만약 카롤루스 대제가 패배했다면 프랑스도 이슬람권이 되었겠지요. 유럽 크리스트교로서는 축복이라 할 수 있는 카롤루스 대제의 승리로 이슬람 세력의 유럽 대륙 세력 확장은 피레네산맥을 넘지 못하고 이베리아반도를 차지하는 데서 그쳤습니다.

이베리아반도 곳곳에 무슬림은 이슬람 국가를 열었고, 1492년 물러날 때까지 무려 800여 년 동안 이 땅을 지배했습니다. 그 긴 기간 동안 반도 전체를 통치했냐고요? 그건 아닙니다. 처음에는 반도 전역을 거의 차지했으나, 크리스트교 세력의 반격 속에 점차 후퇴하여 반도의 남부 지방에 왕국을 개창하고 세력을 펼쳤습니다. 반도 남쪽에 자리 잡은 코르도바는 당시 이베리아반도 내 이슬람 국가의 첫 번째 수도였고 유럽 안에서도 손꼽을 정도로 문명화된 도시로 발전했습니다.

알람브라 궁전의 주인, 나사리 왕조

13세기부터는 크리스트교의 반격으로 이슬람 세력은 이베리아반도 남쪽의 해안 지대만 간신히 차지할 수 있었고, 이 시절의 수도는 그라나다였습니다. 13세기 초 그라나다를 수도로 삼은 나사리 왕조는 이베리아반도에 남아 있던 최후의 이슬람 왕조였습니다.

그라나다 지역은 사방이 산지로 둘러싸인 천혜의 요새였기에 방어가 수월했습니다. 크리스트교 세력이 여러 차례 공격했지만 나사리 왕조는 굳건히 버텨 내며 250여 년 동안 존속했습니다. 이 시절에 지어진 궁전이 현재 세계문화유산으로 등재된 '알람브라 궁전'입니다.

그라나다의 언덕에 자리 잡고 있는 알람브라 궁전은 철분이 많이 섞인 붉은 흙이나 붉은 벽돌을 사용해 지었습니다. 그러다 보니 건물 외관이 멀리서 보면 붉은빛을 띱니다. 궁전 안에는 여러 채의 건물이 있는데, 그중에서도 나사리 궁전이 가장 아름답다고 알려져 있습니다. 이 궁전은 다양한 색상의 아라비아 타일로 장식된 거실과 마당으로 구성되어 있으며, 기둥과 천장은 섬세하게 세공된 회반죽 작품들로 장식되어 있습니다.

그런데 레콘키스타는 무슨 뜻이죠?

이슬람 세력이 이베리아반도를 점령할 당시 반도 내에는 로마 제국의 영향권 아래에 있던 크리스트교 신자들이 살고 있었습니다. 이들은 이슬람 통치를 받아들이거나, 그게 싫으면 피레네산맥을 넘어 크리스트교 땅으로 이주해야 했습니다.

중세 유럽 사람들은 그리스도의 영광이 가득했던 이베리아반도가 이교도인 무슬림에게 넘어간 것 자체를 치욕으로 생각했습니다. 유럽 사람들로서 이베리아반도는 반드시 되찾아야 할 땅이었습니다. 그래서 지속적으로 이베

리아반도 회복 운동을 전개했습니다. 이를 '레콩키스타'라고 합니다. '레Re'는
'다시'라는 뜻이고, '콩키스타Conquista'는 '정복'이라는 뜻입니다. 우리말로 하
면, '재정복 운동'이고, 이는 곧 '이슬람으로부터 다시 국토를 되찾자는 운동'
입니다.

그럼 레콩키스타는 성공했나요? 예, 성공했습니다. 이베리아반도 내의 이
슬람 국가들이 분쟁을 겪으며 세력이 약화되는 틈을 타 피레네산맥 근방의
반도 북부 지대부터 시작해 야금야금 땅을 회복했습니다. 13세기 초반에는
반도의 거의 모든 땅을 회복하고 오직 그라나다를 수도로 한 나사리 왕조만
이슬람 세력으로 남아 있었습니다.

나사리 왕조는 사방이 산으로 둘러싸인 천혜의 요새 그라나다에 자리 잡

은 덕분에 크리스트교 세력의 잦은 침공에도 200여 년간 잘 버텨 냈습니다. 그러나 1492년 크리스트교 신앙으로 무장한 이사벨라 여왕과 페르난도 왕에 의해 정복당하면서 막을 내렸습니다. 이사벨라와 페르난도는 이베리아반도의 마지막 이슬람 세력인 나사리 왕조를 멸망시키기 위해 모든 국력을 쏟아부었습니다. 절망감에 사로잡힌 나사리 왕조는 최후까지 싸우기보다는 항복을 택했습니다. 사전 협상을 통해 왕국 내 무슬림의 생명을 보장받고 스스로 성문을 열었습니다. 알람브라 궁전의 주인인 나사리 왕조의 마지막 왕 보압딜은 항복하고 북아프리카로 쫓겨나면서 "영토를 빼앗기는 것보다 이 궁전을 떠나는 게 슬프구나"라고 말하며 눈물을 흘렸다고 합니다.

나사리 왕조 보압딜왕의 항복으로 레콩키스타는 최종 완성되었습니다. 이베리아반도는 다시 크리스트교 세계가 되었습니다.

50. 게르만족이 야만인 취급을 당했다고요?

야만인은 미개하고 문화 수준이 낮은 사람이나 교양 없고 무례한 사람을 낮잡아 이르는 말입니다. 로마인은 게르만인을 야만인이라고 얕봤습니다. 그런데 로마는 게르만족에 의해 멸망했지요. 어떻게 이런 일이 가능했을까요?

흉노, 게르만족을 쫓아내다

게르만족은 원래 북유럽 발트해 연안에 살았습니다. 이들은 따뜻하고 기름진 땅을 찾아 남쪽으로 이동하다 흑해 연안에 정착했습니다. 그런데 4세기경 중앙아시아 일대에서 말을 타고 서진해 온 흉노의 침입을 받으며 다시 이동해야 했습니다.

흉노는 기원전 4세기경에 중앙아시아 초원 지대에서 성장한 유목민 세력

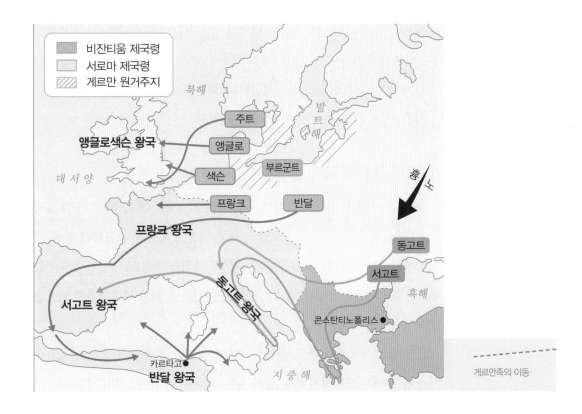

으로, 강력한 기마 군단을 앞세워 몽골고원을 통일하며 막강한 집단을 형성해 중국 본토의 진나라와 한나라를 자주 위협했습니다. 진시황제가 만리장성을 쌓은 것도 흉노의 침입을 막기 위해서였습니다. 또 한나라를 세운 고조 유방은 기세 좋게 흉노족과 싸우다 패배하자 공주와 조공을 보내며 흉노의 눈치를 살폈습니다.

이러한 흉노족의 기세가 약해진 것은 한나라 무제 때입니다. 국력을 한껏 강화한 무제는 내부 분란으로 약해지고 있던 흉노족의 씨 말리기 작전에 돌입했습니다. 한나라의 강공 작전에 밀린 흉노는 활동 영역을 점점 서쪽으로 옮겨 가야 했고, 그중 일부 세력은 흑해 연안까지 진출했습니다.

고향보다 따뜻한 흑해 연안에 정착해 잘 살고 있던 게르만족에게 흉노족의 침입은 너무나도 갑작스러운 날벼락 같은 사건이었습니다. 기마 민족인 흉노에게 게르만족은 속절없이 쫓겨나게 되어 다뉴브(도나우)강을 건너 서로마 영토로 민족 대이동을 시작했습니다. 때는 4세기 말로 서양 역사에서는 이 사건을 '게르만족의 대이동'이라고 합니다.

게르만족이 유럽 땅에 왕국을 건설하며 받은 오해들

4세기 말부터 서로마 제국 영역에 들어오기 시작한 게르만족은 수에비 왕국, 서고트 왕국, 반달 왕국, 부르군트 왕국, 앵글로색슨 왕국, 프랑크 왕국, 동고트 왕국, 롬바르드 왕국을 유럽 각 지역에 세웠습니다. 로마 사람들은 이들 게르만족을 떠돌아다니며 약탈을 일삼는 야만스런 전사 민족이라고 얕봤습니다.

한편 16세기에 활동한 르네상스 예술가 조르조 바사리는 중세 건축가들이 신을 경배하는 뜻에서 하늘 높이 지은 건물을 보고 야만적인 고트족이 세운 건물 같다며, '고트족의 것'이라는 뜻에서 '고딕Gothic'이라는 이름을 붙였습니다. 고딕은 '낯선', '야만적인'이라는 뜻을 가진 이탈리아어 'Gotico'에서 따온 신조어로 게르만계 고트족에 대한 경멸이 담긴 건축 용어입니다.

18세기 프랑스 혁명 당시 민중들이 교회 예술품을 파괴하는 행위를 보다 못한 주교 앙리 그레구아르는 그들의 행위를 '반달리즘'이라고 표현했습니다. 반달리즘은 '문화유산이나 예술품 등을 파괴하는 행위'를 가리키는 말입니다. 그런데 이 용어도 455년 로마를 점령하고 약탈한 게르만 계통의 반달족을 야만족으로 여겼기에 나온 말입니다.

게르만의 이동 속에 중세로 넘어가는 유럽 사회

유럽사의 진보라는 측면에서 살펴보면, 게르만족의 대이동이 갖는 의의는 매우 큽니다. 로마 제국이 쇠퇴하고 있을 때 게르만족의 대이동이 일어나며 유럽의 판세가 달라졌습니다. 유럽 역사의 무대는 지중해 중심에서 유럽 대륙으로 확장되었습니다. 그러면서 유럽 사회는 고대에서 중세로 넘어갔습니다.

프랑스와 이탈리아, 독일이 원래는 한 나라였다고요?

프랑스, 이탈리아, 독일이 과거에는 모두 한 나라였다면서요? 지금은 언어도 다르고 문화도 다른 완전 별개의 나라인데 원래 이 세 나라는 중세 시대 게르만 국가 프랑크 왕국에서 분열되어 지금의 나라가 되었대요. 서로마 제국 멸망 후 프랑크 왕국은 어떻게 서유럽의 패권 국가가 되었나요? 또 어떻게 지금의 프랑스, 이탈리아, 독일로 나뉘게 되었나요?

프랑크 왕국, 교황과 연합하여 성장하다

여러분, 476년에 서로마 제국을 멸망시킨 게르만족을 기억하시나요? 서로마 제국 멸망 후 로마의 영향에서 완전히 벗어난 게르만족의 여러 부족은 서유럽 곳곳으로 이동하여 여러 나라를 건설했습니다.

라인강 주변에 거주하던 프랑크족도 프랑크 왕국을 세웠는데, 이 왕국은 다른 게르만족과 달리 원래 살던 곳에서 근거리로 이동해 세력을 확대했기

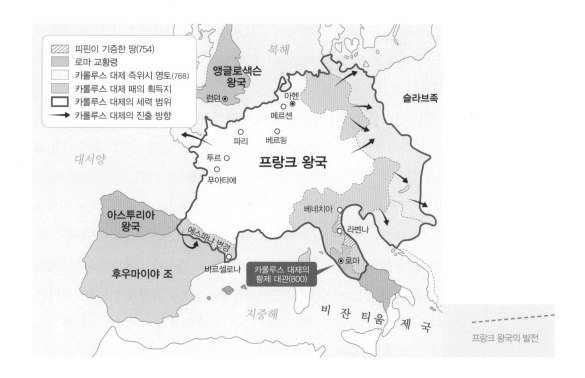

피핀이 기증한 땅(754)
로마 교황령
카롤루스 대제 즉위시 영토(768)
카롤루스 대제 때의 획득지
카롤루스 대제의 세력 범위
카롤루스 대제의 진출 방향

북해
앵글로색슨 왕국
런던
아헨
메르센
슬라브족
대서양
파리
베르됭
투르
푸아티에
프랑크 왕국
아스투리아 왕국
베네치아
라벤나
에스파냐 변경
후우마이야 조
바르셀로나
카롤루스 대제의 황제 대관(800)
로마
지중해
비 잔 티 움 제 국

프랑크 왕국의 발전

때문에 안정적으로 영토를 넓힐 수 있었습니다. 또한 왕국의 창시자인 클로비스는 로마 가톨릭을 받아들임으로써 당시 이단으로 여기던 아리우스파를 신봉하던 다른 게르만족 국가들과는 달리 교회와 교황의 협조를 쉽게 얻어 낼 수 있었습니다. 프랑크 왕국은 현재 프랑스와 독일 땅을 기반으로 빠르게 성장해 나갔습니다.

하지만 프랑크 왕국 초기의 급성장은 오래가지 못했습니다. 게르만족 특유의 균등 상속 관습 때문에 왕위가 계승될 때마다 내분이 일어났고, 왕들이 단명하면서 왕권은 약해진 반면, 왕을 보좌하는 최고 관직인 '궁재'의 권위는 높아졌습니다.

이런 시기에 궁재 카롤루스 마르텔은 이베리아반도를 장악하고 피레네산맥을 넘어 프랑크 왕국으로 거침없이 쳐들어오는 이슬람의 침입을 격퇴했습니다 (732, 투르 푸아티에 전투). 이 군사적 성공으로 카롤루스 마르텔은 서유럽 크리스트교 세계를 이슬람으로부터 지켜 낸 영웅이 되었으며, 사실상 프랑크 왕국의 일인자가 되었습니다.

카롤루스 마르텔의 뒤를 이어 그의 아들 피핀이 궁재가 되었습니다. 피핀은 허수아비에 불과한 왕을 권좌에서 끌어내리고 본인이 직접 왕이 되려 했습니다. 때마침 피핀에게 좋은 기회가 찾아왔습니다. 이탈리아 북부에서 세력을 키우던 롬바르드족이 로마 교황을 위협했습니다. 피핀은 교황과 협상해 롬바르드족을 막아 주는 대가로 교황의 적극적인 지지를 받아 '카롤루스 왕조'를 탄생시켰습니다. 이후 피핀은 군대를 이끌고 가서 롬바르드족을 확실히 제압했고, 자신이 정복한 이탈리아 땅의 일부를 교황에게 기증했습니다. 이로써 프랑크 왕국은 로마 가톨릭 교회의 수호자를 자처하며 교황과 강력한 유대 관계를 맺게 되었습니다.

프랑크 왕국의 왕 카롤루스, 서로마 제국의 황제가 되다

피핀의 뒤를 이은 아들 카롤루스 대제는 '대제'라는 호칭에서도 알 수 있듯이 서로마 제국의 황제가 되어 서유럽의 거의 전체를 지배했습니다. 왕위에 오른 카롤루스는 대규모 정복 사업을 펼쳐 기존 서로마 제국이 다스렸던 영토의 많은 부분을 차지합니다. 남으로는 롬바르드족을 정벌해 북부 이탈리아를 차지하였으며, 서쪽으로는 이슬람 세력의 침략을 저지했고, 동으로는 지금의 독일 영토인 작센을 차지하고 헝가리 지역까지 영토를 넓혔습니다. 이뿐만 아니라 카롤루스 대제는 정복한 영토를 효율적으로 다스리기 위해 반란을 감시하고 왕의 명령을 전달하는 순찰사라는 관직을 두는 등 내정에도 힘을 써 프랑크 왕국을 유럽 최강국으로 발전시켰습니다.

카롤루스 대제가 프랑크 왕국의 전성기를 이끌고 있을 때 로마 교황은 자신의 정치·군사적 파트너를 물색하고 있었습니다. 피핀의 지원 덕분에 롬바르드족의 침입으로부터 한숨 돌릴 수 있었지만 교황을 위협하는 문제들은 여전히 많았습니다. 당시 교황은 성상 숭배 금지령 때문에 비잔티움 제국 황제와 대립하고 있었고, 비잔티움 제국 황제의 간섭에서 벗어나 자신의 권위를 확립해야 했습니다. 또한 교황과 로마를 위협하던 마자르족, 이슬람 민족과 같은 이교도들로부터 자신을 보호해 줄 강력한 세력이 필요했습니다.

이런 문제들을 한 번에 해결해 줄 파트너로 교황은 프랑크 왕국을 이끄는 카롤루스 대제에게 주목했습니다. 교황은 카롤루스 대제를 서로마 제국의 황제로 임명함으로써 자신의 권위를 확립함과 동시에 그의 힘을 빌려 비잔티움 제국 황제로부터 완전히 독립하고 이민족의 침략에 대한 걱정도 덜 생각이었습니다. 이러한 교황의 의도와 유럽 최고의 정치 지도자 지위에 오르고 싶었던 카롤루스 대제의 욕망이 딱 맞아떨어졌습니다. 800년 성 베드로 대성당에서 카롤루스 대제는 교황으로부터 서로마 제국의 황제로 선임되었습니다. 이미 멸망한 서로마 제국이 상징적으로나마 부활한 것입니다. 재미있는 사실은 카롤루스 대제가 게르만족이라는 것입니다. 서로마 제국 멸망의 주역인 게르만족의 후예가 300여 년 만에 바로 그 서로마 제국의 황제가 된 셈이지요.

로마 교황과 교회의 수장 자리를 놓고 경쟁하던 비잔티움 제국 황제는 카롤루스의 서로마 제국 황제 즉위를 격렬히 반대했습니다. 하지만 서유럽에 영토가 없던 비잔티움 제국의 황제가 로마 교황이 하는 일을 일일이 간섭할 수는 없었습니다. 카롤루스 대제는 로마 교황의 적극적 지지 속에 명실상부한 서유럽의 지배자가 되었습니다.

프랑크 왕국의 분열로 프랑스, 이탈리아, 독일이 형성되다

카롤루스의 황제 즉위 이후 프랑크 왕국은 탄탄대로를 걸을 것만 같았습니다. 그러나 제국의 안정은 쉬운 일이 아니었습니다. 카롤루스 대제 사후 프랑크 왕국은 세 개의 프랑크(서·중·동 프랑크)로 분열되었습니다. 이렇게 쉽게 프랑크 왕국이 분열된 데에는 몇 가지 원인이 있습니다.

첫째, 프랑크 왕국은 안정된 통일 국가가 아니었습니다. 카롤루스는 자신의 정복 사업을 돕는 기사들에게 반대급부로 토지를 지급했는데, 이들이 자신의 영지에서 강력한 권한을 누리며 프랑크 왕국에 딴지를 걸었습니다.

둘째, 카롤루스가 정복한 넓은 영토에 거주하는 다양한 민족들은 언어와 문화가 서로 달라 이들을 하나로 통합하는 데 어려움이 많았습니다.

셋째, 게르만 부족의 분할 상속 전통으로 자주 내분이 일어났습니다. 프랑크 왕국의 왕들은 게르만족의 전통에 따라 왕국의 영토와 통치권을 아들들에게 나누어 상속했고, 이는 왕국의 통일을 저해하고 후계자들 간 내분의 빌미를 제공했습니다.

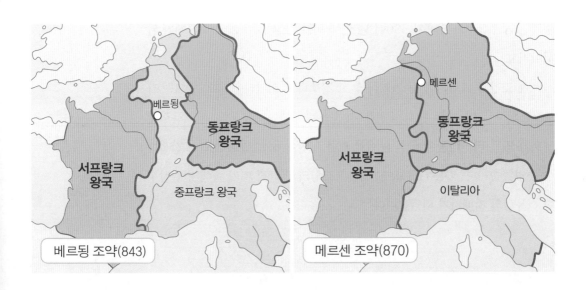

베르됭 조약(843)

메르센 조약(870)

이런 사정들이 원인이 되어 카롤루스 사후 프랑크 왕국은 쉽게 분열되었습니다. 카롤루스 대제의 아들인 루도비쿠스는 형제들이 모두 일찍 사망해 프랑크 왕국을 혼자 온전히 상속받았습니다. 하지만 루도비쿠스에게는 세 아들이 있어 왕국을 나누어 상속했고, 아들들은 자신의 상속분에 만족하지 못해 서로 대립했습니다. 세 아들은 843년 베르됭 조약을 체결하여 루도비쿠스 2세는 프랑크 왕국의 동부 지역을, 카롤루스 2세는 서부 지역을, 로타리우스는 북부 이탈리아를 포함한 프랑크 왕국의 중간 지대를 차지했습니다. 이후 로타리우스와 그 후계자가 연이어 사망하자 870년 루도비쿠스 2세와 카롤루스 2세는 메르센 조약을 체결해 북부 이탈리아를 제외한 프랑크 왕국 중간 지대를 분할해 각자의 영지로 삼았습니다.

카롤루스 대제의 통치 아래 짧은 전성기를 누렸던 프랑크 왕국은 베르됭 조약과 메르센 조약을 거치며 삼국으로 분열되었고, 이 세 나라는 이후 독일, 프랑스, 이탈리아로 발전했습니다.

성직자 임명권을 두고 왜 교황과 황제가 싸웠나요?

교회나 성당에 가면 목사님이나 신부님 같은 성직자가 있습니다. 이런 성직자의 임명은 누가 할까요? 상식적으로 생각하면 종교를 주관하는 교단에서 임명권을 갖는 게 당연한 것 같습니다. 그런데 중세 유럽에서는 한때 황제가 성직자 임명권을 가졌다고 하네요. 뭔가 말이 안 되는 것 같은 이 상황은 왜 벌어진 걸까요?

봉건제가 시작되다

카롤루스 대제의 활약으로 프랑크 왕국은 전성기를 맞으며 서로마 제국의 영토 상당 부분을 회복했습니다. 하지만 영광은 오래가지 않았습니다. 그가 죽고 난 후 자식들이 승계하면서 프랑크 왕국은 분열되었습니다. 강력했던 힘이 사라진 틈을 타 유럽 전역은 이슬람, 바이킹, 마자르족 등 다양한 세력의 침략이 이어지며 위기를 맞았습니다.

10세기까지 이어진 이민족의 침략으로 유럽은 혼란과 무질서가 지속되었습니다. 이민족의 무자비한 침입과 약탈이 계속되는 상황에서 사람들은 자신을 지켜 줄 힘이 필요했습니다. 이에 자신을 보호해 줄 힘 있는 사람을 찾아 몸을 맡기고 충성을 맹세하기 시작하였습니다. 크리스트교와 함께 중세 유럽을 이루는 중요한 기둥인 봉건제가 시작된 것입니다.

봉건제의 특징

봉건제는 게르만 전통인 '종사제'와 로마의 토지 제도인 '은대지제'에 바탕을 두고 있습니다. '종사제'란 주종 관계를 맺은 주군과 신하 간에 주군은 자기에게 예속된 신하를 최대한 보호하고, 신하는 주군에게 충성을 바치는 것을 말합니다. 하지만 신하가 주군에게 무조건 충성을 다하지는 않았습니다. 신하는 주군에게 충성할 의무가 있지만, 주군 또한 신하를 보호할 의무가 있었기에 양쪽 모두 자기가 맡은 일을 제대로 이행해야 계약이 성립되는 쌍무적 계약 관계였습니다. 이 말인즉슨, 어느 한쪽이 배반하면 다른 쪽도 의무를 지킬 필요가 없어진다는 말입니다.

'은대지'는 로마 시대 때 황제가 신하에게 은총을 베푸는 표시로 분배해 준 토지를 말합니다. 9세기에 은대지는 '봉토'라는 말로 바뀌면서 본격적으로 봉건제가 시작되었습니다. 은대지와 봉토는 주군이 신하에게 하사한 토지라는 점에서는 별로 다르지 않지만 몇 가지 완전히 다른 점이 있습니다. 은대지는 토지를 하사받은 신하가 죽으면 황제에게 다시 반납하는 것이 원칙인데, 봉토는 하사받은 집안에서 대대로 세습하며 영구히 소유했습니다. 또한 봉토 안에서는 주군을 포함한 그 누구의 간섭도 받지 않는 불입권을 가졌습니다. 게다가 영주는 자기 봉토 안에서 농사짓는 농민들에게 강력한 권한을 행사했고, 세금을 거둘 권리가 있었으며, 재판을 할 수도 있었습니다.

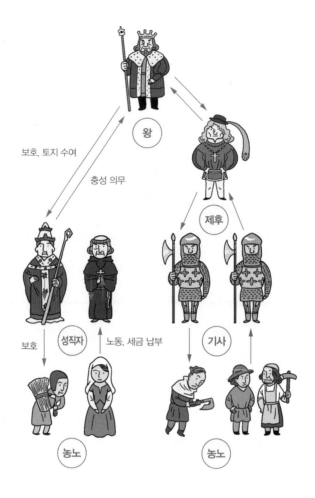

보호, 토지 수여

충성 의무

왕

제후

보호 성직자 노동, 세금 납부 기사

농노 농노

중세 봉건제 구조

성직자 임명권을 둘러싼 갈등이 발생하다

800년 12월 25일 로마 교황청에서 카롤루스 대제가 서로마 황제의 관을 받으면서 서로마 제국은 명목상으로 부활했지만, 카롤루스가 죽고 난 후 제국은 사라지고 말았습니다. 여러 이민족의 침입으로 혼란스러운 상황에서 작센 출신의 오토 1세는 다시 한번 제국의 부활을 꿈꿨습니다. 그는 독일 지방의 제후들을 제압하고, 마자르족과 슬라브족 등 이민족을 격파한 후 이탈리아까지 장악해 제국 부활에 한 걸음 더 다가갔습니다.

당시 교황 요한 12세는 이탈리아 국왕 베렌가리오 2세의 공격으로 어려움을 겪고 있었습니다. 그는 강력한 힘을 가진 오토 1세에게 구원을 요청했습니다. 교황의 요청은 오토 1세가 꿈꾸던 제국의 부활을 이룰 수 있는 절호의 기회였습니다. 오토 1세는 바로 로마로 진격해 베렌가리오 2세를 물리치고 이탈리아를 장악했습니다. 962년 교황은 고마운 마음에 오토에게 신성 로마 제국 황제의 관을 씌워 주었습니다. 오토가 그토록 꿈꾸었던 로마 제국이 다시 탄생한 것이었습니다.

신성 로마 제국의 황제이자 크리스트교 세력의 보호자가 된 오토는 주교와 수도원장들의 충성과 지지를 이끌어 내기 위해 자신의 영토를 봉토로 주었습니다. 이제 성직자들은 종교 의식만 집전하는 사람이 아니라 제후들처럼 자신의 장원을 지배하는 세속 권력을 갖게 되었습니다. 한편 오토 황제는 교황의 영토를 인정해 주는 대신 황제가 교황을 임명하고 해임할 수 있는 권리까지 가졌습니다. 한동안 신성 로마 제국의 황제는 교황 선출에 막강한 영향력을 행사했습니다.

황제가 종교와 관련해 시시콜콜 간섭하는 일이 초기에는 그다지 큰 문제가 아니었습니다. 힘없는 교황을 보호하기 위해 황제가 앞장섰으며, 황제도 크리스트교 신자였습니다. 그런데 점점 교황의 힘이 세지면서 교황과 황제는 성직자 임명 문제를 놓고 갈등을 빚었습니다. 당시 각 지역의 주교 임명권은 황제에게 있었습니다. 하지만 주교는 교회에서 일하는 성직자입니다. 종교 지도자인 성직자를 임명하는 것은 당연히 교황의 권한이지요. 이 일이 단순하지 않은 게 당시 주교는 성직자가 분명했지만, 동시에 국왕으로부터 봉토를 받은 영주였습니다. 따라서 황제의 관점에서 보면 성직자도 자기가 준 봉토를 받아 먹고사는 영주였기에 당연히 국왕인 자기가 임명해야 했습니다.

1059년 교황청에서 열린 종교 회의에서는 지금까지 신성 로마 제국의 황제가 가지고 있던 교황 선출권을 고위 성직자로 구성된 추기경 회의에서 선출한다는 결정을 내렸습니다. 그리고 이 결정으로 선출된 새로운 교황 알렉산데르 2세는 교회에 명령을 내려 황제가 성직자를 임명하지 못하도록 했습니다. 그러자 신성 로마 제국 황제는 강하게 반발했습니다. 교황과 황제의 대결은 이제 피할 수 없게 되었습니다.

53, 신성 로마 제국의 황제는 왜 교황에게 무릎을 꿇었나요?

여러분은 대제국의 황제가 누군가에게 무릎을 꿇고 용서를 구하는 모습이 상상이 가나요? 그런 모습이 쉽게 떠오르진 않을 거예요. 그런데 중세 유럽에서 추운 겨울에, 그것도 사흘 동안이나, 교황 앞에 무릎을 꿇고 용서를 구한 황제가 있었습니다. 그는 왜 이런 치욕적인 일을 당했을까요?

타락하는 중세 교회

종교가 없는 사람이라도 교회에서 예배드리는 모습을 보면 엄숙하고 신성한 분위기 때문에 사뭇 숙연해집니다. 그런데 중세 교회는 조금 달랐습니다. 당시 교회는 너무나 타락해 있었습니다. 성직자들은 혼인해서 자식을 두고 자식에게 교회 재산을 물려주기도 했습니다. 게다가 성직을 사고파는 경우도 있어, 교회의 가르침을 전달할 자격이 없는 타락한 사람들이 성직자에 임명되기도 했습니다.

이처럼 중세 교회가 타락한 까닭은 당시 교회가 세속화되었기 때문입니다. 이민족의 잦은 침입 속에서 교회는 왕이나 제후에게 충성을 맹세하며 그들의 보호 아래 살았습니다. 그러다 보니 정치적 지배자인 왕과 제후의 교회에 대한 영향력이 점점 커져 급기야 국왕이 고위 사제인 주교를 임명하는 일까지 일어났습니다. 이러한 상황에서 성직자들은 하느님을 섬기는 본연 임무보다 세속적인 권위와 부를 더 중요시했고, 성직 매매 같은 일도 서슴없이 저질렀습니다.

수도원과 교황의 교회 개혁 운동

이처럼 교회가 타락하고 있을 때 과거의 순수하고 경건한 교회로 돌아가자는 노력이 수도원을 중심으로 일어났습니다. 본래 수도원은 수도자들이 철저하게 신앙생활에 몰두하기 위해 만든 수행 공동체입니다. 크리스트교가 확산되며 유럽 각지에 수도원이 세워졌는데, 교회가 세속화되고 부패하자 수도원들이 나서서 개혁을 주도했습니다. 대표적인 곳이 프랑스 부르고뉴 지방에 세워진 클뤼니 수도원입니다. 이곳 수도사들은 제후들의 간섭을 받지 않고 청빈한 신앙생활을 했기에 개혁에 적극 나설 수 있었습니다.

수도원의 개혁 움직임은 각 지역에서 교회를 이끄는 성직자들에게 호응을 얻기 시작했고, 교회 혁신에 적극 나서는 교황도 등장했습니다. 11세기 중반에 교황이 된 레오 9세는 성직 매매와 성직자의 혼인을 금지함으로써 성직자 타락을 방지했으며, 이를 실현하기 위해 직접 유럽 각지를 순방했습니다.

수도원과 교황의 적극적인 노력으로 교회 정화 작업은 어느 정도 성공했습니다. 그런데 중요한 문제 하나가 아직 해결되지 않았습니다. 성직자 임명권을 교회의 최고 지도자인 교황이 아닌 왕과 제후들이 차지하는 문제였습니다. 그로 인해 성직자들은 교황에게 충성하는 게 아니라 자신들을 임명한 제후들에게 충성했습니다. 이런 상황이 지속된다면 수도원과 교회의 개혁을 위한 노력도 성공을 장담하기 힘들었습니다.

성직자 임명권을 둘러싼 교황과 황제의 대립이 시작되다

11세기 후반 클뤼니 수도원 출신의 그레고리 7세가 교황이 되었습니다. 그는 성직자 임명권을 되찾아야 한다는 생각이 강했으며 교회 개혁의 열렬한 지지자였습니다. 교황은 왕과 제후들의 성직자 임명을 용납할 수 없었습니다. 이에 주교와 수도원장을 신성 로마 제국 황제가 임명하지 못하도록 했고, 더 나아가 황제를 파문하고 폐위할 수 있는 권한이 교황에게 있다고 선언했습니다. '파문'이란 신도를 교회에서 쫓아내는 행위로, 파문을 당하면 사회 구성원으로 인정받지 못할뿐더러 하느님으로부터 구원받을 수도 없었습니다. 따라서 중세 유럽 사람들은 파문당하는 것을 매우 두려워했습니다.

그레고리 7세의 선언에 신성 로마 제국 황제 하인리히 4세는 강하게 반발했습니다. 그는 황제가 안정적으로 왕권을 유지하기 위해서는 유사시에 자신을 지지해 줄 주교를 임명할 수 있는 권한을 반드시 가지고 있어야 한다고 생각했습니다. 하인리히 4세는 이탈리아 북부의 주요 도시 밀라노 주교를 자신이 신임하는 사람으로 임명해 교황을 견제하려 했습니다. 이러한 황제의 행동에 그레고리 7세는 크게 분노하며 하인리히 4세를 파문하고 황제 자리에서 쫓아내겠다고 선언했습니다.

황제가 교황에게 무릎을 꿇다

교황이 하인리히 4세를 파문하겠다고 선언하자 황제를 따르던 주교들도 발을 빼기 시작했습니다. 계속 황제를 지지했다가는 자신조차 파문당할까 봐 두려웠습니다. 제후들은 더 노골적으로 황제에게 등을 돌렸습니다. 교황에게 파문당하는 것도 두려웠지만, 하인리히 4세의 중앙 집권화 정책을 은근히 반대하고 있었기에 이 기회를 활용해 자신들의 힘을 키우려고 했습니다. 안팎으로 위기에 처한 하인리히 4세는 이 문제를 해결하기 위한 회의를 아우크스부르크에서 교황의 주재 아래 개최할 것을 제시했습니다.

교황이 회의에 참석하기 위해 로마에서 북쪽으로 가고 있을 때, 황제는 회의가 열리기 전 교황에게 용서를 받기 위해 알프스를 넘어 남쪽으로 내려왔습니다. 교황이 이탈리아 북부 도시 카노사에 머물고 있을 때, 황제는 직접 교황에게 용서를 구했습니다. 하인리히 4세가 카노사 성문 앞에 도착했지만 성 안에 있던 교황은 성문을 닫은 채 꿈쩍도 하지 않았습니다. 황제는 추운 겨울날이었는데도 무려 사흘 동안이나 카노사 성문 앞에서 무릎을 꿇고 교황의 용서를 기다렸습니다. 오랜 시간 겸손하게 사죄하는 모습을 본 교황은 황제에 대한 파문과 폐위를 취소했습니다. 이 사건을 '카노사의 굴욕'이라고 합니다. 이후 무너진 자존심을 회복하기 위해 하인리히 4세는 다시 한번 교황과 대립했지만, 성직자 임명권을 되찾지는 못했습니다.

교황과 황제의 성직자 임명권을 둘러싼 대립에서 사실상 교황이 승리한 셈입니다. 이후 교황의 권한은 더욱 강화되었으며 13세기에는 교황이 직접 "교황은 태양, 황제는 달"이라고 말할 정도로 교황은 중세 유럽 사회에서 막강한 영향력을 행사했습니다.

저물어 가는 교황의 권력

하지만 교황의 권력도 영원하지 않았습니다. 교황의 권력이 최고조에 이르렀을 때 교황이 시작한 십자군 전쟁이 번번히 실패했고, 이와 함께 교황의 권위도 추락했습니다.

이때 마침 유럽 일부 국가의 왕들은 중앙 집권화 정책을 추진하며 힘을 키웠습니다. 특히 프랑스의 왕 필립 4세는 관료제를 정비해 왕권 강화에 성공했습니다. 당시 필립 4세는 영국의 에드워드 1세와 전쟁을 준비하고 있었는데, 부족한 전쟁 비용을 충당하고자 그때까지 면세 혜택을 누리던 성직자에게 세금을 부과하려 했습니다. 그러자 교황 보니파키우스 8세는 성직자 과세를 반대하며 "세속적 권위(왕)는 정신적 권한(교황)에 복속되어야 한다"는 교서를 발표했습니다. 하지만 교황에게 무릎 꿇을 생각이 없던 필립 4세는 강력한 왕권을 바탕으로 1303년 교황을 사로잡아 유폐시키고 자기를 지지할 성직자를 새로운 교황으로 선출하게 했습니다. 새로 권좌에 오른 교황은 로마 교황청으로 가는 대신 프랑스 왕의 보호를 받으며 남프랑스 론강변에 있는 도시 아비뇽에 교황청을 꾸렸습니다. 그후 일곱 명의 교황이 아비뇽에서 프랑스 왕의 눈치를 보며 1309년부터 1377년까지 무려 68년 동안이나 살았으니, 당시 교황의 권위가 어땠을지는 '안 봐도 비디오'입니다.

교황청은 여러 우여곡절을 거치며 1377년에 다시 로마로 옮겨졌습니다. 하지만 교황의 권위는 예전 같지 않았고, 유럽 각국의 중앙 집권화 정책 속에서 교황은 점점 설 자리를 잃어 갔습니다.

54 장원에는 영주의 땅과 농노의 땅이 뒤섞어 있었다고요?

중세 서유럽 사회는 봉건 제도를 중심으로 움직였습니다. 봉건제는 정치적으로는 '주종제', 경제적으로는 '장원제'를 특징으로 합니다. 장원은 주군에게 봉토를 수여받은 제후가 다스렸고, 그 안에는 자유민과 농노가 살고 있었습니다. 중세 서유럽 사회의 경제를 책임진 장원은 어떤 모습이었을까요?

장원이 만들어지다

9세기 말 유럽은 노르만족, 마자르족, 이슬람 세력 등 여러 이민족의 침입으로 혼란스러웠습니다. 이민족이 침범하면 당연히 중앙 정부가 나서서 막아야 했지만, 당시 중앙 정부는 이민족의 침략에 제대로 대처하지 못했습니다. 그러자 지방 세력들이 스스로 나서서 성을 쌓았고 이민족의 침략에 대비했습니다.

지방 지배 세력의 독자 행동이 강화되면서 그들은 자기들 보호 아래에 있는 농민들을 지배하기 시작했습니다. 당시 농민들은 자신과 가족의 힘만으로 외부 세력의 침략을 막아 낼 수 없었습니다. 농민들은 살아남기 위해 지방 세력가의 보호를 받아야 했으며, 자발적 또는 세력가의 압력에 마지못해 재산과 농토를 세력가에게 바쳤습니다. 지방 권력자와 농민들 사이의 이해관계가 서로 맞아떨어지며 중세 유럽 사회는 한 사람이 대토지를 소유하고 경영하는 장원제가 나타났습니다.

장원제 성립의 유래에 관해서는 두 가지 견해가 있습니다. 첫 번째는 노예 노동에 의존하던 라티푼디움의 경영이 어렵게 되자 농민들에게 토지를 대여해 주고 경작하도록 한 소작제에서 유래했다는 견해입니다. 로마 제국 후기 정복 전쟁의 중단으로 식민지로부터 노예 공급이 크게 줄자, 원래 노예였거나 몰락한 농민들에게 토지를 대여해 소작하게 했습니다. 이들 소작인을 중세 농노제의 출발점이자 연결 고리로 봅니다. 두 번째는 프랑크 왕국의 궁재 카롤루스 마르텔이 군사 개혁으로 실시한 '은대지 제도'에서 장원제가 유래했다는 견해입니다. 카롤루스 마르텔은 군사력을 강화하기 위해 강력한 기병대를 창설했습니다. 기병들은 충성을 맹세하고 군사적 의무를 다하는 신하가 되는 대신, 왕은 그들에게 토지를 주어 기마 및 무장에 필요한 경비를 충당하도록 했습니다. 왕이 기병 세력에게 지급한 토지를 '은대지'라 했는데, 이 은대지제의 실시를 중세 장원제의 출발로 봅니다.

장원 내 농노들의 삶은 어땠을까요?

주군으로부터 봉토를 하사받은 영주의 토지는 장원 형태로 운영되었습니다. 영주는 주군의 간섭을 받지 않고 독자적으로 자기 영지를 관할했습니다. 또한 영주는 외부의 적으로부터 장원에 사는 사람들을 지켜 주는 대신, 그들에게 공물과 부역을 제공받았습니다. 장원에는 자유인도 있었지만 대다수는 영주에게 예속된 '농노'였습니다.

영주의 성은 주로 드넓은 장원의 높은 언덕 지대에 있었고, 영주의 성 아래로는 교회를 중심으로 농민의 일상생활에 필요한 시설들이 있었습니다. 토지는 경작지, 방목지, 삼림, 황무지 등으로 나뉘었고, 경작지는 울타리 없이 개방되어 있었으며, 영주 직영지와 농민 보유지가 구분되어 있었으나, 영주의 땅과 농노의 땅이 서로 섞여 있는 '혼재지'도 많았습니다.

중세 시대 농노는 고대 노예와 성격이 달랐습니다. 혼인해서 가정을 이룰 수 있었으며, 자기 집에 딸린 소규모 토지를 소유할 수 있었습니다. 그러나 농노는 거주 이전의 자유가 없었기에 영주의 허락 없이는 장원을 떠날 수 없었습니다. 영주 직영지에서 반강제로 일을 해야 했고, 영주에게 공납을 바쳐야 했습니다. 또한 장원 내의 방앗간이나 제빵소 같은 공용 시설을 이용하면 영주에게 사용료를 내야 했고 인두세, 혼인세, 사망세 같은 세금을 냈습니다. 한편 농노가 잘못을 저질렀을 경우에는 영주의 법정에서 재판을 받았습니다. 영주의 재판권에는 도망간 농노를 잡아 올 권리까지 포함되어 있었습니다.

장원은 어떻게 경영했나요?

중세 초기 농업은 고대와 유사하게 이 년에 한 번 경작하는 '이포식 농법'과 같은 땅에 해마다 동일한 작물을 재배하는 '연작 재배'가 일반적이었습니다. 그러나 인구가 증가하며 농경지 확대의 필요성이 대두되자 농업 기술도 진보해 '삼포식 농법'이 등장했습니다. 이 농법은 경작지를 세 부분으로 나누어 첫해에는 겨울 작물을, 두 번째 해에는 여름 작물을 심고, 세 번째 해에는 그 경작지를 쉬게 하는 방식으로 운영되었습니다. 이러한 삼포식 농법의 장점은 경작지의 3분의 1만 휴경지로 둘 수 있었기에 예전보다 활용할 수 있는 토지가 증가했으며, 흉작 위험을 감소시킬 수 있었습니다.

농사용 도구도 개량되어 바퀴 달린 무거운 쟁기를 사용했습니다. 이 쟁기를 사용하면 땅을 깊게 갈 수 있어서 농업 생산성이 전 시대에 견주어 크게 늘어났습니다. 그 밖에도 삽, 괭이, 낫 같은 주요 농기구들이 철로 만들어지며 농업 생산성 증대에 기여했습니다.

55, 예루살렘은 이슬람교의 성지이기도 하다고요?

'예루살렘' 하면 바로 연상되는 사람이 있습니다. 바로 '예수'이지요. 예루살렘은 예수가 죽은 곳이기에 크리스트교 신자들은 이곳을 크리스트교의 성지로 중시합니다. 그런데 예루살렘은 크리스트교만의 성지가 아닙니다. 예루살렘은 이슬람교의 성지이기도 합니다. 예루살렘은 어떻게 두 종교의 성지가 되었을까요?

크리스트교의 성지를 되찾아라

로마 교황 우르바누스 2세는 1054년 로마 가톨릭과 동방 정교회로 교회가 분열한 이후 서로 데면데면한 사이였던 비잔티움 제국의 사절단을 맞이했습니다. 사절단이 가져온 것은 비잔티움 제국의 황제 알렉시우스 콤네누스의 도움 요청이었습니다. 이슬람 세력의 위협으로 동방 크리스트교가 위기에 처했으니 군대를 보내 도와 달라는 내용이었습니다. 교황은 "옳커니!" 하며 비잔티움 제국 황제의 요청을 수락했습니다. 이 요청은 교황권을 더욱 강화할 수 있는 절호의 기회였습니다. 서유럽 사회를 교황 중심으로 일치단결시키고 비잔티움 교회에 영향력을 행사할 수 있었습니다. 또한 이슬람교를 믿는 셀주크 튀르크족이 예루살렘을 차지하고 있으면서 크리트스교인들의 성지 순례를 방해하고 있었는데, 이 문제도 해결할 수 있을 것 같았습니다.

우르바누스 2세 교황은 클레르몽 공의회를 열어 "신이 원하신다"며 성지 예루살렘을 탈환하고 비잔티움 제국을 이교도 이슬람 세력으로부터 지켜 내자고 선동했습니다. 교황의 연설은 공의회에 참석한 사람들의 열렬한 환영을 받았습니다. 이후 서유럽 크리스트교 국가들의 왕과 제후들은 자발적으로 군사를 동원해 성지 탈환에 나섰습니다. 십자군 전쟁의 시작이었습니다.

십자군, 성지를 탈환하다

우르바누스 2세의 제안으로 1차 십자군이 모집되었습니다. 왕실 가족과 영주들이 다수 참여해 서유럽 사회 최정예 부대로 구성된 1만 3,000여 명에 이르는 십자군은 1096년 비잔티움 제국을 거쳐 이슬람 세력이 있는 소아시아로 진격했습니다. 출발한 지 2년 만에 1차 십자군은 안티오크와 에데사를 점령하고 이듬해에는 그토록 원했던 성지 예루살렘을 점령했습니다.

십자군은 자기들이 탈환한 예루살렘에 크리스트교 국가인 예루살렘 왕국을 세우고, 십자군 전쟁에 혁혁한 공을 세운 고드프루아를 왕으로 추대했습니다. 하지만 고드프루아왕은 얼마 살지 못하고 사망해 왕위는 보두앵 1세에게 넘어갔습니다.

예루살렘은 십자군이 점령하기 전 약 400년 동안 이슬람교도들의 도시였습니다. 1차 십자군 원정 이후 예루살렘 왕국이라는 크리스트교 국가가 세워졌지만, 국가 발전의 기반이 되어 줄 백성들이 너무 적었습니다. 그래서 서유럽에서 20만 명의 사람을 예루살렘 왕국으로 이주시키며 국가 정체성을 유지하고자 했고, 동시에 소아시아와 이스라엘에 이르는 넓은 땅에 네 개의 십자군 국가를 세웠습니다.

이슬람 세력은 자신들이 오랫동안 지배했던 예루살렘을 다시 차지하기 위해 틈만 나면 공격을 퍼부었습니다. 이에 맞서 유럽 크리스트교 국가들은 1147년 2차 십자군을 조직해 이슬람 세력의 위협에 대처했습니다. 하지만 2차 십자군 원정은 십자군의 패배로 끝났습니다.

이슬람교도들에게도 성지였던 예루살렘

그런데 이슬람 세력은 왜 그렇게 많은 사람을 희생하면서까지 예루살렘을 되찾으려 했을까요? 사실 예루살렘은 이슬람교도들의 성지이기도 합니다. 이슬람교를 창시한 무함마드가 기적을 행한 곳이 바로 예루살렘입니다. 어느 날 밤, 자고 있던 무함마드에게 하느님이 보낸 대천사 가브리엘이 찾아왔습니다. 대천사 가브리엘은 무함마드를 예루살렘으로 데리고 가서 아담, 아브라함, 모세, 요셉, 예수를 만나게 하고 함께 하늘로 올라가 천상 여행을 했습니다. 이슬람교에서는 이 사건을 '이스라(밤의 여정)와 미라주(승천)'라고 말하며 매우 신성하게 생각합니다. 이런 기적이 이루어진 곳이기에 예루살렘은 이슬람교도들에게도 의미가 깊은 곳입니다. 지금도 예루살렘에는 무함마드가 선지자를 만난 곳을 기리기 위해 7세기 말에 이슬람교도들이 세운 바위돔이 있습니다.

이렇듯 예루살렘은 이슬람교도들에게도 각별한 장소였기에 이슬람 세력도 십자군으로부터 예루살렘을 되찾기 위해 갖은 노력을 다했습니다. 예루살렘 재정복 운동은 신앙심 깊은 청년 살라딘이 주도했습니다. 그는 이집트의 왕으로 이슬람 세계를 통일한 후, 성스러운 전쟁을 뜻하는 '지하드'를 선언하

예루살렘의 바위 돔. 대천사 가브리엘이 무함마드를 데리고 예루살렘에 가서 선지자들을 만나게 한 후 천상 여행을 한 사건을 기념하기 위해 세웠다.

고 예루살렘 왕국과 싸움을 시작했습니다. 자신감이 넘쳤던 예루살렘왕은 이슬람 군사들을 얕잡아 보고 성을 지키기보다는 평원에서 대전투를 벌여 이슬람 세력을 완전히 격파하려 했습니다. 예루살렘에서 멀리 떨어진 하틴 평원에서 크리스트교를 수호하려는 예루살렘 왕국의 군대와 예루살렘을 탈환하려는 살라딘의 군대가 맞부딪쳤습니다. 이 전투에서 이슬람 군대가 승리하며 예루살렘은 다시 이슬람 세력권이 되었습니다(1187년).

1차 십자군이 되찾은 예루살렘이 이슬람 군대에 점령당했다는 소식을 들은 서유럽 각국의 왕들은 분주해졌습니다. 잉글랜드의 리처드 1세, 프랑스의 필리프 2세, 신성 로마 제국의 프리드리히 1세가 직접 원정단을 이끈 3차 십자군이 1189년에 조직되었습니다. 그러나 3차 십자군은 출발부터 삐걱댔습니다. 선두에서 출발했던 신성 로마 제국의 프리드리히 1세가 물에 빠져 죽고 프랑스 왕 필리프 2세는 영국의 리처드 1세와 갈등을 빚어 도중에 본국으로 돌아가 버렸습니다.

홀로 남은 리처드 1세는 자기 부대만으로 이슬람 대군을 상대하기는 힘에 부친다고 느껴 하는 수 없이 이슬람군을 이끄는 살라딘에게 협상을 요청했습니다. "크리스트교도들의 예루살렘 방문을 허용해 주면 싸우지 않고 돌아가겠다"는 것이었습니다. 살라딘은 이 제안을 받아들였고, 리처드 1세는 원정단을 이끌고 돌아갔습니다.

크리스트교도들의 성지 탈환이 막을 내리다

3차 십자군도 실패했다는 소식이 들리자, 새로 즉위한 교황 인노켄티우스 3세는 4차 십자군 편성을 호소했습니다. 하지만 여러 차례 군대 동원으로 재정 압박에 시달렸던 왕들은 교황의 호소에도 선뜻 움직이려 하지 않았습니다. 그러다 보니 4차 십자군은 신앙심 깊은 기사들 위주로 편성되었습니다. 그런데 문제가 발생했습니다. 수만 명의 십자군 병사를 예루살렘까지 데려다줄 배가 없었습니다. 전쟁 지도부는 이탈리아 북동부에 있는 상업 도시 베네치아의 통치자와 계약을 맺어 병력 수송과 식량 보급을 약속받았습니다. 하지만 이 계약은 체결 당시부터 문제가 있었습니다. 배를 지원받는 대가로 베네치아에 돈을 지불해야 하는데 십자군은 돈이 없었습니다. 상술이 뛰어난 베네치아 상인들은 십자군에게 돈을 지불할 능력이 없다는 것을 알고 십자군을 채무자처럼 다루며 자신들에게 유리하게 이용했습니다. 베네치아 상인들은 이 기회에 지중해 무역을 완전히 장악하고 싶었습니다. 그들은 십자군에게 이슬람군이 아닌 비잔티움 제국의 수도 콘스탄티노폴리스를 공격하도록 했습니다.

십자군 전쟁은 비잔티움 제국 황제의 도움 요청으로 시작된 전쟁입니다. 그런데 십자군이 다른 나라도 아닌 우방국 비잔티움 제국의 수도를 공격하는 어이없는 일이 벌어지고 만 것이지요. 결국 콘스탄티노폴리스는 십자군에 의해 무너졌고 그들에 의해 라틴 제국이 세워졌습니다. 베네치아 상인들은 그들이 염원했던 지중해 무역권을 손에 넣게 되었습니다.

이런 식으로 십자군 원정이 계속 실패하자, 급기야 소년 십자군이 등장했습니다. 왜냐고요? 순결한 소년들로 구성된 십자군이라면 신의 도움으로 성공한다는 말이 떠돌았기 때문입니다. 하지만 소년 십자군들은 노예선에 태워져 이집트에서 노예로 팔렸습니다. 십자군 전쟁은 이슬람 세력의 손에서 크리스트교 성지 예루살렘을 탈환한다는 의도로 출발했지만, 오랜 전쟁 동안 약탈과 학살이 빈번하게 자행되는 등 당초의 신성한 목적은 사라지고 말았습니다. 십자군은 200여 년 동안 여덟 차례나 예루살렘 성지 탈환을 시도했지만, 1차를 제외하고는 모두 실패로 끝났습니다.

예루살렘 왕국과 살라딘의 전쟁을 다룬 〈킹덤 오브 헤븐〉이라는 영화가 있습니다. 주인공인 크리스트교도 발리안이 죽음을 각오하며 지킨 예루살렘을 살라딘에게 내주면서 "예루살렘은 뭔가요?"라고 묻습니다. 이때 살라딘은 "아무것도 아니야"라고 말하며 무심하게 앞을 보며 걷다가 이내 돌아서며 주먹을 불끈 쥐고 "모든 것이기도 하지!"라고 말합니다. 이 장면은 연출된 장면이지만 십자군 전쟁의 특징을 잘 나타내고 있습니다. 어떤 사람들에게는 성지 탈환이 돈을 벌거나 출세를 위한 수단이었습니다. 하지만 누군가에게는 자신의 목숨과도 맞바꿀 만한 모든 것이었습니다.

56 군인들이 하는 거수경례는 중세 기사들의 문화였다고요?

군인들은 꼭 거수경례를 합니다. 칼 같은 동작으로 정확한 각도를 만들며 구호를 외치지요. "충성!", "필승!" 정말 멋집니다. 그런데 우리나라 군인뿐 아니라 다른 나라의 군인들도 거수경례로 인사를 합니다. 왜 군인들은 거수경례로 인사하는 걸까요?

폴란드 육군   한국군   영국 육군

중세 시대 기사들은 누구일까요?

군인들이 하는 거수경례는 중세 시대 유럽에서 활약했던 기사들의 문화에서 유래되었습니다. 중세 시대 기사는 상급자인 왕이나 영주를 주군으로 섬기고, 봉사의 대가로 영토를 하사받았습니다. 그들은 주군이 전쟁에 나가면, 주군에 대한 충성 의무를 다하기 위해 하던 일을 중단하고 함께 전쟁터로 떠났습니다.

주군과 기사는 철저한 계약 관계였습니다. 주군은 기사에게 내려준 영토가 어떻게 운영되든 간섭하지 않았고, 기사는 주군에게 충성 의무를 다했습니다. 하지만 어느 한쪽이 일방적으로 계약을 파기하면, 다른 쪽도 자기 의무를 다할 이유가 없었습니다.

한편 중세 시대 기사들은 전쟁 기계였습니다. 주군의 요청이라면 언제든 전쟁터로 뛰어들어 죽을 힘을 다해 싸웠습니다. 그러다 보니 기사는 자기 몸을 철저히 보호하기 위해 금속 헬멧과 갑옷으로 중무장을 했습니다. 여기서 질문 하나 하겠습니다. 마치 철제 로봇처럼 보이는 기사가 주군이나 동료 기사를 만났습니다. 기사는 어떻게 인사를 할까요? 한 손으로 자신의 헬멧을 올려 얼굴을 보이며 인사했습니다. 이런 인사 방식이 지금 군인들이 하는 거수경례의 기원이 되었습니다.

중세 시대 기사의 갑옷. 기사들의 인사 방식은 거수경례의 기원이 되었다.

기사들의 문화, 기사도와 마상 시합

어린 기사 후보생은 주군으로 모실 집안의 영지로 가서 기사 교육을 받았습니다. 말 타는 방법, 무술 연마, 예의범절 등 기사로서 필요한 모든 교육을 받은 후에 기사 서임을 받고 정식 기사가 되었습니다. 이런 교육을 통해서 기사들은 '주군에게는 충성을, 전쟁터에서는 용맹을, 여성에게는 예의를' 갖추게 되었고, 이를 '기사도'라고 합니다.

기사들이 기사도 교육만 받은 것은 아닙니다. 언제든 전쟁터에 나가 싸워 적을 쓰러트릴 수 있도록 평소에도 실전에 가까운 군사 훈련을 받으며 신체를 단련했습니다.

중세 시대에는 기사들의 전투 훈련을 겸한 상류층 사회의 무술 이벤트도 있었습니다. '마상 시합'입니다. 이 시합을 영어로 '토너먼트'라고 하는데, 현대 스포츠 경기 방식 중 하나인 토너먼트는 이 시합에서 유래했습니다. 마상 시합은 어떻게 했을까요? 머리 끝에서 발끝까지 완전 무장한 두 명의 기사가 수십 미터 떨어진 거리에서 긴 창을 옆구리에 꼭 낀 채 말을 타고 서로 마주 보고 서 있다가, 신호음이 울리면 동시에 달려들어 창으로 상대편을 쓰러트립니다. 이 시합은 본래 말을 타고 전쟁에 나가야 하는 기사들을 훈련시키기 위해서 시작되었습니다. 그런데 점점 많은 사람이 구경하러 몰려들고, 귀부인들이 시합의 후원자로 참여해 두둑한 포상금까지 걸자 스포츠 경기처럼 바뀌었습니다. 기사들은 마상 시합을 통해 자신의 명예를 드높일 수 있었으며, 평소에 갈고닦은 기사도 정신도 뽐낼 수 있었습니다. 마상 시합은 중세 시대에 유행하다가 기사 계급이 몰락하며 근대에 사라졌습니다.

나라마다 경례 방식이 다른 이유는 무엇일까요?

중세 시대 기사들에 의해 시작된 거수경례는 근대로 접어들며 영국 군인들에 의해 여러 나라로 전파되었습니다. 19세기 중반 영국에서는 군인들이 오른손을 곧게 펴고 손바닥을 상대편에게 보이도록 하는 경례를 공식 거수경례로 채택해 영국 연방 국가인 캐나다와 인도까지 보급했습니다.

하지만 영국의 해군은 이러한 경례를 하기가 힘들었습니다. 해군들은 목재로 만들어진 배가 썩지 않도록 방수 처리를 하기 위해 타르를 손바닥에 묻혀 수시로 배 표면에 발랐습니다. 타르가 뭐냐고요? 석탄이나 석유를 건류하거나 증류하는 과정에서 생기는 검고 끈적한 액체입니다. 생각해 보세요. 끈적이는 검은 액체를 손바닥에 잔뜩 묻힌 채 작업을 하다가 상관이 온다고 거수경례를 합니다. 경례하는 손에 묻은 까만 타르 때문에 그다지 좋게 보이지는 않았을 거예요. 그래서 영국 해군들은 육군과 다르게 손바닥을 자기 쪽으로 향하도록 해 상대방에게 손바닥이 보이지 않도록 경례했습니다. 이러한 경례 방식은 미군에 영향을 미쳤고, 우리나라를 비롯한 많은 나라에서 이 방식으로 거수경례를 합니다.

거수경례하는 미군(왼쪽)과 프랑스군(오른쪽). 중세 시대 기사들이 시작한 거수경례는 근대를 거치며 나라마다 다른 형태로 변화되었다.

어떤가요? 우리가 대수롭게 생각하지 않았던 군인들의 인사법에도 다양한 역사가 있지요? 역사 속에는 때로는 황당하고 때로는 의미심장한, 그러면서도 흥미진진한 이야기들이 잔뜩 숨어 있답니다. 이런 이야기들을 추적하다 보면, 아마 다양한 상식과 지식을 겸비한 21세기형 교양인이 되어 있을 겁니다.

대학이 중세 시대에 만들어졌다면서요?

케임브리지 대학, 옥스퍼드 대학, 소르본 대학은 세계적으로 역사가 깊은 대학으로 손꼽힙니다. 그런데 이런 대학들은 공통점이 있습니다. 바로 중세 시대 도시에서 탄생했다는 것이지요. 이러한 전통 깊은 대학을 만들어 낸 중세 유럽 도시는 어떻게 만들어졌으며, 도시와 대학은 어떤 관계가 있었을까요?

중세 시대에 대학이 생긴 이유는?

로마 제국이 무너진 후 여러 이민족의 침입으로 혼란스러웠던 유럽 사회는 11세기가 되자 안정기에 접어들었습니다. 농업 생산성 증가와 더불어 교역이 활성화되고 상업이 번성하면서 상인들은 도시로 몰려들어 길드를 형성했습니다.

도시에 몰려든 상인을 훈련하고 교회의 성직자를 양성하기 위해 중세 도시에 학교가 생겼습니다. 지식이 널리 공유되고 학문 연구가 진행될수록 고등 지식에 대한 사람들의 탐구심은 커져만 갔습니다. 한편 교회가 독점하고 있던 지식을 교회 밖으로 확장하고자 하는 움직임도 일어났습니다. 이러한 사회 경제적 요구 속에서 대학이 등장했습니다.

대학의 탄생과 번영은 도시의 성장과 함께했습니다. 프랑스의 수도 파리는 수도원과 부속 학교가 어떻게 시장과 대학의 형성을 주도하고 기여했는지 잘 보여 줍니다. 파리 라탱 지구에 있는 생트 주느비에브 수도원과 생제르맹데프레 수도원은 8세기에 왕과 파리 주교로부터 경제적 자치권을 확보하기 위해 교육 활동을 시작했으며, 정기적으로 열리는 시장을 운영해 파리를 상업 도시로 발전시켰습니다. 또한 시테 섬의 노트르담 대성당 부속 수도원 학교가 성직자와 공무원을 교육하면서 인접한 라탱 지구에 첫 번째 기숙 시설을 건립했고, 이것을 시작으로 다수의 칼리지를 설립해 연합 대학인 파리 대학을 만들었습니다. 이처럼 파리라는 도시와 파리 대학의 관계에서 알 수 있듯이, 중세 도시는 대학의 성장과 밀접한 연관 속에 발전했습니다.

최초의 대학은 어디?

사실 세계 최초의 대학이 언제, 어디서, 어떻게 만들어졌는지는 정확히 알 수 없습니다. 처음에는 배움을 갈망하는 학생들이 권위 있는 학자들을 초청해 강의를 듣고 토론하던 모임 형태에서 점점 체계가 갖추어져 대학으로 발전했습니다. 그러다 보니 여러 도시에 대학이 들어섰는데, 당시는 지금처럼 공식적인 대학 설립 인증 절차가 없었습니다.

이런 모호함 때문에 중세에 탄생한 이탈리아의 볼로냐 대학, 프랑스의 파리 대학, 영국의 옥스퍼드 대학은 서로 자기 대학의 역사가 가장 오래되었다는 것을 증명하기 위해 설립 연도를 최대한 끌어올리려고 노력합니다. 볼로냐 대학은 423년 로마 제국의 테오도시우스 2세가 설립했다고 문서를 위조하기도 했고, 파리 대학은 카롤루스 대제 때 설립되었다고 주장하고 있습니다. 옥스퍼드 대학은 패망한 트로이 유랑민이 옥스퍼드에서 철학자를 만나 설립했다고 주장합니다. 역사가 오래된 대학들이 이런 쓸데없는 경쟁을 펼치는 것은 자기 대학이 세계 최초의 대학이라고 인정받고 싶은 욕망 때문이겠지요.

58 상인들의 힘으로 중세 도시가 성장했다고요?

유럽의 유명한 도시들은 대부분 중세 시대 때부터 만들어졌습니다. 처음에는 영주들이 도시를 만들었으나 상업이 발달하면서 상인들과 장인들은 자기들 위주의 자치 도시를 만들어 나갔습니다. 영주의 힘이 절대적이었던 중세 시대에 상인들은 어떤 힘을 발휘해서 도시를 만들고 융성시켰을까요?

유럽의 상업 부활

농업 생산력이 증대하고 인구가 늘어나면서 11세기부터 로마 시대의 도시나 교회 주변, 교통의 요지에 시장이 만들어지고 상인과 수공업자들이 모여들면서 도시가 형성되었습니다. 당시 상업 활동은 주로 강과 바다를 통해 이루어졌습니다. 현대를 사는 우리는 상업 발달이라고 하면 육로를 통한 교역을 먼저 떠올립니다. 하지만 중세 시대에는 육상 교역이 물길을 이용하는 수상 교역보다 훨씬 힘들었습니다. 왜냐고요? 도로가 정비되지 않았고 수송 수단도 발달하지도 않았을뿐더러 지역을 이동할 때마다 징수되는 세금이 비쌌기 때문입니다.

십자군 전쟁의 영향으로 원거리 무역이 활발해지고, 이슬람과 비잔티움 제국 세력이 축소되자 유럽 상인들은 동방과 유럽 사이의 무역을 장악했습니다. 특히 지중해를 통한 무역은 주로 이탈리아 북부 도시들이 주도했습니다. 그중에서도 베네치아와 제노바는 지중해 무역의 거점 도시로서 동방 무역을 통해 번영을 누렸고, 밀라노와 토리노는 직물업으로 번영을 누렸습니다.

북유럽에서는 12세기 이후 지금의 벨기에와 네덜란드가 있는 플랑드르 지방에서 번창한 모직물을 교역하는 원격 무역이 활기를 띠었습니다. 특히 북부 독일의 함부르크와 뤼베크가 주도해 만든 한자 동맹이 발트해와 북해 무역을 주도했습니다. 한자 동맹은 영국의 런던, 프랑스의 브뤼지 등에도 무역 거점을 두고 독점 상권을 형성했습니다.

한편 지중해 교역권과 북유럽 교역권의 중간 지대인 프랑스 샹파뉴 지방에서도 활발한 교역이 이루어졌습니다. 정기적으로 국제 시장이 열려 이탈리아와 플랑드르를 비롯한 유럽 각지의 상인과 구매자들이 물건을 사고팔기 위해 모여들었고, 대금 결제를 위한 환전 업무와 어음 발행 등 초보적인 금융업도 발달했습니다.

도시 자치와 길드의 형성

중세 도시는 처음에 영주의 지배를 받았습니다. 그러나 상인들을 중심으로 도시의 독립성과 자유, 자치권을 인정받기 위한 운동이 펼쳐졌고, 이를 '코뮌 운동'이라고 합니다.

중세 도시가 자치권을 획득하는 방법은 크게 두 가지였습니다. 첫째, 일정

금액을 지급하고 특허장을 얻는 방법입니다. 특허장은 국왕이나 영주가 도시의 자치권을 포함한 여러 권한을 인정한 문서를 말합니다. 둘째, 무력으로 자치권을 획득하는 방법입니다. 도시 사람들은 영주와 전쟁도 불사했으며 기어이 도시 자치권을 얻어 냈습니다.

이런 방법을 통해 자치 도시의 시민이 된 사람들은 신분상 자유를 누렸고, 독자적인 법을 제정하고 도시 행정을 자치적으로 운영했습니다. 처음에는 도시의 일들을 대체로 시민 전체 회의에서 결정했으나, 차츰 부유한 상인 가문 출신들로 구성된 시 참사회가 전체 시민 회의를 대신했고, 참사회장이 시장이 되어 행정을 총괄했습니다.

한편 도시민들은 공동의 이익과 안전을 도모하기 위해 길드를 조직했습니다. 길드가 뭐냐고요? 중세 도시가 성립하고 발전하는 과정에서 나타난 동업자 조직입니다. 먼저 형성된 길드는 상인 길드입니다. 이 길드는 독점권을 확보하고 상업 활동을 규제했으며, 도시 자치권을 얻는 데 앞장섰습니다.

상인 길드는 도시의 자유와 자치권을 획득하는 데 다른 직종보다 노력한 점을 인정받아 도시 내에서 발언권이 강했습니다. 상인 길드보다 늦게 형성된 수공업자 길드는 동일 업종끼리 조직되었기 때문에 동업 조합이라고도 합니다. 수공업자들은 도제, 직인, 장인의 직분을 기반으로 하는 수공업자 길드를 만들어 동일 업종의 생산 활동을 규제했습니다. 수공업자 길드는 장인만 가입할 수 있었으며, 영업 시간, 장소, 가격, 제품의 양과 질 등에 관한 기준과 규격을 만들어 엄격히 시행했습니다.

중세는 정말 암흑 시대였나요?

역사학자들은 '현재로부터 얼마나 오래되었나?', '당시의 사회·경제 발전 수준은 어떠한가?' 등의 기준을 적용해 무수한 시간 다발들을 한데 묶어서 시대를 분류합니다. 세계사의 시대 구분은 고대, 중세, 근대, 현대로 하는 것이 일반적입니다. 그런데 우리는 다른 시대보다 '중세'를 매우 박하게 평가합니다. '중세적', '봉건적'이라고 하면, 왠지 낙후되고 후진적인 이미지를 떠올립니다. 정말로 중세는 낙후되고 후진적인 암흑 시대였을까요?

누가 '중세'라고 부르기 시작했나요?

'중세'라는 용어는 15세기 유럽에서 인문주의 운동이 한창일 때 탄생했습니다. 당시 인문주의자들은 '고대'와 자신들이 사는 '당대' 사이에 낀 중간 시기를 '중세'라고 불렀습니다.

일반적으로 학자들은 중세를 게르만족의 침입으로 높은 수준의 고대 철학과 언어, 이상적이고 아름다웠던 고대 예술이 사라지고 야만과 암흑이 지속되었던 시대로 간주했습니다. 그러다 15세기에 중세를 재평가하는 학자들이 나타났습니다. 이들은 중세를 고전 문화가 부활한 새로운 시대의 시작점이었다고 평가했습니다.

이처럼 중세에 대한 평가는 극과 극입니다. 과연 어떤 견해가 합당할까요? 중세는 야만이 판친 암흑기였을까요? 아니면 찬란한 문화를 꽃피운 시대였을까요?

서양에서 '중세'의 시작과 끝은 언제인가요?

중세의 시작은 학자마다 견해가 다릅니다. 르네상스 인문주의자들과 계몽 사상가들은 중세의 시작을 게르만족의 이동과 서로마 제국의 몰락이 맞물리는 5세기 후반으로 보았습니다. 더 구체적으로 이야기하면 서로마 제국 마지막 황제가 게르만 용병대장의 손에 폐위당한 476년을 중세의 시작으로 보았습니다. 한편 벨기에 역사학자 앙리 피렌느는 프랑크 왕국의 카롤루스 대제가 서로마 제국 황제로 인정받은 800년을 중세의 시작으로 보았습니다.

그렇다면 중세의 끝, 즉 근대의 시작은 언제일까요? 일반적으로 학자들은 근대의 시작을 신 중심의 세계관에서 벗어나 개인과 세계의 재발견이 진행되던 15세기로 봅니다. 1453년 오스만 제국의 콘스탄티노폴리스 함락, 1492년 콜럼버스의 아메리카 대륙 도착, 1517년 종교 개혁 등의 사건을 근대의 시작으로 꼽습니다.

중세는 1,000여 년 동안 한결같은 모습이었나요?

이렇게 학자마다 중세의 시작과 끝에 대한 견해 차이가 있습니다. 이 책에서는 가장 많은 학자가 동의하는 476년부터 1500년경까지, 1,000년 남짓한 시기를 중세라 규정하겠습니다. 10년이면 강산도 변한다고 하죠? 중세는

1,000여 년입니다. 강산이 100번이나 변한 시간이니 그 변화상이 얼마나 다채로울까요? 그래서 중세는 다시 세 시기로 구분합니다.

첫 번째 시기는 476년 서로마 제국의 붕괴부터 10세기까지입니다. 이 시기는 서로마 제국 멸망으로 인한 불안정과 혼란을 거쳐 프랑크 왕국을 중심으로 서유럽 질서가 재편되던 때입니다. 세속 군주와 크리스트교 세력의 결합이라는 중세의 중요한 특징이 형성된 시기입니다. 또한 주종제와 장원제가 수립된 시기이기도 합니다.

두 번째 시기는 11세기부터 13세기까지로, 중세의 전성기라 할 수 있습니다. 정치적으로는 현대 유럽 국가의 기틀이 마련되었으며, 교황권과 황제권이 대립하고 타협하며 밀당하던 시기이기도 합니다. 사회·경제적으로는 교환 경제와 상업이 활발해지고 도시와 시민층이 성장했습니다. 종교적으로는 교회 내부의 개혁 운동이 추진되었습니다. 교황권 확립을 위해 교황들이 개혁을 추진하기도 했지만, 수도원을 중심으로 한 교회 개혁 운동이 적극적이었던 시기입니다. 또한 이 시기에 십자군 전쟁이 일어났습니다. 문화적으로는 스콜라 철학과 고딕 예술이 발달했고 중세 대학이 탄생했습니다.

세 번째 시기는 14세기부터 15세기까지 100년 남짓한 시기입니다. 이른바 '중세의 가을'이라고 불리는 시기로, 차츰 근대로 이행되었습니다. 이 시기에 귀족들의 정치력은 약해지고 교황권이 쇠퇴하면서 국왕 중심의 중앙집권 체제가 형성되었습니다. 또한 유럽을 강타했던 흑사병으로 인구 감소와 노동력 부족이 나타나 유럽 전역이 사회·경제적으로 동요했습니다.

중세는 정말 암흑 시대인가요?

중세를 부정적으로 평가하여 붙인 '암흑 시대'라는 수식어는 우리에게 편견을 갖게 합니다. 대체로 중세는 광신주의, 타 종교에 대한 배타성, 빈곤, 전염병(흑사병), 대량 학살로 상징됩니다. 그래서 중세는 문화적으로나 물질적으로 쇠퇴한 시대이자 교회의 권위가 인간의 이성을 가둔 시대며, 학자들이 신학 연구에만 몰두한 비이성적인 시대였다는 인상을 가지고 있습니다.

그러나 중세를 암흑 시대라고 평가하는 근거가 되는 사실 중 일부는 고대나 근대에도 존재했고, 심지어 현대에도 존재합니다. 고대는 물론 근대에도 농노보다 더 열악한 처지였던 노예가 있었습니다. 흑사병 같은 역병도 고대에 이미 존재했으며, 21세기인 현대도 메르스나 코로나19 같은 해결 곤란한 전염병이 우리를 두렵게 합니다.

크리스트교에 근본을 둔 스콜라 철학 안에 갇힌, 학문의 발전을 저해하는 지적 불모지였다는 편견에도 항변할 근거가 많습니다. 중세인들은 여러 이민족과 낯선 문화와 충돌하는 혼란스러웠던 시기에도 새로운 학문을 수용하고 발전시켰습니다. 또한 고전을 연구하고 보존하며 계승했을 뿐만 아니라 비잔틴 문화와 지속적인 교류를 통해 학문을 융성시켰습니다. 그 증거로 중세 스콜라 철학은 이슬람 세계에서 보존되고 연구되었던 아리스토텔레스 같은 그리스 철학자들의 저작을 받아들여 연구하면서 최고 전성기를 누렸습니다. 학문 융성의 연장선에서 교사와 학생이 합심해 만든 배움 공동체인 대학이 만들어진 것도 중세입니다. 현대 민주주의의 산실인 의회 제도도 중세 말 프랑스와 영국에서 시작되었습니다. 이런 것들을 보면 중세는 결코 암흑의 시대가 아니었으며 다양한 생각이 꽃피운 발전과 융성의 시대였고, 좀 더 과장하면 '광명의 시대'였다고도 할 수 있습니다. 여러분 생각은 어떠세요?

60 중세 귀족들은 장남이 아니면 혼인할 수 없었다고요?

어른들은 혼인이 당사자만의 일이 아니라 집안 간의 결합이라고 말합니다. 드라마를 보면 사랑하는 남녀가 집안의 반대 때문에 헤어지기도 합니다. 가족주의를 강조하는 동양권에서는 드물지 않은 일이었지만 개인주의 성향이 강한 서양에서도 이런 일이 있었다고 하네요. 중세 시대의 혼인 풍습은 어땠나요?

중세인에게 혼인이란?

옛날이나 지금이나 혼인은 자손 잇기를 사회적으로 인증하는 제도입니다. 혼인을 통해 형성된 친족 관계는 사회 형성의 기반이 되고 때로는 한 세대에서 그다음 세대로 부를 전수하는 수단이 되기도 합니다. 그래서 재산이 많거나 권력이 있는 사람들은 가문 간의 결합인 혼인을 통해 부와 권력을 확대 재생산하기도 합니다.

중세 서양에서는 혼인을 통한 부의 전수가 매우 뚜렷하게 나타났습니다. 귀족 남성들에게 혼인은 본인 의사와는 상관없는 가문의 비즈니스였습니다. 그들에게 혼인은 가문의 사회적 영향력을 높이고 영토를 비롯한 재산을 불리기 위한 수단이었습니다. 따라서 중세 귀족 젊은이들에게 배우자를 선택하는 일은 단순한 문제가 아니었습니다. 정치적, 금전적, 사회적 이익까지 신중히 고려해야 하는 고난도 퍼즐이었습니다.

중세 시대 남성들은 왜 아내의 집안을 중요하게 여겼을까요?

봉건제 사회였던 중세 시대에 지배층인 귀족들에게 무엇보다 중요했던 것은 영지의 확대와 권력이었습니다. 이를 위해 가문의 우두머리인 가장은 자녀의 혼사를 주도했습니다. 가장은 적어도 자신의 가문과 비슷하거나 그 이상 강력한 가문의 여인을 집안의 며느리로 들이고자 했습니다.

귀족들의 혼인에서 여성의 가문을 고려한 이유는 중세 시대 여성이 가지는 사회적 지위 때문이었습니다. 현대 여성은 사회·정치적 활동이 자유로우며, 직업을 가질 수도 돈을 벌 수도 있고, 경제적으로 독립할 수 있을 정도로 사회적 지위가 향상되었습니다. 하지만 중세의 여성은 그렇지 않았습니다. 이 시대 여성들은 남편을 통해서만 권리를 행사할 수 있는 존재였습니다. 남편의 동의 없이 아내는 재산을 처분할 수도 없었습니다. 다만 남편도 아내의 재산을 함부로 처분할 수 없었습니다. 아내가 죽으면 남편이 살아 있더라도 재산은 자녀에게 우선적으로 상속되었습니다. 이 말은 곧, 귀족 여성의 가치는 남편이 아닌 자녀에게 효력을 발휘한다는 것입니다. 그렇더라도 귀족 남성으로서는 유력한 가문의 여성과 합법적으로 혼인하고, 혼인 관계가 유지된 상태에서 그 여성이 아들을 낳아 주기만 하면 아내에게 상속 예정된 영토와 재산을 자기 가문에 편입시킬 수 있었습니다. 현실이 이러하니 아내가 아이를 낳지 못하면 혼인 관계를 청산하는 것도 당연했습니다. 심지어 더 많은 영토와 재산을 가진 가문의 여성을 찾아 혼인과 이혼을 반복하기도 했습니다.

중세 시대에는 왜 장남만 혼인을 시켰나요?

11세기 들어 귀족 사회의 친족 관계에서 중요한 변화가 나타났습니다. 이전까지 수평적이던 친족 관계가 은연중에 부계 중심의 수직적 관계로 달라졌습니다. 재산 분할 때문이었습니다. 세습 재산의 배분 과정에서 여성인 딸의 승계권이 점점 축소되었고, 아들 중에서도 장자에게 상속해 주는 관행이 자리 잡았습니다. 가문의 실제 권한이 남성 우두머리 한 사람에게 집중된 것이지요. 상황이 이러하니 가문의 명예와 재산 증식에 책임이 있는 가장의 능력이 실로 중요했습니다.

가장은 자기 가문에서 혼기가 찬 딸들은 모두 혼인시켰습니다. 혼인을 통해 다른 집안과 결연함으로써 정치적 이득을 얻을 수 있었고, 딸에게서 태어날 아들로부터 재산적 이득을 기대했지요. 시집간 딸의 아들로부터 어떤 이득을 얻을 수 있냐고요? 당시에는 혼인 전에 여성이 가진 재산에 관해서는 남편보다 아내의 남자 형제(외삼촌)의 권리가 앞섰습니다. 외삼촌들은 미성년 조카들의 재산을 합법적으로 관리, 감독하면서 공공연하게 재산을 증식했습니다.

한편 남편은 합법적 아내를 한 명만 둘 수 있었습니다. 이런 혼인 관례 때문에 중세 귀족 사회에서는 장남만 혼인해서 지위와 영토를 상속받고, 차남 이하의 아들들은 대부분 독신으로 살았습니다. 이들은 수도원에 들어가 성직자가 되거나, 집을 떠나 먼 곳으로 부를 쫓아 떠돌아다녔습니다. 십자군에 자원해 예루살렘으로 원정을 떠났던 사람들 중에도 차남이 많았습니다. 장남 위주로 가문의 번성을 유지하고자 했던 중세 귀족 사회의 혼인 정책이 남긴 또 다른 결과이지요.

중세 시대에 교회 분열이 심각했다고요?

중세 유럽을 지배했던 교회는 교리 논쟁 속에 여러 차례 분열합니다. 서로 사랑하라는 가르침을 전하는 교회가 싸움 끝에 분열했다니, 잘 이해가 되지 않네요. 도대체 무엇 때문에 교회는 서로 갈등했나요?

동교회·서교회로 분열되다

395년 로마 제국은 동로마와 서로마로 갈라졌습니다. 이후 476년 서로마는 게르만족에 의해 멸망했고, 동로마는 비잔티움 제국으로 발전하며 1453년까지 나라를 유지했습니다.

콘스탄티누스 황제에 의해 313년에 공식 종교로 인정받아 성장해 온 크리스트교는 서로마 제국이 멸망한 후에는 비잔티움 제국 황제의 보호 속에 유럽 전역에 뿌리를 내렸습니다. 그런데 8세기 초반 비잔티움 제국의 레오 3세가 성상은 우상 숭배에 해당한다며 '성상 숭배 금지령'을 내렸습니다. 이는 십계명의 '우상을 섬기지 말라'는 계율을 근거로 삼은 조치였습니다. 황제가 이런 명령을 내린 배경에는 강력한 권한과 토지를 가진 교회를 견제하고자 하는 목적도 있었습니다. 성상 숭배 금지령으로 비잔티움 제국 내 교회에서는 성상이 모조리 사라졌습니다. 성상聖像이 뭐냐고요? 크리스트교에서 성인으로 모시는 예수나 성모 마리아, 베드로나 요셉 같은 사람의 모습을 조각하거나 그린 것을 말합니다.

당시 로마 교황청은 게르만족의 포교를 위해 성상을 활용했습니다. 크리스트교에 무지했던 게르만족에게는 눈으로 볼 수 있는 무언가가 필요했고, 로마 교황청은 성상을 적절히 활용하면서 게르만족을 대상으로 포교 활동을 벌이고 있었습니다. 그런데 제국의 황제가 성상 숭배 금지령을 내리니, 그렇지 않아도 황제의 간섭에서 벗어나고 싶어 했던 로마 교황에게 이는 반발할 수 있는 적당한 명분이 되었습니다. 이 사건으로 크리스트교는 '로마 가톨릭'과 '동방 정교회'로 분열됐습니다.

양대 교회 세력은 이후 종종 교리 싸움을 벌였는데, 1054년에 초대형 갈등이 벌어졌습니다. 로마 가톨릭 교회는 교황이 예수 그리스도의 대리자이자 베드로의 후계자로 절대적 권한을 가지고 모든 교회를 관할해야 한다고 주장했습니다. 이를 '교황 수위권'이라 합니다. 로마 교황청의 수위권 주장에 콘스탄티노폴리스를 중심으로 한 동방 정교회는 결사 반대했습니다. 콘스탄티노폴리스의 정교회가 먼저 로마 교황을 파문했습니다. 그러자 로마 교황청도 동방 정교회를 파문했습니다. 이로써 양 교회는 완전히 절교해서 서유럽 지역은 로마 교황청이 주도하는 로마 가톨릭이, 비잔티움 제국 영내는 콘스탄티노폴리스를 중심으로 한 동방 정교회가 교회 세력을 이끌었습니다.

그런데 '로마 가톨릭'과 '동방 정교회'라는 이름은 어디에서 유래했을까요? 교회가 대분열을 거치며 로마 교황청은 교회의 보편성을 내세우기 위해 '전체적' 또는 '보편적'이라는 뜻을 가진 '가톨릭Catholic'의 의미를 중요하게 생각했습니다. 그래서 로마 교황청 주도의 교회 세력을 '로마 가톨릭'이라 했습니다. 한편 콘스탄티노폴리스 주도의 교회는 자신들이야말로 초대 교회로부터 이어져 온 정통 크리스트 교회라며 '전통적인' 또는 '정통의'라는 뜻의 '오소독스Orthodox'를 강조했습니다. 이로 인해 콘스탄티노폴리스를 중심으로 그리스와 동유럽 각국, 러시아 쪽으로 확대된 교회 세력을 '동방 쪽의 정통 교회'라는 의미에서 '동방 정교회' 혹은 '그리스 정교회'라 부르고 있습니다.

로마 가톨릭 교회와 동방 정교회의 차이점은?

로마 가톨릭 교회는 전체 교회의 수장이 교황입니다. 예배는 앉아서 미사를 드리고 악기를 연주하는 형식을 따르고 있습니다. 성직자는 혼인할 수 없으며 성상 숭배를 허용합니다.

동방 정교회에서 교황은 전체 교회를 총괄하는 사람이 아닌 총대주교 중한 명입니다. 로마 가톨릭 교회보다 예배 형식이 복잡하고 서서 미사를 드리며 악기는 연주하지 않습니다. 성직자는 혼인할 수 있고 성상 숭배를 허용하지 않으며 교회의 벽면과 천장을 모자이크와 프레스코화로 가득 채웁니다.

로마 가톨릭 내에서도 분열되는 교회 세력

1378년부터 1417년 사이에 로마 가톨릭 교회 안에 커다란 분열이 생겼습니다. 1377년 교황청이 남프랑스 도시 아비뇽에 있던 아비뇽 유수(1309~1377) 시대를 끝내고 다시 로마로 왔습니다. 로마 사람들의 지지 속에 이탈리아 출신 대주교 바르톨로메오가 우르바누스 6세 교황으로 선출되었습니다.

이에 불만을 품은 프랑스 추기경들은 프랑스 출신 로베르토를 대립 교황 클레멘스 7세로 선출했습니다. 클레멘스 7세는 우르바누스 6세를 교황 자리에서 끌어내리기 위해 갖은 작전을 펼쳤지만 실패하고 아비뇽에 정착했습니다. 갑작스럽게 교황이 두 명이 되어 버렸습니다. 교황의 위상은 더 추락했고 종교적 혼란은 커져만 갔습니다.

1409년 분열을 끝내기 위해 피사 공의회를 열어 제3의 교황 알렉산데르 5세를 선출했습니다. 당시 로마에는 그레고리오 12세가, 아비뇽에는 베네딕토 13세가 교황으로 있었는데, 이들은 알렉산데르 5세를 인정하지 않고 자기 자리를 그대로 지켰습니다. 교회 분열을 끝내기 위해 새 교황을 선출했는데, 세 명의 교황이 공존하는 사태가 벌어지고 말았습니다.

로마 가톨릭 교회의 분열 사건은 1471년 마르티누스 5세가 단일 교황으로 선출되면서 마무리되었습니다. 이후 로마 가톨릭 교회의 수장은 오직 한 명으로 단일 교황이 교단을 이끌어 가고 있습니다.

62, 중세 유럽인의 3분의 1이 흑사병 때문에 죽었다고요?

2019년에 발생한 코로나19는 세상을 완전히 바꾸어 놓았습니다. 마스크 없이 일상생활을 할 수 없게 되었고, 사람들과의 직접 만남도 꺼리게 되었습니다. 일부 나라에서는 바이러스의 전파를 막기 위해 국경을 봉쇄했습니다. 중세 유럽에서도 무서운 전염병이 퍼지는 바람에 아주 심각한 광경이 펼쳐졌습니다. 과연 무슨 일이 있어났던 걸까요?

흑사병은 어디에서 시작되었나요?

흑사병은 원래 중국 남부 윈난성 지방의 풍토병이었습니다. 쥐한테 있는 페스트 균을 벼룩이 사람에게 옮기면서 병이 전파되기 시작했습니다. 그런데 지금처럼 비행기나 철도가 없던 중세 시대에 흑사병은 어떻게 중국 국경을 넘어 유럽 전역으로 퍼지게 됐을까요?

13세기 초 칭기즈 칸은 몽골 지역에 흩어져 살던 부족들을 하나씩 정복했습니다. 14세기에는 그의 후예들이 중국 전역으로 세력을 확장하며 남쪽 오지인 윈난성까지 정복했고, 서쪽으로는 러시아를 거쳐 동유럽까지 세력을 확대해 몽골 제국으로 성장했습니다. 몽골 제국의 지배자들은 넓어진 영토를 효과적으로 통치하기 위해 '역참'을 설치했습니다.

몽골 제국의 넓은 영토와 체계적인 교통망은 짧은 시간에 전염병을 확산시키는 역할을 했습니다. 현재 코로나19가 단기간에 빠르게 퍼질 수 있었던 까닭도 전 세계를 연결하고 있는 교통망과 이를 통해 활발하게 오가는 사람들 때문이었습니다. 흑사병의 유럽 전파 경로는 정확하게 밝혀지진 않았습니다. 하지만 몽골 군사들이 전파했다는 근거가 될 만한 사건이 하나 있습니다. 1346년 흑해 연안에서 몽골군은 제노바 상인들이 지키는 성을 함락하려 했습니다. 성을 공격하던 중 전염병이 급속히 퍼지자 몽골군은 후퇴를 결정하고 죽은 사람의 시신을 투석기를 사용해 성 안으로 던졌습니다. 그러자 균이 급속히 성안에 퍼졌고, 감염된 사람들이 도시를 탈출해 뿔뿔이 흩어지면서 이들에 의해 유럽 전역에 흑사병이 확산되었습니다.

흑사병은 어떻게 치료했나요?

흑사병 균이 몸속에 침투하면 몇 시간 안에 겨드랑이나 허벅지에 계란 크기의 종기가 생기며 부어오르고 통증이 발생합니다. 이후 열이 나면서 온몸에서 출혈이 발생해 감염된 지 2~7일 만에 사망합니다. 죽은 사람의 몸이 까맣게 보였기 때문에 '흑사병black death'이라 불렸습니다.

당시 사람들은 병의 원인이 세균이라는 것을 알지 못했습니다. 그래서 병에 걸리면 신이 내린 벌을 받았다고 생각해, 교회에서 참회의 수단으로 사용하던 채찍으로 자신의 몸을 때리며 죄를 회개했습니다.

흑사병이 유럽 사회에 대유행처럼 번졌을 때 거리에는 시신이 가득 쌓였

1665년 흑사병 대유행 시기의 런던 모습을 그린 역사화. 매일 밤 죽은 사람을 실은 수레가 묘지로 향했고, 모든 개와 고양이는 질병 전파를 예방하기 위해 살해되었다. 런던에서만 10만 명이 목숨을 잃었고 여유가 있는 사람은 도시를 빠져나갔다.

습니다. 그 사이로 특이한 복장을 한 사람이 지나다녔습니다. 온몸을 덮는 가운을 입고 새 부리처럼 길게 튀어나온 가면과 모자를 쓴 채, 지팡이 같은 긴 막대기로 시신을 뒤집어 보는 사람이 있었는데 이들은 의사였습니다. 새부리 같은 마스크에는 향신료나 식초를 묻힌 헝겊을 넣었고, 눈 부분에는 유리를 넣었습니다. 당시 의사들이 할 수 있는 일은 환자로부터 최대한 거리를 두는 것뿐이었습니다.

살아남은 사람들은 흑사병을 피해 멀리 도망갔습니다. 이탈리아 작가 지오반니 보카치오가 쓴 단편 소설집 《데카메론》은 흑사병을 피해 별장으로 들어간 열 명의 남녀 이야기인데, 당시 상황을 잘 보여 주고 있습니다. 한편, 사람들은 아침에 눈을 뜨면 주어진 하루를 의미 있게 보내자는 뜻에서 서로에게 '카르페 디엠'이라는 말을 건넸습니다. '지금 이 순간에 충실하라'는 뜻인 이 라틴어 문장은 14세기 중반 유럽에서 흑사병으로 당장 내일의 생사를 알 수 없는 기막힌 상황에 유행했던 인사말입니다.

흑사병이 중세를 해체시켰다고요?

정확한 숫자를 파악하기는 힘들지만, 역사학자들은 당시 유럽 인구의 3분의 1 정도가 흑사병으로 죽었다고 추정합니다. 지금으로선 상상하기 힘든 대규모 인구 감소 현상입니다. 인구의 절대 감소로 유럽은 엄청난 사회적 변화를 겪었습니다. 중세 봉건제가 해체되었고, 유럽인의 정신세계를 지배하던 가톨릭의 종교적 권위가 추락했습니다.

중세 유럽은 영주가 농노를 지배하는 봉건제 사회였습니다. 농노는 영주의 땅인 장원에서 농사를 지어 수확물의 일부를 본인이 갖고 나머지는 영주에게 바쳤습니다. 그들은 혼인할 수도 있고 사유 재산을 소유할 수도 있었지만, 성을 떠날 수는 없는 제한된 자유를 가지고 있었습니다. 그런데 흑사병으로 수많은 사람이 죽자 농노들의 목소리가 커졌고 몸값도 치솟았습니다. 농노들은 전보다 더 많은 자유와 보수를 요구했습니다. 심지어 장원을 떠나 도시로 가서 자유로운 시민이 되기도 했습니다. 도시의 인구가 늘어나고 상업이 발달했습니다. 영주들은 장원을 유지할 수 없게 되자 임대업, 목축업 등으로 눈을 돌렸습니다. 중세 봉건제의 기둥이었던 장원제가 흑사병 유행 이후 흔들리게 된 것이지요.

유럽의 크리스트교는 흑사병 발병 당시 환자 치료에 적극적이었습니다. 성직자들은 환자를 지극정성으로 돌보며 신에게 간절히 기도했습니다. 하지만 흑사병은 좀처럼 사라지지 않았고 오히려 환자를 돌보는 성직자가 전염되어 일반인보다 더 높은 비율로 사망했습니다. 당시 가톨릭의 수장인 교황이 머물던 프랑스 아비뇽에서는 1348년 1월부터 흑사병이 퍼지기 시작했는데, 4개월 만에 6만 2,000여 명이 목숨을 잃었습니다. 교황조차 아비뇽을 떠났습니다. 흑사병에 흔들리는 교회를 사람들은 의심하기 시작했습니다. 흑사병으로 사람들이 죽어 가는 극단적인 상황에서 교회는 세상을 구원하지 못했습니다. 중세 유럽 사회에서 왕보다도 권위가 높았던 교황과 교회에 대한 신뢰가 무너지기 시작했습니다.

흑사병 대유행을 끝낸 것은 신이 아니라 각 나라에서 만들어 보급한 위생 시설과 검역 절차였습니다. 검역에 관한 인식이 널리 퍼지면서 15세기 들어 유럽 각국은 방역 시스템을 갖추기 시작했습니다. 여행객이 다른 나라의 국경을 통과하기 위해서는 한 달 이상의 법적 검역 절차를 밟아야 했습니다. 이탈리아의 베네치아에서는 외국에서 배가 오면 멀리 떨어진 섬에 선원들을 40일 동안 격리시켜 흑사병에 걸리지 않았다는 것을 확인한 후에야 도시로 들어오게 했습니다.

63

교부 철학과 스콜라 철학의
차이는 뭔가요?

5세기 게르만족의 이동으로 서로마 제국이 붕괴되고 중세가 시작됩니다. 당시 서유럽 사회를 하나의 질서로 묶은 것은 크리스트교입니다. 크리스트교 성직자들은 신앙 체계 확립을 위해 종교 철학을 깊게 연구했고, 그 과정에서 교부 철학과 스콜라 철학이 나타났습니다. 두 철학은 서양 중세를 이끈 크리스트교를 기반으로 한 철학입니다. 그런데 두 철학 사이에는 분명한 차이점이 존재합니다. 그 차이점은 무엇일까요?

교부 철학이 무엇인가요?

'교부敎父'란 '종교의 아버지' 또는 '종교의 보호자'라는 뜻으로 크리스트교의 종교적 이론을 세우고 크리스트교를 다른 종교로부터 보호하기 위해 활동했던 사람들을 말합니다. 2세기~8세기 게르만족의 이동으로 다양한 신앙과 종교가 뒤죽박죽 섞이면서 사상 체계가 혼란스러웠습니다. 이런 상황을 대처하기 위해 성립된 철학이 교부들에 의한 철학 즉, '교부 철학'입니다.

교부 철학을 집대성한 사람은 크리스트교 주교 아우구스티누스입니다. 그가 성직자로 활동했던 시기는 로마가 서고트족에 침략당해 충격에 빠져 있던 상태였습니다. 당시 민심은 이 모든 재앙이 하느님의 노여움을 샀기 때문이라며, 크리스트교에 책임을 물었습니다. 아우구스티누스는 성직자로서 바쁜 직무를 수행하면서도 《고백론》,《삼위일체론》,《신국론》 같은 신앙 고백서 겸 철학책을 써서 교회에 닥친 위기를 헤쳐 나가고자 했습니다.

아우구스티누스는 그의 저서에서 플라톤의 이데아 사상을 통해 신을 설명했습니다. 플라톤은 세상을 두 가지 측면으로 바라본 이원론적 사상가입니다. 그는 세상을 변하지 않는 이데아계와 수시로 변하는 현상계로 구분하고 이데아계는 우리 현실을 넘어선 신이 만든 세상과 같은 이상 세계라고 설명했습니다.

플라톤의 이원론적 세계관에 영향 받은 교부 철학자 아우구스티누스는 세상을 천상의 세계와 지상의 세계로 구분해 설명했습니다. 그러면서 인간은 신의 은총을 통해서만 영혼을 구제받을 수 있다는 교리 체계를 만들었습니다. 또한 아우구스티누스는 로마 제국이 다른 종교에 빠져서 하느님의 심판을 받았다며, 철저히 '하느님의 나라'가 되어야 이민족으로부터 안전한 생활을 누릴 수 있다고 주장했습니다.

스콜라 철학은 무엇인가요?

게르만족의 이동으로 혼란스러웠던 서유럽 사회는 시간이 지나며 점차 안정되었습니다. 도시가 발달하고 상공업이 성장하면서 동서 교류도 잦아졌습니다. 더군다나 십자군 전쟁으로 강력했던 교회의 권위가 추락하면서 신에 대한 체계적인 새 이론을 확립할 필요가 생겼습니다.

이러한 배경 속에 스콜라 철학이 대두되었습니다. 스콜라 철학은 800년부터 길게는 1600년대까지 유럽 사회에서 활발히 연구되었던 신학에 바탕을 두고 있습니다.

교부 철학에서는 신앙이 절대적이었습니다. 신은 그냥 믿어야 하는 대상이지, 논리적으로 설명해야 하는 대상이 아니었습니다. 그러나 스콜라 철학은 신에 대한 믿음을 설명할 논리를 제시했습니다. 신앙과 이성은 대립하고 갈등하는 것이 아니기 때문에 이성적 사고로 신앙을 설명할 수 있다고 주장했습니다.

스콜라 철학의 밑바탕에는 고대 그리스의 아리스토텔레스 철학 사상이 깔려 있습니다. 아리스토텔레스 철학은 중세 교회에 매우 위험한 사상이었습니다. 아리스토텔레스는 실체가 없는 절대적인 신을 비판적으로 보았기 때문입니다. 플라톤이 이상적인 존재를 강조했다면 아리스토텔레스는 현실적인 지식을 강조했습니다.

유일신 사상을 기조로 한 크리스트교에서 하느님은 절대자로 이상적 존재 그 자체입니다. 그런데 아리스토텔레스 철학은 하느님 같은 이상적 존재보다 현실의 인간과 현상을 더 중요하게 여겼습니다. 이런 차이 때문에 중세 교회는 아리스토텔레스의 책을 금서로 지정해 읽지도 못하게 했습니다.

어떤가요? 설명이 너무 어렵나요? 좀 더 쉽게 교부 철학과 스콜라 철학을 비교해 보겠습니다. 비가 많이 내려 홍수가 났을 때 교부 철학에서는 하느님이 인간의 잘못을 벌한 것이라고 설명합니다. 다른 설명이 필요 없습니다. 스콜라 철학은 교부 철학의 설명을 부정하지 않지만 좀 더 과학적이고 논리적입니다. 그래서 스콜라 철학자들은 비는 왜 내리며, 홍수는 왜 나는지를 이성적이고 논리적으로 설명하며 자연 현상과 신앙의 적절한 조화를 모색합니다.

중세를 대표하는 스콜라 철학자는 13세기 중반을 살았던 이탈리아의 신학자 토마스 아퀴나스입니다. 그는 경험을 통해 자연법칙의 진리를 찾을 수 있다는 아리스토텔레스의 철학 체계를 수용했습니다. 그래서 홍수는 신이 인간을 벌하기 위한 것이 아니라 자연의 법칙이라고 설명했습니다. 다만, 이 세상은 자연 법칙만으로는 설명할 수 없는 초자연적인 진리가 있으며 그것은 신의 은총과 말씀으로 완성된다고 주장했습니다. 또한 인간이 세상에 태어난 진정한 목적은 세상에서 행복한 삶을 살아가기 위함이지만 더 높은 목적은 신앙을 통해 구원받는 것이라고 했습니다. 토마스 아퀴나스의 철학 사상은 크리스트교가 위기에 처했던 중세 후반기에 이성적 사고로 신앙을 설명함으로써 크리스트교 철학의 이론적 토대를 마련하고 굳건히 다졌습니다.

가톨릭과 개신교는 왜 나뉘었나요?

세계 많은 사람이 예수의 가르침을 따르는 크리스트교를 믿습니다. 크리스트교 신자들은 일요일이면 각자의 믿음에 따라 가톨릭 성당, 장로교 교회, 침례교 교회, 성공회 성당 등으로 가서 예배를 드립니다. 이들은 모두 예수 그리스도의 가르침을 따르는데, 왜 가는 교회는 다를까요? 그 이유를 지금부터 알아보겠습니다.

교황과 교회의 타락

16세기에 교황과 교회는 매우 타락해 있었습니다. 성직 매매와 성직자의 혼인이 다시 출현했으며, 교회는 교리에 어긋난 일을 하며 신도들을 착취했습니다. 특히 16세기 전반기의 교황 레오 10세는 성 베드로 대성당의 증축 비용을 마련하기 위해 신성 로마 제국에 면벌부를 판매하는 사람들까지 파견하며 재산 불리기에 몰두했습니다. 면벌부가 뭐냐고요? 하느님의 대리자인 교황이 발부한 일종의 천국행 승차권입니다. 면벌부 판매원들은 "면벌부만 사면 모든 벌을 사면받고 천국으로 갈 수 있다"고 홍보했고, 믿음이 강했던 당시 사람들은 너도나도 많은 돈을 주고 면벌부를 샀습니다. 하지만 교회와 성직자의 타락을 심각한 문제로 인식한 일부 사람들은 교황과 면벌부 판매원들만 배불리는 면벌부 판매 행위를 비판했습니다.

종교 개혁의 불씨를 지핀 마르틴 루터

신성 로마 제국 내 비텐베르크 대학의 신학 교수이자 성직자였던 마르틴 루터는 면벌부 판매를 비판했습니다. 그는 면벌부 따위로는 인간이 구원받을 수 없으며, 오직 성경을 따르는 삶과 신에 대한 믿음만이 인간을 구원할 수 있다고 주장했습니다. 때마침 비텐베르크에 면벌부 판매원이 온다는 소식을 들은 루터는 면벌부 판매 행위를 비롯해 교황과 교회의 타락 행위를 조목조목 비판하는 〈95개조 반박문〉을 만들어 공개하며 종교 개혁의 시초를 마련했습니다. 루터가 쓴 〈95개조 반박문〉은 다량 인쇄되어 신성 로마 제국 전역에 배포되었고, 그의 주장은 교회의 착취와 타락에 지쳐 있던 많은 사람의 동의와 공감을 이끌어 냈습니다.

루터는 가톨릭 교회 성직자들에게 비판받았고, 교황은 루터에게 주장을 철회하도록 압력을 행사했습니다. 하지만 루터는 본인의 주장이 성경에 입각한 정당한 생각이라며 교황의 말을 따르지 않았습니다. 결국 루터는 교황에 의해 파문당했고, 친교황 세력인 신성 로마 제국 황제에 의해 법의 보호도 박탈당했습니다.

다행스럽게도 황제와 교황의 간섭에서 벗어나고자 하는 제후들이 루터에게 관심을 보였고, 루터는 작센 선제후로부터 신변을 보호받을 수 있었습니다. 작센에서 루터는 성경과 믿음 중심의 신앙 개혁 운동을 추진했습니다. 루터는 성경을 독일어로 번역해 많은 사람이 성경을 읽을 수 있게 했고 덕분에 일반 신자들이 성경 내용을 스스로 이해할 수 있게 되었습니다. 이게 무슨 말이냐고요? 당시 성경은 라틴어로 쓰여 있었고, 다른 언어로 번역이 금지되어 있었습니다. 따라서 독실한 신자라 해도 라틴어를 모르는 대다수의 일반인은 가톨릭 사제에 의존하지 않으면 성경 내용을 이해할 수 없었습니다. 그런데 때마침 금속 활자가 보급되어 대량 인쇄가 가능해지며 루터가 독일어로 번역한 성경이 신성 로마 제국의 영토 곳곳에 보급되었고, 많은 사람이 사제를 통하지 않고 직접 성경을 읽을 수 있게 되었습니다. 루터의 개혁을 지지하는 사람들이 날로 늘어났고, 루터를 후원하는 제후도 늘어났습니다.

루터 지지 세력이 커지고 있는데도 교황과 신성 로마 제국의 황제는 루터와 지지자들을 탄압했습니다. 그러자 루터파 제후들이 동맹을 맺고 황제와 교황에 대항했습니다. 결국 황제와 교황을 지지하는 세력과 루터를 지지하는 세력 간에 전쟁이 일어났고, 이 전쟁은 1555년 아우크스부르크에서 황제와 루터파 제후들이 화의하며 종결되었습니다. 화의 내용은 "루터파의 신앙을 인정"하고 "각 지역의 제후들은 루터파와 가톨릭 중 하나를 자기 영지의 종교로 선택할 수 있다"는 것이었습니다. 이로써 오랜 기간 로마 교황 중심으로 유지되었던 크리스트교가 분열되었고 새로운 크리스트교 종파가 탄생했습니다.

상공업자들의 지지를 받은 칼뱅의 예정설

루터가 신성 로마 제국 안에서 열심히 새로운 신앙 운동을 벌이고 있을 때, 스위스에서는 츠빙글리라는 종교 개혁가가 새로운 신앙 운동을 시작했습니다. 그는 철저하게 성경 위주의 신앙을 주장하며 모든 교리와 의례에 성경을 적용했습니다. 츠빙글리의 신앙 운동은 프랑스 출신의 장 칼뱅에게 영향을 미쳤습니다.

장 칼뱅은 츠빙글리의 사상에 입각해 프랑스에서 종교 개혁에 나섰습니다. 하지만 당시 프랑스 왕과 다수 성직자는 로마 교황 편이었습니다. 그들은 칼뱅을 붙잡아 화형대에 세우려 했습니다. 칼뱅은 간신히 탈출해 스위스로 도피했습니다. 스위스에서 그는 《크리스트교 강요》라는 책을 편찬하고 '예정설'을 주장하며 본격적인 종교 개혁에 나섰습니다. 칼뱅이 주장한 '예정설'은 '구원받을 사람은 신이 미리 정해 놓았다. 따라서 구원이 예정된 사람은 신의 은총에 보답하기 위해 자신의 직업 활동에 성실히 임하고 검소한 삶을 살아야 한다'는 것입니다. 칼뱅의 주장은 부를 축적하는 행위에 부정적이었던 가톨릭과 달리 성실한 직업 활동을 통한 부의 축적에 긍정적이었습니다. 그런 까닭에 당시 성장하던 신흥 상공업자들에게 적극적으로 수용되며 프랑스와 네덜란드 등 유럽 각지에 확산되었습니다.

영국의 종교 개혁과 가톨릭 내부의 개혁

루터와 칼뱅이 유럽 본토에서 종교 개혁의 불을 달구고 있을 때, 영국에서도 헨리 8세 국왕의 이혼 문제를 둘러싸고 종교 개혁이 일어나 '영국 국교회'가 탄생했습니다. 새로 생긴 이 종파는 루터나 칼뱅의 종교 개혁과 달리 국왕의 개인적인 일이 원인이 되어 생겨났습니다. 따라서 교리적인 면은 가톨릭과 크게 다르지 않지만, 영국 왕이 영국 국교회의 수장이 되어 영국 교회들을 관리한다는 측면에서 로마 교황 지배하에 있던 가톨릭 교회 세력과는 다른 신흥 종파였습니다.

유럽 각지에서 새로운 교회(신교)가 생겨나며 가톨릭의 자리를 위협하자 가톨릭 내부에서도 개혁 움직임이 일어났습니다. 로마 교황은 1545년 트리엔트 공의회를 개최해 교황의 권위와 가톨릭 교회의 교리를 재확인했으며,

신교의 확산을 저지하기 위해 종교 재판소를 설치하고 금서 목록을 지정했습니다. 또한 교황에게 직속된 수도회인 '예수회'를 통해 적극적인 포교 활동을 전개했으며 아시아와 라틴 아메리카 등지에서 가톨릭 세력을 확대해 나갔습니다.

종교 개혁의 결과

유럽 여러 지역에서 루터를 비롯한 다양한 종교 개혁가들에 의해 전개된 종교 개혁의 결과, 로마 교황이 이끄는 단일 교단 체제였던 크리스트교는 종교적 통일성이 깨지고 다양한 종파가 공존하게 되었습니다. 이후 종파 간 대

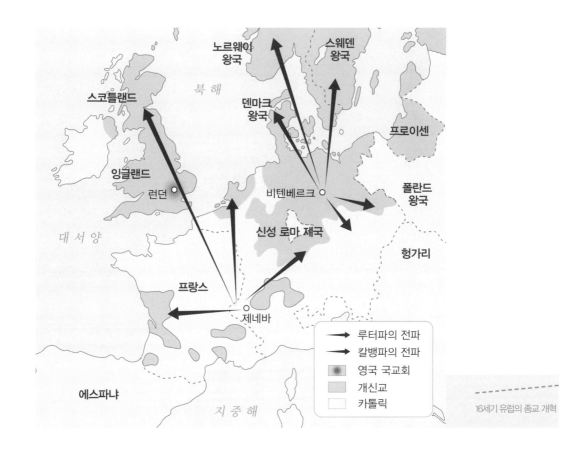

16세기 유럽의 종교 개혁

립이 발생해 대규모 종교 전쟁이 일어나는 등 16~17세기 유럽은 종파 갈등으로 인한 몸살을 심하게 앓았습니다. 유럽 내 종교 갈등은 1648년 베스트팔렌 조약으로 루터파와 칼뱅파가 종교의 자유를 얻게 되며 일단락지어졌습니다.

한편 종교 개혁으로 분열된 크리스트교는 예전처럼 강력한 정치·사회적 영향력을 행사할 수 없게 되었습니다. 이제는 종교 대신 국가와 국왕의 역할이 강조되었습니다. 이후 유럽 각 나라의 왕들은 확대 강화된 영향력을 바탕으로 교회의 간섭에서 벗어나 독자적인 길을 걸으며 근대 국가를 건설해 나갔습니다.

영국 국왕은 이혼하기 위해 종교 개혁을 했다고요?

영국 왕 헨리 8세에게는 바람둥이 이미지가 있습니다. 그는 혼인과 이혼을 여러 번 반복했습니다. 그의 잦은 혼인은 아들을 낳기 위한 집착에서 비롯되었습니다. 그런데 특이한 것은 영국의 종교 개혁은 헨리 8세의 이혼과 밀접한 연관이 있습니다. 어떤 연관이 있을까요?

헨리 8세가 여섯 번이나 혼인한 까닭은?

영국 왕 헨리 8세에 관해 들어 본 적 있나요? 그는 영국의 중흥을 이끈 엘리자베스 1세의 아버지입니다. 헨리 8세는 형의 아내와 혼인했습니다. 장남인 형이 혼인한 지 4개월 만에 죽었는데 영국은 새 신부 캐서린이 가져온 막대한 재물과 강국 에스파냐와 동맹 관계를 포기할 수 없어 둘째 아들을 형수와 혼인시켰습니다. 혼인 초기에 이들 부부는 사이가 좋았습니다. 하지만 캐서린이 여섯 번이나 유산을 하고 딸 메리 말고는 아들을 낳지 못하자 헨리 8세는 왕궁의 시녀였던 앤 불린과 혼인하려고 했습니다. 스물다섯 살인 앤 불린은 젊고 교양이 넘치며 헨리와 종교 토론이 가능할 정도로 신학에도 해박했습니다.

1525년 헨리 8세는 왕비 캐서린과 이혼을 결심했습니다. 하지만 가톨릭 교리에서는 이혼이 불가능했습니다. 그는 성경의 내용을 바탕으로 처음부터 형의 아내와 혼인한 것 자체가 잘못 되었다며 혼인 무효를 주장했습니다. 유럽 전역의 가톨릭 교회를 이끄는 교황은 영국 왕의 이혼을 승낙하지 않았습니다. 왜냐고요? 종교적 이유도 컸지만 정치적 이유가 더 컸습니다. 로마 교황청은 오늘날 독일 지역에 해당하는 신성 로마 제국의 적극적 후원을 받고 있었습니다. 그런데 헨리 8세의 아내 캐서린은 신성 로마 제국의 황제이자 에스파냐 왕도 겸하고 있는 카를 5세의 이모였습니다. 캐서린으로서는 20년 동안이나 혼인 생활을 하면서 자식까지 낳았는데 남편의 이혼 요구가 황당하기만 했습니다. 캐서린은 조카 카를 5세에게 교황청에 청을 넣어 자신의 이혼을 불허해 달라고 부탁했습니다. 교황청을 후원하는 카를 5세의 청탁을 받은 교황은 헨리 8세와 캐서린의 이혼을 승락하지 않았습니다.

교황의 반대로 정상적인 이혼이 불가능해지자 헨리 8세는 다른 수단을 동원했습니다. 그는 이혼을 감행하기 위해 교황으로부터 영국 교회의 독립을 선언하는 '수장령'을 발표했습니다. 이게 무슨 뜻이냐고요? 영국 교회의 주인은 교황이 아닌 영국 국왕인 자신이라고 선언한 것입니다. 1,000년 넘게 로마 가톨릭을 믿었던 영국이 새롭게 '국교회' 만들어 독자 행보에 나선 것입니다. 교황은 이제 적이나 다름없어진 헨리 8세를 파문했습니다. 하지만 바다 건너 영국 땅을 다스리는 헨리 8세에게 미친 영향은 거의 없었습니다. 이제 영국은 교황의 간섭에서 완전히 벗어나 영국 왕을 수장으로 하는 독자적인 크리스트교 종파를 만들었습니다.

헨리 8세는 아내 캐서린과 헤어지고 젊은 시녀 앤 불린과 혼인했습니다. 행복하게 잘 살았냐고요? 아닙니다. 이들의 혼인 생활도 순탄치 않았습니다. 앤 불린이 아들이 아닌 딸을 낳자, 실망한 헨리는 앤 불린을 사형장으로 보냈습니다. 그리고 다른 시녀인 제인 시모어와 혼인했습니다. 제인 시모어와 사이에서 드디어 아들을 얻었는데, 그가 바로 헨리 8세를 이어 왕위에 오른 에드워드 6세입니다. 그런데 제인 시모어가 아이를 낳다가 죽자 헨리 8세는 이후에도 세 번이나 더 혼인했고, 더 이상 아들을 얻지는 못했습니다.

헨리 8세는 왕위 계승에 대단히 집착했습니다. 대를 이을 아들 에드워드 왕자에게 혹시라도 문제가 생겨 대가 끊어질까 봐 두 딸이 왕위에 오를 수 있도록 조치해 놓고 세상을 떴습니다. 놀랍게도 헨리 8세의 걱정처럼 에드워드 6세는 왕이 된 지 6년 만인 열여섯 살에 병으로 사망했습니다. 왕위는 헨리 6세의 맏딸 메리가 이어받았습니다. 그다음 왕위는 둘째 딸 엘리자베스가 승계해 엘리자베스 1세로 등극하며 영국의 전성시대를 열었습니다. 그러고 보면 병적일 정도로 자기 혈육의 왕위 계승에 집착했던 헨리 8세의 노력과 혜안 덕분에 아들과 딸이 모두 영국 왕이 된 셈이지요.

영국 국교회는 로마 가톨릭과 어떻게 다른가요?

헨리 8세에 의해 만들어진 영국 국교회는 기존의 가톨릭 교회가 진행하던 예배 형식을 그대로 따랐습니다. 하지만 교회의 운영 체계는 달랐습니다. 교회 수장이 교황이 아닌 영국 왕이며, 교회를 이끄는 주교가 교황 밑에 속하지 않고 자율적 권한을 가졌습니다.

영국 국교회는 지금도 영국 내에서 국교로서 위상을 고수하고 있습니다. 세계적으로 선교 활동이 활발하게 진행되지는 않았지만 각 나라에 포교가 이루어져 세계 곳곳에 교회가 설립되어 있기도 합니다. 우리나라에도 개화기 때 들어와 교단이 형성되어 있는데, 우리나라에서는 국교회라 부르지 않고 '성공회'라고 합니다.

중세 시대에 마녀사냥이 있었다고요?

마녀라는 말을 들어본 적 있나요? 국어사전에서 마녀를 찾아보면, '악마처럼 성질이 악한 여자'로 나옵니다. 중세 유럽에서는 마녀사냥이 심했습니다. 그런데 중세 유럽 사회에서 '마녀'는 여자만이 아닌 남자도 있었습니다. 중세 유럽 사람들은 왜 마녀사냥을 했을까요?

중세 시대에 마녀사냥은 왜 일어났나요?

사회적으로 어려운 상황이 닥치면, 사람들은 종종 책임을 떠넘길 대상을 찾습니다. 그리고 그 대상을 찾으면 악의 근원처럼 여기며 희생물로 삼아 처벌하고 자신들이 져야 할 책임을 떠넘기곤 합니다.

15세기에서 18세기 사이에 유럽에서 발생한 마녀사냥도 그랬습니다. 당시 유럽은 십자군 전쟁, 경제 위기, 종교 개혁 등의 여러 혼란이 한꺼번에 닥치면서 크리스트교의 권위가 무너지기 시작했습니다. 게다가 흑사병으로 인구가 급감하면서 봉건 사회 질서도 흔들렸습니다. 이 시기에 선량한 사람을 악마 또는 마녀로 몰아 처단하는 일이 벌어졌습니다. 놀랍게도 마녀사냥의 절정기는 근대 의식이 싹트던 17세기였습니다. 미신이 사라져 가던 근대 사회 초기에 마녀사냥이 가장 심했다는 것은 역사의 아이러니입니다.

마녀사냥을 주도한 사람은 누구였나요?

마녀사냥에도 매뉴얼이 있었습니다. 이 매뉴얼을 만든 사람은 15세기의 수도사 야콥 슈프랭거와 하인리히 크라머입니다. 그들은 《마녀를 심판하는 망치》라는 책을 발간해 교황에게 허가까지 받았고 이 책은 베스트셀러가 됐습니다. 더구나 쾰른 대학 교수들이 공적 증명을 해 주었고, 법학자들은 마녀를 처벌하는 법 체계를 만들어 마녀사냥의 근거를 제공했습니다.

여러 가지 사회 악재가 겹쳤던 중세 후기 유럽 사회의 마녀사냥은 국가와 지배층이 주도하며 무자비하게 이루어졌습니다. 마녀사냥 매뉴얼 《마녀를 심판하는 망치》는 10만 명이 넘는 무고한 사람을 '마녀'라는 이름으로 가혹하고 잔인한 폭행 속에 죽게 한 지침서가 되었습니다.

마녀사냥의 대상은 어떤 사람들이었나요?

중세 마녀사냥의 표적이 된 사람은 주로 어린아이, 노인, 여자, 병약자 들이었습니다. 이들의 공통점은 무엇일까요? 사회적으로 취약하고 힘이 없다는 것입니다. 특히 혼자 사는 여성 노인은 마녀사냥의 단골 표적이었습니다. 왜 그랬을까요? 그들은 힘과 권력도 없고 친인척도 많지 않았기 때문에 보복당할 가능성도 적었기 때문입니다.

물론 마녀사냥이 전적으로 노약자, 특히 여성만 대상으로 한 것은 아니었습니다. 마녀사냥의 대상에는 남자도 있었고 아주 간혹 권력을 가진 사람도 있었습니다. 대표적 인물이 17세기 초 독일 밤베르크에서 시장을 지낸 요하네스 유니우스입니다. 요하네스가 마녀라는 증거는 마녀들의 잔치인 사바스에 참여했다는 '증언'뿐이었습니다. 이 시기의 증언이라는 것은 다음번 마녀사냥을 위해 끝없이 이어지는 뫼비우스의 띠 같은 것이었습니다. 마녀로 지목되면 가혹한 고문을 받아야 했고, 끔찍한 고문을 조금이라도 일찍 끝내기 위해서는 다른 사람을 마녀로 지목해야 했습니다. 이렇게 마녀가 만들어지는 과정에서 밤베르크에서는 시장을 비롯한 시민 300여 명이 마녀로 몰려 희생당했습니다.

완벽했을 것 같은 황제도 신하를 질투했다고요?

세계사 교과서 비잔티움 제국 편에 반드시 등장하는 인물이 있습니다. 바로 유스티니아누스 대제입니다. 그는 비잔티움 제국의 전성기를 이끈 황제이기에 다른 어떤 인물보다 서술 분량이 많습니다. 그런데 이처럼 대단한 인물도 누군가를 질투했습니다. 왜 그랬을까요? 완벽할 것만 같은 유스티니아누스 대제가 질투한 사람은 누구였을까요?

하층민 출신이 황제가 되다

로마 제국이 둘로 갈라진 뒤 서로마 제국은 게르만족에 의해 멸망하고 동로마 제국(비잔티움 제국)도 주변 이민족들의 침입에 편안한 날이 없었습니다. 혼란기였던 5세기 말에 왕이 된 비잔티움 제국의 황제 아나스타시우스는 고민이 많았습니다. 계속되는 이민족의 침입, 제국 영토 곳곳에서 빈번하게 일어나는 반란 등 거대 제국을 다스리는 것이 참으로 힘들었습니다. 하지만 그 무엇보다 황제를 힘들게 한 것은 대를 이을 아들이 없다는 것이었습니다.

노인이 된 아나스타시우스 황제는 저녁 식사 자리에 조카 세 명을 불렀습니다. 그는 사전에 조카들이 앉을 자리 중 하나에 "왕국"이라고 쓴 쪽지를 비밀리에 놓아 두었습니다. 쪽지가 놓인 자리에 앉은 조카를 후계자로 삼을 생각이었습니다. 하지만 우애가 깊었던 형제들은 한자리에 함께 앉았고, 선택된 조카에게 황제 자리를 물려주고자 했던 황제의 계획은 실패로 돌아갔습니다.

그날 밤 신에게 기도하던 아나스타시우스 황제는 이튿날 자신의 침실에 가장 먼저 들어오는 사람을 황제로 삼으라는 계시를 받았습니다. 날이 밝았습니다. 황제의 침실에 가장 먼저 들어온 사람은 황실 경비대장 유스티누스였습니다. 아나스타시우스 황제는 이 또한 신의 뜻이라 여기고, 유스티누스에게 절을 한 다음 차기 황제로 임명했습니다.

정말 그럴 수 있냐고요? 어떻게 혈육들을 제쳐두고 부하 장수에게 황제 자리를 물려줬냐고요? 사실 이 이야기는 후대에 각색되어 유포된 이야기입니다. 하지만 분명한 것은 유스티누스는 하층민 출신으로, 일개 병사부터 시작해 사령관 직위까지 오를 정도로 실력을 쌓아 인정받은 인물이었습니다. 그런데 그는 글을 쓸 줄도 읽을 줄도 모르는 문맹이었습니다. 그런 사람이 어떻게 대제국을 다스렸을까요? 다행스럽게도 황제에게는 매우 똑똑한 참모가 있었습니다. 유스티누스 황제의 조카로 삼촌의 뒤를 이어 비잔티움 제국의 전성기를 이끈 유스티니아누스 대제입니다.

운명의 짝, 테오도라를 만나다

삼촌인 유스티누스 황제 시절 유스티니아누스는 내무대신으로 제국의 모든 일을 삼촌 대신 직접 챙겼습니다. 이 시절에 그는 운명의 짝을 만났습니

비잔티움 제국의 전성기를 이끈 유스티니아누스 대제는 유능한 신하들과 일하며 정치와 문화를 꽃피웠고 옛 로마 제국의 영토 대부분을 수복했다.

다. 여인의 이름은 테오도라입니다. 삼십 대 중반의 이 여인은 아름답고 지혜로웠습니다. 유스티니아누스는 테오도라의 매력에 빠져 그녀와 혼인하려 했지만 숙모가 반대했습니다. 법적으로 유스티니아누스의 어머니는 숙모였습니다. 이게 무슨 말이냐고요? 황제의 후계자가 되기 위해서는 유스티누스의 양자가 되어야 했기 때문에, 유스티니아누스는 숙모이자 황비인 유페미아의 아들이기도 했습니다.

유페미아가 조카이자 아들인 유스티니아누스의 혼인을 반대한 까닭은 테오도라의 출신 때문이었습니다. 테오도라의 가족은 서커스 단원이었으며, 테오도라도 서커스 무대에서 공연했던 연극배우였습니다. 테오도라의 출신이 마음에 들지 않았던 유페미아는 두 사람의 혼인을 결사반대했습니다.

그런데 숙모 유페미아가 얼마 후에 죽었습니다. 결사반대하던 숙모가 세상을 떠나자 유스티니아누스는 법까지 고쳐 가며 테오도라와 혼인을 강행했

유스티니아누스 대제의 황후 테오도라는 황제의 배우자뿐만 아니라 공동 통치자로서 황제를 적극 지원했다.

습니다. 당시 법에는 "고위직 인사는 여배우와 혼인할 수 없다"는 조항이 있었습니다. 이 법 조항을 유스티니아누스는 "은퇴한 여배우와는 혼인할 수 있다"로 고쳐서 525년 테오도라를 아내로 맞이했고, 2년 후에 황제 자리에 올랐습니다.

새 황비 테오도라는 출신 성분은 보잘것없었지만 아주 지혜로운 사람이었습니다. 테오도라는 단순히 황제의 배우자가 아닌 공동 통치자로서 황제가 나랏일을 잘 할 수 있도록 적극 지원했습니다. 그와 관련된 일화가 있습니다. 당시 비잔티움 제국 사람들이 좋아하던 오락 중 하나는 전차 경주였는데 시합이 열리는 날이면 원형 경기장이 사람들로 인산인해를 이루었습니다. 그런데 관중들이 경기 도중 청색당과 녹색당으로 나뉘어 격렬하게 싸웠습니다. 유스티니아누스 대제는 싸움을 진압하기 위해 군대를 동원해 주모자인 두 당의 대표를 잡아들였습니다. 그러자 양쪽 당원들이 합심해서 유스티니아누스에게 반기를 들었습니다. 얼마 전까지는 서로 대립하더니 이제는 당파를 가리지 않고 합심해 제국의 수도 콘스탄티노폴리스 곳곳에 불을 지르며 황제의 폐위를 요구했습니다. 반란이 생각보다 크게 번지자 유스티니아누스는 지방으로 대피하려 했습니다. 이때 테오도라가 말했습니다.

"무릇 태어난 자는 누구나 언젠가 죽게 마련입니다. 그런데 어찌 황제가 두려움에 몸을 피한단 말입니까? 저는 결코 제 손으로 이 황후의 옷을 벗지 않을 것이며, 죽는 순간까지 황후라는 명칭을 버리지 않을 것입니다."

황제는 테오도라의 굳은 결의에 힘을 얻어 군대를 동원해 반란을 제압할 결심을 했습니다. 테오도라의 조언 덕분에 유스티니아누스는 황제로서 본분을 잃지 않고 반란을 진압해 황제 자리를 보전할 수 있었습니다.

황제가 부하를 질투하다

유스티니아누스의 아내만 유능한 게 아니었습니다. 유스티니아누스 곁에는 유능한 신하들이 많았습니다. 황제는 풍부한 학식을 지닌 트리보니아누스를 법무관에 임명해, 로마법을 집대성한 《로마법 대전》을 완성했습니다. 물리학자인 안테미우스와 수학자 이시도루스를 등용해 성 소피아 대성당을 건축했습니다.

황제 유스티니아누스는 내부 정치가 안정되자 외부로 눈길을 돌렸습니다. 때마침 북아프리카의 반달 왕국 왕이 유스티니아누스에게 무례한 편지를 보내왔습니다. 격노한 유스티니아누스는 벨리사리우스에게 반달 왕국 정벌을 명령했고, 벨리사리우스는 반달국 왕을 생포해 콘스탄티노폴리스로 돌아왔습니다. 황제는 벨리사리우스의 승리에 흡족해하며 이탈리아 정벌을 지시했습니다. 로마 제국의 재건을 꿈꾸던 유스티니아누스로서는 서로마 제국의 중

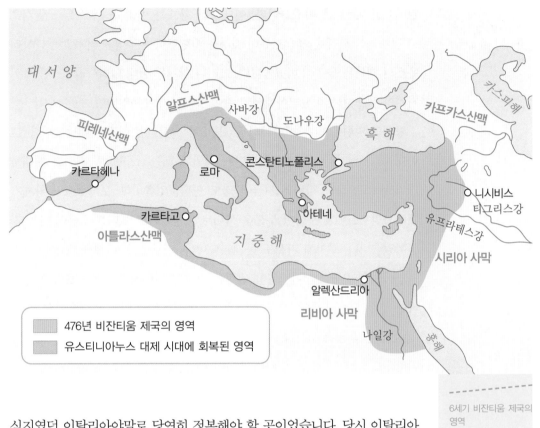

지도 범례
- 476년 비잔티움 제국의 영역
- 유스티니아누스 대제 시대에 회복된 영역

지도 지명
대서양, 알프스산맥, 사바강, 도나우강, 카프카스산맥, 카스피해, 피레네산맥, 흑해, 카르타헤나, 로마, 콘스탄티노폴리스, 니시비스, 티그리스강, 카르타고, 아테네, 유프라테스강, 아틀라스산맥, 지중해, 시리아 사막, 알렉산드리아, 리비아 사막, 나일강, 홍해

심지였던 이탈리아야말로 당연히 정복해야 할 곳이었습니다. 당시 이탈리아는 게르만족의 일파인 동고트족이 차지하고 있었습니다. 벨리사리우스는 나폴리, 로마를 비롯한 이탈리아 도시들을 점령해 나갔습니다. 그런데 동고트 왕국의 수도 라벤나를 치기 직전 황제는 측근을 보내 벨리사리우스의 원정에 제동을 걸었습니다.

갑자기 황제가 벨리사리우스를 견제한 이유는 무엇이었을까요? 유스티니아누스는 내심 이탈리아에서 계속해서 승전고를 울리고 있는 벨리사리우스에게 시샘이 났습니다. 그 누구도 이루지 못했던 로마 제국 영토 수복을 벨리사리우스가 해낸다면, 자신의 권위가 상대적으로 떨어질 거라고 생각한 것입니다. 그럼에도 벨리사리우스는 이탈리아 원정을 성공리에 마무리하고 콘스탄티노폴리스로 돌아왔습니다. 이때부터 황제는 벨리사리우스를 노골적으로 견제하기 시작했습니다. 부대 재정을 횡령했다는 누명을 씌우고 벨리사리우스의 재산을 몰수해 버렸습니다. 그러나 황제는 이내 벨리사리우스를 복귀시켜야 했습니다. 이탈리아에서 반란이 일어났기 때문입니다.

황제의 명령을 받은 벨리사리우스는 2차 이탈리아 원정을 떠났습니다. 그런데 이게 웬걸? 이탈리아 원정단에 모인 부대는 소규모에, 훈련도 제대로 받지 못한 병사에, 장비와 자금 사정도 형편없었습니다. 오죽했으면 황제가 벨리사리우스에게 부족한 부분은 사비로 충당하라고 했다는 소문이 나돌 지경이었습니다. 로마에 가서도 문제였습니다. 지원 요청을 해도 황제는 묵묵부답이었습니다. 2차 이탈리아 원정을 떠났던 벨리사리우스는 유능한 장수라는 명성에 흠집만 남긴 채, 콘스탄티노폴리스로 돌아와야 했습니다. 황제의 질투를 받은 벨리사리우스는 이후 죽을 때까지 큰 공을 세울 수 없었습니다.

결국 교과서에 기록될 만큼 비잔티움 제국의 전성기를 이끌었던 황제도 다른 사람과 자신을 비교하고 시샘하는 평범한 사람이었던 것입니다. 자신을 돕는 신하가 자기보다 유능한 것 같아 질투했고 자신의 자리를 넘볼 것 같아 결국 그를 패배자로 만들고 말았습니다.

68 비잔티움 제국에서는 황제가 교회 수장이었다고요?

726년 동로마 제국의 황제 레오 3세는 '성상 숭배 금지령'을 내렸습니다. 하느님, 예수, 성모 마리아, 순교자 등 크리스트교 성인의 조각상을 모두 부숴 버리라는 명령이었습니다. 그런데 왜 성상 파괴 결정을 교황이나 교단이 아닌 황제가 내렸을까요?

동로마, 비잔티움 제국으로 발전하다

고대 로마 제국이 395년 서로마와 동로마로 분열된 후, 서로마 제국은 476년에 멸망했지만, 동로마 제국인 비잔티움 제국은 수도인 콘스탄티노폴리스를 중심으로 약 1,000년간 지속되었습니다. 콘스탄티노폴리스는 삼면이 바다로 둘러싸여 있어 외적이 쳐들어와도 방어하기가 유리한 천혜의 요새였습니다. 또한 동서 교통의 중심지로 소아시아와 발칸반도, 흑해와 에게해를 두루 연결할 수 있었기에 상공업과 무역의 중심지로 번영을 누렸습니다.

비잔티움 제국의 전성기는 6세기 유스티니아누스 대제 때였습니다. 그는 서고트족이 지배하던 에스파냐 남부 지역을 공격해 일부를 점령했으며, 북아 프리카, 이탈리아 본토, 시칠리아, 코르시카 등 옛 로마 제국 영토의 상당 부분을 회복했습니다. 또한 로마법을 정비해 《로마법 대전》을 편찬했습니다.

군사적 측면에서는 제국의 국방력을 강화하기 위해 '군관구제'와 '둔전병제'를 실시했습니다. 군관구제는 제국 전체를 서른한 개 군관구로 나누어 황제가 임명한 군사령관에게 군사권, 행정권, 사법권을 부여한 제도입니다. 둔전병제는 농민에게 군역 종사의 대가로 토지를 지급한 것으로, 대를 이어 군역 의무를 다하면 토지를 세습할 수 있도록 했습니다. 이 두 제도의 시행으로 비잔티움 제국은 자영농을 기반으로 국방력을 강화할 수 있었습니다.

황제가 교회의 수장이 되다

비잔티움 제국은 기존 서로마 제국의 영토 절반 가까이를 차지하며 대국으로 성장했습니다. 그런데 8세기 전반에 종교 문제로 인한 갈등이 생겼습니다. 726년 레오 3세 황제가 '성상 숭배 금지령'을 내렸습니다. 이 문제로 크리스트교 내부는 갈등을 빚다가 결국 동·서 교회로 분열했습니다. 서유럽에서는 로마를 중심으로 한 '로마 가톨릭'이, 동유럽에서는 콘스탄티노폴리스를 중심으로 한 '동방 정교회'가 만들어졌습니다.

이후 비잔티움 제국은 교회의 보호자를 자처한 황제가 교회를 통치 대상으로 삼아 통제하는 이른바 '황제 교황주의'를 추구했습니다. 황제들은 스스로 크리스트교 군주라고 생각했으며, 수도 콘스탄티노폴리스의 총대주교를 임명했을 뿐 아니라, 교회와 수도원을 지속적으로 간섭했습니다. 또한 종교회의 소집과 회의 내용에 대한 결정권도 황제가 가졌습니다.

그리스 고전을 보전해 후대에 계승시킨 비잔티움 제국

비잔티움 제국은 그리스 로마 문화와 헬레니즘 문화를 융합해 독자적인 비잔틴 문화를 발전시켰습니다. 비잔틴 문화의 특징은 건축과 미술 분야에서 잘 나타납니다.

비잔틴 건축은 외부의 웅장한 돔과 내부의 모자이크화를 특징으로 합니다. 콘스탄티노폴리스에 세워진 성 소피아 대성당은 로마 바실리카 양식과 페르시아 돔 양식을 결합한 비잔티움 양식의 대표 건축물입니다. 이 성당은 하늘을 상징하는 커다란 돔 지붕을 올리고 스물네 개의 큰 대리석 기둥으로 몸체를 떠받쳤습니다. 벽과 돔이 만나는 부분에는 아치형 창문을 만들고 색유리로 장식했으며, 내부 벽면은 화려한 모자이크화로 채워 넣었습니다. 이러한 비잔티움 건축 양식은 슬라브족에 영향을 주어 동유럽과 러시아에서도 다수의 비슷한 건물이 만들어졌습니다.

한편 비잔티움 제국은 그리스 고전을 보전해 후대에 전승했습니다. 고대 그리스 문화가 발전했던 지역을 차지하고 있던 비잔티움 제국은 그리스어를 공용어로 사용했기에 지속적으로 그리스 고전이 연구 보존될 수 있었습니다. 그리고 이렇게 보존된 그리스 고전은 비잔티움 제국 멸망 후 이탈리아로 건너간 학자들에 의해 르네상스가 일어나는 기반이 되었으며 근대 유럽 문화의 발전에 크게 기여했습니다.

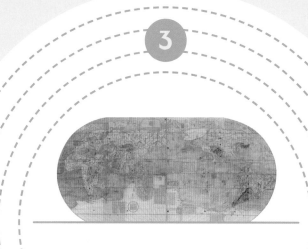

3

지역 세계의
교류와 변화

유목민은 이동을 해야만
살 수 있었다면서요?

몽골에서 이동식 천막을 짓는 영상을 봤어요. 집으로 사용할 천막을 짓는 데 한 시간밖에 걸리지 않더라고요. 아무리 천막이지만 어떻게 집을 이렇게 빨리 지을 수 있을까요? 또 유목민들은 왜 천막에서 살았을까요?

우린 한 시간이면 집을 짓지.

유목민에게 이동은 삶 그 자체

만약 여러분이 자전거 배낭여행을 떠난다면 무엇을 챙길까요? 우선 먹을 것을 챙기겠지요? 다음으로는 갈아입을 옷과 잠을 자기 위한 텐트를 챙길 겁니다. 자전거가 고장날 수 있으니 수리 장비도 챙겨야 합니다.

유목민의 생활도 이와 다르지 않습니다. 유목 민족은 말과 양을 데리고 이동하며 '게르'라는 이동식 천막을 집으로 삼았습니다. 유목민의 삶이 배낭여

유목민의 집 게르. 유목민에게 이동은 일상생활이었다. 양들에게 먹일 목초지를 찾아 이동하며 천막 집에서 살았다.

행자와 다른 게 있다면, 유목민에게 이동은 여가 생활이 아닌 일상생활이라는 점입니다. 그들은 가축을 기르기 위해 물과 풀이 있는 목초지를 찾아 끊임없이 이동하며 살았습니다.

유목민에게 말은 무엇일까요?

유목민이란 '목축을 업으로 삼아 물과 풀을 따라 옮겨 다니며 사는 민족'을 말합니다. 언뜻 생각해 보면 이들은 물과 풀과 가축만 있으면 걱정 없이 평화로운 삶을 살았을 것 같습니다. 하지만 그들의 삶은 고단했습니다. 맹수의 습격은 물론이고 다른 유목민의 침입에도 맞서 소중한 가족과 가축을 지켜야 했습니다. 추위 같은 자연재해로 먹을 것이 떨어지면 서슴없이 이웃 부족을

약탈하기도 했습니다. 이처럼 힘든 삶을 살아야 했던
유목민은 생존을 위해 말을 자신의 몸처럼 다룰 수 있
어야 했습니다. 그래서 그들은 말을 잘 타기 위한 도구
와 기술을 고안해서 활용했습니다.

　유목민이 발명한 말 도구로는 재갈과 안장, 등자 등
이 있습니다. 말의 입에 '재갈'을 물린 후, 고삐로 연결
해 말머리를 사람이 잡아당길 수 있게 하니, 언제든 원

등자. 유목민은 말을 자신의 몸처럼 다루기 위해
재갈, 안장, 등자 등의 도구를 만들었다. 등자에
두 발을 고정할 수 있게 되면서 균형을 잡고 두
손을 자유롭게 쓸 수 있게 되었다.

하는 방향으로 말을 조종할 수 있었습니다. 말을 안전하게 타기 위해 말 등에
'안장'을 얹어 균형을 잡고 편안하게 탈 수 있도록 했습니다. 안장 아래로는
타원형 고리처럼 생긴 발 받침대 '등자'를 매달았습니다. 등자의 발명은 말을
타는 데 획기적인 발전을 가져왔습니다. 등자에 발을 고정함으로써 쉽게 균

형을 잡고 두 손을 자유롭게 사용할 수 있게 되었습니다. 이로써 칼은 물론이려니와 창과 활도 말 위에서 자유자재로 사용할 수 있었습니다.

북방 유목민 특유의 머리 모양인 변발도 말을 편하게 타기 위해 고안된 스타일입니다. 말을 탈 때 머리가 치렁치렁하면 거추장스러웠고, 투구를 쓰면 너무 더웠습니다. 또한 초원에는 물이 부족해 머리를 자주 감을 수 없다는 것도 앞머리를 민 변발이 등장한 배경입니다.

기록으로 남지 못한 초원 지대 유목민의 역사

최초로 역사에 등장한 유목민은 스키타이족입니다. 기원전 8세기 무렵 러시아 남부에서 등장한 스키타이는 우수한 기마 전술로 당시 최강이었던 페르시아 제국을 격파하고 동서 교역을 주도했습니다.

기원전 3세기 몽골고원에서는 스키타이의 영향을 받은 흉노가 등장했는데, 최초로 중국을 통일한 진시황조차 위협을 느낄 정도로 막강했습니다. 진시황은 장군 몽염을 보내 흉노를 몰아내려고 했고, 흉노의 침범을 막기 위해 만리장성을 쌓았습니다.

북방 유목민들은 농경 민족인 중국 사람들이 사는 황허강 유역 중원 지역 땅을 호시탐탐 노렸습니다. 특히 가뭄 같은 자연재해가 들어 초원 지대에서 살기 어려워지면 말을 타고 국경을 넘어와 수시로 약탈을 했습니다. 그래서 중원에 있는 나라들은 흉노 같은 유목민의 침입을 막는 것이 가장 큰 고민 거리였습니다. 유목민의 힘이 강할 때는 해마다 중국이 조공을 보내 평화를 유지하기도 했습니다. 한나라를 세운 고조 유방은 흉노를 먼저 공격했다가 패한 후 한동안 흉노의 눈치를 보며 조공을 보냈습니다. 한나라가 흉노보다 우위에 선 것은 무제 시대부터입니다. 한무제는 확대된 국력을 기반으로 흉노 내부의 분열을 틈타 대대적인 공세를 펼쳤습니다.

그러면 한무제 이후에는 흉노를 비롯한 유목 민족들이 자기들 거점 지역인 북방 초원 지대에서 조용히 살았을까요? 그건 또 아닙니다. 4세기 초반에는 중원을 장악하고 5호 16국 시대를 열었습니다. 4세기 후반에는 흉노가 서쪽으로 세력을 넓혀 동유럽 흑해 연안까지 진출해 게르만족을 공격하며 게르만족의 이동을 유발시켰습니다. 당시 유럽 사회를 공포의 도가니로 몰아넣었던 흉노족을 유럽에서는 '훈족'이라 불렀습니다.

이처럼 고대 역사만 가지고 보더라도 유목 민족이 세계사에 끼친 영향은 상당합니다. 그러나 안타깝게도 유목민의 생활과 역사 기록은 거의 남아 있지 않습니다. 그들은 계속 이동하며 생활해야 했기 때문에 기록을 남기기 어려웠습니다. 북방 초원 지대는 매우 드넓은 땅입니다. 따라서 그곳의 역사가 제대로 기록으로 남아 있었다면, 세계사는 아마 지금보다 훨씬 풍성했을 것입니다.

송나라가 주변국에 매년 돈을 주었다고요?

당나라 멸망 이후 분열된 중국을 재통일한 나라는 송나라입니다. 송나라 시대 동아시아에는 여러 민족이 국가를 수립해 활발하게 활동했습니다. 대표적으로 거란의 '요', 탕구트의 '서하', 여진의 '금'이 있습니다. 이들과 원만한 관계를 맺는 것이 송나라의 중요한 숙제였습니다. 이 숙제를 송나라는 어떻게 해결했을까요?

중국을 재통일한 송나라, 문치주의를 실시하다

당 멸망 후 중국은 각 지방을 관할했던 절도사들에 의해 여러 나라가 세워졌습니다. 이 시기를 '5대 10국 시대'라고 합니다. 혼란스러웠던 5대 10국의 분열기를 다시 통일한 사람은 절도사 출신 조광윤이었습니다. 그는 통일 왕조 송나라의 초대 황제가 된 이후, 지방 세력이 성장하는 것을 막기 위해 문신 관료 위주로 나라를 운영하는 '문치주의' 정책을 실시했습니다. 본인이 절

도사 출신이었기에 무인 세력이 강하면 다시 나라가 혼란스러워진다고 생각
했기 때문입니다. 절도사가 어떤 관직이기에 그러냐고요? 당나라 후기에 북
방 이민족의 침입을 막기 위해 국경 지방에 대규모 군부대를 설치했는데, 그
부대를 지휘했던 장군이 절도사입니다. 우리나라로 치면 휴전선 부근 최전방
에 있는 부대를 지휘하는 장군 정도로 생각하면 됩니다.

태조 조광윤은 절도사들에게 주어졌던 병권과 재정권, 민정권을 모두 회수
하고 중앙군인 금군의 통수권을 황제에게 집중시켰습니다. 또한 황제가 중앙
에서 파견한 관리에 의해 지방 행정이 이루어지도록 행정 체제를 재편했으
며, 지방 장관들을 전부 문신으로 임명했습니다. 한편 관료제를 효과적으로
운영하기 위해 과거제를 확대 실시했습니다.

과거 제도는 수나라 때부터 실시한 관리 선발 제도인데 수·당 시대에는 귀
족들의 영향력이 커서 제대로 활용되지 못했습니다. 그러나 5대 10국 시기
의 혼란 속에서 귀족 세력이 몰락하며 송나라는 과거제를 통해 등용하는 관
료제 사회로 전환할 수 있었습니다. 송나라 과거제의 가장 큰 특징은 관리로
임용되기 위해서는 초시, 복시, 전시로 이루어진 3단계 시험을 모두 통과해
야 한다는 것입니다. 특히 마지막 시험인 전시는 송나라 때부터 치러진 시험
으로 황제가 직접 시험관으로 참석해 복시 합격자들의 석차를 정했습니다.
황제가 직접 감독했기에 과거 합격자는 상징적이나마 황제의 문하생이 되었
습니다. 이는 스승에게 예를 다하는 것처럼 황제에게 충성을 다할 근거가 되
어 황제권 강화에 크게 기여했습니다.

송나라, 돈으로 국방 안정을 도모하다

당이 멸망하고 송이 건국된 10세기 초부터 동아시아에는 새로운 국제 관계
가 형성되었습니다. 당시 만리장성 북쪽에는 여러 북방 민족이 활발하게 세력

을 넓혀 가고 있었는데, 문치주의 정책을 실시했던 송나라는 북방 민족보다 늘 군사적으로 뒤졌습니다.

송나라 시대에 북방 초원 지대에서 먼저 두각을 나타낸 민족은 거란족입니다. 이 민족은 당나라가 쇠퇴한 9세기 말에 힘을 모으기 시작해 10세기 초반에 야율아보기가 부족들을 통합해 '대요'를 건국했습니다. 요나라는 926년 발해를 멸망시킨 후 화북 지역의 연운 16주 지역을 차지했습니다. 이로 인해 송과 요는 국경 지방에 있는 연운 16주 귀속 문제를 놓고 대립했습니다. 송나라는 국방력이 약했기 때문에 섣불리 요나라와 대적할 수 없었습니다.

두 나라는 서로 눈치 보며 대치하다 1004년 '전연의 맹약'을 체결했습니다. 이게 뭐냐고요? 송과 요 사이에 체결된 일종의 평화 협정입니다. 송이 연운 16주를 요의 영토로 인정하고 양국이 형제 관계를 맺은 것이지요. 여기서 형은 송이고 동생은 요였는데, 송이 매년 요에 비단 20만 필과 은 10만 냥을 제공해야 했으니 말이 평화 협정이지 사실 요나라가 우위에서 체결한 불평등 조약이었습니다.

동북쪽 국경 지대에서 요나라가 송을 위협했다면, 서북방에서는 탕구트족이 건국한 서하가 송나라의 심기를 건드렸습니다. 서하는 비단길의 요충지에 자리 잡은 지리적 이점을 최대한 활용해 동서 무역을 하며 발전했습니다. 송나라는 서하의 힘이 더 커지기 전에 기세를 꺾으려고 100만에 가까운 군사를 투입해 전쟁에 나섰습니다. 하지만 전투가 7년이나 이어지면서 막대한 군사비 지출과 요의 침입이 우려되어 1044년 평화 조약을 체결했습니다. 서하가 송나라에 신하의 예를 갖추는 대신 송은 해마다 은 5만 냥과 비단 13만 필, 차 2만 근을 주기로 했습니다. 이 조약에서도 송은 겨우 체면만 유지했을 뿐, 실질적인 이익은 서하가 차지했습니다. 이처럼 송나라는 문치주의로 인한 국방력 약화로 북방 민족들에 돈으로 평화를 구걸해야 했습니다.

송나라를 재정비하려는 노력, 왕안석의 신법

과거제를 통해 등용된 관료들을 유지하기 위해 쓰이는 인건비, 서하와 전쟁 후 증대된 군사비 지출 등으로 송나라의 재정 적자는 날이 갈수록 커졌습니다. 이에 11세기 후반에 들어서서 재정 회복을 목적으로 하는 개혁을 실시했습니다. 이 개혁을 '왕안석의 신법'이라고 합니다.

개혁은 크게 부국책과 강병책으로 나뉘어 실시되었습니다. 나라를 부강하게 만드는 재정 개혁 정책인 부국책으로는 물자 유통을 개선하고 대상인의 폭리를 방지하는 균수법, 식량이 떨어지는 봄철에 빈민에게 곡물을 저렴하게 대여해 주는 청묘법, 중소 상인에게 낮은 이자로 자금을 빌려주는 시역법, 정부가 실업자를 고용하는 제도인 모역법이 실시되었습니다. 군사를 강하게 키우는 강병책으로는 농민에게 군사 훈련을 시키는 보갑법과 군에서 사용할 말을 민간에서 기르게 하는 보마법을 실시했습니다.

왕안석의 신법은 성공했을까요? 개혁 초기에는 성공한 듯 보였습니다. 재정이 흑자로 돌아섰습니다. 그러나 농민의 부담은 줄지 않았고, 신법의 효과를 놓고 당쟁이 일어나며 사회 혼란이 커졌습니다. 특히 기득권 세력의 강한 반발 속에 개혁이 지연되면서 왕안석은 벼슬을 버리고 낙향했습니다. 이후 송나라의 개혁은 흐지부지되고 말았습니다.

인류 역사상 가장 넓은 영토를 차지했던 나라는 몽골이라면서요?

인류 역사에는 수많은 제국이 탄생했다가 사라졌습니다. 그중에서 가장 넓은 영토를 차지했던 나라는 어디일까요? 바로 몽골 제국입니다. 몽골 제국의 영토는 동쪽으로는 중국, 서쪽으로는 유럽에 이르렀습니다. 이처럼 유래를 찾기 힘든 대제국을 건설한 몽골족은 어떤 사람들이었을까요?

테무친, 초원 지대를 통일하다

12세기 말, 몽골 초원 지대에는 다양한 부족이 서로 대립하며 끊임없이 전쟁과 약탈을 이어 가며 살았습니다. 초원 지대의 부족 중에 족장 예수게이가 이끄는 보르지긴족이 가장 강력했습니다.

예수게이에게 첫 아들이 태어났습니다. 아들의 이름을 '강철'이라는 뜻의 '테무친'이라고 지었습니다. 강철처럼 강한 지도자가 되라는 바람이 담긴 이

름이었습니다. 그런데 테무친이 아홉
살이 되던 해에 아버지 예수게이가 살
해되었고 보르지긴족에 비우호적이
었던 부족들이 공격해 왔습니다. 이때
테무친도 포로가 되었습니다. 하지만
테무친은 모든 수난을 다 이겨내고 마
침내 몽골 부족들을 하나로 통합했습
니다. 1206년에 부족회의 쿠릴타이

13세기 초반 몽골 주변
의 나라들

에서 테무친은 만장일치로 몽골 초원의 지배자 '칭기즈 칸'으로 추대되었습
니다. 칭기즈 칸은 '위대한 군주'라는 뜻입니다.

칭기즈 칸, 세계 정복을 꿈꾸다

칭기즈 칸이 몽골 초원 지대를 통합하던 13세기 초에 동아시아에는 여러
나라가 있었습니다. 중국 북부와 만주 지역에는 금나라, 중국 남부에는 남송,
서쪽 비단길에는 서하가 있었습니다.

칭기즈 칸은 거대한 중국 대륙을 공격하기 전에 동서 교역로 비단길에 위
치한 서하를 먼저 공격하기로 했습니다. 그러나 말을 타고 초원에서 싸우는
데 익숙한 몽골군이 성을 지키며 방어하는 서하군과 싸워 이기기란 쉽지 않
았습니다. 칭기즈 칸은 중국과 페르시아 기술자에게 도움을 받아 성을 공략
할 다양한 무기를 개발했습니다. 마침내 전쟁을 시작한 지 1년 만인 1210년
서하는 몽골에 항복을 선언하고 신하가 될 것을 맹세했습니다.

칭기즈 칸의 다음 목표는 금나라였습니다. 몽골군은 세 갈래로 나뉘어 금
나라를 공격했습니다. 사방에서 쳐들어오는 몽골군을 막느라 힘이 분산된 금
나라는 많은 성을 함락당했으며, 수도인 중도(지금의 베이징)를 빼앗길 위기에

처했습니다. 한편 몽골군은 무더위와 전염병으로 진격을 멈출 수밖에 없었는데, 마침 금나라에서 화친을 요청해 왔습니다. 막대한 전쟁 배상금을 받고 잠시 물러나 있던 몽골군은 몇 달 뒤에 다시 중도를 포위했습니다. 금나라 군사들이 끝까지 싸웠으나 성은 결국 몽골군에 넘어갔습니다.

칭기즈 칸은 금과 전쟁 도중 몽골로 돌아갔습니다. 서역 지방에서 새로운 강자로 떠오른 호라즘 왕조가 전쟁을 준비하고 있다는 소식을 들었기 때문입니다. 칭기즈 칸은 먼저 호라즘으로 사절단을 보냈습니다. 그런데 호라즘이 사절단 일행을 전부 죽여 버렸습니다. 칭기즈 칸은 몹시 화가 났지만 호라즘의 군사력을 알 수 없었기에 화를 참고 다시 사절단을 보내 사과를 요청했습니다. 이번에도 호라즘은 사절단을 박대하며 쫓아냈습니다.

1219년 칭기즈 칸은 호라즘 정복에 나섰습니다. 몽골군은 호라즘의 영토를 철저히 짓밟았습니다. 수도 사마르칸트 함락을 끝으로 전쟁 시작 1년여 만에 호라즘 왕조는 역사 속으로 사라졌습니다. 몽골군은 이후 계속 서쪽으로 진격해 러시아, 키예프 공국을 격파하며 유럽까지 세력을 넓혔습니다.

정복 사업을 이어 가던 칭기즈 칸은 서하가 반란을 일으켰다는 소식을 듣고 원정에 나섰다가 말에서 떨어지는 사고를 당했습니다. 평생을 말 위에서 보냈던 위대한 정복자는 그 후 얼마 지나지 않아 죽었습니다. 비석과 봉분을 만들지도, 무덤 위치를 기록하지도 말라는 유언에 따라 그는 아무도 모르는 몽골 초원 어딘가에 묻혔습니다. 그래서 지금도 그의 무덤 위치는 설만 무성할 뿐 아무도 찾지 못하고 있습니다.

칭기즈 칸 초상. '위대한 군주' 칭기즈 칸은 세계사에 등장한 여러 제국 중 가장 넓은 영토를 차지했던 몽골 제국을 이끌었다.

칭기즈 칸의 후예, 세계 제국을 건설하다

칭기즈 칸은 죽었지만 그의 아들들은 계속해서 영토를 확장했습니다. 칭기즈 칸의 후예들은 동쪽으로는 금과 남송을 무너뜨리며 중국 대륙을 장악하고 원나라를 세웠습니다. 서쪽으로는 러시아와 폴란드 등 동유럽까지 세력을 확장하며 유럽 대륙을 두려움에 떨게 했습니다. 남쪽으로는 이집트, 인도까지 이르렀습니다.

칭기즈 칸 후예들의 정복 사업은 13세기 후반에 이르러서야 일단락되었습니다. 이후 몽골 제국은 여러 나라로 분할되었습니다. 하지만 그들은 몽골이라는 이름 아래 하나의 공동체로 교류하며 각 나라를 이끌었습니다. 세계사에 등장한 여러 제국 중 가장 넓은 영토를 차지했던 몽골 제국은 피로 얼룩진 정복의 시대가 끝나자, 다양한 문화가 공존하는 교류의 시대를 열었습니다.

72. 몽골 제국 덕분에 세계 여행 시대가 열렸다고요?

얼마 전에 부모님과 함께 차를 타고 시골에 다녀왔어요. 고속도로를 지나다 휴게소에 들러 맛있는 것도 먹고 잠시 쉬기도 하면서 편하고 즐겁게 다녀왔어요. 그런데 몽골 제국에 세계 여행을 한 사람들이 많았다면서요? 그럼 그때도 고속도로 휴게소 같은 게 있어서 도중에 쉴 수 있었나요?

몽골 제국, 역참으로 세계를 연결하다

13세기에 유럽과 아시아 땅을 넓게 차지한 몽골 제국이 등장했습니다. 몽골은 거대한 제국을 효과적으로 다스릴 방법을 고민했습니다. 지금처럼 빠르게 이동할 수 있는 비행기나 기차가 있었다면 조금 나았겠지만, 그때는 먼 거리를 이동하는 게 매우 난감한 일이었습니다.

그런데 몽골 제국은 참으로 영리하게 이 문제를 해결했습니다. 바로 '역참

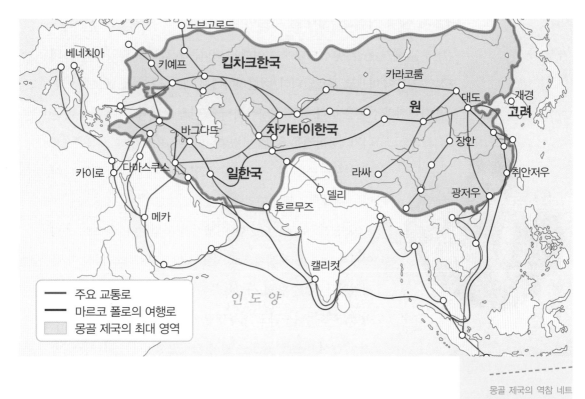

베네치아 · 노브고로드 · 키예프 · **킵차크한국** · 카라코룸 · 원 · 대도 · 개경 · **고려** · 바그다드 · **차가타이한국** · 장안 · 카이로 · 다마스쿠스 · **일한국** · 라싸 · 취안저우 · 메카 · 호르무즈 · 델리 · 광저우 · 캘리컷 · **인도양**

주요 교통로
마르코 폴로의 여행로
몽골 제국의 최대 영역

몽골 제국의 역참 네트워크

제'의 실시였습니다. 역참은 약 40킬로미터 간격으로 설치되어 통행증을 가진 관리와 사신에게 안전한 숙소와 맛있는 식사, 필요한 말을 제공하는 일종의 휴게소이자 호텔이었습니다. 역참이 있어서 제국 내 어디를 가든 빠르고 편하게 이동할 수 있었습니다. 어느 정도였냐고요? 역참마다 들러 새로운 말로 갈아타면 하루에 450킬로미터까지 달릴 수 있었다고 합니다. 지금도 약 400킬로미터 거리인 서울에서 부산까지 자동차로 가면 한나절이 걸리는데, 당시로서는 상상할 수 없을 정도로 빠른 속도였습니다. 게다가 역참에는 안내자가 있어서 다음 역참까지 길 안내를 해 주었습니다. 그러다 보니 몽골 제국의 보호 아래 초원길, 비단길, 바닷길을 따라 많은 사람이 동서 교역에 나설 수 있었습니다.

여행의 시대, 새로운 세계를 경험하다

13~14세기 몽골 제국 시대에는 여행을 떠나는 사람들이 많았습니다. 대표적인 인물이 마르코 폴로입니다. 이탈리아에서 태어난 마르코 폴로는 어린 시절 아버지와 삼촌을 따라 중국 원나라에서 17년을 보낸 후, 베네치아로 돌아가 《동방견문록》을 남겼습니다. 이 책의 원래 제목은 《세계의 서술》이지만, 우리나라와 일본에서는 《동방견문록》이라는 제목으로 번역되었습니다.

《동방견문록》은 단순한 여행기가 아닙니다. 최초로 유럽 이외의 세계를 체계적으로 서술한 탐험기이자 지리서, 박물지입니다. 당시 유럽 사람들은 이 책의 내용을 허구라고 생각했습니다. 너무나도 허무맹랑해 믿을 수 없다는 것이었지요. 그래서 마르코 폴로는 평생 거짓말쟁이라는 비난을 받아야 했습니다.

마르코 폴로 초상. 아버지를 따라 원나라에서 17년을 보낸 마르코 폴로는 고향 베네치아로 돌아가 《동방견문록》을 썼다. 내용이 허무맹랑하다며 거짓말쟁이라는 비난을 받기도 했으나 《동방견문록》은 유럽에 처음으로 아시아를 소개한 책이었다.

실제로 《동방견문록》은 여러 사람이 베껴 써서 옮기는 과정에서 내용이 부풀려진 부분도 있고, 마르코 폴로 자신이 직접 경험한 것뿐 아니라 다른 사람한테 들은 것까지 모두 실은 까닭에 잘못 기술되거나 과장된 부분이 있었습니다. 하지만 유럽 사람들에게 미지의 세계를 여행하도록 자극하기에는 충분했습니다. 콜럼버스도 항해를 떠날 때마다 이 책을 챙겨 읽었다고 합니다.

몽골 제국 시기에는 최초로 '세계사'도 편찬되었습니다. 이란에서 태어난 라시드웃딘이 몽골 제국의 명령으로 《집사集史》라는 역사서를 발간했습니다. 이 책에는 몽골, 인도, 아랍, 유럽, 중국의 지리와 역사가 실려 있습니다.

러시아도 몽골족의 지배를 받은 적이 있다고요?

"러시아인의 얼굴을 긁어 보라. 몽골인이 나타날 것이다"라는 말이 있습니다. 러시아 역사의 어딘가에는 몽골의 자취가 남아 있다는 말입니다. 왜 러시아 역사에 몽골의 흔적이 남아 있을까요? 이번 시간에는 그 흔적을 추적해 볼까요?

몽골, 동유럽을 접수하고 킵차크한국을 세우다

13세기 초반 몽골 초원의 부족을 통일하고 우두머리가 된 칭기즈 칸은 곧이어 사방으로 세력을 확장해 나갔습니다. 남으로는 중국을 정복했고, 서쪽을 향해 진군한 끝에 중앙아시아와 페르시아 일대를 단숨에 접수했습니다.

칭기즈 칸에 이어 칸이 된 오고타이는 조카 바투를 앞장세워 본격적인 서방 원정에 나섰습니다. 지금의 러시아 서남부 지역도 이 시기에 몽골군에 정복당했습니다. 겨울의 러시아는 나폴레옹군에도, 나치군에도 꿈쩍하지 않았으나 몽골군에는 처참하게 무너졌습니다. 기동성이 뛰어난 기병, 천호제로 대표되는 조직력, 성안으로 돌 폭탄을 던져 넣을 수 있는 투석기와 성벽을 부수는 파벽기를 앞세운 몽골군에 러시아는 초토화됐습니다. 뒤를 이어 폴란드, 독일, 헝가리에서도 수많은 도시가 함락되었습니다. 때마침 오고타이칸이 죽었다는 전갈이 오지 않았다면, 유럽 전역이 바투의 원정군에 점령당했을지도 모를 일입니다.

오고타이칸이 사망하자 서둘러 원정군을 초원 지역으로 거두어들인 바투는 1243년 러시아 서부 볼가강변의 사라이를 수도로 삼은 킵차크한국을 세웠습니다. 이 지역은 이때부터 약 240여 년간 킵차크한국의 지배를 받았습니다.

러시아를 지배하게 된 몽골은 처음에는 다루가치 같은 관리를 직접 파견해 행정, 세금 징수, 징병 등의 업무를 집행했습니다. 그러나 혹독한 징세와 징병 탓에 러시아인의 반발이 거세지자 13세기 말부터는 간접 지배 방식으로 바꾸었습니다. 러시아 지역의 유력자들인 '공公'들에게 관할 지역을 책임지게 하고 그들로부터 조공을 받았습니다. 킵차크한국의 칸은 가장 믿음직스러운 공에게 '전 러시아 대공'의 칭호를 주어 우대했습니다. 러시아의 공들은 이 칭호를 받기 위해 앞다투어 몽골에 충성했고, 킵차크한국은 공들끼리의 대립과 반목을 교묘히 이용하며 지배권을 강화했습니다.

러시아의 흑역사, 타타르의 멍에

이 시기 몽골족의 러시아 지배를 러시아인들은 '타타르의 멍에'라고 합니다. 사실 '타타르'는 몽골족과는 다른 튀르크족의 일파입니다. 하지만 러시아 사람들한테는 물밀 듯이 쳐들어오는 몽골의 군대가 마치 '타르타로스(그리스어로 '지옥'이라는 뜻)'처럼 보였습니다. 그래서 '타타르'라는 말이 러시아에서는 몽골족을 가리키는 단어가 되었고, 후에는 튀르크계 민족, 유목 기마 민족 모두를 아울러 부르는 말이 되었습니다.

러시아인들은 몽골의 지배를 흑역사라고 생각합니다. 대량 학살로 많은 사람이 죽었고, 혹독한 징세는 빈약한 러시아의 재정을 더욱 악화시켰습니다. 몽골의 지배를 거치며 러시아는 북부와 남서부 지역 일부를 제외하고는 교역이 쇠퇴하면서 농업 국가가 되었습니다. 농민들의 지위도 점차 하락해 지주에게 예속되어 갔고, 유럽의 중세 봉건제와 비슷한 농노제 사회가 되었습니다. 문화와 예술도 침체해 러시아의 유명한 시인 푸시킨은 몽골인들이 러시아 역사에 아무것도 기여하지 않고 암흑 시대로 빠뜨렸다고 혹평했습니다.

러시아 지역은 언제 타타르의 멍에를 벗게 되었나요?

1395년 중앙아시아에서 발흥한 티무르 왕조의 군대가 킵차크한국에 쳐들어와 수도 사라이를 초토화시킨 후 킵차크한국은 급격히 쇠퇴했고 러시아에 대한 지배력도 느슨해졌습니다. 이 기회를 틈타 1480년 모스크바 공국의 이반 3세 대공은 킵차크한국에 대한 충성을 공식적으로 거부하며 완전히 독립했습니다. 이로써 러시아는 몽골의 지배로부터 벗어나게 되었습니다.

몽골 제국이 러시아에 흑역사만 남긴 것은 아니다

몽골의 지배를 물리친 러시아는 모스크바를 중심으로 통일을 이루며 새로운 시대, 즉 모스크바 중심의 러시아 시대를 열었습니다. 12세기 중엽만 해도 외딴 시골 마을에 불과했던 모스크바는 300여 년 만에 러시아의 핵심 도시로 성장했습니다. 그 배경에는 몽골 제국이 남긴 유산이 있었습니다.

모스크바 공국이 대공국으로 성장하며 주변 지역 주민들이 부유한 모스크바 공국으로 모여들었고, 이는 인구 증가와 국력 강화로 이어졌습니다. 한편 모스크바 공국은 몽골 제국의 군사, 행정 제도를 도입했습니다. 방대한 제국에서 효율적인 통치를 가능하게 했던 몽골의 교통 연결망인 역참을 도입해 국가 통치력을 높였으며, 몽골 제국의 회의 기구인 쿠릴타이를 모방해 '젬스키 소보르'라는 회의체를 만들었습니다. 몽골군과 유사한 투구, 갑옷 등의 군사 장비를 사용하고 동시대 유럽 나라와 달리 활을 주무기로 하는 기마 군단을 양성했습니다.

모스크바 공국을 이끈 지도자들도 일부는 몽골 제국과 연결되어 있었습니다. 공식적으로 황제의 지위에 해당하는 '차르'라는 칭호를 처음 사용한 이반 4세는 어머니를 통해 몽골인의 혈통을 이어받았습니다. 16세기 후반에 러시아의 국가수반으로 추대된 시메온 벡불라토비치는 아버지가 칭기즈 칸의 후예였습니다. 1598년 차르로 추대된 보리스 고두노프도 몽골 장수의 후손이었습니다. 17세기 후반부터 강력한 서유럽 정책을 취하면서 러시아를 유럽의 열강 대열에 합류시킨 표트르 대제 역시 어머니를 통해 몽골 제국의 혈통을 물려받았습니다. 어떤가요? 몽골 제국이 결코 러시아에 나쁜 영향만 끼친 것은 아닌 것 같지요?

몽골 제국이 사라진 후에 몽골을 계승한 나라가 있다고요?

티무르 제국과 무굴 제국은 종교적으로 이슬람에 속하면서 역사적으로는 몽골의 후예라는 공통점이 있습니다. 이번 시간에는 이 부분에 대해서 탐구해볼까요?

몽골 제국과 중앙아시아는 어떤 관계인가요?

'몽골'이라는 말은 '용감하다'는 뜻입니다. 민족 이름에 용감하다는 말이 들어갈 정도면 이들이 어떤 민족인지 상상이 가지요? 역사 문헌에 몽골이 처음 등장하는 시기는 8세기입니다. 몽골은 중국 북방의 초원 지대에서 형성되어 성장하다가 칭기즈 칸이 군주로 등극한 1206년부터 제국의 모습을 갖추게 됩니다.

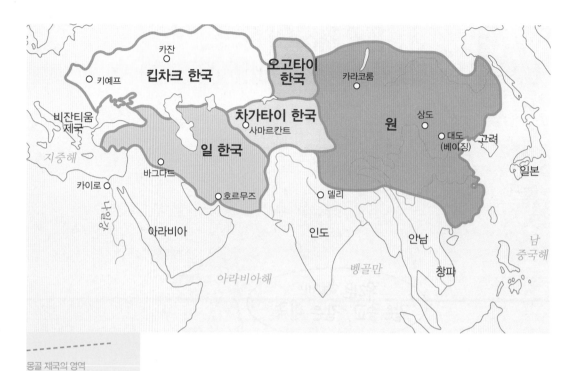

카잔

킵차크 한국

오고타이
한국

카라코룸

키예프

비잔티움
제국

차가타이 한국

사마르칸트

원

상도

지중해

일 한국

대도
(베이징)

고려

바그다드

일본

카이로

호르무즈

델리

아라비아

인도

안남

남
중국해

아라비아해

벵골만

창파

몽골 제국의 영역

칭기즈 칸이 죽고 난 후 몽골 제국은 중국 본토의 원나라와 네 개의 한국으
로 분열되었습니다. 중앙아시아의 차가타이한국, 러시아 일대의 킵차크한국,
북중국과 몽골 본토 지역의 오고타이한국, 페르시아 지역의 일한국이 4대 한
국입니다. 왜 '한국汗國'이냐고요? 몽골과 튀르크에서는 왕자를 '한汗'이라고
했습니다. 그러니까 '한국'은 '왕자들의 나라'라는 뜻입니다.

이 네 개 한국 중 몽골 색채가 가장 짙은 나라는 오고타이한국이었는데 원
나라 세조와 대립하다 1310년 차가타이한국에 통합되었습니다. 차가타이한
국은 왕위 계승 다툼으로 동서로 나뉘어 싸우다 쇠퇴했고 지역 내에서 새롭
게 성장한 여러 나라로 계승되었습니다. 그 중 대표적인 나라가 티무르 제국
과 무굴 제국입니다.

티무르 제국과 무굴 제국은 어떤 나라인가요?

　티무르 제국은 전성기시절 영토가 서쪽 콘스탄티노폴리스에서 동쪽 아프가니스탄에 이르는 대제국이었습니다. 창시자인 티무르는 몽골계 튀르크족 출신으로 페르시아 문화와 이슬람교를 디딤돌로 중앙아시아 최대 제국을 형성했습니다. 티무르는 차가타이한국과 일한국을 병합하고 킵차크한국을 침입해 모스크바 공국을 중심으로 뭉친 신세력이 기존의 몽골 지배 세력을 약화시키고 러시아로 발돋움하는 계기를 만들어 주었습니다. 또한 그는 인도의 델리 술탄 왕조를 공격해 영역을 넓혔고, 서쪽에서 강력한 제국으로 성장한 오스만 제국과 대립하면서 앙카라 전투에서 승리해 비잔티움 제국의 멸망을 막기도 했습니다. 동쪽으로는 명나라의 동서 무역로를 막고 긴장 관계를 조성해 명나라가 '정화의 원정'을 하게 만들었습니다.

　'티무르'는 칭기즈 칸의 이름인 '테무친'과 같은 '쇠', '철'이라는 뜻으로 이름에서도 강한 의지가 드러나고, 본인 스스로도 "대제국 몽골을 계승한다"고 말했습니다. 한편 티무르의 이름은 유럽 사회에도 널리 알려져 영국의 엘리자베스 여왕은 티무르한테 리더십을 배웠다고 말했으며, 음악가 헨델은 〈타메를라노〉라는 오페라를 지어 그를 칭송했습니다.

　무굴 제국은 1525년 튀르크계의 족장으로 칭기즈 칸의 16대손이자 티무르의 5대손으로 알려진 바부르가 인도 북부를 중심으로 세운 나라입니다. '무굴'은 바부르의 부족 이름으로 '몽골'을 뜻하는 페르시아어입니다. 무굴 왕조는 스스로 칭기즈 칸의 아들 차가타이의 후손임을 분명히 밝혔습니다.

　유라시아 거의 전부를 장악한 몽골 제국은 여러 나라로 분열되며 차츰 존재감을 잃어갔지만, 칭기즈 칸의 후예들은 그 후로도 아주 오랫 동안 각 지역에서 강고하게 뿌리내리고 있었습니다.

75 환관이 나라를 뒤흔들 정도의 권력이 있었다고요?

역사 드라마나 영화를 보면 왕 곁에서 시중을 드는 사람이 나올 때가 있습니다. "김 내관 거기 있느냐?" 왕이 부르면 지체하지 않고 "예~ 전하" 하면서 곧장 왕 앞으로 다가옵니다. 이들을 흔히 '내시', 때에 따라서는 '환관'이라고도 합니다. 이들은 어떻게 해서 국왕 바로 옆에서 보좌하는 관리가 되었을까요?

환관, 그들은 누구인가?

환관은 궁에서 일하며 임금 곁에서 시중을 드는 남자로 모두 성기를 제거한 사람입니다. 왕의 최측근 관리였던 환관은 왜 성기를 제거해야 했을까요? 그것은 환관이 맡은 임무 때문이었습니다.

환관의 주요 임무는 황제와 그 가족들을 24시간 보살피는 일이었습니다. 하지만 궁궐에는 황제만 있는 게 아닙니다. 황실 여자들과 궁녀도 있었습니다. 그런데 혈기 왕성한 젊은 남성이 궁궐에서 여성들과 함께 거주하다 보면 여러 문제가 발생할 가능성이 있습니다. 무슨 문제냐고요? 생각해 보세요. 궁궐에는 황제와 황자들만 남성이고 환관들을 빼면 나머지 거주자는 모두 여성입니다. 그리고 그 여성들은 원칙적으로 모두 황제의 여자입니다. 그런 여성들이 황제의 비서인 환관과 남몰래 정을 통해 황제의 아이가 아닌 자식이라도 태어난다면 황제의 권위를 크게 해치는 일이 되지요. 그러다 보니 궁궐 내에서 황제와 황실 사람들을 보좌하는 환관들은 궁궐에 들어가기 전에 성기를 제거해야 했습니다.

궁궐에서 환관들이 하는 일은 다양했습니다. 핵심 임무는 황제와 황실 사람들을 최단 거리에서 보좌하는 비서 역할입니다. 이외에도 궁궐 내 각 건물을 경비했으며, 때로는 황제의 명을 받아 지방으로 출장 가서 세금을 거둬들이는 권한을 가지기도 했습니다. 심지어 당나라에서는 환관이 수도의 군사를 책임지는 요즘 말로 '수도 방위 사령관' 역할을 맡기도 했습니다. 이처럼 환관은 황제 옆에서 신뢰를 받으며 나랏일에 깊게 관여할 수 있는 특별한 존재였습니다. 그러다 보니 환관의 권세가 지나치게 높아지는 사례도 종종 발생했습니다.

나라를 망친 환관들

중국 역사 속에는 나라를 망친 유명한 환관이 몇 명 있습니다. 춘추 전국 시대를 통일한 진시황에게 특별히 신임받는 환관이 있었는데, 그의 이름은 조고입니다. 그는 진시황이 전국 순행에 나설 때 비서실장 격으로 황제와 함께했습니다. 그런데 순행 도중 진시황은 죽음이 가까워졌음을 알고 조고에게 유언을 남겼습니다. "맏아들 부소에게 황위를 넘기고, 나의 장례를 치르게 하라"는 말이었습니다. 하지만 조고는 "부소는 자결하고 막내아들 호해를 2대

황제로 세워라"로 유언장을 위조했습니다. 어린 호해가 임금이 되어야 자신이 권력을 마음대로 행사할 수 있다고 판단했기 때문입니다. 실제로 황제가 된 호해는 조고를 승상으로 임명해 나랏일을 모두 맡겼습니다.

조고의 권력은 날아가는 새조차 떨어뜨릴 정도였습니다. 어느 날 조고는 자신의 힘을 시험해 보기 위해 사슴 한 마리를 가지고 황제를 찾았습니다. "폐하, 말 한 마리를 바치옵니다." 황제는 어이가 없었습니다. "아니 승상, 무슨 말이오? 사슴 아니오?" 곁에 있던 신하들은 누구 편을 들었을까요? 눈치빠른 신하들은 조고 편에서 "말이 분명하다"고 거들었습니다. 물론 그러지않은 신하도 있었지만, 그들은 훗날 조고에게 보복을 당했습니다. 이 역사적 사실에서 나온 고사성어가 '지록위마指鹿爲馬'입니다. 윗사람을 농락하며 권세를 휘두르는 사람을 비판할 때 쓰는 말입니다.

명나라에도 조고와 같은 환관이 있었습니다. 이름이 위충현입니다. 그는 환관이 되기 전 건달로 떠돌다 도박으로 돈을 다 잃고 더는 오갈 데가 없자 환관이 되었습니다. 그런데 집안이 명문가였던 위충현은 황제 희종의 어린 시절 소꿉친구이기도 했습니다. 그는 황자 시절부터 친했던 희종이 황제로 즉위하자 권세를 장악하려 했습니다. 이 시기 명나라는 내리막길을 걷고 있어서 나라를 다시 일으켜야 하는 위기의 시대였는데 위충현은 자기 세력을 키우는 데만 관심이 있었습니다. 그는 '동창'이라는 첩보 기관의 수장으로 있으면서 자기 앞길에 방해가 되는 사람들은 모조리 제거했습니다. 자신을 비판하는 지방 선비들도 탄압했습니다. 명나라에서 위충현은 누구도 건드릴 수 없는 독불장군이었습니다. 그는 자신이 지나갈 때 백성들에게 "구천세!"를 외치게 했습니다. 황제의 장수를 빌며 외치는 구호가 "만세!"인데, 일개 환관에게 '구천세'라니, 그가 얼마나 권세를 누리고 살았는지 알 수 있습니다.

황제들은 왜 환관을 믿었을까요?

이렇게 나라에 해를 입힌 환관들이 있는데도 황제들은 왜 그들을 믿었냐고요? 환관들은 황제가 아주 어릴 때부터 옆을 지킨 사람입니다. 그들은 요즘으로 치자면 황제의 유치원 선생님이자 초등학교 선생님이었습니다. 그들한테 황제는 예절과 법도를 배웠고, 어린 환관들하고는 함께 공부하며 학문을 익혔습니다. 이렇게 어린 시절부터 형제처럼 친밀하게 지내다 보니, 황제에 즉위한 후에도 환관에게 의지하는 경우가 많았습니다. 그러다 보니 황제 머리 꼭대기에 올라가 황제를 조종하려는 환관들도 생겼습니다.

물론 환관이 나라에 해를 끼치기만 한 건 아닙니다. 한나라의 환관 채륜은 종이 제조 기술을 개량해 후세 인류에게 큰 혜택을 주었습니다. 명나라의 정화는 영락제의 명을 받아 40년 동안 일곱 차례나 선단을 이끌고 해외 원정을 다니며 명 제국의 위상을 아프리카까지 알렸습니다. 그러고 보면 환관 제도 자체가 나쁜 것은 아닙니다. 세상에 존재하는 모든 제도는 그 제도 자체의 문제가 아니라, 사람이 어떻게 활용하느냐에 따라 좋은 결과를 낳기도, 나쁜 결과를 낳기도 합니다.

중국에서는 문자 때문에 사람이 죽기도 했다고요?

몇 년 전 문화예술계 블랙리스트가 존재한다는 사실이 알려져 큰 충격을 주었습니다. 국가 기관이 정권의 입맛에 맞지 않은 문화인과 예술인의 명단을 작성해 그들의 활동에 불이익을 주었습니다. 표현의 자유를 국가가 억압한 사건으로 헌법에도 위배되는 일이지요. 그런데 몇백 년 전 중국에서도 비슷한 일이 있었습니다. 중국에서는 어떤 일이 있었을까요?

'문자의 옥'이 무엇인가요?

'문자의 옥獄'이란 중국의 왕조 시대에 문서에 적힌 문자나 내용이 황제나 체제를 향한 비판이 담겨 있다며 해당 문서나 문자를 쓴 사람들을 처형한 사건을 말합니다. 동서고금을 막론하고 독재자는 권력의 이익에 반하는 사람을 단죄하는 데 문자를 이용했습니다. 문자로 '표현'된 생각이 불온하거나 불순하다고 문제 삼은 것입니다. 중국 역사에서 문자의 옥은 여러 번 있었습니다.

가장 대표적인 사건은 명나라를 건국한 주원장의 사례와 청나라 옹정제 때 발생한 사례입니다.

주원장, 서민 출신 황제의 탄생

명나라를 건국한 태조 주원장은 몽골을 밀어내고 한족 국가를 재건했습니다. 그는 젊은 시절 매우 가난했습니다. 열일곱 살 때 부모를 잇달아 잃었는데 너무 가난해서 무덤조차 쓰지 못했습니다. 결국 그는 밥이라도 굶지 않으려고 절에 들어가 중이 되었습니다.

주원장이 한창 혈기왕성했던 이십 대 중반, 중국에서는 몽골족이 세운 원나라 통치에 반대하는 홍건적의 난 같은 농민 반란이 빈번하게 일어났습니다. 주원장은 이 시기 홍건적에 가입해 두각을 나타냈습니다. 홍건적에서 활약하며 어느 정도 기반을 닦은 그는 지주 세력을 자기 진영으로 끌어들였습니다. 주원장의 지주 세력과 제휴는 신의 한 수가 되어 마침내 명나라 건국까지 가능하게 했습니다. 중국은 물론 세계 역사에서도 몇 명 되지 않는 평민 출신 황제가 탄생한 순간이었습니다.

'빛날 광' 자와 '법칙 칙' 자를 금하다

주원장은 창업주로서 나라의 기틀을 닦는 과정에서 강력한 황제 독재 체제를 구축하려 했습니다. 자신과 함께 명을 건국한 개국공신과 지주, 지식인들은 든든한 우군이었지만, 한편으로 그들은 언제든 자신의 권위에 도전할 수 있는 잠재적 위협 세력이었습니다. 주원장은 이런 위협을 없애기 위해 대대적으로 문자의 옥을 일으켰습니다.

주원장이 일으킨 문자의 옥 가운데 대부분은 그의 비참했던 과거와 연관이 있습니다. 주원장이 굶지 않기 위해 중이 되었던 것이나, 좋게 말하면 농민 반란군이지만 사실상 도적떼였던 홍건적에 가담했던 일을 떠올릴만한 문자를 쓰는 순간 곧바로 '아웃!'이었습니다.

지방 유학자 임원량은 '작칙수헌作則垂憲'이라는 문구가 들어간 글을 지었다가 죽임을 당했습니다. 작칙수헌은 '법칙을 만들어 가르침을 드러내다'라는 뜻입니다. 그런데 '작칙作則'이라는 말은 '도적질'을 뜻하는 '작적作賊'과 중국어 발음이 같습니다. 따라서 '도적질하던 자가 황제가 되었다'는 뜻으로 해석되어 주원장의 제물이 되었습니다. 정진이라는 사람은 '예성생지睿性生知' 즉, '슬기로운 성품이 지혜를 만든다'라는 문장을 글 속에 썼다가 천자 모독죄로 사형당했습니다. 주원장은 '생지生知'가 '승지僧知'라는 단어와 발음이 같다며 과거 자신이 승려였던 것을 비웃는 것이라고 해석했습니다. 가저라는 사람도 '취법상위取法像魏' 즉, '위나라와 같은 법을 취한다'라는 문구가 들어간 글을 지어 올렸다가 죽임을 당했습니다. 주원장은 '취법取法'은 '머리를 민다'는 뜻의 '거발去髮'과 발음이 같다며, 승려였던 자신을 조롱하는 것이라고 화를 냈습니다.

상황이 이렇다 보니 명태조 주원장 집권 시기에는 그가 승려였던 과거를 연상시키는 단어들은 모두 금지어였습니다. '빛날 광光'과 '민머리 독禿', '승려 승僧'과 발음이 비슷한 '날 생生', 도적을 뜻하는 '적賊'과 발음이 비슷한 '법칙 칙則' 자 등을 문장에 쓴 사람은 모두 처벌받았습니다.

청나라에서도 문자의 옥이 있었다고요?

청나라는 명나라가 농민 반란으로 멸망하고 난 뒤 중국을 접수했습니다. 한족이 아닌 만주족이 세운 국가였기 때문에 설립 초기에는 불안 요소가 많았습니다. 청나라가 국초의 불안을 잠재우며 전성기로 발돋움했던 '강희제 – 옹정제 – 건륭제' 시기를 '강건성세'라고 합니다. 이 전성기의 한가운데인 옹정제 시기에 수많은 문자의 옥이 발생했습니다.

명태조처럼 옹정제 역시 황제 독재 체제 구축에 힘썼습니다. 그는 서른다섯 명이나 되는 강희제의 아들 중 넷째 아들로 쟁쟁한 경쟁자들을 물리치고 황제 자리에 올랐습니다. 황제가 되기 위해 형제들을 밀쳐 내는 과정에서 그는 권모술수와 임기응변을 유감없이 발휘했습니다. 황제 자리에 오른 후에는 군기처를 설립해 운영하며 정보를 활용한 정치를 강화했고, 명태조보다 훨씬 고차원적인 문자의 옥을 통해 체제 비판 세력을 탄압했습니다.

옹정제 시기에 있었던 대표적인 문자의 옥은 '유민소지維民所止' 네 글자에 얽힌 사건입니다. 과거 시험관으로 임명된 관리 사사정이 시험 문제로 유교 경전 중 하나인《시경》에 나오는 '백성이 머물러 사는 곳'이라는 뜻의 '유민소지'를 냈습니다. 그런데 누군가 시험 제목으로 내건 네 글자에 문제가 있다는 상소를 올렸습니다. '유維'와 '지止'가 옹정제의 머리를 치겠다는 뜻이라는 것입니다.

어떻게 이런 해석이 가능하냐고요? 상소를 올린 사람은 파자의 원리를 교묘하게 활용했습니다. 파자는 한자의 획을 해체해 숨은 뜻을 찾는 것입니다. 파자에 따라 '옹정雍正'이라는 한자의 획을 풀어보겠습니다. 옹정제의 '옹雍'에서 머리에 해당하는 부분 '돼지해밑⼇' 자를 없애면 '유維'가 되고, '정正'에서 머리에 해당하는 부분 '한일一' 자를 없애면 '지止'가 됩니다. 억지 해석이지만 한자권인 동아시아 사회에서는 이런 방법을 사용해 정적을 죽이거나 귀양 보낸 사례가 다수 있습니다.

옹정제의 명령을 받은 관리들이 과거 시험 문제를 낸 사사정의 집을 샅샅이 수색한 끝에 정권에 대한 원망, 비방, 가짜 뉴스 날조 정황까지 포착했다고 보고했습니다. 사사정이 처벌받은 것은 당연했고, 불똥은 사사정을 추천한 옹정제의 외삼촌한테도 튀었습니다. 이 사건으로 외삼촌은 마흔한 개나

되는 죄를 뒤집어쓰고 사형당했습니다. 그런데 사실 사사정이 출제한 과거 시험 문제는 구실에 불과했고, 옹정제의 표적은 외삼촌이었습니다. 외삼촌은 옹정제가 황제가 되는 데 결정적인 공을 세운 명실상부한 이인자였지만, 그의 세력이 날로 커지는 것을 경계했던 것입니다. 자신의 권력 유지를 위해 피붙이든 누구든 거침없이 제거한 옹정제의 비정한 권력욕을 엿볼 수 있습니다.

오늘날에도 문자의 옥은 존재한다?

문자의 옥으로 표출된 사상과 표현의 자유 탄압이 황제로서는 자신의 권력을 지키기 위한 방편이었을 것입니다. 그러나 명백한 공포 정치이자 독재 정치로 현대 민주주의 국가에서 결코 일어나서는 안 되는 부당한 정치 행위입니다. 그런데도 일부 권력을 쥔 정치 지도자들은 현대 사회에서도 이런 문자의 옥을 시도하곤 합니다.

우리나라 사례를 들어 볼까요? 해방 후 반공주의가 판쳤던 독재 정권하에서는 사상·언론·표현의 자유가 억압당했습니다. 저명한 지식인이 정부를 비판한다는 이유로 의문사를 당하는 일도 있었습니다. 언론 검열도 빈번했습니다.

현대 사회 대중은 봉건 시대의 '신민'이 아니라 깨어 있는 '시민'입니다. 대중은 현명해서 권력자가 통제한다고 순순히 당하고만 있지는 않습니다. 이제는 대중이 정치 지도자를 선택하는 시대입니다. 이런 시대에 정치인들이 스스로 위상과 품격을 높이려면 다양성을 인정하면서 언론의 자유, 표현의 자유, 사상의 자유는 우리 사회 발전에 꼭 필요한 요소라는 것을 가슴에 새겨야 하겠습니다.

명나라가 정화의
해외 원정 기록을 불태웠다고요?

신항로를 개척한 사람을 생각하면 콜럼버스와 마젤란이 먼저 떠오릅니다. 그런데 그들이 신항로를 개척하기 100년쯤 전에 중국 명나라에서는 정화가 이끄는 함대가 동남아시아, 인도, 아프리카까지 다녀왔습니다. 하지만 명나라 정부는 정화의 항해 기록을 전부 없애 버렸습니다. 도대체 왜 그랬을까요?

정화, 그는 누구인가?

명나라를 건국한 홍무제 주원장은 1382년 원나라 세력이 남아 있던 윈난 성을 점령했습니다. 이곳은 중국 서남쪽 변두리 지방으로 이슬람교도가 많이 살았습니다. 홍무제는 포로가 된 소년들을 환관으로 만들었는데 이들 중에는 열한 살짜리 무슬림 소년 마화가 있었습니다. 환관이 된 마화는 황제의 넷째 아들 주체를 모셨습니다. 당시 명나라 황실은 아들에게 '왕'이라는 작위를 주어 지방 영지를 다스리도록 했는데, 주체는 연왕 작위를 받아 지금의 베이징 지역을 다스렸습니다.

야심가였던 연왕 주체는 조카를 몰아내고 황제로 즉위했습니다. 이 사건을 '정난의 변'이라고 합니다. 우리나라도 조선 시대 수양 대군이 조카 단종을 몰아내고 왕위에 올랐던 '계유정난'이 있었지요? 그와 비슷한 일이 명나라 황실에서도 일어났습니다. 마화는 이 정변을 성공시키는 데 큰 힘을 발휘했습니다. 주체는 영락제로 즉위한 후 마화의 공을 치하하며 정씨 성을 하사하고, 환관들을 관리하는 벼슬인 태감으로 임명했습니다. 명나라 포로였던 무슬림 소년이 명나라 황제를 측근에서 모시는 궁중 관리로 출세한 것입니다.

바닷길 개척에 나선 정화

명나라는 태조 홍무제 시절부터 백성들이 배를 타고 외국과 무역하는 것을 금지했습니다. 영락제도 마찬가지였습니다. 이른바 바다로 나가는 것을 금지하는 '해금 정책'이었습니다. 하지만 영락제는 개인적인 무역은 통제하더라도 국가에서 사신을 파견해 이루어지는 공식적인 해외 무역은 확대해서 명나라의 위엄을 더 먼 나라까지 떨치고 싶었습니다.

영락제는 함대를 파견해 새로운 나라와 조공 관계를 맺기로 결심하고 이 함대를 이끌 사령관으로 정화를 임명했습니다. 정화의 벼슬 태감은 최고위직 궁중 관리이긴 했지만, 환관을 낮춰 보던 당시 사회 분위기상, 황제가 환관에게 국가 대사를 맡기는 것은 파격적인 결정이었습니다. 그만큼 영락제는 정화를 신뢰했습니다.

1405년 겨울, 모든 준비를 끝낸 정화가 항해에 나섰습니다. 큰 함선 60여척, 작은 함선 수십여 척, 배에 탑승한 인원은 2만 7,000명이 넘었습니다. 선원, 병사, 통역관, 의사, 요리사에 이르기까지 다양한 사람들로 구성된 대형

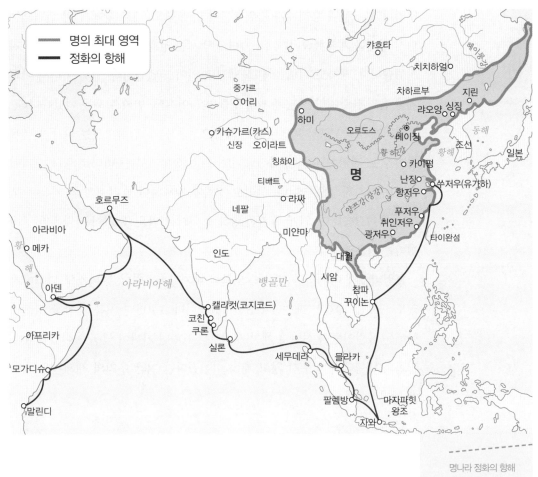

명의 최대 영역
정화의 항해

캬흥타
치치하얼
중가르
아리
차하르부
지린
랴오양 싱징
하미
오르도스
베이징
동해
신장
오이라트
황허
조선
일본
칭하이
카이펑
명
티베트
난징
라싸
항저우
쏘저우(유가하)
네팔
양쯔강(창장)
푸저우
취인저우
미얀마
광저우
타이완섬
호르무즈
아라비아
대월
메카
황해
시암
참파
꾸이논
아덴
뱅골만
아라비아해
인도
캘리컷(코지코드)
코친
쿠론
아프리카
실론
세무데라
믈라카
모가디슈
팔렘방
마자파힛
왕조
말린디
자와

명나라 정화의 항해

선단이었습니다.

이러한 대규모 선단을 이끌고 정화는 동남아시아 여러 나라와 인도를 거쳐 아프리카까지 진출했습니다. 28년 동안 일곱 차례에 이르는 항해에 나섰고, 그 결과 30여 개 나라가 명나라에 조공을 바쳤습니다.

역사 속으로 사라진 정화의 항해 기록

1424년 영락제가 세상을 떠났습니다. 뒤이어 즉위한 홍희제는 정화의 항해를 중지시켰습니다. 막대한 비용이 들어 국가 재정을 낭비한다고 판단한 것입니다. 그러나 홍희제가 즉위 1년여 만에 죽고, 새로 황제가 된 선덕제는 다시 항해를 계획했습니다. 1430년 선덕제는 정화에게 일곱 번째 항해를 지시했습니다. 정화도 이미 예순을 넘긴 노인이 되었습니다. 언제 어디서 어떻게 죽을지 몰랐지만 그는 황제의 명을 받들어 일곱 번째 항해를 떠났습니다.

선덕제가 죽고 난 후 명나라는 북쪽으로는 몽골, 남쪽으로는 왜구가 출몰하며 국토 전역이 혼란에 빠졌습니다. 이런 상황에서 큰 바다로 항해는 더 이상 이루어지지 않았습니다. 그리고 정화가 항해하며 남긴 지도와 기록은 모두 불태워졌습니다. 일개 환관이 항해에 나서서 얻은 것 없이 나랏돈만 낭비했다는 이유였습니다.

콜럼버스가 아메리카 대륙에 도착한 때가 1492년이고, 바스쿠 다가마가 인도 항로를 개척한 때는 1498년이었습니다. 1405년 처음 출발한 정화의 항해는 유럽인들의 신항로 개척 시기보다 100년 가까이 앞선 일이었습니다. 정화의 대항해가 멈추지 않고 계속 이어졌다면 지금 우리의 세계관은 어떻게 달라졌을까요?

여진족은 왜 임진왜란 당시 조선을 도우려 했을까요?

임진왜란은 조선과 일본 사이에 벌어진 전쟁입니다. 그런데 두 나라 말고도 임진왜란에 관련된 나라와 민족이 더 있습니다. 조선에 대규모 지원군을 보낸 명나라와 지원군을 보내려고 했던 여진족입니다. 전쟁은 국가 재정에 큰 부담이 되고 많은 병사를 희생시켜야 하는 일인데, 명과 여진은 왜 조선과 일본이 치르는 전쟁에 개입하려고 했을까요?

명나라의 만력제, 대군을 조선에 보내다

1592년 일본이 조선을 침략하면서 시작된 임진왜란 초기, 조선은 전쟁에 충분히 대비하지 못한 상태였습니다. 반면 일본은 전투 경험이 풍부한 군인들이 서양에서 들여온 새로운 무기인 조총으로 무장하고 있었습니다. 조선은 한 달도 지나지 않아 수도 한양을 빼앗기고 왕이 평양을 거쳐 서북쪽 끝 의주까지 피난 가는 수모를 당했습니다. 이런 위기 상황에서 조선의 왕 선조는 오랜 기간 친밀한 관계를 맺고 있던 명나라에 지원군을 요청했습니다.

선조의 요청에 명의 황제 만력제는 대군을 조선에 보냈습니다. 명의 지원으로 조선은 평양과 한양을 탈환해 겨우 한숨 돌릴 수 있었습니다. 이후 명의 군대는 조선군과 함께 크고 작은 전투에 참여하며 조선이 임진왜란을 극복하는 데 큰 힘이 되어 주었습니다. 한편 명나라는 조선에 군대를 파병하고 운용하는 데 은화 780여만 냥을 소모했습니다. 당시 명나라의 1년 세입이 약 400만 냥이었다고 하니, 명나라는 조선을 위해 굉장히 큰돈을 지출했습니다.

옆집 불 끄려다 재정이 악화된 명나라

임진왜란 이후 명은 악화된 재정을 보충하기 위해 백성들로부터 세금을 더 많이 거두어들였고, 이로 인해 각지에서 반란이 일어났습니다. 말 그대로 명나라는 '제 살을 깎아' 조선을 도와준 셈이었습니다.

명나라가 이런 위험 부담을 전혀 모르진 않았을 텐데, 왜 그렇게 무리하면서까지 조선을 도와주었을까요? 이렇게 가정해 보면 어떨까요? 옆집에서 불이 났는데 그 집은 내 동생 집입니다. 가만 지켜볼 수만은 없겠지요? 그 불이 언제 우리 집으로 번질지 알 수 없을뿐더러, 곤란을 겪고 있는 동생을 형이 구경만 하고 있다가 무슨 원성을 들을지 모르고요. 명나라도 마찬가지였습니다. 일본의 지배자 도요토미 히데요시는 임진왜란을 일으키기 전에 "명을 정벌하려고 하니 길을 빌려 달라"고 조선에 요청했습니다. 즉 도요토미가 일으킨 전쟁의 최종 목적은 조선이 아닌 명나라 정벌이었고, 명나라도 이를 알고 있었습니다. 명은 일본군이 한반도를 점령한 후 자국까지 전쟁터로 만드는 것을 원하지 않았습니다. 또한 200년 가까이 명과 가장 가까운 관계를 맺고 있던 조선의 구원 요청을 무시한다면, 동아시아 최강국으로서 조공국들을 보호해야 하는 의무를 저버린 꼴이 됩니다. 명은 일본의 조선 침략을 격퇴함으로써 자국 영토를 보호함과 동시에 중화사상에 입각한 동아시아 국제 질서를 유지하고자 한 것입니다.

임진왜란은 결국 일본이 조선에서 물러남으로써 끝났습니다. 이로써 명은 본토가 불바다가 되는 것을 막았고, 명 중심의 국제 질서를 유지할 수 있게 되었습니다. 하지만 임진왜란으로 인한 재정 소모가 너무 컸던 명은 왜란 이후 심각한 위기를 겪게 되었고, 이는 자연스레 국력 약화로 이어졌습니다. 이 시기에 명과 조선이 처한 상황을 주의 깊게 살펴보며 기회를 엿보고 있던 이 민족이 있었으니, 바로 여진족이었습니다.

이웃의 위기를 틈타 성장한 여진족

여진족은 만주 지역에 거주하고 있던 민족으로 13세기 금을 건국해 화북 지역을 차지하며 위세를 떨쳤으나, 금 멸망 후에는 원나라와 명나라의 지배를 받았습니다. 그런데 16세기 말에 여진족의 부족장이었던 누르하치가 주변 부족들을 점령하며 세력을 키웠습니다.

누르하치에게 임진왜란은 세력 확장을 위한 절호의 기회였습니다. 명의 모든 관심이 조선에 쏠려 있을 때 명나라의 간섭에서 조금씩 벗어나며 자신의 세력권을 확대했고, 조선에 몇 차례 지원군 파견을 제안하며 동아시아 국제 질서에 본격적으로 끼어들었습니다.

누르하치로서는 한반도에서 전쟁이 지속되어 명과 조선의 국력이 약해지는 것이 자국에 유리한 일입니다. 그래야 여진이 더 성장할 여지도 생길 테니까요. 그런데 그는 왜 조선에 지원군 파견을 제안했을까요?

먼저 누르하치는 외교를 통해 명나라의 간섭에서 벗어나고자 했습니다. 당시 명나라에 조공을 바치는 조공국들은 명나라의 허가 없이 독자적인 외교 활동을 할 수 없었습니다. 이는 조선도 마찬가지였습니다. 그런데도 누르하치는 명나라를 거치지 않고 조선에 몇 차례나 지원군 파견을 제안했으며 외교 관계를 맺자고 청했습니다. 이는 누르하치가 임진왜란이라는 위기 상황을 기회로 명의 간섭에서 벗어난 독자적인 외교 활동을 시도한 것으로 해석할 수 있습니다. 한편 여진족의 지원군 파견 제안에는 군사적 목적도 있었습니다. 여진족의 제안을 받아들일 것인가를 놓고 조선이 명에 상의했을 때 명나라는 단호히 거부했습니다. 여진족이 지원군을 파견해 조선에 들어오면 여진족은 명군과 조선군의 군사력과 조선의 지형을 파악할 것이기 때문입니다. 당시 명은 여진족이 왜란을 틈타 명과 조선에 대한 정보를 얻고, 이는 추후 두 나라 침략의 발판이 될 수 있음을 간파했던 것입니다.

명의 이러한 추정은 정확히 들어맞았습니다. 임진왜란 후 명과 조선의 국력이 약해지자 누르하치가 이끄는 여진족은 더욱 세력을 키워 후금을 건국하고 조선과 명을 차례로 침략했습니다. 이후 명은 농민 반란으로 멸망하고 후금에서 청으로 이름을 바꾼 여진족은 중국 대륙을 차지했습니다.

동아시아의 국제 전쟁이었던 임진왜란

임진왜란은 조선과 일본만의 전쟁이 아니었습니다. 명나라와 여진족이 직간접으로 관여했고, 전쟁 후 명과 여진의 세력 차이는 동아시아 국제 질서의 지각 변동을 불러일으켰습니다. 임진왜란은 이후 동아시아 역사 흐름에 지대한 영향을 끼친 국제 전쟁이었습니다.

79 중국이 현재 영토를 가지게 된 시기는 언제부터인가요?

우리나라가 지금의 영토를 확보한 때는 조선 세종 시대입니다. 그럼 우리와 이웃한 중국은 어떨까요? 진시황제가 다스리던 나라인 '진'에서 중국을 뜻하는 'China'가 유래되었으니, 진나라 시절부터일까요? 중국은 과연 언제부터 현재와 비슷한 영토를 가지게 되었을까요?

중국의 마지막 왕조가 이민족이 건국한 왕조라고요?

중국에는 다양한 민족이 살고 있습니다. 그중에서 중국의 역사를 주도적으로 이끈 주류 민족은 '한족漢族'입니다. 그래서 자칫 잘못 생각하면 중국의 마지막 왕조도 당연히 한족이 세운 왕조일 거라고 생각할 수 있습니다. 하지만 아닙니다. 중국 한족이 세운 마지막 왕조는 명나라이고, 중국의 마지막 왕조인 청나라는 여진족이 세운 나라입니다.

여진족은 우리나라 고려 시대에 중국 화북 지방에 금나라를 세웠던 민족입니다. 금나라가 몽골에 쫓겨 패망한 이후 이들은 원래 근거지인 만주에서 부족 단위로 살았습니다. 그런데 임진왜란 이후 명이 쇠퇴해진 틈을 타 누르하치가 세력을 확장해 1616년 새 나라를 세우고 나라 이름을 '후금'이라 했습니다. 자기 선조들이 세운 금나라의 뒤를 이었다는 뜻이었지요.

이후 후금은 더욱 세력을 강화해 1636년에 국호를 '청'으로 바꾸고 '칭제건원'을 통해 자국 왕을 '황제'라 칭하고 독자 연호를 사용하며, 청이 동아시아 최강국임을 선언했습니다. 이후 1644년 명이 멸망하고 청이 중국 본토를 점유했습니다.

청나라의 전성기를 구가한 '강건성세'

청나라의 제4대 임금 강희제는 아버지 순치제가 갑자기 천연두로 죽는 바람에 여덟 살이라는 어린 나이로 왕위에 올랐습니다. 그는 열네 살 때부터 직접 정치를 관장하며 나라 안팎으로 눈부신 성과를 이루어 냈습니다. 청나라가 중국을 차지하던 초창기에 청나라 조정은 청에 대항하지 않고 투항한 명나라 장군에게는 영지를 주고 제후(왕)로 삼는 봉건제를 실시했습니다. 이때 영지를 받은 명나라 장수가 세 명 있었는데, 이들이 받은 영지를 '삼번'이라 했습니다.

강희제 시대가 되면서 청나라 황실은 삼번을 모두 환수하려 했습니다. 그러자 독자적으로 영지를 다스리고 있던 한족 영주들이 가만있지 않았습니다. 삼번이 합세해 반란을 일으켰습니다. 이를 '삼번의 난'이라 합니다. 강희제는 이 난을 거뜬히 제압하고 내부 안정을 기하며 영토를 더 넓혀갔습니다. 타이완(대만)을 거점으로 명나라 복원 운동을 펼치던 정성공 부대를 소탕해 남부 지방을 안정시켰고, 만리장성 이북에서 소란을 피우는 몽골 계통 준가르부

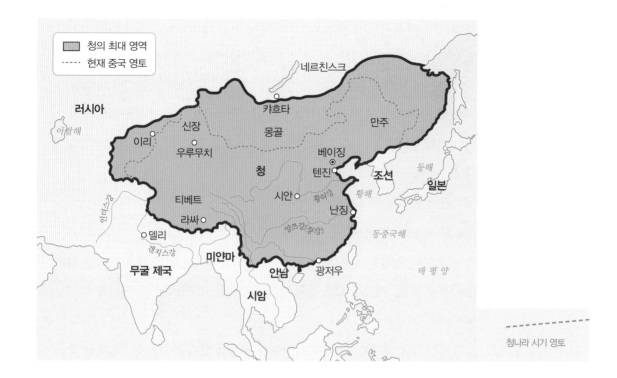

를 물리쳐 몽골까지 영역을 넓혔습니다. 또한 몽골과 만주 북쪽에 흐르는 헤이룽강 일대로 러시아 세력이 남하해 오자 이 세력과 국경을 확실히 정하는 '네르친스크 조약'을 맺었습니다.

강희제가 61년 동안 나라를 다스리고 뒤를 이어 아들 옹정제가 즉위했습니다. 옹정제는 13년 동안 나라를 다스리며 강희제 말기에 흐트러진 사회와 제도를 정비해 다음 임금인 건륭제 시기 문화 융성의 토대를 마련해 주었습니다.

옹정제의 뒤를 이은 건륭제는 60년 동안 청나라를 다스렸습니다. 많은 역사학자가 건륭제 시기를 중국 왕조 역사상 가장 번성한 시기라고 말합니다. 건륭제는 유목 민족의 후예답게 여진족 중심으로 만든 군사 제도인 팔기제를 활용해 네팔, 미얀마, 베트남 등을 공격했고, 서역 지방인 신장(지금의 신장 자치구)과 티베트를 중국 영토로 편입했습니다. 그는 영토를 넓히기 위해 몸소 열 번이나 전쟁터에 나갔는데, 열 번 다 무공을 세웠습니다. 이러한 자신의 모습이 스스로 멋져 보였을까요? 건륭제는 자신을 '십전노인'이라 불렀습니다. '열 번의 원정에서 모두 승리한 사람'이라는 뜻이지요. 이렇게 건륭제의 적극적인 대외 원정을 통해 중국 영토는 현재와 비슷한 정도의 넓이로 확대되었습니다.

한편 건륭제는 전국을 돌아다니며 자신의 위엄과 권위를 높이고 지방 백성들의 사정을 챙겼습니다. 지금으로 치면 그의 인스타그램이 '#정복스타그램'에서 '#여행스타그램'으로 변했다고 할 수 있습니다. 그는 재위 기간 동안 강남을 여섯 번, 서쪽 티베트와 근접한 쓰촨성을 네 번, 산둥성 일대를 다섯 번 다녀왔습니다.

황제가 전국 순회를 하는 데는 장점과 단점이 함께합니다. 장점으로는 중앙의 고급 문화가 지방으로 빠르게 확산되었습니다. 중앙과 지방간의 경제 교류와 문화 교류가 활발해졌습니다. 반면에 단점은 무엇일까요? 황제가 움직이는데 함부로 움직이지 않았겠지요? 잠을 자더라도 최고급 숙소에서 자야 했고, 각종 행사도 성대하게 치러야 했습니다. 그러다 보니 순행 비용이 너무 많이 들어 황실 재정이 고갈되었습니다. 달이 차면 기우는 법입니다. 건륭제는 청나라의 전성기를 이끌었지만 집권 말기에는 나라가 흔들렸습니다. 식량 가격이 수시로 폭등하며 식량난을 부추겼습니다. 이에 편승해 관리들과 지배층은 자기 주머니 불리기 바빴습니다. 그런데 이를 감시 감독해야 할 황제가 신임하던 관리 화신에게 정치 전반을 맡겨 버렸습니다. 화신은 황제의 총애를 등에 업고 부정부패를 일삼아 강성했던 청나라는 각종 비리로 얼룩지며 속부터 곪아 갔습니다. 건륭제의 아들 가경제 즉위 후, 화신의 집을 수색했더니 당시 화폐였던 은이 8억 냥 넘게 창고에 쌓여 있었다고 합니다. 그의 부정 재산 축재가 얼마나 대담했는지를 알 수 있는 사례입니다.

현재 중국의 영토는 북방 유목 민족인 여진족이 세운 청나라가 국경선을 확정하고 사회, 경제, 문화의 기반을 닦아 완성했습니다. 현재 중국은 쉰여섯 개 민족으로 구성된 다민족 국가인 데다, 신장 자치구와 티베트 자치구에 사는 서역 민족들은 민족 고유의 정체성을 유지하려 하기에 중국 정부와 갈등이 있습니다. 강희제와 건륭제가 정복 전쟁으로 영토를 넓히지 않았다면 지금 중국 영토는 얼마만 할까요? 그리고 현재 중국 정부에 탄압받고 있는 위구르인과 티베트인들은 어떤 삶을 살고 있을까요? 자못 궁금해집니다.

서양 선교사들이 중국에서 관리로 일했다고요?

조선 후기 실학자이자 천문학자로 뛰어난 업적을 남긴 홍대용은 1765년에 청나라 사절단을 따라 베이징에 갔다가 천문대에서 과학 기술을 가르치는 서양인 선교사를 만났습니다. 이때 처음으로 망원경을 통해 태양을 관측하고, 천체 모형을 통해 별과 거리를 계산하는 법을 배우며 문화적 충격을 받았습니다. 서양 선교사들은 어떤 경로로 청나라에 오게 되었으며, 주로 무슨 일을 했나요?

서양 선교사들이 중국에 온 이유는?

유럽 가톨릭은 종교 개혁 이후 신교의 확산으로 시간이 지날수록 설 자리를 잃어 갔습니다. 가톨릭 내부에서도 스스로 반성과 혁신을 주장했고, 개혁을 강조하는 수도회인 예수회가 교황청의 정식 허가를 받아 만들어졌습니다. 예수회 선교사들은 에스파냐, 포르투갈의 정복자들과 함께 세계 각지로 선교 활동을 떠났습니다. 이들 중 일부는 당시 동아시아의 중심 국가인 명나라에 들어와 전도하면서 서양의 과학과 문화를 전파했습니다. 명나라 황제가 서양의 과학 기술에 호기심을 보이며 선교사들의 포교 활동을 허락했기 때문에 가능한 일이었습니다.

예수회 선교사 마테오 리치는 16세기 말 명나라 때 들어와 성경을 유교와 비교하며 쉽게 이해할 수 있도록《천주실의》를 썼습니다. 그는 이 책에서 가톨릭의 하느님은 유교의 상제와 비슷하다고 설명하며 중국인들이 거부감 없이 가톨릭을 받아들일 수 있도록 했습니다. 훗날《천주실의》는 조선에도 들어와 천주교 전파의 실마리가 되었습니다.

명나라의 학자이자 관리였던 서광계는 마테오 리치와 교류하며 가톨릭으로 개종하고 그에게 수학과 천문학을 배웠습니다. 또한 서광계는 서양의 유클리드 기하학을 연구해《기하원본》을 발간했습니다. 마테오 리치는 서광계 말고도 중국의 여러 학자, 관리, 황족들과 친하게 지냈습니다. 그들은 마테오 리치의 인품과 뛰어난 지식 수준에 감탄했고, 그를 '사부'로 대우했습니다.

한편 마테오 리치를 비롯한 예수회 선교사들의 노력으로 중국에서는 가톨릭 신자가 기하급수적으로 늘어났습니다. 1580년대에 20여 명 정도였던 가톨릭 신자가 1605년에는 1,000명, 1644년에는 15만 명에 달했습니다.

청 황실이 서양 선교사들을 천문대 관리에 등용한 까닭은?

아담 샬은 명나라 말기부터 청나라 초기까지 중국에서 활동한 예수회 선교사입니다. 그는 서양 달력과 천문학, 조총 제작 등에 조예가 깊었습니다. 중국에 있을 때 그는 월식을 정확하게 예측해 신통력 있는 사람으로 알려졌습니다. 아담 샬은 고위 관리 서광계의 추천으로 베이징 천문대의 총책임자가 되었습니다. 서양인 최초로 중국 왕조의 정식 관리가 된 것입니다.

명나라 황제는 아담 샬에게 새로운 달력도 만들게 했습니다. 이 달력은 청나라 때인 1644년 '시헌력'으로 반포되어 조선에도 영향을 주었습니다. 아담 샬은 병자호란 때 청나라에 볼모로 잡혀 온 인조의 아들 소현 세자와 교류하며 천문 지식과 천주교 교리를 가르쳤습니다. 또한 베이징에 중국 최초의 서양식 건물인 대성당을 지었습니다.

예수회 선교사인 카스틸리오네 신부는 서양화 그리는 방법을 중국인에게 알려 주었으며, 황제의 별궁인 원명원 설계에도 참여했습니다. 서양식 건축물 원명원은 아이러니하게도 1860년 영국·프랑스 연합군의 베이징 침공 때 서양인의 손에 불탔습니다.

한 장의 지도가 세계관을 바꿔 놓다

15세기 이후 대항해 시대를 거치며 유럽은 세계 지리를 인식하는 수준이 굉장히 높아졌습니다. 마테오 리치는 지리 지식을 바탕으로 명나라의 학자 이지조와 함께 세계 지도인 〈곤여만국전도〉를 제작했습니다. 이전에 중국에서 만들어진 세계 지도는 중국이 지도의 중심에 가장 크게 자리 잡고 있으면서 주변 나라를 작게 배치하고 각 나라의 크기나 위치도 실제와 많이 달랐습니다. 조선과 일본도 주로 중국에서 가지고 온 지도를 가지고 세계 지리를 파악했기 때문에 유럽이나 아프리카, 아메리카 대륙에 관해서는 지리적 이해가 부족했습니다. 그런데 마테오 리치가 만든 〈곤여만국전도〉는 기존 지도와 달리 새로운 세계를 보여 주는 지도였습니다.

중국이 세상의 중심이라 여기던 조선과 일본 학자들은 〈곤여만국전도〉를 통해 새로운 세계관을 갖게 되었습니다. 중국이 세상의 중심이 아니라 세계에 있는 여러 나라 중 한 나라에 불과하다는 것을 깨닫게 된 것입니다.

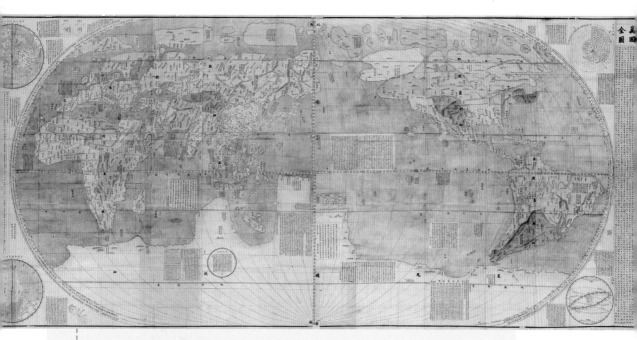

〈곤여만국전도〉. 1602년 예수회 선교사 마테오 리치와 명나라의 학자 이지조가 제작했다. 이 지도는 조선에도
전해져 중화적 세계관을 갖고 있던 조선 지식인들의 세계관을 바꾸어 놓았다.

전례 문제로 어려움을 겪은 선교사들

서양의 문물과 새로운 지식을 전파해 준 서양 선교사들에게 중국 사람들
이 언제나 우호적이었던 것은 아니었습니다. 예수회 선교사들은 동양 고유
전통인 '전례' 문제로 선교에 어려움을 겪었습니다.

전례 문제란 가톨릭 포교 과정에서 제사 인정 여부에 관한 논쟁을 말합니
다. 결론적으로 말하면, 교황청에서는 중국인들의 조상 숭배 의식인 제사를
십계명에서 금지한 우상 숭배로 판단해 허용하지 않았습니다. 그러자 청나라
조정은 가톨릭 선교의 자유를 취소하고 허가제로 바꾸었으며 그로 인해 선
교사들의 활동도 위축되었습니다. 조선에서도 전례 문제 때문에 정부가 천주
교를 박해했습니다.

중국의 수도는 어떻게
바뀌어 왔나요?

오늘날 중국의 수도는 베이징입니다. 그런데 역사를 공부하다 보면 중국 대륙에는 수많은 왕조가 존재했고, 왕조에 따라 수도도 여러 차례 바뀌었음을 알 수 있습니다. 이번 시간에는 중국의 수도 변천사를 탐구해 보겠습니다.

시안, 가장 많은 나라가 수도로 삼았던 천 년 도시

상나라부터 청나라에 이르기까지 중국에는 다양한 왕조가 있었습니다. 그 중에서도 가장 많은 나라가 수도로 삼았던 곳은 '시안西安'입니다. 시안은 주나라(서주), 진秦나라, 한나라, 수나라, 당나라 등 무려 열한 개 왕조가 수도로 삼았던 곳입니다. 이들 왕조가 시안을 수도로 삼았던 기간을 합치면 1,100여 년에 이릅니다.

주나라 때는 '호경', 진나라 때는 '함양'이라고 불렀지만, 사실 시안은 '장안'이라는 이름으로 가장 익숙합니다. 한나라 고조 유방은 시안을 도읍으로 정하면서 오래도록長 편안하게安 다스리겠다는 마음을 담아 '장안長安'이라고 이름을 정했습니다. 이름 덕분인지 당나라가 멸망할 때까지 시안은 오랜 세월 수도로써 그 명성을 굳건히 지켰습니다. 당나라가 한창 전성기를 누렸던 시기에 시안 인구는 100만 명에 달했으며, 조로아스터교, 마니교, 불교 등 다양한 종교와 문화가 공존하는 국제적이고 개방적인 도시였습니다.

한편 시안은 비단길의 출발지이자 종착지였습니다. 그러다 보니 로마, 아라비아, 페르시아에서 온 상인들로 늘 붐볐고, 신라와 일본, 베트남의 유학생들과 승려들이 장기간 머무르며 공부에 정진했습니다. 그래서 "서양에는 로마가 있고, 동양에는 장안이 있다"는 말까지 생겼습니다. 하지만 당나라의 쇠퇴와 함께 시안도 운명을 같이했습니다. 안사의 난과 황소의 난으로 큰 피해를 입었고, 5대10국 시대로 접어들면서 시안은 다른 도시에 수도를 내주고 역사의 뒤안길로 사라졌습니다.

뤄양, 시안과 어깨를 나란히 한 중국 문화의 발상지

뤄양(낙양)은 시안과 함께 중국 역사의 양대 도시로 역사와 전통이 오래된 도시입니다. 한나라, 상나라, 주나라(동주), 후한, 북위, 수나라 등 무려 아홉 개 왕조가 뤄양을 수도로 삼았습니다. 수도가 아니었던 시절에도 시안의 동편에서 수도에 버금가는 제2의 도시로 톡톡히 역할을 해냈습니다.

사실 '중국'이라는 국호는 뤄양에 기반을 두고 만들어진 나라 이름입니다. 주나라가 뤄양에 도시를 건설하면서 천하의 중심이라는 뜻에서 '중국中國'이라 표현했고, 이 이름이 널리 퍼지면서 국호로 사용되었습니다.

한편 뤄양은 최초로 불교가 전해진 곳이기도 합니다. 후한 시대에 불경을

룽먼 석굴. 중국 허난성 뤄양은 최초로 불교가 전해진 곳이다. 중국 최초의 사찰 백마사가 창건된 곳이며 룽먼 석굴을 비롯한 대규모 석굴 사원이 조성되어 있다.

실은 흰말이 뤄양에 처음으로 도착했으며, 이 일을 기념해 중국 최초의 절 백마사가 창건되었습니다. 또한 북위 시대 때 효문제는 룽먼 석굴을 비롯한 대규모 석굴 사원을 조성했습니다. 이렇게 중국 문명의 중심에 있던 뤄양은 시안과 운명을 함께했습니다. 당나라가 몰락하면서 시안과 함께 뤄양도 쇠퇴했습니다.

베이징, 유목 민족과 농경 민족을 아우른 제국의 심장

당나라가 멸망한 후 중국 대륙은 5대 10국으로 분열했습니다. 이 시대를 통일한 나라는 송나라입니다. 송나라는 당시 눈부신 발전을 거듭하던 양쯔강 이남 강남 지방으로부터 물자를 공급받기 쉬운 카이펑開封으로 수도를 옮겼습니다. 그러나 송나라는 곧 유목 민족의 침입에 직면했습니다. 거란족이 세운 요, 여진족이 세운 금에 치여 수도를 임안臨安, 지금의 항저우杭州로 옮겼으며, 세력은 강남 지방으로 위축되었습니다. 이후 몽골족이 급부상하면서 몽골족이 세운 원나라가 중국 대륙 전체를 지배했습니다. 원나라는 수도를 지금의 베이징北京으로 정하고 이름을 '대도大都', 몽골어로 '칸발리크'라 했습니다.

본래 베이징은 춘추 전국 시대 연나라의 수도입니다. 하지만 중국 고대 시절에는 중심지인 중원 지역에서 동북쪽으로 멀리 떨어진 변방에 불과했습니다. 그러나 몽골족이 세운 원나라가 중국 대륙을 통일하고 베이징을 수도로

중국의 수도 변천

정하면서, 베이징은 유목 세계와 농경 세계를 모두 아우르는 제국의 수도로 급부상했습니다. 이후 들어선 한족 국가인 명나라는 처음에는 난징南京을 수도로 정했다가 이내 베이징으로 수도를 옮겼으며, 여진족 국가인 청나라도 북쪽 유목민을 관할하는 동시에 남쪽 농경민을 지배할 거점으로 베이징을 수도로 선택했습니다.

청나라가 멸망한 후에는 여러 군벌이 난립하면서 베이징에서 다른 곳으로 잠시 수도가 바뀌기도 했습니다. 그러다 1946년 마오쩌둥이 중화 인민 공화국의 수도를 베이징으로 정하면서 베이징은 오늘날까지 중국의 수도로 화려한 위상을 자랑하고 있습니다.

무사들이 일본을
오랫동안 다스렸다고요?

여러분은 '일본' 하면 떠오르는 대표적인 이미지가 무엇인가요? '벚꽃', '복을 부르는 고양이', '무사' 같은 것들이 떠오르나요? 대부분의 친구들은 만화에 자주 등장하는 무사를 떠올릴 것입니다. 이 무사를 일본어로 '사무라이'라고 합니다. 이들은 언제부터 생겨났으며, 일본 사회에 어떤 영향을 미쳤을까요?

일본에서 사무라이 세력은 언제 생겼을까?

8세기 말부터 12세기 후반까지를 일본사에서는 '헤이안 시대(794~1185)'라고 합니다. 이 시기에 점차 귀족과 외척의 정치 개입이 심해지면서 왕권은 약해지고 국정은 귀족과 외척의 손에서 좌지우지되었습니다.

예나 지금이나 가진 자들은 부동산인 땅에 투자를 많이 합니다. 헤이안 시대 지배 세력도 한 뼘의 땅이라도 더 차지하기 위해 눈에 불을 켰습니다. 산과 강을 경계로 설정된 대토지를 장원이라고 하는데 귀족과 외척들은 여러 지역에서 대규모 장원을 경영하면서 자기 재산을 지키기 위해 사설 경비원을 고용했습니다. 이때 고용된 무사가 '사무라이'입니다.

사무라이들은 점차 세력을 키워 한동안 일본 역사를 지배했습니다. 그들은 직접 토지를 개간해 땅의 주인이 되었고, 일정 지역을 정치·군사적으로 지배하는 영주가 되면서 확실한 지배 계층이 되었습니다.

사무라이의 우두머리 '쇼군'의 탄생

일본에서는 사무라이 세력이 권력의 중심에서 나라를 좌지우지했던 때가 있습니다. 이를 막부 체제라고 합니다. 일본 최초의 막부는 가마쿠라 막부(1185~1333)입니다. 이 막부를 만든 사무라이는 미나모토노 요리토모입니다. 그는 헤이안 시대 말기에 서로 권력을 차지하기 위해 치열하게 다퉜던 진흙탕 싸움에서 승리했습니다. 당시 천황은 그의 공로를 인정해 '세이이타이쇼군'에 임명했습니다. 이 명칭은 그가 당시 오지였던 오슈를 정복한 데서 기인하며, 우리말로 풀면 '동쪽 오랑캐를 정복한 장군'이라 할 수 있습니다. 이 명칭이 중요한 이유는 여기에서 막부의 총대장을 일컫는 '장군', 즉 '쇼군'이 탄생했기 때문입니다.

쇼군을 중심으로 사무라이 세력이 정치를 주도했던 '막부'는 장군의 전쟁 지휘소인 '막사'와 나라의 통치 기관인 '정부'를 합쳐서 만든 단어입니다. 미나모토노 요리토모가 세운 가마쿠라 막부는 오늘날 일본 수도인 도쿄의 남서쪽 해안 가마쿠라에 있었습니다. 가마쿠라 막부는 1274년부터 시작된 원나라의 침략을 막아 내느라 막대한 재정을 소모하며 쇠퇴했습니다. 이후 무로마치 막부(1338~1573)가 뒤를 이어 일본 정계를 이끌었습니다.

사무라이들의 세상은 언제까지 이어졌을까요?

무로마치 막부는 1338년에 아시카가 다카우지가 세웠는데, 설립 초기에 두 명의 천황이 등장해 서로 자기가 정통 천황이라 주장하며 각각 조정을 이끌었습니다. 60년 남짓 이어진 두 명의 천황이 존재했던 시기를 '남북조 시대'라고 합니다. 분열과 혼란기였던 이 시대는 1392년에 3대 쇼군 아시카가 요시미쓰가 중재해 한 명의 천황으로 통합되었습니다. 이후 권력을 확대한 무로마치 막부는 1573년까지 250년간 계속되며 열다섯 명의 쇼군이 대를 이었습니다.

무로마치 막부는 15세기부터 쇼군의 후계자 자리를 둘러싸고 내란이 발생했는데 이 시기에 용병으로 활약한 사람들이 나타났으니, '발이 가벼운 사람'이라는 뜻인 '아시가루'입니다. 이들은 돈만 주면 편을 바꿀 정도로 배신을 밥 먹듯이 하는 사람들이었습니다. 이런 자들이 내분을 주도하며 하극상이 비일비재한 가운데 수도 교토의 저택들은 여러 곳이 잿더미가 되었고, 이들을 통제하지 못한 쇼군의 권위는 계속 추락했습니다.

혼란의 시대가 지속되다가 1467년 사무라이들은 동군과 서군 두 패로 갈라져 교토를 양분해 세력 다툼을 벌였습니다. 일본사에서는 이 내란을 '오닌의 난(1467~1477)'이라고 합니다. 11년 동안 다툼이 이어지며 쇼군 집안의 권위는 땅을 파고 들어가야 할 정도로 떨어졌고, 지방 영주 세력인 다이묘들이 각자 힘을 키워 서로 투쟁하는 시기로 접어들었습니다. 이 시기를 '전국 시대'라고 합니다.

전국 시대에는 지방의 영주인 다이묘들이 치열하게 싸웠습니다. 그리고 마침내 격렬한 내전에서 승리해 일본을 통일한 사람이 16세기 말에 나왔습니다. 도요토미 히데요시입니다. 그는 1590년 일본 전국을 통일하고 국내에서 싸우던 사무라이들의 힘을 나라 밖으로 돌리기 위해 1592년 '명을 치러 갈

테니 길을 빌려 달라'는 명분을 내세워 조선을 침공했습니다.

한반도에서 왜란이 한창 진행 중이던 1598년에 토요토미 히데요시가 사망했습니다. 이후 당시 이인자였던 도쿠가와 이에야스가 히데요시 가문을 추종하는 세력을 물리치고 정권을 잡아 에도(지금의 도쿄)에 막부를 세웠습니다.

에도 막부(1603~1867)는 지방 다이묘들의 권력을 약화시키기 위한 여러 정책을 실시했습니다. 그 중 대표적인 정책이 두 가지 있습니다. 첫째, 모든 다이묘의 영지 내에 오직 하나의 성만 쌓게 했습니다. 둘째, 쇼군을 가까이에서 보좌해야 한다는 명분으로 다이묘들을 1년 주기로 수도인 에도에 와서 살게 하는 '산킨코타이' 제도를 시행했습니다. 산킨코타이는 지방 영주인 다이묘가 중앙의 쇼군을 보좌해야 한다는 명분에서 시작되었지만 이 제도를 실시한 진짜 이유는 다이묘들이 1년마다 많은 부하를 데리고 에도와 자기 영지를 오가게 하면서 재정을 소모시키고, 영주가 에도를 떠나 자기 영지로 갈 때는 정실부인과 대를 이을 아들을 에도에 두게 해 반란을 일으키지 못하도록 하려는 것이었습니다. 실제로 산킨코타이 덕분에 에도 막부는 1603년부터 1867년까지 무려 264년 동안 일본을 통치할 수 있었습니다.

그러고 보니 사무라이 정권의 시작인 1185년 가마쿠라 막부부터, 에도 막부가 무너지고 천황에게 정권이 이양되는 1867년까지 무려 682년 동안, 사무라이 세력이 일본의 정치를 주도했습니다.

일본의 전국 시대는
어떤 시대였나요?

일본에는 "적은 혼노지에 있다"라는 말이 있습니다. '적은 항상 내부에 있다'는 뜻이지요. 혼노지는 일본 교토에 있는 절인데 이 절에서 어떤 일이 벌어졌기에 이런 말이 나왔을까요? 이번 시간에는 혼노지 이야기와 함께 일본 전국 시대의 속사정을 알아볼까요?

일본 전역을 혼란으로 몰아넣은 전국 시대

　　15세기 후반으로 접어들 무렵 일본은 무로마치 막부가 힘을 상실하면서 지방의 영주 세력인 다이묘들이 일본 통일이라는 거대한 야망을 가지고 서로 치열하게 싸우는 시대가 시작되었습니다. 이 시기를 일본 역사에서는 '전국 시대'라고 합니다. 15세기 후반인 1467년부터 16세기 후반인 1573년까지 100여 년간을 말합니다.

전국 시대가 시작된 것은 무로마치 막부의 혼란으로 인한 하극상 때문이었습니다. 쇼군의 권위가 바닥으로 떨어지며 다이묘들과 사무라이들이 후계자 자리를 둘러싸고 크고 작은 전쟁을 벌였습니다. 전투는 당시 수도였던 교토에서 주로 일어났는데, 수도는 황폐해지고 싸움은 지방 각지로 번졌습니다.

장기간에 걸쳐 여러 전쟁이 일어나다 보니, 이 시기에 지방에서 새로이 힘을 키우는 영주 세력이 등장했습니다. 이들을 '센고쿠 다이묘'라 합니다. 이름이 어렵다고요? '센고쿠'는 '전국戰國'의 일본어 발음이고, '다이묘大名'는 지방에 대토지를 가지고 있던 '영주'를 말합니다. 무로마치 막부의 힘이 약해지는 전국 시대에 접어들면서 지방에서 권력을 가진 다이묘들이 다수 등장했기 때문에 이런 이름이 붙여졌습니다.

센고쿠 다이묘들은 전국 시대의 혼란을 틈타 지방에서 독자 세력을 형성하며 군사력을 강화해 한 뼘의 땅이라도 더 확보하고자 주변 다이묘 세력과 친구가 되기도, 때로는 적이 되기도 했습니다. 이들은 강력한 군사력을 바탕으로 일본 전역을 통일하려는 야망을 가진 자들이었는데, 많고 많은 센고쿠 다이묘들 중 독보적인 존재가 한 명 있었습니다. 그의 이름은 오다 노부나가입니다.

세 사람의 장수 덕분에 다시 통일된 일본

오다 노부나가는 일본 중부 지방의 중심 도시 나고야 지역을 기반으로 한 센고쿠 다이묘였습니다. 어렸을 적에는 기묘한 행동을 자주해서 바보 취급을 당할 정도로 괴짜였다고 합니다. 그런 그가 부친이 죽은 후 동생을 비롯한 라이벌들을 제치고 부친의 영지를 관장하는 다이묘가 되었습니다.

일본 통일이라는 야심이 가득했던 그는 몇 가지 면에서 다른 다이묘들과 달랐습니다. 첫째, 서양에서 수입된 신병기인 총포를 가지고 싸우는 전략과 전술에 능했습니다. 당시 일본 다이묘들은 보병 위주로 싸웠으며, 혁신적인 다이묘라 하더라도 전투 때 기마 부대를 활용하는 정도였습니다. 그런데 오다 노부나가는 기마 부대보다 훨씬 앞선 총포 부대를 육성해 여러 전투를 승리로 이끌었습니다. 둘째, 자신의 말을 듣지 않는 종교 세력을 철저히 탄압했습니다. 당시 일본 사회는 불교 세력이 매우 커서 때에 따라서는 막부의 쇼군조차 감히 이들을 건드리지 못했습니다. 하지만 오다는 자기 말을 듣지 않는 승려는 누구라도 눈 하나 깜짝 않고 제거해 버렸습니다. 한 예로, 오다는 교토의 대형 사찰 엔랴쿠지의 승려 3,000여 명을 군대를 동원해 죽이고 절을 완전히 불태워 버렸습니다. 승려들이 반항한다는 이유였습니다. 셋째, 어렸을 적부터 괴짜였다고 하지만, 사실 그는 합리적인 사람이었습니다. 일 잘하는 사람을 적재적소에 기용해 능력을 발휘하도록 했으며, 일을 못하면 고위 관리라도 가차 없이 해고했습니다.

이런 특별한 면이 있었던 오다는 여러 다이묘를 무릎 꿇게 하며 일본 제패를 눈앞에 두고 있었습니다. 그런데 그의 전국 통일 야망은 부하 한 명 때문에 좌절되고 말았습니다. 상관인 오다의 냉혹함과 호된 질책에 두려움을 느낀 부하 아케치 미쓰히데가 반란을 일으킨 것입니다. 호위병 몇 명만 데리고 교토의 절 혼노지에 있던 오다는 아케치가 대군을 동원해 기습해 오자 이를 막아내다가 힘에 부쳐 스스로 절에 불을 질러 자살로 생을 마감했습니다. 이 사건을 '혼노지의 변'이라고 합니다.

1582년 오다가 자결한 순간, 총애하던 부하 도요토미 히데요시는 오다의 전국 제패를 돕기 위해 서쪽 지역에서 싸우고 있었습니다. 교토에서 주군이 죽었다는 소식을 들은 그는 즉각 휴전하고 교토로 돌아와 주군을 죽게 만든 아케치 미쓰히데 군대를 섬멸했습니다. 오다가 죽은 지 열흘 만의 일이었습니다. 이 신속함이 도요토미를 오다의 후계자로 만들었습니다.

도요토미 히데요시는 농민의 아들이었습니다. 그런 그가 사무라이로 출세한 이유는 당시 농민들도 싸움에 참전해 능력이 인정되면 사무라이로 발탁되었기 때문입니다. 특히 상관인 오다 노부나가는 능력만 있으면 신분에 관계없이 적재적소에 일을 맡기는 합리주의자였습니다. 도요토미는 오다에게 능력을 인정받아 초고속 출세를 했고 최고위급 장군이 되었습니다. 도요토미는 오다 사후 후계자 다툼에서 승리했습니다. 그리고 1590년 오다의 꿈이었던 일본 통일을 달성했습니다. 이후 도요토미는 천황으로부터 '간바쿠' 직책과 '다이코' 지위를 하사받아 지배의 정당성을 획득하며 일본 정계를 한 손에 거머쥐었습니다. 일본에서 천황을 대행하는 직위는 여러 가지가 있습니다. '간바쿠'는 성인이 된 천황을 돕기 위해 설치된 자리입니다. '다이코'는 간바쿠를 후계자에게 물려주고 은퇴한 권력자에게 명예직으로 붙여 준 존칭입니다.

그런데 이처럼 최고 권력을 누렸던 도요토미의 천하 제패도 당대에 끝났습니다. 그는 1598년 교토 남쪽에 있는 후시미성에서 숨을 거두었습니다. 그의 나이 예순두 살이었습니다. 도요토미는 자기 권력을 나이 어린 아들에게 승계했습니다. 하지만 도요토미 가문의 권력 승계는 당시 유력한 다이묘였던 도쿠가와 이에야스로 인해 좌절되고 말았습니다.

도쿠가와 이에야스는 도요토미가 죽었을 때 이미 예순 살에 가까운 노인이었으나, 자기 상관이었던 도요토미가 죽자 도요토미 추종파를 물리치고 권좌에 올랐습니다. 1603년 천황은 도쿠가와를 쇼군으로 임명했고, 일본 정계는 도쿠가와 이에야스와 그의 후예들이 주도했습니다. 일본 역사에서는 이 시대를 '도쿠가와 막부' 혹은 '에도 막부' 시대라고 합니다. 왜 에도 막부라고 하냐고요? 쇼군, 즉 도쿠가와가 거주하는 성이 에도(지금의 도쿄)에 있었기 때문입니다. 에도 막부 성립 이후 에도는 일본의 정치 중심지가 되었습니다.

오다, 도요토미, 도쿠가와에 대한 평가

혼란스러웠던 일본의 전국 시대를 통일한 주역은 오다 노부나가, 도요토미 히데요시, 도쿠가와 이에야스입니다. 이 세 명의 성격을 보여 주는 유명한 이야기가 지금도 일본 사람들에게 전해지고 있습니다.

좀처럼 울지 않는 새가 있습니다. 세 사람에게 이 새를 울게 하라고 주문했습니다. 오다는 단도직입적으로 새에게 "울어!"라고 명령하고 새가 울지 않으면 "울지 않는 새는 새가 아니다!"라며 그 자리에서 칼로 죽여 버립니다. 도요토미는 새 앞에서 갖은 재롱을 부리며 기어이 새가 울게 합니다. 도쿠가와는 '언젠가는 네가 울겠지' 하며 느긋하게 울 때까지 기다립니다.

일본 사람들이 후대에 지어낸 이야기지만, 이 이야기에는 세 사람의 성격이 잘 담겨 있습니다. 오다는 다혈질에 성미가 급한 대신 결단력이 있었습니다. 도요토미는 꾀가 많고 자존심이 셌습니다. 도쿠가와는 자신이 목적한 바를 이루기 위해 스스로 절제할 줄 알았습니다. 좋게 표현하면 오다는 용맹스러운 인물, 도요토미는 지혜로운 인물, 도쿠가와는 인내심이 많은 인물입니다.

또한 일본 사람들이 즐겨 하는 말 중에는 이런 것도 있습니다. "오다가 쌀을 씻어 놓으니, 도요토미가 불을 지펴 '천하'라는 밥을 지었다. 정작 그 밥을 먹은 사람은 도쿠가와였다." 전국 시대의 혼란을 끝내고 일본을 통일하는 데 큰 공을 세운 세 사람의 행적을 적절하게 빗대어 표현한 말입니다.

84 고흐 그림이 일본 미술의 영향을 많이 받았다고요?

네덜란드 출신 화가 반 고흐를 알지요? 뜨겁게 타오르는 태양처럼 열정적인 〈해바라기〉 그림으로 유명합니다. 그 밖에도 〈자화상〉, 〈별이 빛나는 밤〉 같은 작품들이 있습니다. 반 고흐는 서양 미술사상 가장 위대한 화가로 꼽힙니다. 그런 고흐가 일본 미술에서 영향을 받았다고 하네요. 일본 화가의 그림을 따라 그려 보기도 했다고 합니다. 어떻게 된 일일까요?

일본에서 조닌 문화가 발달하다.

19세기 후반을 살았던 네덜란드 출신 인상파 화가 반 고흐의 그림에는 일본 미술의 영향을 받은 작품이 여러 점 있습니다. 고흐뿐 아니라 모네나 고갱 같은 19세기의 인상파 화가는 물론 당대 유럽의 예술인들은 유별나게 일본 문화에 관심이 많았습니다. 그래서 '자포니즘Japonism'이라는 용어까지 생겼습니다. 이게 무슨 용어냐고요? 19세기 중반 이후부터 20세기 초까지 서양

미술 전반에 나타난 일본 미술의 영향과 일본 미술을 즐기고 선호한 현상을 말합니다. 고흐 같은 화가들에게 특히 영향을 주었던 일본 미술품은 채색 판화 '우키요에'였습니다.

에도 막부 시대 일본은 더는 전쟁이 일어나지 않는 평화 시대였고, 농업과 상업이 발달했습니다. 이 시대는 막부 체제여서 사무라이들이 지배층을 형성하고 있었지만, 실제로는 농민이나 조닌(상인)이 경제적으로 더 부유한 경우가 많았습니다. 조닌과 농민이 돈이 많으면 사무라이가 되면 그만 아니냐고요? 아쉽게도 농민과 조닌은 아무리 돈이 많아도 사무라이가 되어 관직에 들어설 수는 없었습니다. 신분 이동이 법적으로 불가능했기 때문에 사무라이로 태어났으면 죽을 때까지 사무라이, 조닌으로 태어났으면 죽을 때까지 조닌으로 살아야 했습니다.

도시에 살았던 조닌들은 신분 상승을 할 수는 없지만, 문화만큼은 귀족이나 사무라이 계층에 뒤지지 않으려고 '데라코야'라는 민간 학교에서 공부하며 교양을 쌓았습니다. 조닌의 지식과 교양의 수준은 점점 높아져 갔고, 이는 그들만의 문화인 '조닌 문화'가 탄생하는 계기가 되었습니다.

조닌 문화를 대표하는 예술 장르는 '가부키'입니다. 가부키는 관객들 앞에서 배우가 노래하고 춤을 추며 공연하는 일본 전통 예술극입니다. 우리나라의 창극과 비슷하며 서민층에서 대단히 인기를 끌었습니다. 가부키 공연이 있는 날에는 에도의 공연장 주변이 언제나 사람들로 북적거렸습니다.

가부키 공연에 사람들이 많이 모여든 이유는 무엇이었을까요? 물론 당시 에도는 인구 100만의 도시였기 때문에 사람 자체가 많았다는 점도 있습니다. 또 다른 원인은 지금의 홍보물 같은 전단지들이 도시 곳곳에 뿌려졌기 때문입니다. 이 전단지가 바로 '우키요에'입니다. '덧없는 세상'이라는 뜻이 담긴 우키요에는 목판으로 제작되어 한 번 밑그림을 새기면 여러 장을 찍어 낼 수 있었습니다.

우키요에는 가부키 배우나 아름다운 여인의 모습 뿐만 아니라 풍경화, 풍속화 등 여러 방면으로 소재를 넓혔고, 서민들은 우키요에를 사랑했습니다. 그 결과 우키요에에도 여러 화파가 나타났고 유명 화가들이 배출되었습니다. 가쓰시카 호쿠사이, 도슈사이 샤라쿠는 당시 우키요에를 대표하는 화가들입니다. 특히 가쓰시카 호쿠사이의 그

〈가나가와의 파도 아래〉, 가쓰시카 호쿠사이, 18세기. 가쓰시카 호쿠사이는 일본 우키요에의 전성기를 열었으며 그의 작품은 유럽으로 건너가 인상파 화가들에게 영향을 주었다.

림은 바다 건너 유럽에 소개되며 자포니즘의 유행에 큰 영향을 미쳤습니다. 여기서 질문을 하나 하겠습니다. 그렇다면 일본의 우키요에는 어떻게 유럽까지 건너갔을까요?

일본과 교역하기 위해 나가사키에 온 네덜란드 상인

17세기에 배를 타고 다니며 세계 무역권을 휘어잡은 나라가 있었으니, 네덜란드입니다. 네덜란드 상인들은 세계 곳곳을 돌며 무역업에 종사했습니다. 당시 유럽 사람들에게 가장 인기 있는 품목은 중국 상품이었는데, 네덜란드 상인들은 중국 시장에서 도자기, 비단, 차 등을 구매해 유럽 시장에 판매하며 막대한 이익을 챙겼습니다. 특히 중국의 도자기는 고가의 상품으로 유럽 황실과 귀족들에게 선풍적인 인기를 끌었습니다.

그러나 명·청 교체기 이후 네덜란드 상인들은 중국과 교역을 할 수 없었습니다. 청나라에 대적해 다시 명나라를 건국하고자 했던 정성공이 타이완에서 반청 복명 운동을 벌였기 때문입니다. 청나라 조정은 중국 본토 사람들이

바다 건너 타이완의 정성공 세력과 연결되는 것을 우려해 바다로 나가는 것을 금지하는 '해금 정책'을 실시했습니다. 그리고 외국 상인들과 무역도 금지시켰습니다. 게다가 얼마 후 일어난 삼번의 난으로 중국 도자기 생산의 중심지인 징더전(경덕진)이 피해를 입어 도자기 수급에 차질이 빚어졌습니다. 중국 도자기 교역으로 한몫 단단히 챙겼던 네덜란드 상인들에게는 청천벽력 같은 상황이었습니다. 하는 수 없이 네덜란드 상인들은 다른 곳으로 눈을 돌렸습니다. 때마침 중국 주변 지역을 살펴보니 일본 도자기가 눈에 들어왔습니다.

조선 전기만 하더라도 도자기 제조 기술은 요즘 반도체 만드는 기술만큼이나 최첨단 기술이었습니다. 당시 도자기를 제조할 수 있는 나라는 중국과 조선, 베트남 정도였습니다. 특히 조선은 고려청자 제조의 전통을 이어받아 중국만큼이나 고급 도자기를 만들 수 있었습니다. 그런데 임진왜란 이후 상황이 달라졌습니다. 왜란 당시 군사를 이끌고 조선 땅을 침탈하러 온 일본의 다이묘들은 조선 도자기를 약탈해 가는 데 열을 올렸으며, 도자기 제조 기술을 가진 도공들도 다수 잡아갔습니다. 임진왜란이 끝나고 에도 막부 시대가 되자, 조선 땅에서 끌려온 도공들의 노력으로 일본 땅에서도 도자기를 생산할 수 있게 되었습니다. 각 지역의 다이묘들은 경쟁적으로 도공들을 유치했고 아름다운 도자기를 생산했습니다.

중국 무역을 할 수 없었던 네덜란드 상인들은 일본의 규슈 서쪽 해안가에 있는 나가사키항으로 들어와 도자기를 비롯한 일본 상품을 사 가기 시작했습니다. 그런데 도자기 이야기가 어떻게 우키요에의 유럽 진출과 연결되냐고요? 깨지기 쉬운 도자기를 배에 싣고 먼바다를 항해해 유럽까지 가져가려면 포장을 잘 해야 합니다. 요즘도 깨지기 쉬운 물건을 주문하면 택배 상자에 완충재로 쓰인 에어캡이 잔뜩 들어 있습니다. 당시에는 에어캡이 없었습니다. 하지만 우키요에가 있었습니다. 우키요에는 대량으로 찍어 낸 값싼 그림이기

〈탕기 영감의 초상〉, 빈센트 반 고흐, 1887년. 고흐를 후원했던 미술상 줄리앙 프랑수아 탕기가 앉아 있는 배경에 고흐가 모사한 일본의 우키요에 작품들이 걸려 있다.

때문에 상인들은 시중에 나돌아다니는 우키요에를 마구 구겨 상자 안의 도자기 사이사이에 넣는 완충재로 사용했습니다.

도자기 상자의 완충제로 유럽 땅에 도착한 우키요에는 유럽 예술가들의 눈을 사로잡았습니다. 특히 강렬한 색상과 평면적 표현은 인상파 화가들에게 영감을 주었습니다. 유럽 화단에 일본 우키요에 화풍이 소문나면서 도자기와 함께 우키요에도 자포니즘 유행에 영향을 주었습니다.

유럽인을 사로잡은 일본 문화, 자포니즘

유럽에서 인기를 끈 일본 도자기들은 호화로움을 뽐내는 유럽 각 나라의 궁전에 속속 들어갔습니다. 독일의 샤를로텐부르크 궁전, 노이슈반슈타인성, 프랑스의 베르사유궁전에 이르기까지 일본의 도자기는 유럽 왕실에서 인기가 높았습니다. 도자기를 포장하는 데 활용했던 우키요에도 유럽 사회에서 선풍적인 인기를 끌었습니다. 고흐뿐만 아니라 그의 친구였던 폴 고갱도 열광했고, 클로드 모네도 우키요에를 수집하고 모사했습니다.

현재 일본의 대표적인 예술 장르는 애니메이션과 만화입니다. 에도 시대 우키요에의 융성이 현대 일본의 만화와 애니메이션 산업의 발전으로도 이어졌다고 할 수 있습니다.

비잔티움 제국은 어떻게 멸망했나요?

비잔티움 제국은 서로마 제국이 멸망한 이후에도 1,000년 가까이 지탱하며 이슬람의 침입으로부터 유럽 세계를 보호했습니다. 하지만 비잔티움 제국도 끝이 있었습니다. 1453년 오스만 제국이 비잔티움 제국의 수도 콘스탄티노폴리스를 함락했습니다. 그런데 이 도시는 난공불락의 요새로 유명한 곳입니다. 이런 곳을 오스만 제국은 어떻게 공략했을까요?

옛 영광을 뒤로하고 저물어 가는 비잔티움 제국

330년 콘스탄티누스 황제는 쇠퇴하는 로마 제국의 영광을 다시 살리고자 비잔티움으로 수도를 옮겼습니다. 이때 도시 이름도 자신의 이름을 따 콘스탄티노폴리스로 바꿨습니다. 이후 로마 제국은 동로마와 서로마로 분열했고, 476년에는 서로마 제국이 게르만족의 침입을 견디지 못하고 멸망했습니다. 하지만 비잔티움 제국이라고도 하는 동로마 제국은 그 후로도 오랫동안 역

콘스탄티노폴리스

흑해

소아시아
(아나톨리아 반도)

지중해

오스만 제국　　비잔티움 제국

15세기 오스만 제국 영토

사에 이름을 남겼습니다.

6세기로 접어들며 비잔티움 제국은 성장을 거듭해 유스티니아누스 대제 때에는 에스파냐 남부, 이탈리아, 북아프리카까지 정복하며 옛 로마 제국의 영토를 거의 회복하고 전성기를 누렸습니다. 이후 주변국의 잦은 침입으로 어려움을 겪었지만, 비잔티움 제국은 유럽 세계를 이슬람 세력으로부터 보호하는 방파제 역할을 하며 13세기 초반까지 건재했습니다. 하지만 1204년 십자군 전쟁 때 역사상 처음으로 수도 콘스탄티노폴리스가 함락되는 일이 벌어졌습니다. 50여 년 만에 다시 콘스탄티노폴리스를 탈환하긴 했지만, 비잔티움 제국은 약소국으로 전락하고 말았습니다.

이슬람 세계를 넘어 유럽을 넘보는 오스만 제국

한편 서아시아에서는 13세기 몽골의 침입으로 셀주크 제국이 쇠퇴하면서 국토가 분열되었습니다. 이때 오스만이 등장해 서아시아를 통합하고, 본인의 이름을 딴 오스만 제국을 세웠습니다. 비잔티움 제국이 혼란에 빠진 틈을 타 오스만 제국은 아나톨리아반도 대부분을 점령하고 유럽으로 세력을 넓혔습니다.

승승장구하던 오스만 제국에 위기가 닥쳤습니다. 14세기 중앙아시아에서 칭기즈 칸의 후손을 자처하며 탄생한 티무르 제국이 침입해 온 것입니다. 그러나 열아홉 살에 술탄으로 즉위한 메흐메트 2세는 혼란을 극복하고 다시 유럽으로 진격하기 시작했습니다. 당시 비잔티움 제국은 콘스탄티노폴리스를 제외하고는 거의 모든 영토를 상실한 상태였기에 오스만 제국 내부에서는 '굳이 멸망시킬 필요까지 있겠느냐?'는 의견도 나왔습니다. 하지만 지중해로 진출해 유럽을 정복하려면 콘스탄티노폴리스는 꼭 손에 넣어야 할 중요한 곳이었습니다. 게다가 콘스탄티노폴리스 점령은 이슬람 세계에서 그 누구도 이루지 못한 일이었습니다. 콘스탄티노폴리스는 4차 십자군 전쟁 때 잠시 함락되었던 것을 제외하면 1,000여 년 동안 한 번도 정복당한 적 없는 그야말로 난공불락의 요새였습니다.

콘스탄티노폴리스 공방전, 54일간의 처절한 싸움

1453년 4월 오스만 제국의 술탄 메흐메트 2세는 대군을 이끌고 콘스탄티노폴리스를 포위했습니다. 콘스탄티노폴리스 서쪽으로는 3중 성벽이 철벽처럼 서 있었으며, 동쪽으로는 바다를 끼고 절벽이 펼쳐져 있었습니다. 항구로 들어가는 입구에는 함부로 배가 드나들 수 없도록 쇠사슬을 쳐 놓았습니다. 따라서 콘스탄티노폴리스는 여간해서는 함락되지 않을 요새 중의 요새였습니다.

오스만 제국 군인들은 이 철벽 요새를 공략했습니다. 그들은 헝가리 기술자 우르반이 개발한 대포를 쏘며 성벽을 공략했지만 너무 튼튼해서 쉽게 무너지지 않았습니다. 그런데 항구 쪽에서 놀

콘스탄티노폴리스
공방전

라운 일이 벌어졌습니다. 칠흑같이 어두운 밤을 틈타 오스만 제국 함선 일흔두 척이 항구 안쪽까지 밀고 들어왔습니다. 항만 입구에 쳐 놓은 쇠사슬을 피해 통나무 위에 함선을 올린 다음 소와 말에 밧줄을 묶어 끌게 해 언덕을 넘어 항구 안쪽으로 옮긴 것이었습니다. 함선에 타고 있던 오스만 제국 군사들은 거센 파도처럼 콘스탄티노폴리스를 공격하기 시작했습니다. 비잔티움 제국의 마지막 황제 콘스탄티누스 11세는 항복을 거부하고 끝까지 싸우다 전사했습니다. 처절한 전투 끝에 콘스탄티노폴리스는 마침내 함락당했습니다.

메흐메트 2세는 오스만 제국의 수도를 콘스탄티노폴리스로 옮기고, 이름을 '이스탄불'로 바꿨습니다. 이스탄불은 이후 이슬람 세계를 대표하는 국제도시로 성장했습니다. 한편 오스만 제국은 이 도시를 발판으로 아시아, 유럽, 아프리카 세 대륙에 걸친 광대한 영토를 지배하며, 역사상 손꼽히는 제국으로 성장했고 오늘날 튀르키예 공화국으로 맥을 이어 가고 있습니다.

성 소피아 대성당이 이슬람 사원이 되었다고요?

튀르키예에 여행 갔을 때 이스탄불에 있는 이슬람 사원 '아야 소피아'에 들렀어요. 그런데 이 사원은 원래 크리스트교 성당이었다고 하더군요. 그래서 사원 내부에는 성당이었던 시절에 그려 넣은 성화도 있었어요. 이렇게 크고 멋진 크리스트교 성당이 어떻게 이슬람 사원이 되었나요? 무슨 사연이 있는 거죠?

비잔티움 건축의 정수, 성 소피아 대성당

동서양 문명의 교차 지점인 튀르키예의 수도 이스탄불은 메소포타미아 문명부터 시작해 그리스, 로마, 비잔티움, 이슬람에 이르는 방대한 인류 역사를 품고 있습니다. 이곳에는 '아야 소피아' 또는 '하기아 소피아'라고도 불리는 성 소피아 대성당이 있습니다. 현재 건물은 비잔티움 제국의 전성기를 이끈 유스티니아누스 대제의 명으로 532년부터 짓기 시작해 537년 완공한 건축물입니다.

현재 건물이 있는 자리에 들어선 첫 번째 소피아 성당은 동로마 제국 황제 콘스탄티우스 2세가 360년에 건립했습니다. 하지만 이 건물은 404년 화재로 소실되었고, 415년 테오도시우스 2세가 다시 교회를 지었지만 이 건물마저 532년에 불타 버렸습니다. 유스티니아누스 대제는 즉위 후 자신의 권위를 높이고 제국의 자존심을 회복하기 위해 성 소피아 성당을 전보다 더 웅장하고 화려하게 재건하길 간절히 원했습니다. 황제는 역량 있는 건축 기술자들을 총동원해 5년간의 공사 끝에 지금과 같은 대성당을 완공했습니다.

성 소피아 대성당의 변천사

비잔티움 제국을 멸망시킨 오스만 제국의 술탄 메흐메트 2세는 성 소피아 대성당을 이슬람 사원으로 바꿨습니다. 기도 시간을 알리기 위해 대성당 외곽에 네 개의 미나레트를 세운 것도 이때였습니다. 성 소피아 대성당을 손에 넣은 메흐메트 2세는 그 아름다움에 압도당해 예수와 성모 마리아를 그린 성화 등을 차마 파괴하지 못하고 하얀 천으로 덮어 두었습니다. 이 성화들은 이슬람 정신이 절정에 달했던 술레이만 시대(1520~1566)에 석회 반죽으로 가려졌습니다.

1923년 오스만 제국이 무너지고 튀르키예 공화국이 들어서면서 초대 대통령 무스타파 케말 아타튀르크는 종교와 정치를 철저히 분리하는 세속주의를 내세웠습니다. 1935년 튀르키예 정부는 성 소피아 사원을 성당도 모스크도 아닌 박물관으로 개조했습니다. 박물관 안에서는 모든 종교 의식을 금지했고 석회 반죽으로 덮었던 비잔티움 제국의 성화들을 복원했습니다. 성소피아 사원이 인류 공동 문화유산임을 강조한 것입니다. 공존과 화해의 상징으로 더할 나위 없었던 성 소피아 박물관은 1985년 유네스코 세계 문화유산에

성 소피아 대성당 내부. 오스만 제국 시대에 이슬람 사원으로 사용되어 성당 내부에는 성모 마리아를 그린 성화와 이슬람의 금문자가 공존한다.

등재되었습니다.

그런데 2020년에 느닷없는 일이 벌어졌습니다. 튀르키예 대통령이 성 소피아 박물관을 85년 만에 다시 모스크로 전환하기로 결정한 것입니다. 그는 이슬람주의자로 자신의 정치적 지지자들이 성 소피아 박물관의 이슬람 사원화를 열렬히 원하자, 종교적 보수층을 결집해 이같이 결정했습니다. 정권의 우두머리가 누구냐에 따라 계속 바뀌어 온 성 소피아 대성당은 이제 이슬람 사원이 되었습니다. 문명의 공존과 협력의 산실이었던 성 소피아 대성당의 운명은 앞으로 어떻게 전개될까요?

술탄의 군대에 크리스트교 소년들이 있었다고요?

이슬람 국가인 오스만 제국의 군대에 크리스트교를 믿는 소년들이 있었다고 해요. 어떻게 다른 곳도 아니고 술탄을 지키는 군대에 종교가 달랐던 군인이 있었을까요?

다양한 종교가 공존했던 오스만 제국

오스만 제국은 비잔티움 제국의 수도인 콘스탄티노폴리스를 정복하면서 발칸반도까지 영토를 넓혔습니다. 아나톨리아 지방과 발칸반도는 크리스트교 세계와 이슬람 세계가 만나는 접경 지역이자 정치적으로나 군사적으로 잦은 변화가 있던 곳입니다. 이러한 특성 때문에 이 지역 사람들은 이교도와 우호적인 관계를 유지하며 지냈습니다.

한편 오스만 제국의 왕실은 당시 다른 이슬람 나라들에 견주어 계보의 정통성이 약했습니다. 그래서 전통이나 명분에 얽매지 않고 실용적인 정책을 추진했습니다. 특히 비이슬람인과 관계에서 유연성을 발휘했습니다.

오스만 왕실의 타 종교에 대한 유연한 태도는 정복지 사람들 다수가 크리스트교인이었던 초기 오스만 제국에서 나라의 성장과 안정을 위해 필요한 일이기도 했습니다. 실제로 14세기에 오스만 제국이 팽창할 수 있었던 원인은 군사적 우위뿐만 아니라 크리스트교인들을 성공적으로 포섭했기 때문입니다. 오스만은 크리스트교를 믿는 농민을 보호하기 위해 낮은 세율을 적용하고, 주변 크리스트교 영주들과 우호적인 관계를 맺었습니다. 또한 크리스트교 지식인들에게는 오스만 제국의 건설과 확장 과정에 참여할 기회를 주었습니다. 당시 이슬람교도의 발칸반도 정착은 대체로 수피즘(이슬람교도 일부가 믿는 신비주의 사상)을 중심으로 이루어졌는데, 이들은 크리스트교도들을 배척하기보다는 그들을 수용해 발칸반도의 크리스트교인 다수가 자발적으로 개종하게 했습니다.

크리스트교 소년들을 오스만 제국의 군사로

오스만 제국이 발칸반도의 크리스트교인들과 융합을 이룬 정황은 군사적인 면에서도 확인할 수 있습니다. 15세기 전반까지도 봉급 대신 세금을 징수할 수 있는 권리가 딸린 토지인 티마르를 받은 오스만 병사들 가운데에는 크리스트교인이 다수 포함되어 있었습니다. 오스만 제국 군대의 군인이 된 후에는 이슬람으로 개종한다는 것이 전제 조건이었으나 크리스트교인을 훈련시켜 군대에 투입하는 제도가 있었습니다. 이 제도를 '데브시르메'라 합니다.

건장한 신체, 수려한 외모, 명석한 두뇌를 가진 크리스트교 가정의 소년이 40가구에 한 명꼴로 오스만 제국의 군인으로 선발되었습니다. 이 소년들은 붉은 옷을 입고 끝이 뾰족한 원추형 모자를 쓴 채 이스탄불로 호송되었습니다. 이후 이슬람교로 개종시킨 후 다년간의 교육과 훈련을 통해 술탄의 심복으로 만들었습니다. 이들은 중앙 관료가 되거나 술탄의 친위 부대인 예니체리의 일원이 되었습니다.

예니체리는 각종 특권을 누린 술탄의 친위대로, 엘리트 부대였습니다. 선발된 병사들은 두터운 충성심으로 무장해 술탄을 위해 죽기를 각오하고 싸웠습니다. 평상시에는 술탄이 머무르는 수도의 경비를 맡았으며 전쟁시에는 최정예 부대로 참전했습니다. 또한 예니체리는 메흐테르라는 군악대를 운영했는데, 군대가 출정할 때 술탄과 병사들의 사기를 높이기 위해 우렁차게 연주했으며, 전쟁터에서는 큰 소리로 오스만 군대가 가까이 있음을 알려 적에게 공포감을 느끼게 했습니다.

종교의 다양성을 인정한 밀레트 제도

오스만 제국은 광대한 영역에 걸친 다양한 민족을 통치하기 위해 관용 정책을 펼쳤습니다. 이슬람교도가 아니어도 인두세만 납부하면 자신의 신앙을 유지할 수 있는 일종의 종교 자치 공동체를 허용하는 제도, 즉 '밀레트 제도'를 실시했습니다.

오스만 제국에서 실시한 밀레트 제도는 비이슬람교도가 몇 가지 불평등을 수용하는 대신 이슬람 국가 안에서 신민으로 보호받을 권리를 준다는 원칙에서 시행되었습니다. 오스만 제국 시대의 비이슬람교인이 각각 그들의 전통과 환경에 따라 서로 다른 집단 구조를 이루는 것은 당연했고, 오스만 정부는 대체로 납세나 복종 등 아주 중요한 사안에 대한 통제 외에는 비이슬람교 집단이 자율적으로 살아갈 수 있도록 했습니다.

오스만 제국 안에 비이슬람교인은 크리스트교인, 유대교인 등 다양했습니다. 특히 발칸반도만 한정해서 본다면 절대 다수가 비이슬람교인이었습니다. 이들에게 자율성을 인정해 준 것은 오스만 제국에 편입된 다양한 이질적 민족들간의 갈등을 최소화하고 통치에 안정을 기하려는 의도였습니다.

유럽에서는 커피가
악마의 음료였다고요?

세계에서 석유 다음으로 유통량이 많은 품목은 무엇일까요? 바로 커피입니다. 커피의 하루 소비량이 20억 잔이라고 하니 커피는 명실상부 현대인이 가장 좋아하는 음료가 틀림없습니다. 이렇게 현대인에게 사랑받으며 인기 있는 커피가 중세 유럽에서는 '악마의 음료'로 불리기도 했답니다. 커피는 왜 악마의 음료가 되었을까요?

커피는 어디에서 재배되기 시작했을까요?

커피라는 이름은 에티오피아의 지명 '카파'에서 유래했습니다. 6세기경 에티오피아의 목동 칼디는 어느 날 늙은 염소가 붉은 열매를 먹더니 저녁이 되어도 잠들지 않고 뛰어다니는 모습을 보았습니다. 다음 날 자신도 그 열매를 먹어 보니 정신이 맑아지면서 힘이 솟구치는 것을 느꼈습니다. 이 열매의 효능이 수도승들에게 알려지자 수행 중 정신 집중을 돕는 신비의 열매로 인기를 끌었습니다.

8세기 무렵에 나타난 이슬람의 신비주의 교단인 수피즘은 춤과 노래를 통해 신에게 더 가까이 가려고 했습니다. 이들도 기도에 집중하기 위해 커피를 마셨습니다. 커피가 정신 집중에 효과가 있다는 사실이 널리 퍼지며 15세기 중반부터는 예멘에서 일반인들까지 커피를 마시기 시작했고, 이집트, 시리아, 레바논, 요르단, 이스라엘, 튀르키예 등지로 빠르게 전파되었습니다.

유럽에서 커피는 언제부터 마셨을까요?

커피의 유럽 전래는 십자군 전쟁 시기에 전파되었다는 견해와 이슬람 국가에 살았던 외교관들에 의해 전파됐다는 견해가 있습니다. 하지만 커피를 유럽 사회에 본격적으로 전파한 사람들은 상인, 그중에서도 이슬람 국가와 오랜 기간 무역했던 유대인 상인들이었습니다.

한편 커피는 전쟁 도중 전파되기도 했는데, 오스만 제국의 유럽 공략이 커피 보급에 크게 기여했습니다. 오스만 제국은 1453년에 비잔티움 제국을 점령한 뒤 유럽으로 진출해 1526년에는 헝가리 땅까지 차지했습니다. 얼마 뒤 1529년에는 당시 유럽의 최고 권력이었던 합스부르크 가문의 근거지 오스트리아 빈을 침략했습니다. 이때 빈은 오스만 제국에 거의 넘어갈 뻔한 상황이었습니다. 그런데 갑자기 엄청난 비가 쏟아지면서 추운 날씨가 이어지자 오스만 군대는 빈 점령을 포기하고 귀국했습니다. 1683년에 다시 오스만 제국이 빈을 공격했는데 이때도 빈은 건재했습니다. 그런데 오스만 군대가 퇴각하면서 다량의 커피를 빈에 남겨 두었습니다. 아랍인과 교류하며 커피를 잘 알고 있던 폴란드 상인 콜시츠키는 그 커피로 빈에 커피하우스를 열었습니다.

왜 커피를 악마의 음료라고 했을까요?

커피 소비는 16세기부터 유럽 사회에 급속하게 퍼졌습니다. 그런데 커피를 즐겨 마시게 되면서 포도주와 맥주의 소비가 줄었습니다. 술을 교역하는 상인들의 불만이 커졌습니다. 그들은 커피를 '악마의 음료'라며 교황에게 사람들이 커피 마시는 것을 금지해 달라고 청원까지 했습니다. 물론 이 청원은 받아들여지지 않았습니다.

상인들이 왜 커피를 '악마의 음료'라고 했냐고요? 유럽 사회에 커피 보급은 이슬람 세계를 통해 본격적으로 이루어졌습니다. 십자군 전쟁과 오스만 제국의 유럽 침범 때문에 유럽인에게 이슬람 사람들은 악마나 다름없었습니다. 커피는 이교도들인 이슬람 사람들이 즐겨 마신 음료인 데다 커피를 마시느라 맥주나 포도주의 소비가 줄었으니 유럽의 술 상인들이 커피를 악마의 음료로 취급한 것은 당연합니다. 하지만 문명 간의 문화 전래는 마치 물이 흐르는 것과 같습니다. 강제로 막는다고 막을 수 있는 게 아닙니다. 유럽 상인들이 보급을 막으려 했던 커피도 마찬가지입니다. 아무리 '이교도가 마시는 악마의 음료'라고 선전해도 커피를 즐겨 마시는 사람들을 말릴 수는 없었습니다. 커피 보급은 갈수록 확산되었고, 이내 유럽인의 대표 음료로 자리 잡았습니다.

르네상스 시대를 융성시킨 예술가는 누구인가요?

이탈리아 중부 피렌체에 있는 우피치 미술관에 갔습니다. 외부에서 볼 때는 소박했는데 막상 안에 들어가니 르네상스 시대의 훌륭한 작품들이 아주 많이 전시되어 있어서 깜짝 놀랐습니다. 르네상스 시대에는 어떤 예술가들이 활동했을까요?

14세기에 등장한 르네상스

흔히 14세기 후반부터 16세기 중엽까지를 '르네상스 시대'라고 부릅니다. '재생' 또는 '부활'이라는 뜻을 가진 르네상스의 개념을 확립한 학자는 야코프 부르크하르트입니다. 그는 1860년 《이탈리아 르네상스의 문화》라는 책을 쓰면서 '르네상스'라는 단어를 처음 사용했습니다.

르네상스는 문예 부흥, 문화 혁신 운동입니다. 고대 그리스와 고대 로마의 문학, 사상, 예술을 본받아 인간 중심의 정신을 되살리려 한 시대적 정신 운동이라고도 할 수 있습니다. 이러한 새 문화 운동은 사상, 문학, 미술, 건축 등 문화계 전반에 걸쳐서 다발적으로 진행되었습니다. 이 당시 사회 분위기는 중세 시대를 야만의 시대, 인간성이 말살된 시대로 인식하고, 고대 문화의 부흥을 통해 야만의 시대를 극복해야 한다는 인식이 강했습니다.

건축 천재, 브루넬레스키

이탈리아에서 시작된 르네상스 시대에 예술가를 적극 후원했던 가문은 피렌체의 거부 메디치 집안이었습니다. 중세 말기 이탈리아 도시 피렌체는 유럽 내에서도 상업이 발달해 다른 도시보다 문화 혜택을 많이 누렸습니다. 메디치 가문은 금융업에 뛰어들어 큰 부를 축적했고, 가문의 수장 코시모 데메디치는 피렌체 정치에도 지대한 영향을 미쳤습니다.

당시 피렌체는 산타마리아 델 피오레 대성당의 돔 공사를 성공리에 끝내는 것이 숙원 사업이었습니다. 대성당은 이제 돔만 제대로 올리면 공사가 끝나는 상황이었습니다. 그런데 문제가 있었습니다. 고대 로마 시대에 만들어진 로마의 판테온 돔을 넘어서는 돔 제작 방법을 아무도 찾지 못했습니다. 1418년 돔 건설을 위한 공모전이 열렸고, 필리포 브루넬레스키의 설계안이 당선되어 1434년 마침내 돔이 완성되었습니다.

브루넬레스키는 천재 건축가였습니다. 그는 400만 장의 벽돌을 차곡차곡 쌓아 올려 획기적인 대형 돔 구조물을 완성했습니다. 완성된 돔을 자세히 들여다보면 내부에 돔을 쌓고, 그 위에 다시 더 큰 돔을 얹는 이중 구조입니다. 당시 사람들은 이중 돔 구조가 너무 무거워 무너지지나 않을지 많은 걱정을 했습니다. 그러나 현재까지도 세계에서 가장 거대한 산타마리아 델 피오레 대성당의 돔은 튼튼하게 잘 버티고 있습니다.

만능 엔터테이너형 천재, 레오나르도 다빈치

1452년에 태어난 레오나르도 다빈치는 어릴 때부터 호기심이 많고 창의성이 뛰어났습니다. 그는 열두 살 무렵 피렌체에 있는 베로키오 공방에서 일을 시작했습니다. 다빈치의 스승 베로키오는 다재다능한 인물로 그가 운영한 공방은 젊고 뛰어난 예술가들의 집합소였습니다. 덕분에 다빈치는 어려서부터 다양한 경험을 하며 만능 예술가로 성장할 수 있었습니다.

다빈치가 피렌체에 거주하던 시절에는 코시모의 뒤를 이어 메디치 가문의 수장이 된 로렌초 데메디치의 후원을 받아 작업했습니다. 그런데 다빈치는 작업 속도가 느린 데다 작업을 계속 지연시키며 끝을 맺지 못하는 습관이 있었습니다. 정해진 기일 안에 작업이 완료되길 바라는 로렌초를 비롯한 피렌체 후원자들은 몹시 불쾌했습니다. 한편 다빈치는 약속한 기한 내에 정해진 일만 하는 것이 싫증났습니다. 자유로운 환경에서 일하고 싶었던 다빈치는 1482년 피렌체를 떠나 밀라노로 옮겨 스포르차 가문의 후원을 받으며 작품 활동을 했습니다. 그 후 1516년에는 프랑스 왕 프랑수아 1세의 초청으로 프랑스에 가서 르와르강 근처 왕실 저택에서 살며 죽을 때까지 작품 활동을 했습니다. 그런 연유로 다빈치는 이탈리아 사람인데도 무덤이 프랑스 르와르강 자락에 세워진 앙부아즈성 안에 있습니다.

다빈치가 프랑스로 가면서 가지고 간 그림 중에는 〈모나리자〉도 있었습니다. 〈모나리자〉는 현재 프랑스 루브르 박물관에 소장되어 있습니다. 전해 오는 이야기에 따르면, 프랑수아 1세가 다빈치가 죽은 직후에 이 그림을 거액을 주고 구매했다고 합니다.

한편 다빈치는 밀라노에 있던 시절에 〈암굴의 성모〉와 〈최후의 만찬〉이라는 걸작을 그렸습니다. 그는 르네상스인답게 그림과 조각 작품을 현실감 있게 표현하기 위해 시신을 구해 인체 해부를 했으며, 음악에도 조예가 깊어 악기를 개량하고 작곡을 하기도 했습니다. 그 밖에도 동물학, 건축학, 수학, 물리학, 천문학, 식물학, 지리학, 토목학, 기계학 등에도 두각을 드러냈습니다. 자연을 사랑하고 탐구심으로 가득찼던 레오나르도 다빈치는 특유의 창의성을 발휘해 상상을 현실로 만든 천재였습니다.

끈기형 천재, 미켈란젤로

미켈란젤로는 이탈리아에서 활약한 조각가이자 화가이며, 건축가이자 시인입니다. 1475년 피렌체 공화국의 카프레세에서 태어난 미켈란젤로는 여섯 살 때 세상을 떠난 어머니 대신 석공을 남편으로 둔 유모의 손에서 자라며 자연스럽게 조각과 소묘에 관심을 가졌고 예술에 대한 열정을 키워 나갔습니다. 그러나 아버지를 비롯한 가족들은 미켈란젤로가 예술가가 되는 것을 매우 반대했습니다. 그럼에도 예술가로서 길을 포기하지 않았던 미켈란젤로는 열세 살이 되던 해에 당시 피렌체에서 가장 뛰어난 화가 도메니코 기를란다요의 공방에 들어가 도제 수업을 받았습니다. 그러다 그의 재능을 알아본 로렌초 데메디치에게 발탁되어 본격적인 작품 제작 활동을 했습니다. 이때부터 미켈란젤로는 로렌초 데메디치의 후원 속에 피렌체의 뛰어난 학자에게 배우고 훌륭한 예술품을 마음껏 감상하며 예술가로서 갖춰야 할 여러 자질을 습득했습니다.

1492년 로렌초 데메디치가 사망한 후 1494년에는 프랑스의 이탈리아 원정으로 피렌체가 혼란에 빠졌습니다. 그는 피렌체를 떠나 여러 지방을 떠돌아다니다가 1499년 로마에서 〈피에타〉를 조각했습니다. '피에타'는 '동정', '슬픔', '경건함'을 의미하는 이탈리아어로 어머니 마리아가 예수의 죽음을 슬퍼하는 모습을 그리거나 조각한 작품을 말합니다. 대리석으로 만든 미켈란젤로의 〈피에타〉는 사람들의 마음에 큰 울림을 주었습니다. 미켈란젤로의

〈천지창조〉, 시스티나 성당 천장화 부분도, 미켈란젤로, 1508∼1512. 율리우스 2세 교황의 의뢰를 받은 미켈란젤로는 천장화 작업의 깊은 어려움을 극복하고 4년 만에 완성했다.

〈피에타〉는 지금도 인간의 아름다움과 신에 대한 경외심을 담은 작품이라는 찬사를 받고 있습니다.

이후 피렌체로 돌아온 그는 1504년 조각상 〈다비드〉를 완성했습니다. 미켈란젤로의 〈다비드〉는 인류가 제작한 조각상 중 인체의 아름다움을 가장 완벽하게 구현했다는 평을 받습니다. 긴장된 근육, 손등의 힘줄, 적장 골리앗을 노려보는 청년 다윗의 눈매가 생생하게 살아 있는 작품입니다.

1508년 미켈란젤로는 교황 율리우스 2세의 지시로 바티칸 시스티나 성당의 천장화 제작에 들어갔습니다. 20미터 높이의 천장에 매일 고개를 젖히고 그림을 그려야 하는 고된 작업이었습니다. 계속 위만 쳐다보다 보니 평소에도 고개가 저절로 치켜들게 되어 책을 읽을 때도 머리 위로 가져가지 않으면

읽기가 어려웠다고 합니다. 미켈란젤로는 여러 어려움이 있었음에도 불구하고 1512년 천장화를 완성했습니다. 이 천장화에서 대표적인 그림이 〈천지창조〉입니다.

미켈란젤로가 마지막으로 제작한 조각상은 1547년부터 작업하기 시작한 〈론다니니 피에타〉입니다. 작업하다 멈추고 다시 하기를 반복하다 미켈란젤로는 끝내 완성하지 못하고 1564년에 세상을 떠났습니다. 그의 나이 아흔 살이었습니다.

평소 '천재는 어떤 사람인가?'라는 궁금증이 있었다면, 미켈란젤로의 삶에서 어느 정도 해답을 찾을 수 있습니다. 발명왕 토마스 에디슨은 "천재는 1퍼센트의 영감과 99퍼센트의 땀으로 이루어진다"고 말했습니다. 미켈란젤로가 딱 그랬습니다. 죽음 직전까지도 그는 손에서 조각 망치를 놓지 않았습니다. 미켈란젤로는 선천적으로 재능을 타고난 천재이기 전에 자신이 하는 일에 최선을 다했던 부지런쟁이였습니다.

이탈리아 밖에서도 르네상스가 나타났다면서요?

에스파냐 라만차 지방의 늙은 귀족 돈키호테 이야기를 알고 있나요? 17세기에 미겔 데 세르반테스가 세상에 내놓은 소설 《돈키호테》는 세계 문학사를 대표하는 고전 중 하나입니다. 그는 당시 유행하던 기사도 문학을 비판하기 위해 이 소설을 썼다고 합니다. 《돈키호테》는 르네상스가 이탈리아 밖으로 확대되는 과정에서 탄생한 작품입니다. 르네상스는 어떻게 이탈리아 밖으로 확산되었을까요?

유럽 각지로 확산하는 르네상스

이탈리아 피렌체에서 시작된 르네상스는 16세기 이후 알프스 북쪽을 넘어 주변의 유럽 국가로 빠르게 확산되었습니다. 유럽을 가로지르는 알프스산맥 북쪽에서 일어난 르네상스를 '북유럽 르네상스'라고 부릅니다. 북유럽 르네상스는 이탈리아 르네상스와는 진행 방향이 달랐습니다. 봉건 세력과 교회의 영향력이 강했던 북유럽 지역에 르네상스 물결이 들이닥치며 북유럽 르네상스는 강건했던 초기 크리스트교 정신을 회복하고자 하는 방향으로 진행되었습니다. 덕분에 이상적이고 인간 중심적이었던 이탈리아 르네상스와 달리 북유럽 르네상스는 비판과 관용 정신을 강조한 기독교 인문주의가 발달했습니다.

에라스뮈스의 《우신예찬》

사상과 문학 영역에서 북유럽 르네상스가 이룩한 업적을 이야기할 때 기독교 인문주의 학자인 네덜란드 출신 에라스뮈스를 빼놓을 수 없습니다. 오늘날 북유럽이라고 하면 스칸디나비아반도에 있는 노르웨이, 스웨덴, 핀란드를 떠올립니다. 그런데 네덜란드 사람인 에라스뮈스가 북유럽 르네상스 이야기의 주인공이라니 이상하지 않나요? 여기에는 이유가 있습니다. 지리적 위치와 다르게 미술사학계에서 말하는 북유럽은 알프스산맥 이북 지역 전체를 뜻합니다.

에라스뮈스는 성경과 고전 연구를 통해 당시 사회와 종교를 신랄하게 풍자했습니다. 그가 보기에 당시 사회는 크리스트교의 단순하고 소박한 가르침을 상실한 결과 타락하고 부도덕했습니다. 이러한 사회 현실을 비판하기 위해 그가 16세기 초반에 쓴 책이 《우신예찬》입니다. 이 책은 인간의 어리석음과 결함을 꼬집는 내용을 담은 대화체 형식의 작품으로 변혁을 꿈꾸는 유럽인의 주목을 받았습니다. 그는 이 책을 통해 철학자와 신학자 사이의 쓸모없는 종교 논쟁, 성직자의 위선과 타락, 기성 교회의 형식주의를 신랄하게 비판했습니다.

토머스 모어의 《유토피아》

북유럽 르네상스를 이끈 또 다른 기독교 인문주의자로 토머스 모어가 있습니다. 그는 영국 출신 변호사로 스물여섯에 국회 의원이 되었고, 1529년에는 헨리 8세에게 신임 받아 대법관이 되었습니다.

모어는 1516년 가공의 섬에 건설된 이상 사회를 묘사한 소설《유토피아》를 발간했습니다. '유토피아'는 라틴어로 '그 어디에도 없는 곳'을 뜻하는 말입니다. 토머스 모어는 인간 세상에는 존재하지 않지만 이상향으로 삼고 싶은 국가를 '유토피아'라고 생각했습니다.

토머스 모어의 소설 속 유토피아로 등장하는 섬에는 사유 재산도 없고, 전쟁도 없으며, 누구에게나 평등하게 생산·소유·분배의 권리를 주었습니다. 모어는 이 소설을 통해서 영국 왕정과 귀족을 조롱하고 법률의 가혹함과 전쟁의 어리석음을 비판하면서 이상적 국가상을 나타냈습니다.

그런데 인류 역사에 오래도록 남을 명저를 저술한 토머스 모어는 안타깝게도 왕에 의해 형장의 이슬로 사라졌습니다. 로마 교황청에 반발하며 영국 국교회를 만들고자 했던 헨리 8세를 비난하다가 1535년 런던탑에서 처형되었습니다.

인간을 인간답게 만들어주는 학문을 '인문학'이라고 합니다. 에라스뮈스와 토마스 모어, 두 거장의 책을 읽으며 인문학적 소양과 상상력을 키우는 건 어떨까요? 지금 도서관으로 달려가서《우신예찬》과《유토피아》를 펼쳐 보고 싶지 않나요?

콜럼버스의 관은 공중에 떠 있다고요?

이탈리아 사람인 콜럼버스의 관은 에스파냐 세비야 대성당에 안치되어 있습니다. 그런데 관이 놓인 모양이 매우 특이합니다. 공중에 높이 떠 있습니다. 왜 그럴까요? 지금부터 그 사연을 알아볼까요?

우리가 알고 있는 콜럼버스

위대한 탐험가, 신대륙을 발견한 사람, 지구가 둥글다는 믿음으로 인도를 찾아 머나먼 항해를 떠난 사람, 죽을 때까지 자신이 발견한 땅을 인도라고 믿었던 사람……. 이런 내용이 우리가 일반적으로 알고 있는 크리스토퍼 콜럼버스입니다. 그런데 정작 우리는 그가 태어난 연도도 정확히 모릅니다. 대략 1450년대로 추정할 뿐입니다. 어떻게 생겼는지도 당연히 모릅니다.

우리가 알고 있는 콜럼버스의 얼굴은 사후에 상상으로 그린 초상화입니다. 콜럼버스에 관한 정보는 그의 아들이 쓴 전기에서 어느 정도 얻을 수 있습니다. 이 책에 따르면 콜럼버스는 아버지 일을 돕다가 선원이 되어 여러 항구 도시를 떠돌았습니다. 그러다 1476년에 포르투갈로 들어와 리스본에서 선원과 상인으로 살았습니다.

콜럼버스 초상. 사후에 상상으로 그린 그림이다.

운명의 후원자, 이사벨라 여왕과 만남

콜럼버스가 살던 포르투갈은 유럽에서 가장 먼저 해외 식민지 개척에 나선 나라였습니다. 콜럼버스도 포르투갈에서 아시아로 항해를 떠나기 위해 구체적으로 계획을 세우기 시작했습니다. 당시 유럽인들에게 아시아는 후추, 도자기, 비단 같은 돈 되는 상품이 많이 있는 곳으로, 유럽에 가져와 팔기만 하면 엄청난 부를 얻을 수 있는 노다지나 다름없었습니다.

유럽 대륙 서쪽 끝에 위치한 지리적 여건 때문에 지중해 무역에서 큰 이익을 내기 어려웠던 포르투갈과 에스파냐는 국왕이 나서서 대서양을 통한 아시아 항로 개척에 적극적이었습니다. 1480년대 중반부터 콜럼버스는 포르투갈과 에스파냐의 왕에게 줄기차게 아시아 항해 사업을 제안했습니다. 두 나라에서는 콜럼버스의 사업안을 검토했지만 실현 가능성이 적다고 판단해 매번 거절했습니다.

야심찬 사업 계획서가 여러 차례 거부당하자 콜럼버스는 영국이나 프랑스에 접근하려고 했습니다. 이때 에스파냐의 이사벨라 여왕이 후원을 자처했습니다. 콜럼버스의 사업은 실패할 가능성이 높았지만 성공 가능성도 없지 않아 있었습니다. 만약 성공하면 큰 이익을 얻게 되는데, 그 기회를 다른 나라가 갖는 것은 마땅치 않았습니다. 이사벨라 여왕은 속는 셈 치고 콜럼버스의 사업 계획을 승인했습니다.

더군다나 콜럼버스의 사업 계획을 승낙한 해는 1492년으로 에스파냐 역사에서 아주 특별한 해였습니다. 오랜 레콩키스타(재정복 운동) 끝에 이슬람 세력을 최종적으로 몰아낸 역사적인 해이자, 국내에 거주하던 유대인들을 내쫓고 내부 통일을 완수한 해였습니다. 바야흐로 나라의 힘을 바깥으로 분출할 시기였습니다.

독학과 열공으로 준비한 항해

콜럼버스가 대항해를 나설 당시는 지금처럼 선박 제조 기술이 발달하지도, 지리 정보가 축적되어 있지도 않았습니다. 타고 가야 할 배는 바람에 의존해서 움직이는 범선이었습니다. 따라서 해안을 따라 이동하는 연안 항해야 그럭저럭 가능했지만, 대양 항해에 나섰을 때는 자칫 바다 위에서 미아가 될 가능성도 컸습니다. 지구가 둥글다는 지구 구형설이야 이미 상식이 되었지만, 문제는 지구 크기가 어느 정도인지, 육지와 바다의 비율은 어느 정도인지 등 알아야 할 지식이 산더미였습니다. 지구가 작을수록, 육지 면적이 클수록 항해 거리도 짧아지고, 성공 가능성도 높기에 이 문제를 아는 것과 모르는 것은 천지 차이였습니다.

콜럼버스는 어마어마한 양의 책을 보며 지리 지식을 얻고, 나름대로 지구의 크기, 육지 면적, 바다의 크기에 관한 지식을 쌓았습니다. 콜럼버스의 세계관에 영향을 미친 책은 신학자 피에르 다이이의 《세계의 상》과 마르코 폴로의 《동방견문록》이었습니다. 《세계의 상》에서는 '지구는 의외로 작다', '육지와 바다의 비율은 6:1이다'라는 정보를 얻었습니다. 《동방견문록》에서는 아시아 대륙이 매우 크다는 점, 달리 말하면 유럽에서 아시아까지 항해 거리가 짧다는 점과 아시아 동쪽에 지붕이 황금으로 덮인 부유한 나라가 있다는 정보를 얻었습니다.

이런 정보들을 종합해 콜럼버스는 아시아로 향하는 항해가 그리 어렵지 않다는 결론에 도달했습니다. 이처럼 다양한 지식을 종합해 자기 머릿속에 넣고 있던 콜럼버스가 갖은 고

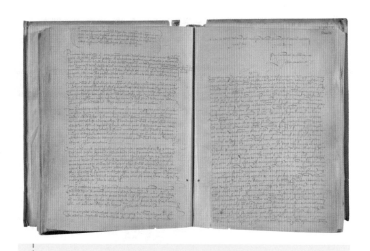

산타페 협약. 1492년 4월 17일, 산타페에서 크리스토퍼 콜럼버스와 에스파냐 국왕 사이에 대항해를 위한 합의가 이루어졌다. 에스파냐 왕실은 이 협약에서 콜럼버스에게 귀족의 칭호를 주고, 앞으로 발견할 지역의 대제독, 식민지 총독, 부왕(副王)이 될 수 있다고 명시했다. 또한 이러한 직위는 그의 자손에게 상속되며, 그곳에서 산출된 모든 귀금속의 10분의 1을 콜럼버스가 소유한다는 내용이 명시되어 있다.

생 끝에 도착한, 지금의 미국 플로리다주 남쪽 지대 바하마 제도를 아시아 땅이라고 믿었던 것은 어찌 보면 당연한 일이었습니다. 자신이 열심히 공부해서 형성한 지리 지식 체계 내에서는 응당 아시아가 그쯤에 있어야 했기 때문입니다.

네 차례의 항해, 그리고 말년

1492년 8월 콜럼버스가 이끈 산타마리아호, 니냐호, 핀타호가 에스파냐를 떠나 대서양 항해를 시작했습니다. 그런데 콜럼버스의 예상과 달리 한 달이 지나도 육지는 보이지 않았습니다. 불안해진 선원들은 에스파냐로 귀환을 주장했습니다. 이때 콜럼버스가 말했습니다.

"육지가 보이지 않으면 내 머리를 잘라도 좋소. 그럼 여러분 모두 편안하게 고향으로 돌아갈 수 있을 것이오."

세비야 에스파냐 광장의 바르셀로나 벤치. 세비야의 에스파냐 광장에는 에스파냐 각 도시와 관련된 역사적 사건들이 기록되어 있다. 첫 항해를 성공리에 마친 콜럼버스는 바르셀로나 왕의 광장에서 이사벨라 여왕을 알현했다. 바르셀로나 벤치에 콜럼버스의 알현 모습이 묘사되어 있다.

반드시 인도에 도착한다는 믿음이 없으면 할 수 없는 말입니다. 이 말에 선원들의 반발은 수그러들었고 드디어 10월 12일, 육지를 발견했습니다. 그가 도착한 곳은 바하마 제도의 과나하니라는 작은 섬이었지만, 콜럼버스는 그곳이 일본이나 중국 어딘가라고 믿었습니다. 콜럼버스는 부하들과 함께 섬에 상륙해 '구세주'라는 뜻의 '산살바도르'라고 명명했습니다. 그는 자신이 도착한 땅에서 금과 향신료 같은 귀중품을 얻지는 못했지만 새로운 항로를 개척한 것에 만족하며 에스파냐로 귀환했습니다.

첫 항해를 마치고 귀국한 콜럼버스는 영웅 대접을 받았습니다. 왕에게 자신이 발견한 '아시아'를 보고하고, 재출항하면 반드시 금과 향신료를 가지고 오겠다고 호언장담했습니다. 새로운 땅에 대한 기대감 때문인지 에스파냐 여왕은 콜럼버스에게 후원을 아끼지 않았습니다.

콜럼버스의 2차 원정은 1차와는 비교할 수 없을 정도로 대규모였습니다. 배 열일곱 척에 1,000명이 넘는 선원을 태우고 출항했습니다. 그러나 2차 항해 때도 콜럼버스는 금과 향신료를 찾지 못했습니다. 국왕도 콜럼버스에 대한 신뢰가 약해지며 후원을 축소했습니다. 콜럼버스는 3차 항해에서도, 4차 항해에서도 끝내 금이 많은 지역을 발견하지 못했습니다. 4차 항해 때는 조난까지 당해 가까스로 에스파냐에 귀국했고, 그 후로 다시는 항해에 나서지 않았습니다.

콜럼버스는 말년에 정부를 상대로 자신이 마땅히 누려야 하는 직위와 하사금을 달라고 계속해서 청원을 올렸지만 성과는 없었습니다. 그는 좌절감 속에 남은 생을 보내다 1506년 5월 19일 에스파냐의 바야돌리도에서 죽었습니다.

콜럼버스의 관은 왜 공중에 떠 있을까요?

콜럼버스는 자신이 발견한 바하마 제도에 묻어 주기를 희망했고, 죽어서도 에스파냐 땅은 절대 밟지 않겠다고 말했습니다. 콜럼버스의 희망에 따라 그의 시신은 대서양 건너 중남미 지역 쿠바에 묻혔습니다. 나중에 쿠바가 독립하면서 그의 유해는 에스파냐로 옮겨져 세비야 대성당에 안치되었습니다. 에스파냐에서는 그의 행적에 대해 논란이나 비판도 있었지만, 콜럼버스라는 이름이 가지는 홍보 효과와 그의 신항로 개척이 결과적으로 에스파냐의 황금기를 가져왔기 때문에 시신을 옮겨 온 것으로 보입니다.

세비야 대성당에 있는 콜럼버스의 묘. 죽어서도 에스파냐 땅은 밟지 않겠다는 콜럼버스의 유언을 반영해 그의 관은 공중에 떠 있다.

그런데 특이하게도 세비야 대성당에 있는 콜럼버스의 묘는 일반적인 무덤과 다르게 생겼습니다. 네 명의 왕이 관을 공중에 떠메고 있습니다. 굳이 관을 공중에 떠운 까닭은 에스파냐 땅에 묻히기 싫다는 콜럼버스의 유언을 반영했기 때문입니다. 또한 관을 떠메고 있는 네 명의 모습도 다른데, 앞의 두 명은 콜럼버스의 항해를 지원했던 에스파냐의 두 가톨릭 왕으로 의기양양하게 고개를 치켜들고 있습니다. 뒤의 두 명은 항해 지원을 거절한 왕들로 신항로 개척을 도와주지 않았기에 고개를 숙이고 있습니다.

콜럼버스의 항해가 유럽에 남긴 것은?

콜럼버스가 네 번이나 막대한 자금을 들여 대항해에 나섰는데도 실속 없이 돌아왔다고 당시 사람들은 그를 사기꾼 취급했습니다. 하지만 그의 항해로 에스파냐와 유럽 사회가 얻은 것은 상당합니다. 서인도 제도에서 유럽으

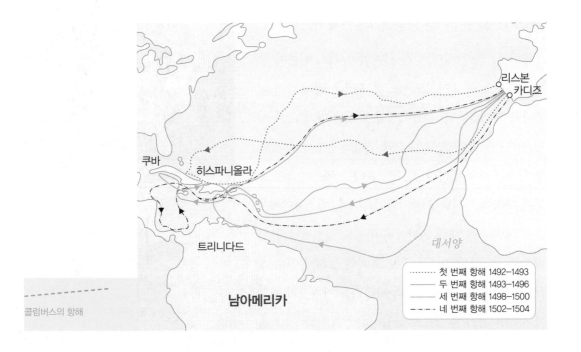

콜럼버스의 항해

로 전래된 설탕은 유럽 각 나라 왕실부터 일반 노동자 계층까지 즐겨 먹는 최고 사치품 중 하나였습니다. 명나라가 은으로 세금을 매기며 은을 대량으로 수입하자, 에스파냐는 중앙아메리카에서 채굴한 은을 명나라에 수출하며 많은 이윤을 남겼습니다. 에스파냐는 신대륙인 아메리카에 개척한 식민지에서 은과 설탕을 가져와 결과적으로 어마어마한 부를 축적했으며, 그 부를 군사력 강화에 투자해 막강한 해군을 양성할 수 있었습니다. 비록 콜럼버스는 소기의 성과를 거두지 못했지만, 결과적으로 콜럼버스의 신항로 개척은 에스파냐가 무적함대를 구축하는 데 일등공신이 되었습니다. 또한 유럽의 가격 혁명과 상업 혁명을 촉발시켜 유럽 자본주의 성장과 발전에도 밑거름이 되었습니다. 아울러 에스파냐는 자국의 언어와 문화를 중남미 전역에 퍼트리며 브라질을 제외한 중남미의 모든 나라가 지금도 에스파냐어를 모국어로 사용하는 라틴 문화권을 형성하게 했습니다.

비록 잘못된 지식에 의존한 시도였지만 콜럼버스의 원양 항해는 항해사적으로도 중요한 의미를 지닙니다. 콜럼버스의 뒤를 이어 많은 탐험가가 그가 개척한 항로를 통해 대서양을 횡단했으며, 미지의 바다에 대한 당대인의 공포와 미신을 타파했습니다. 유럽의 해외 진출사에도 콜럼버스의 신항로 개척은 중요한 전환점이 되었습니다. 유럽 각국이 해외 탐험에 관심을 가졌으며, 이후 네덜란드, 영국, 프랑스 등 유럽 나라들은 본격적으로 식민지 획득 경쟁에 나섰습니다.

유럽의 기근을 감자가 해결해 주었다고요?

프랑스와 네덜란드에서 감자는 '땅에서 나는 사과'라는 별명이 붙었을 정도로 값싸고 영양 많은 작물입니다. 지금도 많은 서양 요리에 곁들여지는 감자를 처음에는 '악마의 작물'이라 했습니다. 식중독 사고가 빈번했기 때문입니다. 그런 작물을 유럽 사람들은 왜, 언제부터 주식처럼 먹기 시작했을까요?

인도로 가기 위한 새로운 길을 개척하다

십자군 전쟁 후 유럽에서는 후추나 비단 같은 아시아 상품의 수요가 증대했습니다. 이때 오스만 제국이 동서 교역로를 장악하고 있어서 유럽 나라들은 동양과 직접 교역하려는 욕구가 더욱 커졌습니다.

이 시대에는 천문학, 지리학, 조선술의 발달과 함께 나침반 사용으로 원양 항해가 가능해졌습니다. 유럽인은 대서양을 가로질러 가는 새로운 항로 찾기에 힘을 쏟았습니다. 그중에서도 영토가 지중해 외곽에 있어 지중해를 통한 향신료 무역에서 소외되었던 포르투갈과 에스파냐는 신항로 개척에 매우 적극적이었습니다. 이 두 나라는 동방 무역에서 별다른 이익을 얻지 못했지만 대서양 연안 국가였기에 대서양을 횡단하는 신항로만 개척되면 동방 무역으로 일확천금을 얻는 것도 가능하다고 생각했습니다.

포르투갈과 에스파냐는 국가가 주도해 인도로 가는 대서양 항로를 개척하고자 했습니다. 때마침 오랫동안 원나라에서 살다 온 이탈리아 상인 마르코 폴로가 귀국해서 남긴 《동방견문록》을 통해 동방에 크리스트교 국가가 있다는 것이 유럽 사람들에게 알려졌습니다. 당시 유럽에서는 아시아의 크리스트교 국가와 동맹을 맺어 이슬람 국가들과 전쟁을 하자는 여론까지 조성되었습니다. 이러한 사회 분위기는 크리스트교 국가인 포르투갈과 에스파냐 왕실로 하여금 신항로 개척에 더욱 관심을 갖게 했습니다.

포르투갈의 바르톨로메우 디아스가 아프리카 남단 희망봉에 도달했으며, 바스쿠 다가마는 인도의 캘리컷에 도착함으로써 대서양을 통한 인도 항로를 개척했습니다. 에스파냐 이사벨라 여왕의 후원을 받은 콜럼버스는 인도로 가기 위해 대서양을 횡단했지만, 우연 또는 필연처럼 아메리카 대륙을 발견했습니다. 마젤란 일행은 대서양을 건너고 태평양을 횡단해 인류 최초로 세계 일주를 했습니다.

아메리카 대륙 발견으로 유럽의 경제가 변화하다

콜럼버스의 항해로 촉발된 아메리카 대륙 발견은 유럽 경제에 큰 영향을 미쳤습니다. 유럽에서 재배하던 사탕수수, 밀, 보리 등이 아메리카 대륙에 전파되어 대량 재배가 이루어졌으며, 아메리카 대륙에서만 자라던 감자, 고구마, 옥수수 같은 새로운 농작물이 유럽으로 유입되었습니다. 새로운 작물들

중에서도 감자는 재배 방식이 쉽고 수확량이 많아 구황 작물로 활용되면서 유럽의 인구 증가에 크게 기여했습니다. 구황 작물이 뭐냐고요? 기후가 불순할 때에도 일정량의 수확을 얻을 수 있어 흉년이 들었을 때 주식 대신 먹을 수 있는 작물을 말합니다. 감자는 뿌리가 있는 땅속에서 자라는 작물로 수확량이 많고 흉년에도 생산량을 맞출 수 있어서 구황 작물로 적격이었습니다.

한편 아메리카 대륙에 진출한 유럽인은 원주민을 동원해 금, 은 광산과 사탕수수 대농장 등을 운영했습니다. 그런데 가혹한 노동과 전염병 같은 질병의 확산으로 원주민 인구가 크게 줄어 노동력이 부족해졌습니다. 농장주들은 부족한 노동력을 보충하기 위해 아프리카에서 사람들을 데리고 와 노예 노동을 시켰으며, 이들이 생산한 은, 담배, 설탕 등을 유럽에 팔아 큰 이익을 남겼습니다.

유럽에서는 아메리카의 금과 은이 대량으로 들어와 유통되면서 16세기 초를 기준으로 약 한 세기 동안 물가가 두 배, 세 배나 오르는 가격 혁명이 일어났습니다. 이로 인해 고정된 지대 수입으로 살아가던 지주층은 큰 타격을 입고, 반면에 신흥 상공업자의 지위는 향상되었습니다. 또한 신항로 개척으로 유럽과 아시아, 아프리카, 아메리카가 동일 상권으로 연결되면서 유럽 경제는 호황을 누렸습니다. 여기에 그동안 이슬람 상인을 통해 간접적으로 참여하던 동방 무역에 유럽 상인들이 직접 뛰어들면서 아시아의 차와 면직물, 향신료 등이 이전보다 싼값으로 유럽에 들어왔습니다. 이에 따라 상공업과 금융업이 발달했고, 주식회사 같은 근대적 기업이 등장했으며, 자본주의 발달의 토대가 되는 상업 혁명이 진행되었습니다.

감자병으로 대기근을 겪은 아일랜드 사람들

빈센트 반 고흐의 그림 〈감자 먹는 사람들〉은 19세기 유럽의 농부 가족이

〈감자 먹는 사람들〉, 빈센트 반 고흐, 1885년. 페루가 원산지인 감자는 신항로 개척 후 유럽으로 전해졌다. 기르기 쉽고 영양가도 풍부해 구황작물로 전파되었으나 초기에는 날것으로 먹고 탈이 나는 일이 많았다.

희미한 등불 아래 식탁에서 찐 감자를 먹고 있는 모습입니다. 남아메리카 페루가 원산지인 감자는 신항로 개척 후 유럽에 전해졌습니다. 유럽 전파 초기에 유럽인들은 땅속에서 자라는 감자를 이상하게 여겼고, 껍질을 벗기지 않고 날것으로 먹어 탈이 나면서 사람들은 감자를 먹으면 병에 걸린다고 생각했습니다. 1630년 프랑스의 한 지방에서는 "감자를 먹으면 나병에 걸리므로 재배를 금한다"고 결정하기도 했습니다. 그 후 감자는 주로 돼지 사료나 전쟁 포로의 식량으로 사용되었습니다. 그러나 감자는 척박한 땅에서도 잘 자랄 뿐 아니라 영양가도 높았기에 프랑스나 프로이센 왕실을 중심으로 구황작물로 전파되었습니다. 감자는 처음 유럽에 들어오고 200여 년이 지난 후에야 비로소 주요 식량 자원으로 자리 잡았으며 유럽 각국의 식량난 해소에

도움을 주었습니다.

특히 아일랜드 민중들에게 감자는 주식이었습니다. 아일랜드는 16세기 전반 헨리 8세에 의해 영국의 느슨한 식민지가 된 이후 17세기 중반 올리버 크롬웰 시대에는 완전한 영국령이 되었습니다. 당시 아일랜드 사람 대부분은 가톨릭교도들이었는데, 영국의 왕들은 영국 국교회를 강요하며 가톨릭교도들의 땅을 강제로 빼앗아 아일랜드로 이주한 영국 국교회 교도들에게 분배해 주었습니다. 기존에 자영농이었던 아일랜드 사람들은 영국인들에게 땅을 빌려서 농사를 짓는 소작인으로 전락했습니다.

지주가 된 영국인들은 농지에서 나오는 소작료를 철저히 걷어 갔습니다. 하지만, 감자에는 소작료를 매기지 않았습니다. 아일랜드 사람들은 이때부터 감자를 많이 심어 주식으로 먹었습니다. 그런데 1845년 감자에 곰팡이 병이 발생해 땅속 감자가 모두 썩어 수확량이 크게 감소했습니다. 이러한 감자 역병이 5년 동안이나 지속되면서 '아일랜드 대기근'이 발생했습니다. 이 기근으로 아일랜드에서는 굶주림과 질병으로 100여만 명이 죽었습니다. 한편 대기근 속에서 아일랜드 사람들은 대대로 살아온 고향을 등지고 미국이나 캐나다, 영국 등지로 이주했는데, 그 인원이 200만 명이 넘었습니다. 감자에 의지해 살아가던 아일랜드 사람들의 안타까운 역사입니다.

남아메리카 국가들은 남의 나라 말을 사용한다고요?

여러분은 세계 여러 나라들이 모두 자국의 언어를 사용한다고 생각하겠지요. 하지만 남아메리카 국가들은 에스파냐어와 포르투갈어를 공용어로 사용하고 있습니다. 게다가 종교도 에스파냐와 포르투갈 사람들이 믿는 가톨릭입니다. 대서양이라는 거대한 바다를 사이에 둔 두 대륙의 나라들은 어떤 인연으로 같은 언어를 사용하게 되었을까요?

에스파냐와 포르투갈이 남아메리카를 정복하다

이베리아반도의 국가와 남아메리카 국가 간의 인연은 신항로 개척 시대부터 시작되었습니다. 신항로 개척의 원래 목적은 인도로 가는 새로운 항로의 발견이었습니다. 그런데 대서양을 횡단해 인도에 도달하고자 했던 콜럼버스의 항해는 인도가 아닌 아메리카 대륙 발견으로 이어졌고, 이는 유럽 사람들에게 아메리카 대륙이 알려지는 계기가 되었습니다. 이후 남아메리카 대륙에

서 금과 은 같은 귀금속을 채굴하는 광산이 개발되면서 에스파냐와 포르투
갈은 남아메리카 대륙을 난폭하게 휘저으며 식민지로 만들었습니다.

교황의 중재로 그어진 가상의 선이 만든 브라질

지중해 끝자락에 위치한 에스파냐와 포르투갈은 대서양과 아프리카를 통
해 인도 진출을 꾀했습니다. 한편 두 나라는 1479년 협정을 맺어 아프리카
서쪽에 있는 카나리아 제도의 남쪽 영토를 포르투갈이 차지하기로 했습니다.
협정 체결 당시에는 아메리카 대륙의 존재를 몰랐기에 별문제가 없었는데
1492년 콜럼버스의 항해 이후 이 조약 때문에 두 나라 간에 분쟁이 생겼습
니다. 1479년 체결한 조약대로라면 콜럼버스가 새롭게 발견한 땅은 포르투
갈의 영토가 되어야 했는데 에스파냐는 이를 받아들일 수 없었습니다.

가톨릭 국가인 두 나라가 대립하는 것을 보다 못한 교황이 중재에 나섰습
니다. 교황의 중재 속에 양국은 '토르데시야스 조약'을 체결해 서경 46도 지
점에 가상의 선을 그어 서쪽은 에스파냐가, 동쪽은 포르투갈이 차지하기로
했습니다.

토르데시야스 조약

이 조약으로 남아메리카 거의 모든 지역이 에스파냐의 식민지가 되었습니다. 브라질만 가상 선의 동쪽에 있었기에 포르투갈의 식민지가 되었습니다.

정복자들의 가톨릭 전파와 노동력 착취

에스파냐와 포르투갈이 남아메리카를 점령하고 지배하는 과정에서 원주민들은 거세게 저항했습니다. 두 나라는 원주민의 저항을 줄이고 식민 지배를 정당화하기 위해 종교를 활용했습니다. 예수회 선교사들을 앞장세워 가톨릭을 전파했고, 종교를 통해 정복자들은 원주민들의 정신을 지배하며 식민 통치를 원활하게 할 수 있었습니다.

정복자들은 식민지에서 경제적 이익을 얻기 위한 노력도 게을리 하지 않았습니다. 특히 이들은 귀금속 채굴과 사탕수수 재배에 열을 올렸는데, 이 두 가지 사업은 많은 노동력을 필요로 했습니다. 에스파냐 정부는 노동력 확보를 위해 원주민을 노예화하는 '엥코미엔다'라는 제도를 만들었고 정복자들이 원주민에게 세금을 징수하고 노동력을 착취할 수 있도록 했습니다. 포르투갈 정복자들은 브라질에서 대농장을 운영하며 사탕수수를 재배했는데, 농장을 원활히 운영하기 위해 원주민을 사냥하거나 아프리카에서 사람들을 데려와 노예로 삼았습니다.

식민 지배가 남긴 것과 현재의 남아메리카

에스파냐와 포르투갈의 남아메리카 대륙 정복과 식민 지배는 남아메리카 사회와 문화에 어떤 영향을 미쳤을까요? 먼저 식민 지배가 정착되면서 정복자들은 원주민에게 자신의 언어를 사용하도록 강요했습니다. 그 결과 원주민들이 사용하던 다양한 언어들이 역사 속으로 사라졌고 에스파냐어가 공용어가 되었습니다. 물론 포르투갈의 식민지였던 브라질에서는 포르투갈어를 공용어로 사용합니다. 한편 선교사들의 활동으로 남아메리카 사람들은 가톨릭을 믿게 되었습니다.

유럽 사람들의 대거 유입은 인종 구성에도 영향을 미쳤습니다. 에스파냐와 포르투갈의 가혹한 식민 지배와 유럽인들이 퍼트린 전염병으로 원주민 인구는 크게 감소했습니다. 또한 정복자인 유럽인과 원주민, 아프리카 이주민 사이에서 혼혈이 태어나면서 남아메리카는 다양한 인종과 문화가 공존하는 사회가 되었습니다.

남아메리카는 에스파냐와 포르투갈의 식민 지배가 남긴 흔적과 원주민들의 전통문화 그리고 다양한 인종이 유입되어 만들어진 다채로운 문화가 현재도 공존하고 있습니다.

94 아스테카 제국과 잉카 제국이 소수의 에스파냐군에 멸망했다고요?

콜럼버스가 아메리카 대륙을 발견하기 전 남아메리카에는 다양한 문명이 화려하게 꽃피고 있었습니다. 아스테카 제국은 현재의 멕시코 지역에서 세력을 키웠고, 잉카 제국은 안데스산맥 일대에서 고유 문명을 발전시켰습니다. 그런데 이 두 제국은 소수의 에스파냐 정복자에 의해 허무하게 무너졌습니다. 두 제국의 발전과 멸망 과정을 살펴볼까요?

정복과 공물로 만들어진 아스테카 제국

아스테카족은 멕시코고원에 정착해 테노치티틀란이라는 도시를 건설했습니다. 이후 주변 부족들을 점령하며 아스테카 제국으로 성장했습니다. 아스테카 제국의 정복자인 코르테스가 에스파냐 국왕에게 "테노치티틀란에서는 모든 종류의 상품이 거래된다"라고 보고할 정도로 부유한 나라였습니다.

이런 아스테카 제국에는 산 사람을 신에게 제물로 바치는 풍습이 있었습니다. 아스테카 사람들은 신과 우주의 생명을 유지하기 위해서는 신들에게 인간의 피를 바쳐야 한다고 생각했고, 이를 위해 정복당한 부족민을 신들을 위한 제물로 바쳤습니다.

천연두 바이러스에 무너진 아스테카 제국

풍요로운 아스테카 제국은 에스파냐의 군인 코르테스가 이끄는 600명도 채 안 되는 병력에 의해 멸망했습니다. 수도 테노치티틀란에는 30만이 넘는 주민이 살고 있었는데, 어떻게 이런 일이 발생했을까요? 코르테스는 아스테카 제국의 지배를 받는 피정복민들이 아스테카 제국의 강압적 지배에 불만을 품고 있다는 사실을 사전에 알고 있었습니다. 그는 부족민들의 반감을 적절히 활용해 그들을 통역과 길 안내로 활용하며 아스테카 제국의 심장부인 테노치티틀란까지 빠르게 쳐들어갔습니다.

당시 테노치티틀란에는 황제 몬테수만 2세를 호위하는 수많은 군사가 있었습니다. 그런데 아스테카 제국의 군사들은 힘 한 번 제대로 써 보지 못하고 허무하게 무너졌습니다. 왜 그랬냐고요? 에스파냐 정복군은 철로 된 갑옷

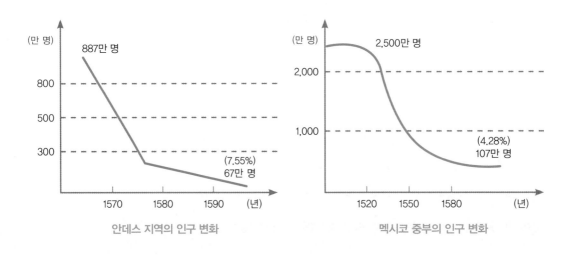

안데스 지역의 인구 변화   멕시코 중부의 인구 변화

을 입고 말을 타고 빠르게 이동하며 신식 무기인 총을 사용했습니다. 아스테카 군인들은 처음 보는 고화력 무기에 우왕좌왕할 수밖에 없었습니다.

한편 유럽에서 건너온 전염병도 아즈테카 제국의 운명을 재촉했습니다. 천연두에 면역력이 있던 유럽인과 다르게 아스테카 사람들은 이 질병에 면역력이 전혀 없었습니다. 유럽인들 몸에 있던 천연두 바이러스는 아스테카 사람들을 무자비하게 감염시켰습니다. 결국 아스테카 제국은 유럽에서 건너온 낯선 질병 때문에 싸우기도 전에 전력의 다수를 잃었습니다.

장엄했던 잉카 제국의 멸망

남아메리카로 여행하는 사람들이 가장 가 보고 싶은 곳으로 꼽는 곳은 '마추픽추'입니다. 산 위의 거대한 도시 마추픽추는 잉카 제국을 대표하는 유적지입니다.

잉카는 본래 페루의 쿠스코 계곡 일대에서 살던 작은 부족 국가였습니다. 하지만 15세기 초부터 주변 부족들을 점령하며 세력을 확대해 해발 2,500미터 산 정상에 거대 도시 마추픽추를 건설하고, 지금의 콜롬비아에서 에콰도르에 이르는 넓은 영토를 다스렸습니다.

1531년 에스파냐 정복자들이 잉카 제국에 발을 디뎠습니다. 코르테스의 친척 피사로는 코르테스가 아스테카 제국을 정복하는 것을 보고 자신은 잉카 제국을 차지하기로 마음먹었습니다. 그런데 영토가 넓고 지형도 험난해 피사로가 이끄는 정복군은 잉카의 국경 지대에 머물러야만 했습니다. 이러한 시기에 피사로에게 쾌재를 부를만한 소식이 전해졌습니다. 잉카 제국의 황제 아타우알파가 근처에 와 있다는 것입니다. 이 소식을 들은 피사로는 아타우알파 황제를 직접 만나 보고 가능하다면 황제를 생포해 수월하게 잉카 제국을 정복하려 했습니다.

첫 대면에서 피사로는 아타우알파에게 선물로 십자가와 성경을 주었습니
다. 하지만 아타우알파는 무엇인지 확인도 하지 않고 허공에 휙 던져 버렸습
니다. 황제의 행동에 분노한 피사로와 에스파냐 군인들이 총을 쏘기 시작했
고, 기병을 진격시켜 아타우알파를 생포했습니다. 아타우알파는 자신의 몸값
으로 피사로에게 어마어마한 금과 은을 주었습니다. 하지만 처음부터 황제를
풀어 줄 생각이 없었던 피사로는 그를 처형했습니다. 이후 잉카 제국 사람들
이 몇 차례 저항을 시도했지만, 지도자가 없는 상태에서 그들은 피사로의 군
대와 싸워 이길 수 없었습니다. 잉카에서도 천연두가 널리 퍼지며 많은 사람
이 사망했고, 힘을 잃은 잉카 제국은 결국 에스파냐 군인들에게 정복당했습
니다.

역사를 바꾸는 다양한 요소들

아메리카 대륙에서 성장한 강대한 두 제국이 먼 바다를 건너온 소수 정복자에게 손쉽게 무너졌다는 사실이 언뜻 납득이 가지 않을 수 있습니다. 하지만 우리는 다음과 같은 몇 가지 사실에서 두 제국의 멸망 원인을 찾을 수 있습니다. 첫째, 인간을 제물로 바치는 제국의 문화가 수많은 내부의 적을 만들어 문명의 몰락을 재촉했습니다. 둘째, 정복자들의 우세한 무기가 원주민들에게 패배를 안겨 주었습니다. 셋째, 눈에 보이지 않는 세균은 수많은 아메리카 원주민을 죽음으로 몰아넣었고 두 제국의 운명에 결정타를 날렸습니다.

두 제국의 멸망에 다양한 요소들이 영향을 끼쳤듯이, 역사의 발전은 각기 다른 여러 원인과 과정 속에 이루어집니다. 역사를 공부할 때 역사에 영향을 끼치는 다양한 요소들을 함께 살펴본다면 역사를 조금 더 깊이 이해하는 데 도움이 되지 않을까요?

세계 최고 부자가 아프리카 사람이었다고요?

"역대 세계 최고의 부자는 누구일까요?"라고 질문하면 여러분은 우리가 아는 세계적인 기업의 대표 이름을 말할 것 같습니다. 하지만 아닙니다. 우리 예상과 달리 세계 최고의 부자로 추정되는 사람은 우리보다 800여 년 전에 태어난 사람이었습니다. 그가 살았던 곳도 미국이나 유럽, 중국이 아닙니다. 미스터리 인물인 그는 어디서, 어떻게 살았을까요?

사하라 횡단 무역으로 서아프리카가 번성하다.

역대 세계 최고의 부자로 추정되는 사람은 아프리카에서 태어났습니다. 많은 사람이 아프리카를 빈곤한 지역으로 여기지만, 1,000년 전 아프리카는 지금과 확연히 달랐습니다.

11세기 아프리카에서 무역으로 크게 발전한 나라가 있었으니, 바로 가나 왕국입니다. 초콜릿 생산지로 유명한 가나 공화국과 이름은 같지만 오늘날 가나 공화국을 가나 왕국의 후손으로 보기는 힘듭니다.

가나는 서아프리카 최초의 왕국이었습니다. 이 왕국이 번성하게 된 배경에는 사하라 사막을 오가며 교역했던 이슬람 상인 집단이 있습니다. 그들은 캐러밴을 구성해 가나 왕국을 자주 왕래했습니다. 캐러밴은 사막이나 초원 지대, 비단길에서 낙타나 말에 짐을 싣고 무리를 지어 다니면서 물건을 사고파는 상인들을 말합니다. 이슬람 캐러밴들은 가나에서 소금,

가나 왕국

금, 노예, 상아를 구입했습니다. 유럽 사람들은 이슬람 상인들로부터 가나 왕국 이야기를 전해 들으며 '황금의 땅'이라고 상상했습니다.

이렇게 교역을 통해 부를 축적하던 가나 왕국에 위기가 닥칩니다. 가나 왕국이 성장할수록 인접해 있던 이슬람 국가들과 마찰이 잦아졌습니다. 특히 북아프리카에 있었던 알 모라비드 왕국이 가나 왕국과 심하게 대립했습니다. 왜 그랬냐고요? 이슬람교로 개종하는 문제 때문이었습니다. 가나 왕국은 원래 믿고 있던 토착 종교를 고수하고자 했고, 알 모라비드 왕국은 가나 사람들을 이슬람교로 개종시키려 했습니다. 두 왕국 사이에 전쟁이 벌어졌고 가나 왕국이 패배했습니다. 이후 가나 왕국의 힘은 크게 떨어졌고, 서아프리카 세계에서 말리 왕국에도 밀려났습니다.

황금의 나라, 말리 왕국

본래 말리 왕국은 가나 왕국의 신하 국가였습니다. 조선이 명나라의 조공국이었던 것과 비슷합니다. 그런데 말리 왕국은 가나 왕국과 종교가 달랐습니다. 말리 왕국은 이슬람 세력이 서아프리카 쪽으로 영향력을 뻗칠 때, 처음부터 이슬람교로 개종해 주위의 이슬람 국가들과 대립이 없었습니다.

말리 왕국은 쇠약해진 가나 왕국을 멸망시키고 가나 왕국이 개척해 놓은 사하라 무역의 바통을 이어받아 발전했습니다. 수도 팀북투에는 수백 개의 이슬람 사원이 세워졌고, 대학에서는 유럽과 아랍의 학자들이 찾아와 학문을 연구했습니다.

유럽에서는 가나 왕국을 '황금의 땅'으로 여겼듯이, 말리 왕국도 '황금의 나라'로 생각했습니다. 실제로도 말리 왕국은 매우 부유한 나라였고, '말리 mali'라는 말 자체가 '부富', '재산'을 뜻했습니다. 이런 나라에 당연히 부자도 있었겠지요? 그중 가장 부자라고 추정되는 사람은 말리의 왕 만사 무사입니다. 그는 현재까지 역사상 가장 부유했던 인물로 추정됩니다.

만사 무사, 성지 순례를 떠나다

만사 무사가 부유한 삶을 유지할 수 있었던 이유는 무엇이었을까요? 말리 왕국이 위치한 서아프리카는 사하라 횡단 무역으로 큰돈을 벌 수 있었을 뿐만 아니라, 왕국 곳곳에 있는 광산에서는 막대한 금을 채굴할 수 있었습니다. 이런 지역 조건 때문에 말리의 왕 만사 무사는 부유할 수 있었습니다. 그렇지만 말리는 경제, 지리 여건 외에도 큰 수입을 얻을 수 있었던 또 다른 이유가 있었습니다. 이슬람교를 받아들여 사회 체제가 매우 안정적이었습니다.

말리 왕국은 이슬람 국가답게 어렸을 때부터 경전《쿠란》을 외우도록 했고, 외우지 못하면 쇠고랑을 채웠을 정도로 종교적으로 엄격한 삶을 중시했

습니다. 14세기 여행가 이븐바투타는
말리 왕국 사람들을 직접 만나고 난
후에 느낀 점을 자신의 책인《여행기》
에 이렇게 써 놓았습니다.

"흑인들이 사는 곳은 모두 안전하여
나그네든 지역 사람이든 도둑이나 약
탈을 걱정할 필요가 없다."

말리 왕국 사람들은 흑인 위주의 아프리카 국가였음에도 불구하고 이슬람
교를 믿었습니다. 사람들은 굳건한 신앙을 바탕으로 도덕적인 삶을 살았기에
사회가 안정되었습니다. 여기에 동일한 종교를 믿는 이슬람권 사람들과 교역
하며 국부를 창출해 만사 무사 같은 부자를 배출했습니다.

여러분은 세계에서 최고의 부자가 된다면 무엇을 하고 싶나요? '무선 이어
폰과 태블릿PC 사기' 아니면 '평생 놀고먹기' 같은 것을 하고 싶나요? 하지
만 만사 무사는 달랐습니다. 그는 독실한 이슬람교 신자였습니다. 이슬람교
신자라면 꼭 해야 하는 다섯 가지 의무가 있습니다. 그 중 하나가 평생에 한
번은 이슬람교 성지인 메카를 순례하는 것입니다.

그는 최고 부자답게 대규모 순례 행렬을 꾸려서 메카로 향했습니다. 1만
명 이상의 수행원과 낙타 100마리, 수레에는 11톤의 황금을 가득 싣고 출발
했습니다. 엄청나게 호화로운 행렬이었지요. 만사 무사는 들르는 곳마다 황
금을 나누어 주었습니다. 독실한 이슬람 신자답게 이슬람 사원을 지을 경비
로 지출한 것입니다. 이때 얼마나 많은 재정을 소모했던지, 메카 성지 순례를
마친 후에는 빈털터리가 되어 말리 왕국에 되돌아 왔습니다.

이런 과소비 때문이었을까요? 만사 무사가 죽은 후 말리 왕국은 내리막길을 걸었습니다. 왕위 계승 전쟁 중에 과거의 영광은 사라지고 나라는 분열되었습니다. 말리는 점차 가난해졌고 신흥 강자로 성장한 송가이 왕국에 의해 멸망했습니다. 말리 왕국처럼 초대형 부자 국가도 과도한 소비와 분열 앞에서는 대책이 없었습니다.

96 합스부르크가 사람들의 주걱턱이 유전 질환이었다고요?

우리나라 민법에서는 '8촌 이내 혈족' 사이의 혼인을 근친혼으로 보고 금지하고 있습니다. 그런데 옛날에는 세계적으로 지배층 내에서 근친혼이 성행했습니다. 근친혼을 하면 혈우병처럼 무서운 질병이 생길 가능성도 높아진다고 하던데, 지배층과 권력층에서는 왜 근친혼을 선호했을까요?

초거대 왕국 합스부르크 제국은 '혼인'을 통해 탄생했다?

한국이나 중국은 꽤 이른 시기부터 왕이나 황제가 지배권을 확립하고 과거제를 통해 배출한 관료들 중심으로 국가를 경영하는 중앙 집권 체제가 일반적이었습니다. 이에 견주어 서유럽은 로마 시대 때 중앙 집권이 고도로 발달했으나, 서로마 제국의 멸망과 함께 행정력이 붕괴되고 노르만의 침입이 겹치면서 지방 분권적인 봉건제가 자리 잡았습니다. 이 시기에 왕권은 미약했으며, 장원을 가진 지방 영주들이 각자 독자적으로 지방을 다스렸습니다.

이러한 봉건제 구조 속에서 각 영주들은 영지를 늘리고 부를 축적하기 위해 혼인을 대단히 중시했습니다. 아내나 며느리가 될 여자가 가져오는 재산이 무시하지 못할 수준이었기 때문입니다. 그래서 중세 봉건제 사회에서 근대의 절대 왕정 체제로 넘어가는 시기에 유럽 지배층 가문에서 가장 중요하게 여긴 정치 행위는 '혼인'이었습니다. 유럽의 초거대 왕국 합스부르크 제국도 '혼인'을 통해 만들어졌습니다.

미남과 광녀, 합스부르크 제국의 주인공 카를 5세를 낳다

합스부르크 '왕조'에서 '제국' 수준으로 나라의 영역을 넓힌 왕은 신성 로마 제국 황제이자 에스파냐 왕이었던 카를 5세입니다. 카를 5세가 어떻게 초거대 왕국을 형성했는지, 그 배경을 파악하려면 먼저 가계도를 살펴야 합니다.

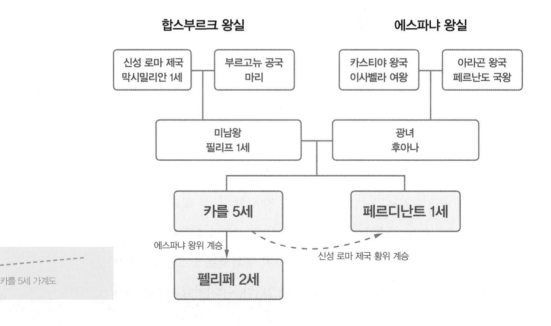

카를 5세 가계도

카를 5세의 아버지는 잘생겨서 '미남왕'이라고 불렸던 필리프 1세입니다. 그의 아버지 즉 카를 5세의 할아버지는 신성 로마 제국의 황제 막시밀리안이고 어머니는 오늘날의 벨기에, 네덜란드, 룩셈부르크, 알자스, 로렌, 프랑슈콩테, 플랑드르 일대를 상속받았던 부르고뉴 공국의 마리입니다. 이미 넓은 영역을 확보한 신성 로마 제국은 필리프 1세가 황자였던 시절에 정략혼인을 통해 다시 재산을 불렸습니다.

미남왕 필리프 1세는 '광녀'라는 별명으로 불린 후아나와 혼인했습니다. 후아나의 아버지 페르난도는 현재 바르셀로나 지역인 아라곤의 국왕이었고 어머니 이사벨라 여왕은 현재 에스파냐 영토에서 바르셀로나 지역을 제외한 나머지 지역 전체를 영토로 한 카스티야의 여왕이었습니다. 이 둘은 정략혼인을 통해 통합 국가 에스파냐를 탄생시킨 주인공이자, 레콩키스타를 통해 이베리아반도에서 이슬람 세력을 완전히 몰아내고 영토 회복을 완수한 가톨릭 왕입니다.

페르난도와 이사벨라는 자식 운이 없어서 유일한 왕위 계승자로 딸 후아나만 남겼습니다. 에스파냐 왕국의 왕위는 후아나에게 돌아갈 예정이라 남편 필리프 1세는 그야말로 로또를 맞은 것이나 다름없었습니다. 그러나 안타깝게도 후아나는 어릴 때부터 정신이 불안정했습니다. 혼인 후 그 증세는 더 심해졌고 남편에 대한 집착증이 아주 심했습니다. 어머니 이사벨라 여왕조차 후아나의 광증 때문에 후계 문제를 매우 고심했다고 합니다.

1504년 카스티야의 여왕 이사벨라가 죽자 후아나는 어머니 뒤를 이어 카스티야의 왕위를 물려받았습니다. 그러나 통치 능력이 없었기에 아버지인 페르난도가 섭정으로 카스티야를 통치했습니다. 이런 현실에서 후아나의 남편 필리프 1세는 자신의 통치권을 더욱 확고히 하기 위해 1506년 에스파냐를 찾았다가 원인 모를 고열로 죽었습니다. 남편에 대한 집착이 심했던 후아나

는 시신을 매장할 때까지 관 옆에 붙어서 떠나지 않았습니다. 장례식이 끝난 후에는 수도원에 들어가 평생을 검은 천으로 얼굴을 가린 채 수행자처럼 살았습니다.

후아나의 불행한 삶과는 별도로 후아나가 가진 영토는 당시 유럽 여러 왕실을 설레게 했습니다. 그녀가 가진 엄청난 영토가 탐났던 영국 왕은 여러 번 혼인을 청했으나 언젠가 남편이 부활해서 돌아올 것이라고 믿었던 후아나는 매번 청혼을 거절했습니다.

카를 5세, 광대한 영토의 주인이 되었지만

아버지는 죽고, 어머니는 정신이 온전치 않았지만 카를 5세는 고모에게 맡

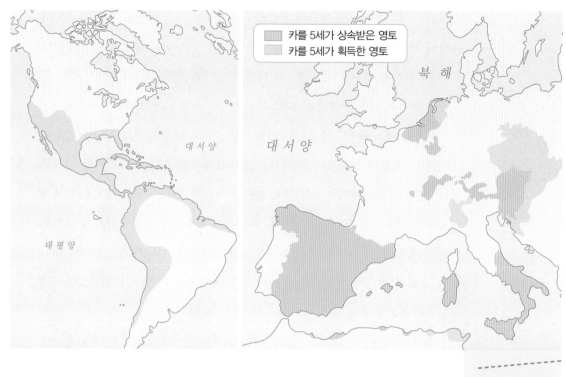

카를 5세 시기의 영토

겨져 잘 자랐습니다. 열다섯 살에 어머니로부터 에스파냐 왕위를 승계받고, 열아홉 살에는 신성 로마 제국의 황제로 선출되어 유럽의 절반을 지배하는 자리에 올랐습니다. 실제로 카를 5세의 지배 영역은 엄청났습니다. 신성 로마 제국 황제였던 친할아버지로부터 중동부 유럽의 광대한 영토를 물려받았고, 부르고뉴 가문의 유일한 상속자였던 친할머니로부터는 유럽 중심부의 비옥한 땅들을 상속받았습니다. 외가인 두 가톨릭 왕으로부터는 에스파냐 영토와 콜럼버스의 신항로 개척 이후 확보한 중남 아메리카의 넓디넓은 식민지까지 물려받았습니다. 이처럼 어마어마한 영토를 차지한 카를 5세는 물려받은 지역에 따라 공식 직함을 다르게 사용했습니다. 황제, 왕, 공작, 백작 등 직함만 열일곱 개였습니다.

그런데 카를 5세의 영토 지배력에는 문제가 있었습니다. 관할 구역은 광대했지만 여기저기에 분산되어 있었습니다. 지역마다 독립성도 강했습니다. 따라서 광대한 영토를 카를 5세 혼자 통치하는 것은 힘에 부쳤습니다. 더군다나 이 시기에 유럽 나라들은 아시아의 명나라나 조선처럼 체계적인 관료 체제가 갖춰져 있지도 않았습니다.

통치의 어려움에도 불구하고 카를 5세는 세계 제국 건설의 야망을 키우며 더 큰 영토를 건설하고자 했습니다. 그는 프랑스는 물론, 이탈리아를 차지하기 위한 전쟁에 뛰어들었습니다. 하지만 이러한 카를 5세의 정치적 행보는 그에게 마이너스 요인이었습니다. 아메리카 식민지에서 불규칙하게 들어오는 금과 은을 전쟁 비용으로 대부분 써 버렸습니다. 설상가상으로 제국 내에서 종교 갈등이 잇달아 터졌습니다. 독일에서는 루터파가, 네덜란드에서는 칼뱅파 신교도들에 의해 독립 전쟁이 일어났습니다.

결국 카를 5세는 유럽 전체를 지배하는 제국 건설에 실패했습니다. 평생을 종교 문제 수습과 전쟁에 시달린 카를 5세는 살아생전에 황제 자리를 아들과 동생에게 물려주었습니다. 장남 펠리페에게는 에스파냐와 아메리카 식민지를, 동생 페르디난트에게는 신성 로마 제국의 황제 직위와 중동부 유럽 지역을 상속했습니다. 그 결과 합스부르크 가문의 계속된 정략혼인을 통해 차지한 영토는 서쪽의 에스파냐권(에스파냐와 유럽 내외의 에스파냐령과 식민지)과 동쪽의 독일권(독일, 오스트리아, 헝가리를 포함하는 제국)으로 분할되었습니다.

근친혼, 악성 유전병인 '주걱턱'을 후대에 물려주다

제국 내 지배권은 동서로 나뉘었지만 완전히 결별한 것은 아니었습니다. 오히려 영토와 정치 권력을 다른 가문에게 빼앗기지 않기 위해 두 나라는 정치적으로 협력하는 동시에 혼인도 가문 안에서 이루어지도록 했습니다. 에스파냐 공주가 오스트리아로 가서 신성 로마 제국의 황태자와 혼인하고, 그들

의 자손을 다시 에스파냐 왕실 자손과 혼인시
켰습니다.

이런 식의 근친혼은 필연적으로 심각한 유전
병을 가져왔습니다. 합스부르크 가문의 여성들
은 자녀를 잉태해도 죽은 아이를 낳는 경우가
많았고, 태어난 아이도 장애가 있었습니다. 특
히 합스부르크 가문 사람들의 대표적 유전 질
환은 '합스부르크 턱'이라고 불리는 주걱턱이
었습니다. 주걱턱은 외형적인 문제만 있는 게
아니었습니다. 윗니와 아랫니가 잘 맞지 않는
부정교합으로 발음이 어눌했고, 음식을 제대로
씹지 못해 늘 소화 장애에 시달렸습니다.

17세기 후반에 에스파냐를 다스린 카를로스
2세는 지적으로 문제가 있었고, 척추 이상증이

카를 5세 초상. 합스부르크 가문의 근친혼으로 인한 대표적
인 유전 질환 주걱턱 때문에 가문 사람들은 발음이 어눌하
고 소화 장애를 겪었다.

심해 제대로 서지도 못했습니다. 게다가 두 번의 혼인에도 후손을 보지 못해
합스부르크 왕조는 단절되기에 이르렀습니다.

그래서 합스부르크 제국은 어떻게 되었나요?

광대한 영토를 가졌던 합스부르크 제국 내부의 적은 근친혼으로 인한 심
각한 유전병과 단명이었고, 외부의 적은 서쪽의 프랑스와 남동쪽의 오스만
제국이었습니다. 특히 당시 프랑스는 태양왕이라고 불리던 절대 군주 루이
14세가 유럽의 패권을 장악하기 위해 잦은 전쟁을 치르고 있었습니다. 합스
부르크 왕조도 프랑스와 에스파냐 왕위 계승 전쟁을 치렀습니다. 루이 14세
가 사망하면서 어느 한 국가가 강력한 힘을 독점하기보다는 강대국 간 균형

을 이루는 시대가 되었습니다.

에스파냐에서는 합스부르크 왕조가 끝나고 부르봉 왕조가 들어섰으며, 동유럽에서는 프로이센이라는 신흥 강자가 떠올랐습니다. 오스트리아를 중심으로 하던 동유럽의 합스부르크 제국은 오스만 제국의 빈자리를 차지하며 남동쪽으로 세를 키워 나갔습니다. 종교적 다양성이 강해진 시기였지만 제국 내에서는 무관용 정책을 고수해 가톨릭 이외의 종교를 인정하지 않았습니다. 그래서 합스부르크 제국의 영역이었던 발칸 지역은 여러 민족이 종교 문제로 서로 치열하게 대립했습니다.

오렌지색은 왜 네덜란드를 상징하게 되었을까요?

월드컵 경기를 보고 있는데 해설 위원이 네덜란드 국가대표 팀을 '오렌지 군단'이라고 부르더군요. 그리고 보니 네덜란드 선수들은 유니폼 색상도 오렌지색이에요. 오렌지색이 네덜란드를 상징하는 색이 된 이유는 무엇일까요?

오렌지가 먹는 게 아니라고요?

오늘날 네덜란드는 입헌 군주국으로 한국과 달리 왕실이 존재합니다. 왕실 가문 이름은 '오라녀 – 나사우'입니다. 네덜란드어 '오라녀Oranje'는 프랑스어로 '오랑주Orange', 영어로는 '오렌지Orange'입니다. 왕실의 이름에 뜬금없이 왜 오렌지가 등장할까요? 오렌지는 네덜란드의 특산물일까요? 기후 조건상 네덜란드는 오렌지를 재배하기에 적합하지 않은 곳입니다. 네덜란드와 오렌지의

오랑주의 위치

상관관계를 알기 위해서는 지금으로부터 몇백 년 더 역사를 거슬러 올라가야
합니다.

　지금의 네덜란드에서 남쪽으로 1,000킬로미터 정도 떨어진 프랑스 남부
프로방스 지역에는 오랑주^{Orange}라는 도시가 있습니다. 몇백 년 전 이곳을 지
배하던 가문은 스스로 '오랑주 공'이라 했습니다. 16세기를 거치며 오랑주
공의 작위는 조카였던 나사우 공국(지금의 독일 서부 지역)의 르네에게 넘어갔습
니다. 르네는 독일 땅 말고도 현재 네덜란드 곳곳에 분산되어 있던 영토를 모
두 물려받았습니다. 그런데 르네가 전투에 나갔다가 자손을 남기지 않은 채
일찍 죽고 말았습니다. 그래서 르네가 가지고 있던 영토와 오랑주 공이라는
이름은 그의 사촌동생 빌렘 1세에게 돌아갔습니다. 이 빌렘 1세가 지금의 네

덜란드 왕실인 오라녀 - 나사우 가문의 시조로 네덜란드에서는 '독립의 아버지', '국부'라 불립니다.

네덜란드 독립의 아버지가 합스부르크 가문의 신하였다고요?

빌렘 1세는 운 좋게 사촌형으로부터 광활한 영토를 물려받았습니다. 그런데 땅만 받은 게 아니었습니다. 사촌 형 르네는 신성 로마 제국의 황제 카를 5세의 절친이었습니다. 카를 5세는 당시 유럽을 주름잡았던 합스부르크 가문의 수장으로 국제 사회에 미치는 영향력이 매우 컸습니다.

절친의 사망 소식을 들은 카를 5세 황제는 안타까운 마음에 친구의 후계자가 된 빌렘 1세를 궁정으로 불러들여 왕실 예절을 비롯한 각종 교육을 받게 했습니다. 궁정에서 받은 교육 덕분인지 빌렘 1세는 모국어인 독일어 외에도 프랑스어, 네덜란드어, 에스파냐어에 능통했습니다.

아무리 절친의 후계자라지만, 굳이 궁정에 불러들여 고급 교육을 시킨 이유가 있었을까요? 물론 카를 5세도 꿍꿍이속이 있었습니다. 카를 5세는 제국의 안정을 위해 장차 합스부르크 가문에 충성할 명망 있는 귀족 세력이 필요했습니다. 실제로 빌렘 1세는 황제의 총애 속에 루터파에서 가톨릭으로 개종했고, 합스부르크 가문에 충성하는 제후로 거듭났습니다.

빌렘 1세는 자라 온 환경과 교육의 영향으로 다양한 정체성을 갖고 있었습니다. 독일 출신이지만 프랑스 성을 물려받았고, 에스파냐 군주에게 충성을 다하는 신하였지만 프랑스 문화의 세례를 받았으며, 네덜란드에 정착해 살면서 네덜란드 사람으로서의 정체성을 갖기도 했습니다. 그래서 펠리페 2세 시기 재정과 종교 문제로 네덜란드와 에스파냐 왕실 간에 대립이 생기자, 초반에는 중립적인 태도를 취하며 양자를 설득해 적절한 타협점을 찾기 위해 노력했습니다.

네덜란드 독립운동은 왜 시작되었나요?

1556년 카를 5세의 아들 펠리페 2세가 에스파냐 국왕으로 즉위했습니다. 에스파냐가 가톨릭 세계를 지키는 최후의 보루라고 생각했던 펠리페 2세는 대외적으로는 오스만 제국과 전쟁을 일으키고 영국에 무적함대를 파견하는 등 무력 도발을 감행했습니다. 내부적으로는 루터파, 칼뱅파, 재세례파 등의 신교도를 억압했습니다. 펠리페 2세의 이러한 정책은 두 가지 면에서 네덜란드를 압박했습니다. 첫째, 전쟁으로 인한 재정 악화를 해결하기 위해 네덜란드 지역에 고액의 세금을 부과했습니다. 둘째, 사상과 종교의 자유를 누리던 네덜란드에 군대를 파견하고 종교 재판소를 설치해 압박했습니다. 네덜란드 지역 주민과 국왕 펠리페 2세 사이에 갈등이 생겼고, 대립은 점차 고조되었습니다.

네덜란드 독립운동 세력을 왜 '거지들(고이센)'이라 불렀을까요?

1566년에 지속된 종교 탄압 정책에 항의하기 위해 네덜란드에서는 가톨릭교도와 신교도 구분 없이 하급 귀족 200여 명이 모여서 왕에게 탄원서를 제출했습니다. 이들은 펠리페 2세 국왕에게 충성을 다하는 신하라는 것을 강조하기 위해 다소 저자세였습니다. 이를 보고 한 고위 관료가 "이 사람들 거지 떼 같네"라고 프랑스어로 말했습니다.

그런데 귀족들이 정말 거지처럼 구걸만 한 것은 아니었습니다. 탄원서를 발표하고 난 후, 이들은 일제히 몸을 45도 각도로 돌렸습니다. 이 자세는 말을 탄 병사들이 일제 사격을 준비하는 동작이었습니다. 즉 겉으로는 공손했지만 만약 자신들의 의사를 존중해 주지 않으면 언제든 봉기하겠다는 경고였습니다. 당시 네덜란드 총독은 귀족들의 의견을 받아들여 종교 탄압을 중지했습니다.

탄원이 받아들여지자 귀족들은 축배를 들며 자신들이 들었던 '거지'라는 모욕적인 말을 되새겼습니다. 그리고 오히려 그 표현에 만족하며 '거지 기사단'이라 불렀고, 한동안 젊은이들 사이에서는 거지 패션이 유행했습니다. 네덜란드 독립운동의 상징이 된 '고이센'은 이렇게 탄생했습니다.

빌렘 1세, 제국을 지키는 기둥에서 반란 세력의 수장이 되다

'거지'들의 탄원 이후 신교도에 대한 탄압도 완화되는 듯 보였습니다. 그런데 과격한 신교도들이 성상 파괴 운동을 벌였습니다. 이 운동은 가톨릭 국가인 에스파냐를 화나게 했습니다. 펠리페 2세는 신교도들을 무력으로 제압할 결심을 했습니다. 그는 '철의 공작'이라 불린 알바 공을 네덜란드 총독으로 파견해 잔혹한 방법으로 네덜란드를 통치했습니다. 알바 공은 군대를 동원해 네덜란드 사람을 무자비하게 탄압했고 과중한 세금을 매겼습니다.

빌렘 1세는 알바 공의 탄압을 피해 고향 독일에 은둔했습니다. 반란군은 오랑주 공 빌렘 1세를 지도자로 옹립했고, 빌렘 1세는 지금까지 보였던 타협적이고 중립적인 태도를 버리고 확실히 반란군 편에 섰습니다. 그는 1568년 군대를 이끌고 네덜란드로 귀환해 에스파냐군의 잔혹성을 비난하는 전단지를 찍어 돌리는 등 여론을 반란군에 유리하게 만들었습니다. 빌렘 1세는 네덜란드 독립운동의 상징적 인물이 되었습니다.

1572년 무렵부터 전세가 바뀌어 해상에서 네덜란드 세력이 우세하기 시작했고, 빌렘 1세의 외교적 노력으로 독일과 프랑스가 에스파냐군을 적으로 돌렸습니다. 에스파냐가 네덜란드 내 여러 도시에서 대량 학살을 자행하자, 도시들도 빌렘 1세 편에 섰습니다. 네덜란드를 무력으로 탄압하고 반란을 진압하려던 알바 공의 계획은 실패로 돌아갔습니다.

전쟁이 장기화되자 평화에 대한 갈망이 커졌고, 빌렘 1세는 평화안을 준비했습니다. 칼뱅주의가 우세한 북부와 가톨릭을 고수하는 남부 각 지역의 대표들이 헨트에 모여 평화안에 서명했습니다. 북부 지역의 대표들이 남부 주에서도 칼뱅주의만 받아들여야 한다는 강경 주장을 하기도 했으나 빌렘 1세는 추후에 전국 의회에서 다시 논의하겠다는 모호한 태도로 이 문제를 보류하며 실질적으로는 종교적 관용을 인정했습니다.

네덜란드, 마침내 독립하다

네덜란드는 가톨릭을 유지하고 에스파냐에 충성하자는 남부파와 완전한 종교적 자유와 독립을 요구하는 북부파로 다시 분열되었습니다. 남부의 주들은 가톨릭을 유지하고 에스파냐 국왕에 충성하겠다는 의사를 밝혔습니다. 북부 일곱 개 주는 위트레흐트 동맹을 맺어 독립하겠다는 의사를 분명히 했습니다. 사태가 이렇게 진전되자 에스파냐 왕실에서는 빌렘 1세의 목에 현상금을 걸었고 빌렘 1세는 1584년 가톨릭 광신도에 의해 암살당했습니다. 네덜란드는 빌렘 1세 사후에도 에스파냐와 전쟁을 지속했습니다. 독립 전쟁 후반부는 17세기판 세계 대전으로 확대되어 유럽 대륙 전체가 전쟁에 휩쓸렸던 30년 전쟁(1618~1648)의 일환이었습니다. 이 전쟁의 결과 베스트팔렌 조약이 체결되었고 네덜란드는 비로소 독립 국가로 정식 인정되었습니다.

그런데 왜 네덜란드 국기에는 오렌지색이 없나요?

현재 네덜란드 국기.

지금까지 살펴보았듯이 네덜란드의 독립과 건국에는 빌렘 1세가 중심이 된 오라녀 가문의 역할이 결정적이었습니다. 이것이 '오라녀(오렌지)'가 네덜란드의 상징이 된 연유입니다. 그런데 여기서 의문점이 하나 생깁니다. 네덜란드와 오렌지의 관계가 각별하다면, 네덜란드 국기에도 오렌지색이 포함될 법한데, 정작 네덜란드 국기에는 오렌지색이 없습니다.

16세기 네덜란드 독립 당시의 국기는 '오렌지색 – 흰색 – 파란색'의 삼색기였습니다. 그런데 당시는 염색 기술이 발달하지 않아서 천을 오렌지색으로 물들이는 것이 매우 어려웠습니다. 또한 기껏 물들여도 햇빛이나 비바람에 금방 색이 바랬습니다. 어쩔 수 없이 사람들은 오렌지색을 붉은색으로 바꾸었고, 네덜란드 국기는 지금처럼 '빨간색 – 흰색 – 파란색'이 되었습니다. 이제 알겠지요? 오렌지 군단의 나라 네덜란드 국기에 오렌지색이 없는 이유를요.

틀립 한 송이로 집 한 채를 살 수 있었다고요?

사유 재산 개념이 생겨난 이래 인간은 더 안락하고 행복한 삶을 위해 부를 좇았습니다. 인생 역전을 노리며 복권을 사기도 하고 코인이나 주식, 부동산에 투자하기도 합니다. 17세기 네덜란드에도 대박을 노리던 사람들이 있었습니다. 그런데 그들이 투자한 것은 특이하게도 '틀립'이었습니다. 어떻게 된 사연일까요?

신이 세상을 만들었다, 그리고 네덜란드인은 네덜란드를 만들었다

우리에게 축구와 틀립의 나라로 알려진 네덜란드는 '낮은neder 땅land'이라는 뜻입니다. 남한 면적의 절반이 안 되는 이 나라는 해수면보다 육지가 낮다는 특성 때문에 사람이 살기 시작한 이래 항상 물과 싸워야 했습니다. 육지가 바다보다 낮다 보니 홍수와 해일의 피해가 클 수밖에 없었고, 그런 까닭에 일찍부터 제방을 쌓고 간척 사업을 활발히 진행했습니다. 현재 네덜란드 국토의 5분의 1이 간척지입니다.

이처럼 간척한 땅이 많은 나라여서 네덜란드에서는 "신은 세상을 만들었다, 그리고 네덜란드인은 네덜란드를 만들었다"라는 말이 격언처럼 전해 오고 있습니다. 간척을 통해 국토의 20퍼센트를 스스로 만들어 낸 네덜란드인의 역사를 고스란히 반영한 말이지요.

네덜란드의 도시 명칭에는 암스테르담, 로테르담처럼 '담'이라는 글자가 많이 들어 있습니다. 네덜란드어로는 '담dam', 영어로 '댐dam'인 이 말 역시 강이나 바다에 댐이나 제방을 쌓고 거주지를 만들었던 네덜란드의 역사에서 나온 지명입니다.

늪지대의 나라, 17세기에 황금기를 이루다

네덜란드의 황금기는 17세기였습니다. 이 시기는 여러모로 기념비적인 시기였습니다. 80년간의 전쟁 끝에 마침내 네덜란드는 합스부르크 제국으로부터 독립하는 데 성공했습니다. 또 한편으로는 전쟁이 지속되는 와중에도 엄청난 경제 성장을 이루어 냈습니다.

삼포제의 확대, 윤작의 개발, 퇴비의 개량, 사료 작물 등의 도입 등으로 다른 지역보다 농업도 일찍 발전했습니다. 당시 네덜란드 농업의 특징은 식량인 곡물보다는 판매를 위한 작물인 원예, 과일, 대마, 아마 등의 재배가 성행했습니다. 부족한 곡물은 동유럽에서 수입했습니다.

경제 성장을 본격적으로 견인한 산업은 청어잡이였습니다. 냉동 기술이 발달하지 않았던 시대에 소금으로 절인 청어는 유럽 사람들에게 중요한 단백질 공급원이었습니다. 네덜란드는 북해에서 잡은 청어를 해상 운송을 통해 유럽 각국으로 수출해 부를 축적했습니다.

또한 어업 발달은 조선술과 항해술, 해운업의 발전을 이끌어 냈습니다. 조선업은 배를 만드는 산업입니다. 당시 조선업의 원재료는 목재였는데, 운송비가 비쌌기 때문에 목재 값도 비쌌습니다. 운송비를 아끼려면 해운업이 발달해야 하니, 조선업과 해운업은 선순환하며 네덜란드에서 함께 발전했습니다. 원료 조달 외에도 다른 나라에 견주어 작업이 표준화, 기계화되어 있었다는 것도 네덜란드 조선업의 장점이었습니다.

제조업인 직물업도 크게 발달했습니다. 당시 직물업이 성행한 도시에서는 주로 영국과 에스파냐에서 양모를 들여와 직조하고 염색해서 유럽 전역에 비싸게 팔았습니다. 네덜란드는 부가가치가 높았던 표백, 염색, 마무리 공정이 다른 지역에 견주어 우수했습니다. 네덜란드 레이덴 지역 일대는 17세기 유럽 최대의 직물 공업 중심지로 1670년경 인구 7만 중 4만 5,000명이 노동자였습니다. 그런데도 노동력이 부족해 풍차를 이용한 직조 기계를 사용할 정도였으니, 이는 이 도시가 산업 혁명 이전이었음에도 이미 산업 도시나 다

16~17세기 서유럽
교역망

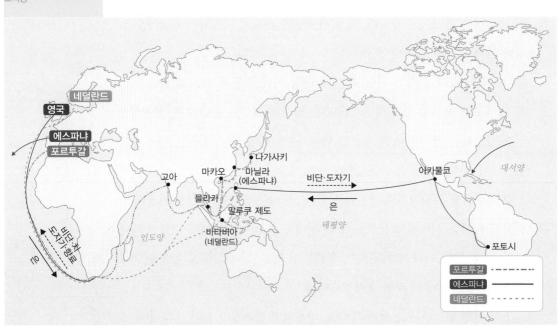

름없었다는 것을 말해 줍니다. 그 밖에도 제당업, 도자기 공업, 출판업도 융성했습니다.

이처럼 여러 산업 분야의 고른 발전을 바탕으로 네덜란드는 전 세계를 무대로 상업 활동을 전개했습니다. 17세기 네덜란드의 교역망은 발트해에서 북극해 근방, 지중해의 동쪽 끝에서 아프리카 열대 지역, 필리핀과 타이완, 일본 나가사키까지 이르렀습니다.

전 세계를 상대로 한 무역의 결과로 세계 각 지역 상품들이 네덜란드로 몰려 들었고, 이 시기의 네덜란드는 '세계의 창고' 구실을 하며 유럽 전역에 걸쳐 수요와 공급을 조정했습니다. 이러한 대규모 거래, 세계 전체와 통하는 자본주의적 상업망은 경제 조직도 변화시켰습니다. 투자자들은 위험을 피하기 위해 지분을 나누어 분산 투자하는 방법을 선택했고, 은퇴한 상인들이 직접 상거래하는 것을 피하는 과정에서 보험업도 발달했습니다. 중세의 환전상 수준을 넘어서는 규모의 은행가들도 등장했고, 국제 환거래도 나타났습니다. 이처럼 17세기 네덜란드에서는 '자본주의'라고 불릴 만한 특징들이 빈번하게 나타났습니다.

튤립 광풍이 불다

과도한 상업 발달 속에 혼란과 욕망이 팽배했던 네덜란드에서는 지금으로서는 이해하기 힘든 특별한 투기 광풍이 있었습니다. 투기의 중심에는 '튤립'이 있었습니다. 튤립의 원산지는 중앙아시아인데 16세기에 유럽으로 전해져, 네덜란드는 튤립의 제2의 고향이 되었습니다. 유럽인들은 강렬하고 화려한 색감을 가진 이 꽃에 금방 매료되었습니다.

지금처럼 과학적인 품종 개량이 어려웠던 17세기에 튤립이 어떻게 다양하고 강렬한 색상을 가지게 되었을까요? 그 비결은 바이러스였습니다. 튤립

〈바니타스〉, 필리프 드 샹파뉴, 1671년. '헛됨'이라는 뜻의 '바니타스'는 튤립 광풍에 가담했던 사람들에게 교훈을 준다. 화병에 담긴 셈페르 아우구스투스 옆에는 사람의 시간은 유한하며 언젠가 죽는다는 것을 상징하는 모래시계와 해골이 놓여 있다.

은 바이러스에 심하게 감염될수록 강렬하고 아름다운 무늬와 색상을 띠었습니다. 바이러스에 의해 변종된 인자는 튤립의 뿌리에 있었기 때문에 뿌리가 중요시되었고, 돈이 있는 사람들은 앞다투어 희귀종 튤립을 찾아 나섰습니다. 가장 비싸고 귀한 튤립 품종은 '영원한 황제'라는 뜻의 '셈페르 아우구스투스'였습니다. 네덜란드의 한 화가가 남긴 그림 속에 등장하는 이 품종은 흰색 꽃잎에 빨간 불꽃 무늬가 있습니다.

사람들은 튤립의 아름다움에도 끌렸지만, 최상위 품종 튤립의 비싼 몸값에 주목했습니다. 우량종 꽃 가격은 무척 비쌌고, 꽃값이 계속 오르자 많은 사람이 튤립 재배 사업에 뛰어들었습니다. 전 재산을 팔아 튤립에 투자하는 사람도 많았습니다. 한 가지 어이없는 사실은 튤립 매매가 활성화되고 꽃값이 계속 오르자 실제 물건 없는데도 거래가 이루어졌다는 것입니다. 구매자는 먼저 돈을 주고 나중에 수확할 꽃을 미리 샀습니다. 봄에 피는 튤립을 사기 위해 한겨울에 약속 어음을 발행했습니다. 어음의 등장으로 튤립은 1년 내내 거래가 가능한 사업이 되었고 투기 열풍은 더욱 고조되었습니다. 돈과 튤립 뿌리가 실제로 교환되지 않았기 때문에 당시 사람들은 이 사업을 '바람 장사'라고 불렀습니다.

1636년 12월에서 1637년 1월 사이에 튤립 광풍은 절정에 이르렀습니다. 최상품인 셈페르 아우구스투스가 1633년에는 500길더였는데, 1637년에는 1만 길더가 되었습니다. 1만 길더는 당시 암스테르담에서 초호화 주택을 살 수 있는 어마어마한 액수였습니다. 당시 네덜란드 가정의 연간 평균 생활비가 300길더라는 점을 감안하면 비싸도 너무 비쌌습니다. 이렇게 튤립 광풍은 절정을 찍었고 그 후로 튤립 값은 더이상 오르지 않았으며 거래도 이루어지지 않았습니다.

튤립 광풍의 막바지에 거품이 빠지자 꽃을 사겠다고 약속했던 사람들은 잔액 지불을 거절했습니다. 사법 당국도, 시 당국도 사태 해결을 방관했습니다. 거래 당사자들끼리 해결할 몫이었기 때문입니다. 힘 있는 투자자들인 상인, 자본가와 힘없는 재배 농가 간의 힘겨루기 끝에 약간의 위약금을 지불하면 계약을 취소할 수 있게 되었습니다. 이를 계기로 튤립 광풍은 차츰 수그러들었습니다.

투기 광풍을 어떻게 봐야 할까요?

세계 역사에서 투기 광풍은 튤립이 끝이 아니었습니다. 그 후에도 계속되고 있고 지금도 여전히 부동산, 코인, 주식 광풍이 이어지고 있습니다. 이렇듯 투기 광풍이 계속되는 까닭은 무엇일까요? 기본적으로는 '개인의 부를 향한 욕망' 때문일 것입니다. '욕망'이라고 하니 왠지 탐욕스럽고 추구해서는 안 될 가치 같지만, 사실 욕망은 인간의 삶을 이끌어 가는 원천입니다. 그러나 개인이 부를 추구할 때에 공익을 해쳐서는 안 되며, 자신과 주변인의 삶을 망가뜨려서도 안 됩니다.

소수의 성공 신화에 홀려 있는 돈 없는 돈 끌어모아 주식을 샀다가 폭락해서 망한 이야기, 마흔 채가 넘는 아파트에 투자를 하다가 빚 갚을 길이 막막해 일가족이 동반 자살한 이야기가 심심치 않게 뉴스에 나옵니다. 적당한 때에 브레이크를 밟지 않고 끝까지 달린 결과는 결국 파멸일 뿐입니다. 투기로 인한 비극이 생기지 않도록 건전한 투자가 무엇인지에 대해 생각해 볼 일입니다.

루이 14세는 왜 '짐이 곧 국가다' 라고 말했을까요?

'태양왕'이라고 불리는 프랑스의 루이 14세는 '짐이 곧 국가다'라는 말로 자신이 프랑스 최고 권력자임을 만천하에 알렸습니다. 루이 14세처럼 절대 권력을 가진 왕이 국가를 지배하는 정치 형태를 '절대 왕정 체제'라고 합니다. 이 체제는 16세기 유럽에서 등장했습니다. 중세에는 강력한 권력을 갖지 못했던 왕들이 어떻게 절대 군주로 성장할 수 있었을까요?

시민 계급과 귀족 세력의 지지로 절대 왕정이 형성되다

16세기 유럽에서는 신항로 개척 이후 상공업 발달의 혜택을 입은 일부 상공업자들이 시민 계층을 형성해 사회의 주요한 위치를 차지하게 되었고, 중세 시대 강력한 권력을 누렸던 귀족들은 힘을 키운 왕권의 견제를 받으며 세력이 약해졌습니다.

이러한 현상이 벌어지자 시민 계층과 귀족들은 각자 자기 계층의 이익을 위해 국왕과 손을 잡고자 했습니다. 시민 계층은 안정적인 경제 활동을 보장해 줄 강력한 국왕이 필요했고 귀족들은 기존 권력의 유지를 위해 국왕의 힘이 필요했습니다.

하지만 국왕이 아무리 유능하고 강력한 권력을 가지고 있어도 백성들의 동의 없이 혼자만의 힘으로 국가를 통치할 수는 없었습니다. 그래서 국왕은 왕권은 신이 부여했다는 '왕권 신수설'을 주장하며 자신의 권력을 정당화했고, 자신의 손발이 되어 줄 관료 집단을 육성했습니다. 또한 중세 기사와 달리 자신의 명령이라면 언제 어디든 달려가는 든든한 상비군을 편성했습니다.

그렇다면 왕은 관료제와 상비군을 유지하기 위한 비용을 어떻게 마련했을까요? 이 문제를 해결하기 위해 유럽 각국의 왕은 적극적인 중상주의 정책을 펼쳤습니다. 중상주의 정책이란 자국의 산업을 적극적으로 보호하고 육성하는 정책을 말합니다. 절대 왕정의 국왕들은 중상주의 정책을 통해 수출은 최대한 늘리고 수입은 줄임으로써 국가의 부를 늘리고자 했고, 늘어난 부는 왕권을 유지하는 데 필요한 자금으로 사용했습니다.

태양왕 루이 14세 베르사유 궁전에서 프랑스를 지배하다

많은 사람이 '절대 왕정'이라고 하면, 프랑스의 루이 14세를 떠올리곤 합니다. 루이 14세는 강력한 권력을 바탕으로 절대 왕정의 전형을 만들었습니다. 그가 강력한 권력을 가질 수 있었던 것은 그의 할아버지인 앙리 4세와 재상 리슐리외 덕분이었습니다. 앙리 4세는 낭트 칙령을 발표해 신교도에게 신앙의 자유를 허락함으로써 프랑스를 오랜 기간 힘들게 한 신교와 구교 간의 종교 분쟁을 종식해 프랑스가 안정적으로 발전할 수 있는 기틀을 마련했습니다. 앙리 4세가 사망한 후 루이 13세가 어린 나이로 왕위에 올라 왕권이 약해지자, 리슐리외는 재상으로서 국왕을 잘 보좌해 왕권이 확고히 자리를 잡을 수 있도록 했습니다.

루이 13세가 죽고 1643년에 아들 루이 14세가 다섯 살에 왕위를 이었습니다. 왕이 너무 어려 일부 귀족이 왕권에 도전했지만, 공고해진 프랑스 왕실의 기반을 무너트리기에는 역부족이었습니다. 성인이 된 루이 14세는 재상을 두지 않고 직접 프랑스를 통치했습니다. 그는 유능한 관료들을 등용해 왕권을 강화하고 국력을 키웠습니다. 루이 14세가 등용한 콜베르는 국가 재정을 담당하는 장관으로서 강력한 중상주의 정책을 펼쳐 프랑스의 상공업을 육성했습니다. 또한 새로운 시장과 원료 공급지를 마련하기 위해 적극적으로 식민지를 확대해 나갔습니다. 이러한 콜베르의 경제 정책들은 프랑스에 부를 가져다주었고, 이를 바탕으로 프랑스는 유럽 최강국으로 성장했습니다. 이런 성공을 바탕으로 루이 14세는 '짐이 곧 국가다'라고 말하며 자신이 구축한 절대 왕정에 대한 자신감을 드러냈습니다.

하지만 루이 14세의 정책이 항상 성공했던 것은 아닙니다. 루이 14세는 유럽에서 영토를 확장하고자 이웃 나라들과 여러 차례 전쟁을 벌였습니다. 그러나 대부분 별 소득이 없었습니다. 이와 더불어 베르사유 궁전 건축으로 대표되는 왕실의 사치가 날이 갈수록 심해져 국가 재정은 점차 악화되었습니다. 게다가 가톨릭 신앙을 강요하기 위해 낭트 칙령을 폐지한 결과 돈 많은 상공업자들인 신교도들이 프랑스를 떠나게 되면서 상공업이 타격을 받았습니다. 결국 루이 14세의 실정으로 프랑스는 만성적인 재정난에 시달리게 되었고, 이는 후에 프랑스 혁명이 일어나는 원인으로 작용했습니다.

농노제를 바탕으로 형성된 프로이센의 절대 왕정

17세기 동유럽의 절대 왕정은 서유럽과는 달랐습니다. 동유럽은 서유럽에 견주어 상공업 발달이 미비해 시민 계층이 성장하지 못했고 농노제가 여전히 유지되고 있었습니다. 동유럽 귀족들은 농노제를 바탕으로 대농장을 운영하며 부를 쌓아 다양한 특권을 누렸습니다. 동유럽 왕들은 강력한 지위를 유지하고 있던 귀족의 특권을 보호해 주었고, 그 대가로 귀족에게 국가에 대한 봉사를 요구했습니다. 왕의 제안을 귀족들이 수용하면서 동유럽에도 절대 왕정이 들어섰습니다.

동유럽 절대 왕정의 특징을 가장 잘 보여 주는 국가는 프로이센입니다. 프로이센의 선제후 프리드리히 빌헬름은 귀족들이 자신의 영지에서 갖는 권한을 늘려 주어 토지 귀족인 '융커' 계층이 성장하는 기반을 마련해 주었습니다. 그 대신 왕은 융커들의 지지를 바탕으로 관료제와 상비군을 정비해 절대 왕정의 기반을 닦았습니다. 이와 더불어 그는 종교의 자유를 보장하며 해외 이주자들의 프로이센 정착을 장려했습니다. 그러자 종교 탄압에 지친 신교도 상공업자들이 대거 프로이센에 정착했고, 이들에 의해 상공업이 크게 발전했습니다.

빌헬름의 뒤를 이은 프리드리히 1세는 관료제를 정비하고 강력한 상비군을 육성해 더욱 국력을 키웠습니다. 이후 프리드리히 2세는 오스트리아와 전쟁에서 승리해 중부 유럽의 대표적인 곡창 지대인 슐레지엔을 차지했으며, 이를 기반으로 재정을 확대해 프로이센을 동유럽 최강국으로 우뚝 세웠습니다.

손등을 보이며 'V' 자를 만드는 게 욕이라고요?

영국에 여행 가서 사진을 찍을 때 브이 자를 그렸더니 순간 주변 분위기가 싸늘해지는 느낌을 받았습니다. 왜 그런가 싶었더니, 옆에 있던 안내인이 영국에서는 손등을 보이며 브이 자를 만드는 게 매우 모욕적인 행동이라고 하더군요. 깜짝 놀랐어요. 영국은 왜 손등 보이는 브이 자를 그렇게나 싫어할까요?

영국과 프랑스 사이의 지루했던 전쟁

영국과 프랑스 사이에 116년 동안이나 치른 전쟁이 있습니다. 바로 백 년 전쟁입니다. 이 전쟁은 1337년에 시작해 1453년에 끝났습니다.

1328년 프랑스 카페 왕조는 샤를 4세가 후계자 없이 사망하면서 사촌 동생인 필리프 6세가 뒤를 이었습니다. 그런데 영국 왕 에드워드 3세가 자기 어머니는 샤를 4세의 여동생이고 본인은 샤를 4세의 친조카이므로 프랑스

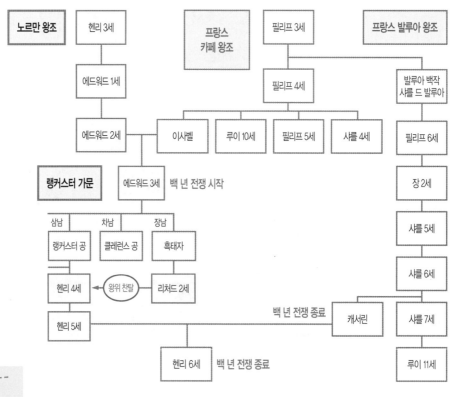

에드워드 3세 가계도

왕위를 계승해야 한다고 주장했습니다. 프랑스 집권층은 에드워드 3세의 주장을 무시하고 필리프 6세를 프랑스 왕으로 인정했습니다.

영국의 에드워드 3세는 아쉬웠지만 어쩔 수가 없었습니다. 그런데 1337년 필리프 6세가 에드워드 3세의 영지였던 가스코뉴 지역을 몰수하려 했습니다. 왕위 계승도 못 해서 불만이었는데, 조상 대대로 관리해 온 가스코뉴 지역까지 빼앗긴다고 생각하니, 에드워드 3세는 두 손 놓고 가만히 있을 수 없었습니다. 게다가 영국과 프랑스는 모직물 제조업이 발달한 플랑드르 지방을 놓고도 눈치 작전을 펴고 있었습니다. 이곳은 또 어디냐고요? 지금의 벨기에와 네덜란드가 있는 지역으로 당시 유럽의 대표적인 모직물 생산 지역이었습니다.

이처럼 영국과 프랑스는 자기 세력권을 확대하기 위해 여러 곳에서 신경전을 펼치고 있었습니다. 이런 상황에서 프랑스의 가스코뉴 지역 편입 시도는 영국의 심기를 긁었고 결국 에드워드 3세는 군대를 동원해 프랑스 땅으로 쳐들어갔습니다.

유럽 최강 '장궁병' 보유국, 영국

영국과 프랑스의 첫 번째 충돌은 1346년 프랑스 북쪽 영국 해협에 가까운 마을인 크레시에서 벌어졌습니다. 이곳에 영국군대가 상륙했습니다. 초기 전투는 영국군에 불리했습니다. 배를 타고 바다를 건너온 영국군보다 프랑스 군대의 수가 압도적

1337년 프랑스 내의
잉글랜드 영토

으로 많았습니다. 하지만 말을 탄 기사 위주였던 프랑스군에 견주어 영국군은 강력한 장궁병을 가지고 있었고 영국군은 이 점을 충분히 활용했습니다. 중앙에 보병대를 배치해 놓고 그 앞쪽 좌우로는 장애물을 가득 설치했습니다. 프랑스군이 보기에 한군데 옹기종기 모여 있는 영국군은 오합지졸로 보였습니다. 하지만 영국의 부대 배치는 나름 속셈이 있었습니다. 프랑스군이 영국군을 치기 위해 장애물이 없는 가운데로 몰려오자, 뒤쪽 언덕 위에 숨어 있던 장궁병들이 비 오듯 화살을 쏘아 댔습니다. 밀집해서 몰려들던 프랑스군은 소낙비처럼 쏟아지는 화살을 피할 겨를이 없었습니다. 전투는 영국군의 승리로 끝났습니다. 기세가 오른 영국군은 이후 프랑스군을 상대할 때마다

승리했습니다.

1350년 필리프 6세가 사망하고 뒤를 이어 장 2세가 프랑스 왕이 되었습니다. 흑사병 때문에 잠시 주춤했던 전쟁은 다시 격해지기 시작했고, 1356년 에드워드 3세의 아들 에드워드 흑태자가 이끄는 영국군과 장 2세의 프랑스군이 프랑스 중부 푸아티에 지방에서 격돌했습니다. 허세가 심했던 장 2세는 크레시 전투에서 영국군에 당한 전술에 또 당하고 말았습니다. 이 전투에서 장 2세는 영국군에 사로잡혀 영국으로 끌려갔습니다. 영국은 장 2세를 돌려주는 대가로 엄청난 금액의 몸값을 요구했습니다. 하지만 오랜 전쟁으로 국고가 텅 비었던 프랑스는 그의 몸값을 마련할 수 없었습니다. 1364년 장 2세는 영국에서 포로 신세로 생을 마감했습니다.

1415년에는 북프랑스 작은 마을 아쟁쿠르에서 영국과 프랑스 간에 전투가 벌어졌습니다. 두 번이나 같은 전술로 당한 프랑스군은 영국군의 전술에 대응하기 위한 새로운 방법을 고안해 냈습니다. 프랑스군은 정신 질환을 앓고 있던 샤를 6세를 대신해 신하인 샤를 달브레가 지휘했고 영국은 랭커스터 가문의 영국 국왕 헨리 5세가 이끌었습니다. 프랑스는 무겁고 두꺼운 갑옷으로 무장한 기사를 앞세워 영국의 장궁병을 막아 내려 했습니다. 하지만 폭우 때문에 늪지로 변해 버린 아쟁쿠르는 중무장한 프랑스군에 불리했습니다. 갑옷의 무게 때문에 늪지에 발이 묶여 버린 프랑스군은 날렵한 영국군에 손쉽게 제압되고 말았습니다.

여러 번의 전투에서 번번이 당하다 보니 영국 장궁병의 위력에 프랑스 군인들은 공포에 떨었습니다. 프랑스군은 영국 장궁병을 막기 위해 영국군을 포로로 잡으면 그가 누구든지 간에 검지와 중지를 잘라 다시는 활을 쏘지 못하게 만들었습니다. 그래서 잡히지 않은 영국군들은 검지와 중지로 브이V 자를 만들어 손등을 프랑스군에게 보이게 한 채 위아래로 흔들어 댔습니다.

"나 아직 손가락 멀쩡해, 너 쏠 수 있어"라는 뜻의 조롱이었습니다. 영국인들은 지금도 상대방에게 손등을 보이며 브이 자를 그리는 제스처를 "나는 너를 죽일 수 있다"는 도발 행위로 알고, 이런 행동을 하면 몹시 불쾌해 하면서 공격하려고 합니다.

평범한 시골 소녀, 프랑스를 구원하다!

영국군은 프랑스 북부를 전부 차지하고 중부 지방을 흐르는 루아르강 상류에 있는 전략적 요충지 오를레앙까지 포위했습니다. 프랑스는 바람 앞의 촛불 같은 신세가 되었습니다. 이때 프랑스를 구원한 사람은 평범한 시골 소녀 잔 다르크였습니다.

당시 프랑스의 왕위 계승자는 샤를 7세였는데 아직 대관식을 치르지 못한 상황이었습니다. 어느날 잔 다르크는 "너는 가서 오를레앙을 구하고 랭스에서 전통에 따라 황태자를 즉위시켜라!"라고 말하는 천사의 목소리를 들었다고 합니다. 잔 다르크는 샤를 7세를 만나 천사의 말을 전달하고 왕의 신임을 얻어 오를레앙 전투에 출전했습니다. 잔 다르크가 부대를 이끌자 프랑스군의 사기는 올라갔고, 이 전투에서 프랑스군은 극적으로 승리를 거두었습니다. 이후 프랑스군은 기세를 몰아 곳곳에서 승리했고 1429년 7월 샤를 7세는 랭스의 노트르담 대성당에서 대관식과 축성식을 올리고 왕위에 올랐습니다.

이렇게 프랑스를 구원한 잔 다르크는 국민 영웅이 되었을까요? 그건 아닙니다. 프랑스를 위기에서 구해 냈지만, 이후 영국군에 포로로 잡혀 마녀로 몰렸습니다. 잔 다르크는 1431년 루앙의 광장에서 이단 재판을 받고 화형에 처해졌습니다. 그녀의 명예는 1456년에 다시 재판이 열려 겨우 회복되었습니다.

백 년 전쟁이 가져온 결과

잔 다르크 처형 후에도 프랑스군은 승리를 이어 갔습니다. 1436년 파리를 수복했고, 이듬해에는 파리를 다시 수도로 삼았습니다. 1450년 포르미니 전투에서는 프랑스군이 대포를 사용해 영국의 장궁병 전술을 무력화시켰습니다. 1453년 프랑스군은 북부 해안 일부 마을을 제외한 프랑스 전역에서 영국군을 몰아냈습니다. 끝날 것 같지 않았던 전쟁이 드디어 끝났습니다.

116년 동안이나 치러진 전쟁은 영국과 프랑스 두 나라에 엄청난 변화를 몰고 왔습니다. 전쟁을 치르면서 권력이 왕에게 집중되었고 왕권이 크게 강화되었습니다. 이는 중세 봉건 체제를 붕괴시키며 근대 절대 왕정 체제로 나아가는 토대가 되었습니다. 프랑스는 전쟁 중반까지 거의 모든 영토를 영국에 빼앗겼는데 잔 다르크 참전 이후 승기를 잡아 영국군을 밀어붙이며 북프랑스 일부를 제외한 프랑스 영토 내에 있던 영국령을 전부 차지했습니다. 한편 프랑스 내의 자국 영토를 상실한 영국은 왕위 계승권을 두고 치열한 내란이 벌어지면서 귀족 세력이 몰락의 길을 걸었습니다.

101 갈릴레이는 왜 '그래도 지구는 돈다' 고 말했을까요?

"그래도 지구는 돈다"라는 말은 지동설을 주장한 17세기 천문학자인 갈릴레오 갈릴레이가 종교 재판을 마치고 나오면서 한 말이래요. 아니, 과학자가 왜 종교 재판을 받죠? 그리고 종교 재판을 마치고 나오면서 왜 그런 말을 했을까요? 갈릴레이한테 무슨 일이 있었나요?

지동설이 유럽인의 우주관을 뒤흔들다

17세기 전후 유럽에서는 과학 혁명이라고 불리는 눈부신 과학 발전이 일어나는데 이는 천동설에 대한 반박으로 시작됩니다. 천동설이란 지구가 우주의 중심이며 모든 천체가 지구를 중심으로 돌고 있다는 주장으로 고대 그리스 철학자이자 과학자인 아리스토텔레스와 프톨레마이오스에 의해 제시되었습니다. 이후 천동설은 성경과 고대 철학자들의 저서를 연구하던 크리스

코페르니쿠스. 성직자이자 천문학자인 코페르니쿠스는 천동설을 바탕으로 만들어진 달력이 부활절 날짜를 제대로 맞추지 못하자 지동설을 창안해 제창했다.

트교 신학자들에게 수용되어 교회에서 우주와 천체의 움직임을 설명하는 이론으로 사용되었습니다. 신이 직접 창조한 인간이 사는 지구가 우주의 중심이라는 것은 크리스트교 신학자에게는 너무나 당연한 일이었습니다. 그런데 16세기 이후 일부 과학자들이 "지구는 태양 주위를 돈다"는 지동설을 주장하며 천동설이 틀렸다는 것을 밝혔습니다.

이 시기 가장 먼저 지동설을 주장해 천동설을 비판한 과학자는 코페르니쿠스입니다. '획기적인 인식의 변화'를 의미하는 '코페르니쿠스적 전환'이라는 말의 주인공이기도 한 그는 16세기에 활동한 성직자이자 천문학자였습니다. 그는 천동설을 바탕으로 만들어진 달력이 부활절 날짜를 제대로 맞추지 못한다는 사실을 발견하고 기존의 천동설에 의문을 가졌습니다. 그는 천동설 대신 태양이 우주의 중심이며 지구가 태양 주위를 돈다는 지동설을 생각해 냈지만 공식 발표하기는 꺼렸습니다. 본인이 성직자인 데다, 지동설은 교회의 공식 견해에 위배되기에 자칫하면 이단으로 몰릴 수도 있었기 때문입니다. 하지만 동료들의 지지에 힘입어 사망하기 1년 전인 1543년《천구의 회전에 관하여》라는 책을 편찬해 천동설을 비판하고 지동설을 주장해 많은 사람에게 충격을 안겼습니다.

그런데 코페르니쿠스가 주장한 지동설은 수학적 오류가 있었고 증거가 부족해 보완이 필요했습니다. 그것을 보완한 과학자는 케플러와 갈릴레이입니다. 케플러는 수많은 관측 자료를 분석해 지동설을 토대로 행성들의 움직임을 법칙화했습니다. 갈릴레이는 망원경으로 목성을 도는 위성을 관찰해 모든 천체가 지구 주위를 돈다는 천동설을 반박할 수 있는 근거를 찾아냈습니다.

하지만 갈릴레이는 종교 개혁 이후 더욱 보수화되어 가는 가톨릭 교회에 의해 종교 재판정에 서게 되었고, 이단으로 몰려 죽지 않기 위해 지동설을 철회했습니다. 그러나 실증을 중시하는 과학자였던 그는 재판정을 빠져나오면서 "그래도 지구는 돈다"고 혼잣말하며 자신의 생각을 굽히지 않았다고 합니다.

갈릴레이의 사례에서도 알 수 있듯이 16세기 이후 등장한 새로운 우주관은 종교적 권위를 잃고 싶지 않았던 교회에 의해 탄압받았습니다. 그러나 과학 연구 성과를 담은 서적들은 인쇄술 발달에 힘입어 많은 사람에게 읽혀졌습니다. 유럽인들은 지구 중심의 우주관에서 벗어나기 시작했습니다.

뉴턴, 자연의 법칙을 밝히다

16세기 이후에 대두된 새로운 과학적 발견들은 뉴턴에 의해 종합되고 증명되었습니다. 뉴턴은 1687년《자연철학의 수학적 원리》라는 책을 편찬해 물리학의 세 가지 법칙과 만유인력의 법칙을 발표해 세상을 놀라게 했습니다. 18세기 영국 시인 알렉산더 포프는 뉴턴의 발견을 "어둠 속에 있던 자연과 자연법칙을 밝게 비추었다"고 표현했습니다. 뉴턴의 법칙들이 얼마나 대단하길래 이런 찬사를 받았을까요?

흔히 상상하는 뉴턴의 모습은 나무 아래에 누워 있다가 사과가 떨어지는 장면을 지켜보는 모습입니다. 뉴턴은 이것을 보고 '인력'을 발견했다고 합니다. 그가 발견한 인력은 '사랑하는 사람 사이의 끌림' 같은 추상적인 힘이 아니라 모든 질량을 가진 물체가 서로를 끌어당기는 힘, 즉 '중력'이었습니다. 그는 중력을 수학적으로 정리해 '만유인력의 법칙'을 마련했습니다. 또한 이를 통해 질량을 가진 천체의 움직임을 과학적으로 설명해 지동설을 증명해냈고, 관성의 법칙을 비롯한 세 가지 운동 법칙을 발견해 물체의 움직임을 과학적으로 설명했습니다.

또한 인간이 우주를 바라보는 새로운 시각도 제시했습니다. 뉴턴은 우주를 일정한 원리에 의해 움직이는 기계로 보았고, 인간이 이해 가능한 것으로 파악함으로써 과학이 더욱 발전할 수 있는 사상적 배경을 마련했습니다.

뉴턴의 과학적 발견과 새로운 우주관인 기계론적 우주관의 등장으로 과학은 종교를 대신해 자연 현상을 설명하는 확고부동한 위치를 차지하게 되었습니다. 뉴턴을 비롯한 과학자들이 발견한 확실한 증거들을 교회도 더는 부정할 수 없게 되었습니다. 마침내 사람들은 합리적이고 과학적인 태도로 세상을 바라볼 수 있게 되었습니다.

과학 혁명이 유럽 사회에 끼친 영향

물리학과 천문학의 법칙들이 하나둘씩 정립되고 있을 때 다른 과학 분야에서도 눈부신 발전이 있었습니다. 의학에서는 베살리우스가 해부학을 발전시켰고, 윌리엄 하비는 혈액이 몸 안에서 순환한다는 사실을 밝혀냈습니다. 생물학에서는 현미경을 이용해 세포를 발견했고, 화학 분야에서는 보일이 공기의 부피가 압력에 반비례한다는 사실을 밝혀냈습니다.

과학 혁명기의 눈부신 발전은 새로운 지식의 발견이라는 의미를 넘어 유럽 사회의 변화에 큰 영향을 끼쳤습니다. 과학에 대한 지식인들의 관심이 높아졌고 과학 발전을 국가 운영에 활용하고자 했던 절대 왕정이 연구를 후원하면서 유럽 각지에 학회가 설립되었습니다. 각국 학회의 활동 결과가 널리 보급되었고 실생활에 이용되었습니다. 지식인들은 인간의 이성을 신뢰하면서 현재의 낡은 사회를 개혁해 진보시킬 수 있다는 계몽사상을 발전시켰고, 이는 구체제를 무너트린 시민 혁명의 사상적 기반이 되었습니다.

| 도서 |

『검은 감자-아일랜드 대기근 이야기』 수전 캠벨 바톨레티 지음, 곽명단 옮김, 돌베개, 2014

『고대 로마의 일상생활』 제롬 카르코피노 지음, 류재화 옮김, 우물이 있는 집, 2003

『고대유적』 모리노 다쿠미 외 2명 지음, 이만옥 옮김, 들녘, 2001

『곰브리치 세계사』 에른스트 H. 곰브리치 지음, 박민수 옮김, 비룡소, 2010

『과학혁명』 로런스 M. 프린시프 지음, 노태복 옮김, 교유서가, 2017

『교양으로 읽는 용선생 세계사』 이희건 외 지음, 사회평론, 2017

『김민주의 트렌드로 읽는 세계사』 김민주 지음, 김영사, 2018

『난생 처음 한번 공부하는 미술이야기1』 양정무 지음, 사회평론, 2016

『난처한 미술 이야기 6』 양정무 지음, 사회평론, 2020

『누구나 알아야 할 서양 중세 101가지 이야기』 클리우디아 메르틀 지음, 배진아 옮김, 플래닛미디어,
    2006

『다시 쓰는 술탄과 황제』 김형오 지음, 21세기북스, 2016

『대운하 시대 : 1415~1784 중국은 왜 해양 진출을 '주저'했는가?』 조영헌 지음, 민음사, 2021

『대학과 도시』 한광야·신윤석(지도) 지음, 한울아카데미, 2017

『대학의 역사』 남기원, 위즈덤하우스, 2021

『더 퀸 클레오파트라』 스테이시 시프 지음, 정경옥 옮김, 21세기북스, 2011

『동양사 개론』 신채식 지음, 삼영사, 1993

『라틴아메리카역사 다이제스트100』 이강혁 지음, 가람기획, 2008

『러시아사』 김학준 외, 대한교과서, 2005

『로마 제국 사라지고 마르탱 게르 귀향하다』 차용구 지음, 푸른역사, 2003

『로마는 왜 위대해졌는가』 메리 비어드 지음, 김지혜 옮김, 다른, 2020

『로마인이야기』 시오노 나나미 지음, 김석희 옮김, 한길사, 2001

『마르코 폴로 실크 로드를 따라 동방을 누비다』 프리실라 갤러웨이·돈 헌터 지음, 양녕자 옮김, 아카넷
    주니어, 2011

『만화로 읽는 세계제국 로마사』 김희석 지음, 김희석 그림, 씨네스트, 2014

『맥을 잡아주는 세계사1 - 그리스사』맥세계사편찬위원회 지음, 소은진 옮김, 느낌이있는 책, 2014

『메소포타미아의 역사1』조르주 루 지음, 김유기 옮김, 한국문화사, 2013

『몽골제국과 세계사의 탄생』김호동 지음, 돌베개, 2010

『몽골제국의 후예들』이주엽 지음, 책과 함께, 2020

『몽골족의 역사』데이비드 O. 모건 지음, 권용철 옮김, 모노그래프, 2012

『문명으로 읽는 종교이야기』홍익희 지음, 행성B, 2019

『물의 도시 돌의 도시 영원의 도시 로마』신상화 지음, 청년사, 2004

『바티칸 박물관 여행』김지선 지음, 낭만판다, 2015

『반 고흐 : 태양의 화가』파스칼 보나푸 지음, 송숙자 옮김, 시공사, 1995

『백년전쟁 1337 - 1453』데즈먼드 수어드 지음, 최파일 옮김, 미지북스, 2018

『불멸의 인간학 사기4 : 초한지의 시대』사마천 원작, 와다 타케시·야마야 히로유키 지음, MOIM 옮김, 서해문집, 2006

『비잔티움 연대기1~3』존 줄리어스 노리치 지음, 남경태 옮김, 바다출판사, 2007

『비잔티움 제국 최후의 날』로저 크롤리 지음, 이재황 옮김, 산처럼, 2015

『비잔티움』주디스 헤린 지음, 이순호 옮김, 글항아리, 2010

『사랑한다면 이탈리아』최미선 지음, 신석교 사진, 북로그컴퍼니, 2015

『사진과 그림으로 보는 건축의 역사』조너선 글랜시 지음, 강주헌 옮김, 시공사, 2007

『사피엔스』유발 하라리 지음, 조현욱 옮김, 김영사, 2015

『살아있는 세계사 교과서 1~2』전국역사교사모임 지음, 휴머니스트, 2005

『새로운 서양 문명의 역사 상』주디스 코핀·로버트 스테이시 지음, 박상익 옮김, 소나무, 2014

『서민교수의 의학 세계사』서민 지음, 생각정원, 2018

『서양 문명의 역사 상·하』E.M. 번즈·R 러너·S 미첨 지음, 손세호 옮김, 소나무, 2007

『서양 사람들은 어떻게 살았을까?』노명환 외 9명 지음, 푸른역사, 2012

『서양 중세 경제사』한스외르크 길로멘 지음, 김병용 옮김, 에코리브르, 2017

『서양 중세 문명』자크 르 고프 지음, 유희수 옮김, 문학과지성사, 2008

『서양미술사』E. H. 곰브리치 지음, 백승길 옮김, 예경, 1997

『서양사 강의』배영수 지음, 한울아카데미, 2013

『서양사 강좌』박윤덕 외 지음, 아카넷, 2016

『서양사 개념어 사전』김웅종 지음, 살림, 2008

『서양의 지혜』B.A.W 러셀 지음, 정광석 옮김, 동서문화사, 2017

『서양 중세사』브라이언 타이어니·시드니 페인터 지음, 이연규 옮김, 집문당, 2019

『세계 건축의 이해』마르코 부살리 지음, 우영선 옮김, 마로니에북스, 2009

『세계사 개념사전』 공미라 외 지음, 김원수 감수, 아울북, 2009

『세계사톡 1』 무정평크·평크잼 지음, YLAB 기획, 모지현 해설, 위즈덤하우스, 2018

『세상에서 가장 흥미로운 철학 이야기』 이동희 지음, 휴머니스트, 2010

『세상엔 알고 싶은 건축물이 너무도 많아』 스기모토 다쓰히코 외 지음, 노경아 옮김, 고시이 다카시 그림, 어크로스, 2021

『수양제, 전쟁과 대운하에 미친 중국 최악의 폭군』 미야자키 이치사다 지음, 전혜선 옮김, 역사비평사, 2015

『식탁 위의 세계사』 이영숙 지음, 창비, 2012

『실크 로드 사전』 정수일 지음, 창비, 2013

『로마 공화국과 이탈리아 도시』 김창성 서울시립대학교도시인문학연구소 지음, 메이데이, 2009

『아랍인의 눈으로 본 십자군 전쟁』 아민 말루프 지음, 김미선 옮김, 아침이슬, 2002

『아미르, 티무르』 성동기 지음, 씨네스트, 2010

『아틀라스 일본사』 일본사학회 지음, 사계절, 2011

『아틀라스 중국사』 박한제·김형종·김병준·이근명·이준갑 지음, 사계절, 2015

『아틀라스 중앙유라시아사』 김호동 지음, 사계절, 2017

『알렉산드로스』 조현미 지음, 살림, 2004

『예루살렘 전기』 사이먼 시백 몬티피오리 지음, 유달승 옮김, 시공사, 2012

『오스만 제국 시대의 무슬림-기독교인 관계』 이은정 지음, 민음사, 2019

『오스만 제국, 찬란한 600년의 기록』 오가사와라 히로유키 지음, 노경아 옮김, 까치, 2020

『역사공화국 세계사법정 15, 왜 로마제국은 기독교를 박해했을까?』 정기문 지음, 이일선 그림, 자음과모음, 2010

『위진남북조시대를 위한 변명』 권중달 지음, 삼화, 2011

『유목민의 눈으로 본 세계사』 스기야마 마사아키 지음, 이경덕 옮김, 시루, 2013

『음식으로 읽는 중국사』 윤덕노 지음, 더난, 2019

『이슬람 문명』 정수일 지음, 창비, 2002

『언어천재 조승연의 이야기 인문학』 조승연 지음, 김영사, 2013

『인도 100문 100답』 이광수, 앨피, 2018

『일본 신화와 천황제 이데올로기』 김후련 지음, 책세상, 2012

『임진왜란 동아시아 삼국전쟁』 정두희 이경순 지음, 휴머니스트, 2007

『장안은 어떻게 세계의 수도가 되었나』 세오 다쓰히코 지음, 최재영 옮김, 황금가지, 2006

『전염병이 휩쓴 세계사』 김서형 지음, 살림, 2020

『전쟁사 문명사 세계사』 허진모 지음, 미래문화사, 2020

『정화, 바다실크 로드를 탐험하다』 김은영 지음, 아카넷주니어, 2012

『제자백가 인간을 말하다』 임건순 지음, 서해문집, 2019

『종이의 역사』 니콜라스 A. 바스베인스 지음, 정지현 옮김, 21세기북스, 2014

『종횡무진 서양사 1』 남경태 지음, 휴머니스트, 2015

『중국 과거 문화사』 진정 지음, 김효민 옮김, 동아시아, 2003

『중국사학사 강요』 이계명 지음, 전남대학교출판부, 2003

『중국을 빚어낸 여섯 도읍지 이야기』 이유진 지음, 메디치미디어, 2018

『중국통사』 미야자키 이치사다 지음, 조병한 옮김, 서커스, 2016

『중동은 왜 싸우는가?』 박정욱 지음, 지식프레임, 2018

『지적 대화를 위한 넓고 얕은 지식, 제로 편』 채사장 지음, 웨일북, 2019

『처음 읽는 로마사』 모토무라 료지 지음, 이민희 옮김, 교육서가, 2015

『처음 읽는 아프리카의 역사』 루트 판 다이크 지음, 안인희 옮김, 웅진지식하우스, 2005

『처음 읽는 인도사』 전국역사교사모임 지음, 휴머니스트, 2018

『처음 읽는 일본사』 전국역사교사모임 지음, 휴머니스트, 2018

『처음 읽는 터키사』 전국역사교사모임 지음, 휴머니스트, 2018

『천천히 걸으며 제자백가를 만나다』 채한수 지음, 김영사, 2013

『철학, 역사를 만나다』 안광복 지음, 어크로스, 2017

『철학하는 십대가 세상을 바꾼다』 데이비드 A. 화이트, 김효정 옮김, 카시오페아, 2014

『청년을 위한 세계사 1』 모지현 지음, 들녘, 2016

『청소년을 위한 동양철학사』 강성률 지음, 반석 그림, 평단, 2009

『청소년을 위한 서양철학사』 강성률 지음, 반석 그림, 평단, 2008

『청소년을 위한 친절한 로마사』 로버트 F. 페넬, 박일귀 옮김, 문예춘추사, 2017

『청소년을 위한 친절한 세계사』 헨드릭 빌렘 반 룬 지음, 박일귀 옮김, 문예춘추사, 2020

『초기 기독교 이야기』 진원숙 지음, 살림, 2007

『총, 균, 쇠』 재래드 다이아몬드 지음, 김진준 옮김, 문학사상, 2013

『환관 이야기』 미타무라 다이스케 지음, 한종수 옮김, 아이필드, 2015

『칭기즈 칸과 몽골 제국』 전근완 손영운 지음, 이동철 그림, 주니어김영사, 2018

『커피인문학』 박영순 지음, 유사랑 그림, 인물과사상사, 2017 『커피의 역사』 하인리히 에두아르크 야콥
    지음, 남덕현 옮김, 자연과생태, 2013

『문화인류학자 이희수 교수와 함께하는 터키 박물관 산책』 이희수 지음, 푸른숲, 2015

『터키사』 이희수 지음, 대한교과서, 2005

『외우지 않고 통째로 이해하는 통아프리카사』 김상훈 지음, 다산초당, 2016

『튀르크인 이야기』 이희철 지음, 리수, 2017

『트로이, 프리아모스의 보물』 에르베 뒤센 지음, 김정희 옮김, 시공사, 1997

『페르시아의 종교』 유흥태 지음, 살림, 2010

『하룻밤에 읽는 일본사』 가와이 아쓰시 지음, 원지연 옮김, 알에이치코리아, 2020

『하이켈하임 로마사』 프리츠 M. 하이켈하임 지음, 김덕수 옮김, 현대지성, 2017

『학교에서 가르쳐주지 않는 일본사』 신상목 지음, 뿌리와이파리, 2017

『한국인을 위한 중국사』 신성곤·윤혜영 지음, 서해문집, 2004

『한눈에 꿰뚫는 세계지명 도감』 21세기연구회 지음, 김미선 옮김, 이다미디어, 2019

『한눈에 꿰뚫는 중동과 이슬람 상식도감』 미야자키 마사카츠 지음, 안혜은 옮김, 이다미디어, 2020

『해상 실크 로드 사전』 정수일 지음, 창비, 2014

『헬레니즘』 윤진 지음, 살림, 2003

『환관, 황제의 비서실장』 박인수 지음, 석필, 2003

『힌두교사 깊이 읽기, 종교학이 아닌 역사학으로』 이광수 지음, 푸른역사, 2021

『D.H. 로렌스 유럽사 이야기』 D. H. 로렌스, 채희석 옮김, 페이퍼로드, 2021

『WHO 인물 중국사: 정화』 오기수 지음, 박종호 그림, 한지선 감수, 다산어린이, 2020

『WHO 인물 중국사: 칭기즈 칸』 김승민 지음, 정병훈 그림, 최윤정 감수, 다산어린이, 2020

| 방송 프로그램 |

〈EBS 다큐오늘: 앙코르와트〉, EBS

〈EBS 다큐프라임: 불멸의 진시황〉, EBS

〈EBS 다큐프라임: 절망을 이기는 철학, 제자백가〉, EBS

〈백제 역사 발굴 3부〉, 전주 KBS

〈북방대기행−바람의 제국을 가다〉, 국회방송

〈잃어버린 백제를 찾아서〉, 대전 MBC

저자 소개

│ 글쓴이 │

전남역사교사모임 회원으로 만나 함께 공부하고 있는 교사들이다. 중·고등학교에서 역사 수업을 하며 시간이 부족해 미처 다 설명하지 못한 역사 지식이나 새롭게 대두되는 학설 등을 재미있으면서도 쉽게 학생들에게 전달하기 위해 이 책을 썼다.

김영옥 교과서에 빠진 역사적 맥락을 찾아내어 학생들이 이해하기 쉽게 들려주는 교사.
권사라 특성화 고등학교에서 쉬운 역사를 가르치기 위해 노력하고 있는 교사.
김경수 인간의 다양한 삶을 풀어내는 능력이 탁월한 교사.
김혜진 시골 작은 학교에서 역사를 쉽고 친근하게 가르치기 위해 고군분투하는 교사.
류지은 자유로운 발상과 재미있는 스토리텔링으로 학생들의 흥미를 유발하는 교사.
박래훈 혁신학교에서 아이들과 즐겁게 역사 수업하기를 고민하는 교사.
반다솔 날카로운 시선으로 짜임새 있게 글을 엮어 쓰는 섬마을 교사.
백종일 역사를 보는 안목이 신선하고 발상이 자유로운 교사.
봉창훈 역사 흐름을 정리하여 체계화하는 능력이 탁월한 꼼꼼이 교사.
장용준 이 책을 기획하고 감수한 전직 교사.
허미혜 실감 나는 스토리텔링으로 생생 역사를 가능하게 한 교사.

│ 그린이 │

서은경
글 쓰고 그림 그리기를 즐거워합니다. 쓰고 그린 책으로 《마음으로 느끼는 조선의 명화》 《만화 손양원》 《알고 싶어요 하나님》 등이 있고, 《장콩 선생님과 함께 묻고 답하는 한국사 카페》 《14살에 시작하는 처음 동양 고전》 《14살에 처음 만나는 동양 철학자들》 등에 그림을 그렸습니다.
gitool@naver.com

역사선생님도 궁금한
101가지 세계사질문사전 ❶

1판 1쇄 발행일 2022년 9월 5일

글쓴이 김영옥 외 10명

그린이 서은경

펴낸곳 (주)도서출판 북멘토 | 펴낸이 김태완

편집주간 이은아 | 책임편집 변은숙 | 편집 김경란·조정우 | 디자인 책은우주다·안상준

지도 박은애 | 마케팅 이상현·민지원·염승연

출판등록 제6-800호(2006. 6. 13.)

주소 03990 서울시 마포구 월드컵북로 6길 69(연남동 567-11) IK빌딩 3층

전화 02-332-4885 | 팩스 02-6021-4885

ⓘ bookmentorbooks__ ⓕ bookmentorbooks ✉ bookmentorbooks@hanmail.net

ⓒ 김영옥·권사라·김경수·김혜진·류지은·박래훈·반다솔·백종일·봉창훈·장용준·허미혜, 2022

ISBN 978-89-6319-483-7 43900